Lüdemann, Wilhelm von

Geschichte Griechenlands und der Türkei

1. Band

Lüdemann, Wilhelm von

Geschichte Griechenlands und der Türkei

1. Band

Inktank publishing, 2018

www.inktank-publishing.com

ISBN/EAN: 9783747772393

Geschichte
Griechenlands
und der
Türkei.

Die Alte Geschichte von Griechenland.

Von den ältesten Zeiten bis auf die Gründung des griechischen Kaiserthumes.

Dargestell
von
Wilhelm von Lüdemann.

Erstes Bändchen.

Dresden
P. G. Hilschersche Buchhandlung.
1827.

Vorwort.

Zwei Völker nehmen das Interesse, welches die Geschichte des Alterthums uns einflößt, fast ausschließlich in Anspruch, Rom und die Hellenen; das erste durch die Unterjochung der bekannten Welt, die andern dadurch, daß sie, eben so gewaltig in den Waffen, als die Römer zur Zeit der Freiheit, zugleich die Grenzen des menschlichen Geistes im Gebiete der Kunst und der Wissenschaft ergründet und festgestellt zu haben scheinen. Das Blatt der Geschichte, welches die Thaten der Hellenen erzählt, ist das Lebenvollste und Erhebendste der gesammten Völkergeschichte. Nirgend trifft man auf so viele, würdige und echt menschliche Charaktere, nirgend auf so viel begeisternde Vorbilder für Vaterlandsliebe, Bürgertugend und Recht, als hier: nirgend auf so einfache Größe der Menschennatur, auf so kunstlose Liebenswürdigkeit, auf so echte Staatsweisheit, auf so wahre Begeisterung für Freiheit und für die Herrschaft des Gesetzes. Darum ist die Geschichte des alten Hellas das geisterhebendste und belebendste Schauspiel, das man der Jugend vorführen kann, die kräftigste Nahrung für den ausgebildeten Geist des Mannes, die troſtreichſte Lektüre für den resignirenden Geist des Greiſes. —

Nachdem die Griechen faſt ein Tauſend Jahr im Beſitze der Unabhängigkeit groß geweſen waren, verwandelte ſich der Geiſt des Volkes. Die einfache Größe, an der ſonſt die ganze Nation Theil gehabt hatte, ging in Sophiſtik, in Sittenverderbniß, in Luxus, der alte Sinn für Freiheit in Verwirrung, Bürgerhaß und Schmeichelei gegen einen in den Waffen mächtigen Feind, die alte Tugend und Rechtlichkeit in Beſtechlichkeit, Feilheit und Sklavenſinn über. Da fiel Griechenland unter die Herrſchaft Roms. Der Geiſt der Dialektik und des Räſonnements blieb von der Erbſchaft der Ahnen in dieſer Zeit allein übrig: er diente dazu, durch Bürgerkriege und religiöse Spaltungen vollends zu vernichten, was noch hätte gerettet werden können. Dennoch dankt die Welt in der Nacht einer allgemeinen Barbarei den Griechen die Erhaltung einer letzten Spur von Kunst und Wissenschaft, eines schwachen Funkens von ästhetischem Sinn, an dem sich bald darauf das Licht der neuen Bildung für Europa entzünden sollte. Kaum hatte die undankbare Welt diese letzte Wohlthat von den Griechen empfangen, da sah sie ruhig zu, wie das in den Waffen schwache Volk einem Schwarme asiatischer Barbaren erlag, die endlich Constantinopel selbst eroberten und die Griechen vollends zu der Erniedrigung einer Sklaverei unter Barbaren herabwürdigten. Länger als drei Jahrhunderte währte dieser unwürdige Zustand eines einst mit hohem Geiste begabten Volkes. Kein Schwert erhob sich in Europa mehr für dasselbe, kein Wort gedachte mehr seines alten Anrechts auf den Schutz und die Dankbarkeit der Neuen Völker. — Das Volk, dem Europa seine Bildung, dem die Völkergeschichte ihre schönsten Thaten, dem alle Künste unerreichte Meisterwerke verdanken — dies Volk schmachtete in den Fesseln eines asiatischen Barbaren. — Da erhob sich plötzlich, blos durch die Kraft einer in schwachen Spuren wiedererwachenden Cultur unter ihm und seiner nie ganz erloschenen Liebe zur Freiheit, das griechische Volk aus einem langen, dem Tode ähnlichen Schlummer, zeigte sich einen Augenblick der alten Ahnen, zeigte sich der alten Freiheit würdig — und sank von der schnell erstiegenen Höhe durch dieselben Nationalfehler wieder hinab, die schon seine Ahnen in die Sklaverei gestürzt hatten; durch Neid, Uebermuth im

Glück, Bürgerzwist und Gier nach Beute und Schätzen. —

Die Geschichte dieses Volkes haben wir zu schreiben unternommen. Es ist uns zu dieser Arbeit, dem allgemeinen Plane dieser historischen Compendien gemäß, der Raum von vier Bändchen bewilligt worden, und wir haben über denselben in der Art bestimmt, daß das erste Bändchen die Geschichte von Hellas (Altgriechenland), von den ältesten Zeiten bis zur definitiven Gründung des oströmischen Kaiserthums, das zweite Bändchen die Geschichte des orientalischen Reiches bis zur Eroberung von Konstantinopel durch die Türken (1453), das dritte Bändchen die Geschichte der türkischen Herrschaft bis zum Frieden von Kainardgi (1774), und endlich das vierte Bändchen die Geschichte der Wiedergestaltung Griechenlands — gleichzeitig mit der Geschichte der Osmanen — bis auf unsere Tage enthalten soll. Wie beschränkt der Raum für eine so große Masse von Begebenheiten, Ereignissen und Veränderungen auch sey — wir haben uns daran genügen lassen, und den Gesetzen des Ganzen die ausführlichere Erzählung mancher Begebenheit zum Opfer bringen müssen; eine Bemerkung, die zur richtigen Würdigung dieses Werkes wesentlich nothwendig war.

Was nun die Quellen dieser Arbeit betrifft, so wäre es die Sache mehrerer Bogen, wollten wir alle diejenigen Schriften namhaft machen, deren Studium uns zu dieser Arbeit in den Stand gesetzt hat. Für die alte Geschichte Griechenlands, mit der wir es hier besonders zu thun haben, ist jeder griechische Schriftsteller mehr oder weniger Quelle. Vor allen aber sind es die eingeborenen Historiker selbst. Von Homer ab reichen sich diese in längeren oder kürzeren Zwischenräumen die Hände. Obenan steht der durch Treue, hohe Einfachheit und Scharfblick unerreichbare Herodot von Halikarnassus, da die Bruchstücke des Hellanikus und des Hekatäus von keiner Bedeutung sind. Nach ihm folgt Thucydides, des Olorus Sohn, aus Athen, dessen Menschenkenntniß und Tiefsinn uns mit Bewunderung erfüllt. Neben ihm steht Xenophon, der Freund des Socrates, von so einfacher, strenger und anmuthiger Manier, daß seine Geschichtswerke kostbare Schätze attischer Literatur für uns sind. Zwei hundert Jahre nach ihm — eine Periode, aus der fast alles für uns verloren ist — erstand Polybius, und als der letzte griechische Historiker wird Plutarch erwähnt. Außer diesen sind Dionys von Halicarnassus, besonders über die griechischen Historiker selbst, Diodor von Sicilien, über die Nachfolger Alexanders, Pausanias, über die Kunstgeschichte, Strabo, der Erdbeschreiber, über den Handel und den Verkehr der Alten, Ptolemäus, der Alexandriner, das Wörterbuch des Pollux, Hesychius, die *Κεστοι* des Julius aus Afrika, Dio Cassius aus Nicäa, Philo, der Jude, und später, als Reste des Alterthums, Athenäus, die Briefe des Phalaris, Constantinus Porphyrogennetes, Photius, der Patriarch, die Kaiserin Eudoxia, Suidas, der Byzantiner, Stephanos und Tzetzes selbst Quellen der griechischen Geschichte. Redner, wie Isokrates und Demosthenes, und Philosophen sind, so lange die

Freiheit blühte, nicht minder bedeutende Geschichtsquellen: ja selbst die tragischen Dichter und Satyriker reihen sich an diese an. —

Aus diesen Quellen haben zahllose Bearbeiter der griechischen Geschichte unablässig geschöpft; denn den Römern verdanken wir für die Geschichte von Hellas verhältnißmäßig nur wenig.

Welcher von diesen zahllosen Bearbeitungen wir nun bei unserer Geschichtsübersicht vor allen gefolgt sind, ist schwer zu sagen: wir haben die aus einer großen Menge von Quellen gesammelte Kenntniß der griechischen Geschichte dieser Arbeit zum Grunde gelegt. Doch wollen wir nicht in Abrede stellen, was wir theils der Geschichtsübersicht Bredows in seinem

Handbuche der alten Geschichte, theils auch dem Resumé de l'histoire ancienne de la Grèce von Senty und der Histoire du Bas-Empire von Raffenel, als Leitfäden verdanken mögen. Für die Verknüpfung der Begebenheiten, für das Pragmatische in der Darstellung der griechischen Geschichte waren jedoch beide Arbeiten unseren Zwecken wenig entsprechend, da auch sie an den Nationalfehlern aller französischen Geschichtswerke, Neigung zu leerem Räsonnement und Unverhältnißmäßigkeit der einzelnen Theile leiden.

Mögen nun diese Bogen sich derjenigen Theilnahme des deutschen Publikums zu erfreuen haben, deren auf der einen Seite die Thaten des heldenmüthigen Volkes, dessen Geschichte sie enthalten, auf der anderen Seite aber diese Unternehmung selbst, von der diese Geschichte einen Bestandtheil bildet, so wohl verdienen.

Dresden, im Februar 1827.

Der Verfasser.

Alte Geschichte von Griechenland.

Chronologische Tafel der Abtheilungen und der vorzüglichsten Begebenheiten.

Erste Periode.

Urgeschichte,

oder von der Gründung der einzelnen Staaten bis zur Belagerung von Troja; vom Jahre d. W. 1820—2820 oder 2184—1184 v. Chr.

Gründung Sicyon's	2089
Inachus in Argos	1857
Ogygische Ueberschwemmung	1796
Cecrops gründet Athen	1556
Lelex gründet Sparta	1516
Deucalionische Ueberschwemmung	1503
Cadmus gründet Theben	1493
Argonautenzug	1219
Einnahme von Troja	1184

Zweite Periode.

Entwickelung und Ausbildung der Republiken Griechenlands;

oder von der Eroberung Trojas bis zum ersten Kriege mit den Persern; vom Jahre 1184 -- 521 v. Chr. (2820 — 3483 d. W.)

Vertreibung der jonischen Stämme durch die Heracliden (Dorier) aus dem Peloponnes	1105
Lycurgus in Sparta	885
Erster messenischer Krieg	774
Zweiter messenischer Krieg	685
Draco's Gesetzgebung in Athen	624
Solon	594
Pisistratus Alleinherrschaft	561
Hypparchs Tod durch Harmodius und Aristogiton	516

Dritte Periode.

Griechische Freiheit;

oder von dem ersten persischen Kriege bis auf Alexander dem Großen; von 521 — 336 v. Chr. (3483 — 3681 d. W.)

Sieg von Marathon	490
Xerxes in Griechenland	480
Die Perser unter Mardonius	479
Athen erhält den Oberbefehl	477
Peloponnesischer Krieg	431

Vierte Periode.

Zeit des Verfalls;

oder von Alexander dem Großen bis auf die Vernichtung des Achäischen Bundes; von 336 — 146 v. Chr. (3681 — 3853 d. W.)

1*

Fünfte Periode.

Römische Herrschaft;

oder von der Vernichtung des Achäischen Bundes bis zur Gründung des orientalischen Kaiserthums; von 146 v. Ch. bis 395 n. Chr.

Einleitung.

Griechenland (Hellas) ist das schöne Land, welches, die Südspitze Europas bildend, sich gegen Mittag von dem Hämus, dem kambunischen und acroceraunischen Gebirge in Form eines Dreiecks in das mittelländische Meer erstreckt, und etwa 2000 geographische Quadratmeilen groß, im Osten von dem ägäischen, im Westen von dem jonischen Meere, an seinen südlichen Endpunkten aber von dem Mittelmeere begrenzt wird. Dies ursprünglich rauhe, feuchte und unwohnliche Land wurde durch zahlreiche Ueberschwemmungen, Erderschütterungen und Durchbrüche nach und nach zu einem der mildesten, fruchtbarsten und gesegnetsten Länder der Welt. Spitzenreiche Küsten, Vorgebirge, Häfen, unterirdische Höhlen, Landseen mit verborgenen Abflüssen, Spuren feuerspeiender Berge und endlich die Kette von Inseln, welche als die Reste eines vom Meere verschlungenen Festlandes, des uralten Lektoniens, den Peloponnes umgeben, sind als Zeugen dieser mächtigen Naturveränderungen zurückgeblieben.

Griechenland, als ein Ganzes, ein von vielen großen Ländermassen zusammengebildetes Reich, zerfällt am natürlichsten in vier Theile, den Peloponnesus, das eigentliche Hellas, Nordgriechenland und die Inseln.

I. Der Peloponnes, in alter Zeit Pelasgia, Argos, später Achaja, jetzt Morea genannt, bildet eine Halbinsel, welche allein durch die schmale Erdzunge des Isthmus mit dem eigentlichen Hellas zusammenhängt, das westlich der corinthische, östlich der saronische Meerbusen von ihm trennen. Viele Buchten, die laconische und messenische von Süden, die cyparissische von Westen, die argoische von Norden dringen in das Land ein. Rauhe Gebirge durchziehen es, die sich besonders im Norden, Westen und Süden in größern Massen versammeln. Der Alpheus in Arcadien, der Eurotas in Laconien, der Pamisus in Messenien, der Inachus und der Cephisus in Argolis sind die bedeutendsten Flüsse der Halbinsel.

Das ganze Land zerfällt in sechs Landschaften oder Staaten, an deren Spitze Laconien (Lacedämon) als der mächtigste steht. Das schwarze Marmorgebirge des Taygetus nimmt den größten Theil seines Gebiets ein: zwei Vorgebirge Tänarum und Malea erstrecken sich der cytherischen Insel gegenüber ins Meer, und schließen den laconischen Busen ein. Sparta (Lacedämon) am Eurotas ist die Hauptstadt. Amyclä unfern davon, Helos am laconischen Busen, deren Einwohner später den Lacedämoniern als Sclaven dienten, Gytheum, der Hafenort Spartas, Epidaurus am argolischen Busen, waren die Hauptorte dieses rauhen Landes.

Nordwestlich von ihm dehnt sich das Hirtenland Arcadien hin. Das cyllenische Gebirge bildet den Kern des Landes, das der Alpheus durchirrt. Diese Landschaft ist reich an schönen Weiden, Flüssen, Quellen und anmuthigen Thälern. An Cultur stand es den übrigen Landschaften Griechenlands nach. Megalopolis, und nordwärts das alte Tegeä, Mantinea und Stymphalus, an dem See dieses Nahmens, sind die Hauptorte des Landes.

Westlich von Laconien erstreckt sich Messenia, ein fruchtbares, gebirgiges, wasserreiches Land. Messene und Ithome, die Bergveste, Ira am Fluß Neda, Corone und Methone (Coron und Modon) waren die vorzüglichsten Städte dieser Landschaft.

Elis dehnte sich am jonischen Meere hin südlich vom Larisus. Das Land ist gebirgig und reich an kleinen Flüssen, unter denen der Peneus nördlich, der Erymanthus gegen Arcadien hinfließt. Pisa am Alpheus war die alte Hauptstadt des in drei Theile zerfallenden Landes; hier lag Olympia mit seinem heiligen Hain, dem Schauplatz der olympischen Spiele (seit 888 v. Chr.); Elis und Cyllene am jonischen Meere waren die Hauptorte des Landes.

Die Landschaft längs dem corinthischen Meerbusen, ursprünglich Aegialea, dann Jonia, zuletzt Achaja genannt, war das zuerst bevölkerte Land des Peloponnes. Längs dem Meere bis zum Vorgebirge Rhion hin, ist die Landschaft flach. Die Flüsse Melas und Peirus fließen gegen Nordwesten hin durch das ganze in zwölf Gemeinheiten zertheilte Land. Zu diesen gehörte Olenus, Dyme, Tritae, im Innern des Landes, Pharae, Patrae, Rhypes, Aegium am Meere, Helice, Aegira und andre. — Das uralte Sicyon (Mekone) und Korinth (Ephyra) gehören hieher, so wie die beiden Häfen Kenchreä am saronischen und Lechäum am korinthischen Meerbusen.

Südlich davon, dem myrtonischen Meerbusen zu, streckt sich Argolis hin. Der Cephissus im Norden, der Inachus gegen Arcadien durchirren das fruchtbare Land. Argos und sein Hafen Nauplia, Mycenä, Epidaurus, Trözen, Nemea, Lerna und Thyrea in der Landschaft Kynuria waren die berühmtesten Orte des Landes.

II. Jenseit der Landenge von Corinth, zwischen beiden Meeren bis zum Gebirge des Oeta hin, erstreckte sich das eigentliche Hellas (jetzt Livadien) in acht Landschaften zertheilt. Die erste unter diesen war Attica (Akte), der Insel Ceos (Zea) gegenüber. Das Gebirge des Pentelicus und der honigreiche Hymettus, die Flüsse Ilissus und Cephissus sind hier zu merken. Das Land, felsig und trocken, doch mild und heiter, erkannte in Athen, der ersten unter allen Städten Hellas, und der reichsten an Tempeln, Monumenten und Kunstwerken, dem Sitz der Wissenschaften, seine Hauptstadt. Hundert vier und siebenzig Gemeinden, unter diesen Eleusis, Decelea, Acharnä, Rhamnus, Marathon, Laurium und die Häfen am saronischen Meer, Munychia und Phalerus; so wie der berühmte Piräeus, den eine 40 Stadien lange Mauer mit Athen verband, bildeten die einzelnen Theile von Attica.

Das kleine Gebiet von Megaris, am alcyonischen Meer mit der Hauptstadt Megara und dem Hafen Nisäa, grenzte, wenig beachtet, an Attica.

Böotia (Aonia, Ogygia) lag nordwärts von Attica. Der Helikon gegen Westen, der Berg Citerion gegen Süden, der Fluß Cephisus, der in den See Copais fällt, der Ismenus, Asopus, Hippokrene und Aganippe am Helicon, Lethe und Mnemosyne, treffliche Weiden, doch eine dicke Luft, und

Bewohner, welche das Vorurtheil für wohlgenährt und einfältig hielt, bezeichnen diese Landschaft. Das siebenthorige Theben (Cadmea) galt für die Hauptstadt; die felsige Aulis, Oropus, Platäa, Leuktra, Thespiä am Helicon, Koronea, Chäronea, Orchomenus, waren die bedeutendsten Orte des Landes.

Westlich davon erstreckte sich Phocis, bis zum Oeta hin, vom Parnassus überragt, vom Cephissus durchströmt, und von Delphi, dem Heiligthume Apollo's, Thermopylä, Cirrha, am Crissäischen Meerbusen, und Elatea bevölkert.

Doris, mit den Städten Pindus, am Flusse dieses Namens, Erineum, Bojum und Cytinium, als Mutterland vieler Colonien wichtig, lag am Fuße des Oeta.

Lokris, von drei Völkerstämmen, den Opuntiern am Euböischen Kanal, den Epiknemiden gegen Thessalien, und den Ozolern, südlich von Doris, bewohnt, nannte Naupaktus (Lepanto), Thermopylä, Thronium und Amphissa, in der Nähe von Delphi, als ihre vorzüglichsten Städte.

Aetolien dehnt sich längs dem Achelous und den Corinthischen Küsten hin. Seen und Flüsse wechseln hier mit Gebirgen, dem Sitze der Kureten und Räuber. Kalydon am Evenus und Chalcis an der Küste, Thermum aber in der Mitte einer fruchtbaren Landschaft sind die Hauptorte dieses Landes.

Acarnanien (Epirus) erstreckt sich westlich vom Achelous, vom ionischen Meere umflossen, ohne bedeutende Flüsse oder Berge, doch rauh und von einem kriegerischen Volksstamme bewohnt.

Amphilochium und Anaktorium am ambraci=

schen Busen, Actium und die künstliche Insel Leukates (Neritus) waren hier zu finden.

III. Nord=Griechenland vom Oeta und Aetolien bis zu den Kambunischen und Akroceraunischen Gebirgen sich erstreckend, umfaßte zwei Landschaften.

1. Thessalien (Pelasgia, Aemonia) von hohen Gebirgen, dem Othrys und Oeta, dem Pelion und Ossa, im Norden vom Olympus, im Westen vom Pindus, eingeschlossen, vom Peneus durchströmt, der den Apidanus und den Sperchius aufnimmt, zerfällt in 5 (nach Homer in 10) Theile.

a) Phthiotis am maliakischen und pelasgischen Busen, wo Lamia, Larissae, das Land der Myrmidonen, Phthia, und Pyrasus; b) Magnesia, wo Jolkos, der Versammlungsort der Argonauten, Pherae und Methone; — c) Pelasgiotis, wo Tempe, Atrax am Peneus, Pharsalus, Kynoskephalae; d) Hestiaeotis, von Perrhäbern bewohnt, wo Trikka und Metropolis und endlich e) Thessaliotis, das von den Dolopern bewohnte fruchtbare Weideland, wo die uralte Hellas von einem rauhen und culturlosen Stamme eingenommen wird.

2. Epirus (Dodonaea, jetzt Albanien) dehnte sich vom Pindus und Akarnanien bis an das ionische Meer hin. Die drei Landschaften Molossus, am ambracischen Busen, wo Dodona und der Hauptfluß Arachthus, Thesprotia, vom Acheron und Cocytus durchströmt und von dem Acherusischen See bewässert, wo Butrotum, Corcyra gegenüber, und Pandosia am Acheron, und endlich Chaonia, die nördlichste Küste, roh und unbevölkert, wo Oricum — nehmen diese Landschaft ein.

Nördlich hiervon grenzten gegen Westen Illyrische, gegen Osten Thrazische Völker, wo einzelne griechische Colonien, Dyrrhachium, Apollonia, Epidamnus u. a. zu finden waren.

IV. – Die größten unter den zu Hellas gehörenden Inseln waren Euböa (jetzt Negroponte), der böotischen Küste gegenüber, wo Chalcis am Euripus, Carystos und andere Orte, und Kreta (jetzt Kandia), 80 Meilen lang im Mittelmeere sich ausdehnend, reich an Cultur und Städten, unter denen Hekatompolis, Gnossus, Cortyna und Cydonia. Der Ida und der Dictäus sind hier bekannte Berggruppen. Zerstreut in den Wogen des Mittelmeeres liegen die Sporaden und Cycladen.

Unter den Sporaden, der Küste Kleinasiens gegenüber, sind Samos, die nördlichste, Patmos, Icaria, Kos, reich an Weiden und kostbaren Geweben, Rhodus, der blühende Stapelplatz, und Carpathos die ausgezeichnetsten.

Die Cycladen gruppiren sich um Delos im myrtoischen Meere zusammen. Naxos, die weinreiche, dem Bacchus geweiht, Paros, durch seinen Marmor berühmt, Delos, die Handelsinsel, mit seinem Cynthus; Syros, Tenos, das dem Neptun heilig war, Andros, Ceos, dem Cap Sunium gegenüber, Siphnus reich an Silberminen, Cimolus, Melos und Thera, Lacedämonische Colonien, sind die berühmtesten darunter.

Im ägäischen Meere ist Samothrace die nördlichste; Lemnos, dem Vulcan geweiht; Troas gegenüber liegt Tenedos; südwärts davon Lesbos, die fruchtbare, berühmt durch Frauenschönheit und Lyrische Poesie, von Aeolern bewohnt; Mytilene und Methymna waren die Hauptorte. Dann Chios, die weinreiche, Scyros, Euböa gegenüber und die kleineren Scopelischen Inseln; darauf im saronischen Busen Salamis, Attica gegenüber, Aegina, und endlich im lakonischen Busen Cythera, gefährlich den Spartanern.

Im Jonischen Meere, Elis gegenüber, liegt Zakynthos, die weichliche, Cephalonia, die Felseninsel mit der Hauptstadt Same, Ithaka mit dem Waldgebirge Neritos, die Echinadischen Inseln, Acarnanien gegenüber, durch Anschwemmungen zum Theil mit dem Festlande verbunden; Korcyra, Epirus zunächst, das Land der Phäaken, berühmt durch Handel und Schiffahrt.

Dies ist das Bild des alten Hellas, eines Landes, reich an allen Erzeugnissen der Erde und des Meeres, wechselnd nach Klima und Himmelstrich, gesegnet mit allen Schönheiten der Natur und bevölkert von geistreichen, kunstfertigen und thatkräftigen Bewohnern, denen es kein andres Volk je an Geschmack, natürlicher Feinheit, geselliger Bildung, aesthetischer Vollendung und praktischem Scharfblicke für die Angelegenheiten der Welt gleich gethan hat.

Erste Periode.

(Tausend Jahre.)

Urgeschichte.

Von der Gründung der einzelnen kleinen Staaten bis zu dem Trojanischen Kriege. Von 2184 — 1184 vor Chr. (1820 bis 2820 d. W.)

Zu einer Zeit, als bereits ein großer Theil Asiens und mehrere Gegenden Afrika's sich eines bedeutenden Grades gesellschaftlicher Cultur erfreuten, ward Griechenland, ein rauher, feuchter und unwohnlicher Bezirk, noch von rohen Jägern und wandernden Hirten, die sich von Eicheln und der Beute der Jagd nährten, durchirrt.

Diese ältesten Bewohner Griechenlands, die Autochthonen (Eingeborne), scheinen einem großen Thrazischen Völkerstamme, den Pelasgern entsprossen, und von den Küsten des schwarzen Meeres her in Hellas eingewandert zu seyn, das sie Pelasgia*) nannten. Später, als ein anderer, jedoch stammverwandter

---

*) Von πέλλας, alt und γῆ (γαῖα), die Erde, oder auch von πέλαγος Meer, über Meer gekommene.

Volksstrom, die Hellenen, aus denselben Ursitzen des Menschengeschlechts in das mildere Griechenland einwanderten, und erst in Phthiotis (Thessalien)
1600 unter ihrem Führer Deucalion, dann in Hestiäo-
v. tis, unter Dorus, hierauf am Pindus und endlich
Chr. im Peloponnesus Sitze nahmen, da nannte man
die Pelasgier, um sie von den neuen Ankömmlingen zu unterscheiden Gräci (Γραικοι) die Alten, von γραϊκος, alt, oder Autochthonen (Urbewohner) und die neuen Einwandrer, das Volk der Dorier, oder die Hellenen, von ihrem Häuptlinge Hellen und seinen drei Söhnen Dorus, Aeolus und Xuthus. — Dies ist der Ursprung jener großen Scheidung des ganzen griechischen Volks, nach Sprache, Herkunft und Sitte, in den Stamm der Jonier (Pelasgier) an deren Spitze Athen stand, und der Dorier, (Hellenen) deren Reihen Lacedämon anführte. Die Geschichte der Kämpfe dieser beiden Stämme gegen einander erfüllt nebst der Ankunft der fremden Colonien allein diesen ersten Zeitraum der griechischen Annalen; ja, die Neigungen und Abneigungen, die Verbindungen und Feindschaften der griechischen Völker gegen einander, selbst in den spätesten Zeiten, wo der verschiedenen Herkunft fast nicht mehr gedacht wurde, haben wahrscheinlich keinen andern Ursprung als diesen.

Dies ist jedoch auch alles, was wir von der Geschichte Griechenlands bis zum Jahre 2000 d. W.
2000 wissen. Noch bildete sich selbst das Land, das die
v. Griechen bewohnten. Ueberschwemmungen und
Chr. Erdbeben, die uralte Ogygische (um 1800) und die
spätere Deucalionische Fluth (um 1500), folgten einander, ja vielleicht war selbst das schwarze Meer nicht lange zuvor durch den Hellespont in den Ocean abgeflossen, dem festen Lande Raum gebend. All-

måhlig jedoch trockneten die höheren Gegenden ab,
Flüsse und Seen bildeten sich, Wohnungen und
Ortschaften entstanden. Als die älteste unter diesen,
bereits um 1900, wird uns Sicyon in Achaja
(Aigialea, Pelasgia) genannt. Bald darauf erschien Inachus an der Spitze einer Colonie Aegyptier 1850
oder Phönizier, die die Anfänge der Cultur nach v.
Argolis brachten. Pheronaeus, sein Sohn, ver- Chr.
sammelte die halbwilden Urbewohner dieser Landschaft und machte sie mit den ersten Satzungen bür-
gerlicher Ordnung bekannt. In Arkadien jedoch
breitete sich indeß das Nomadenvolk der Pelasger,
die sich für Proshellenen oder Autochthonen hielten,
immer mehr aus, und entsandten selbst Colonien
nach Thessalien und Nordgriechenland unter Pelas-
gus, Achäus und Phthius. Die eigentlichen Hellenen, die Nachkommen des Deucalion, die Lapithen, Kureten und Leleger wohnten in Phocis,
Doris, Lokris und Aetolien, bis sie sich auf den
Peloponnes stürzten, und hier die Pelasger nach
und nach aus allen ihren Besitzungen verdrängten.
Nicht lange nachher, um 1556 v. Chr., begründete 1556
Cecrops an der Spitze einer zweiten ägyptischen Colonie in Attica das bürgerliche Gemeinwesen. Nach
ihm bildete Cadmus, der Phönizier, Böotien 1496 1496
— er brachte die Einrichtung der Ehe, die Buchsta-
ben, die Verehrung des Bacchus und die Urgesetze
der Gesellschaft mit, und acht Jahre nach ihm setzte
sich Danaus mit einer dritten ägyptischen Colonie in
Argos fest. Der letzte Ankömmling dieser Art endlich war Pelops, der Phrygier, der 1350 v. Chr. 1350
im Peloponnes landete, dort das Reich Pisa in
Elis in Besitz nahm und Schätze und Kunstfertig-
keiten mit sich brachte. — Die ersten Begriffe von

Religion, die ersten Keime des Ackerbaues und des Gewerbes breiteten sich von diesen Colonien durch das Innere des Landes aus, und die irrenden Jäger und Hirten Böotiens, Attika's und des Peloponnes fingen an, feste Sitze zu nehmen und Familien zu bilden. In diesem Zustande der Dinge ist jede kleine Ortschaft mit ihrem Gebiete ein Königreich: an der Spitze des Gemeinwesens steht ein König, Anführer im Kriege und Richter im Frieden, ein Greis, dessen Scepter der Stab ist, auf den er sich stützt, und der von den freiwilligen Gaben und Geschenken seiner Regierten lebt und Hof hält. Von nun an beginnt das geheime Wirken der Civilisation. Ungeheuer und Räuber, die das Besitzthum des Schwächern ungestraft verwüsteten, werden ausgerottet; Helden stehen auf, die aus deren Vernichtung das Geschäft ihres Lebens machen. Hier ist es ein Eber, wie in Erymanthia, dort ein Löwe, wie in Nemea, den Herkules besiegt, dort ist es der Drache Python, den Apoll tödtet, um dafür unter die Götter (Wohlthäter des Menschengeschlechts) versetzt zu werden. Doch dieselben Helden und Wohlthäter (Σωτηρες) rauben zu andern Zeiten Frauen, wie Hercules Jolen und Theseus Ariadne, entthronen Könige, die ihnen mißfallen, und versammeln sich zu Raubzügen — so schwankend ist in diesem Zustande der Dinge noch der Begriff des Rechts und des Besitzes!

Zug der Argonauten.

Lange hatte dieser Zustand der Dinge schon gewährt, als eine solche gemeinschaftliche Heldenunternehmung zuerst die zahlreichen Stämme der Helle-

nen vereinigte und die Blicke des ganzen Volkes auf sich zog. Es war der Zug der Argonauten nach Colchis um 1260. Uralte Sagen nannten dies 1260
Land (vielleicht das Stammland der alten Pelasgier) sehr reich, und aller Reichthum des Landes verbarg sich unter dem Bilde eines goldenen Vließes. Jason, König von Jolkos in Thessalien, erneuerte das Unternehmen des Phrixus und der Helle, worin diese 1320 den Tod fanden, und versammelte die Helden Griechenlands, Hercules, Orpheus, Castor, Pollux, Theseus, Philoctet, Peleus, Vater des Achill, und Asclepios aus Thessalien, zur Eroberung dieses goldenen Vließes. Vier und funfzig Männer faßte die Argo, ihr Schiff, das nach langer, fabelhafter Irrfahrt mit Medea, der Königstochter von Colchis, und der goldnen Beute heimkehrte. Hierauf ward Hercules, Sohn des Jupiter, zum Wohlthäter Griechenlands, das er von Ungeheuern und Räubern säuberte; er erforschte alle Theile der bekannten Welt, deren Grenzen er bei Cadix aufrichtete. Was Viele thaten, schrieb die Dichtung dem Einzigen zu. —

Belagerung Thebens.

Der Kampf der unglücklichen Söhne des alten Ödipus, Lajus Sohn, der durch einen, dem Geschlechte des Kadmus feindlichen Schicksalsschluß, seinen Vater ermordete und seine Mutter ehelichte, um die Herrschaft Thebens, versammelte andre Helden zur Bezwingung dieser Stadt, in der Eteocles dem Bruder Polynices den Thron vorenthielt, den er nach einjähriger Verwaltung zurückgeben sollte. Dieser viel besungene Heldenkrieg giebt uns ein treues Bild von dem rohen Culturzu-

1250 stande von Hellas in dieser Zeit. Nach vielen Jahren endet der Kampf mit dem Tode der beiden Brüder, und dem der meisten übrigen Kämpfer, außer Adrast, dem Heerführer in diesem Kriege. Die Kinder der Gebliebenen überzogen hierauf unter Thersander, dem Sohne des Polynices, den Gewalthaber von Theben, Creon, Oheim der beiden Brüder, mit einem neuen Kriege, dem Kampfe der Epigonen (Nachkommen), und zerstörten endlich das lange unbezwingliche Theben. Hierauf herrschten hier aus des unglücklichen Oedipus Familie Tisamenus und Autesion; darauf Damasichton, Ptolemäus und Xanthus aus andern Stämmen. Der letzte ward ermordet **1100**, und nun bildete sich auch Theben, durch des Messeniers Melanthus Einfluß, zur Republik um. Unterdeß schritten die einzelnen Staaten Griechenlands in Cultur und Bildung rasch, wie junge Staaten pflegen, fort.

Argos.

Argos, wo nach Phoronäus, Apis, Argus, Criasus, Phorbas und eine Menge andere Könige bis Acrisius, dem Stammvater des Perseus und des Hercules hinab, herrschten, schien zuerst zum Besitz einer festen bürgerlichen Ordnung zu gelangen. Perseus, der Sohn der Danae, Tochter Acrisius und des Jupiters, ward der Wohlthäter seines Landes, wie Hercules und Theseus es waren; er bezwang die Ungeheuer, Thiere oder Menschen, die es verwüsteten, tödtete Medusa mit dem Schlangenhaupte und befreite Andromeda von Seeräubern (Meerungeheuer).

Der Peloponnes.

Zu gleicher Zeit ward Pelops, Sohn des Tan= 1250
talus, König von Lydien, durch Hippodamien Herr eines Theils des Peloponnes, der von ihm den Nahmen entlehnte. Er war der Vater des Atreus und des blutigen Geschlechts, das diesem entsproß. Atreus tödtete aus Haß gegen seinen Bruder Thyestes, dessen Kinder, und setzte ihm ihre Glieder zur Speise vor. Sein Enkel war Agamemnon.

Athen.

In Attika hatte Cecrops die wilden Einwohner in 12 Flecken versammelt, lehrte ihnen die Schifffahrt, die Anfangsgründe des Ackerbaues, und die ersten Künste des Lebens, stiftete den Areopag, führte den Oehlbaum und die Verehrung der Pallas, (Minerva) ein, und gründete die Acropolis. Ihm folgen Cranus, der Zeitgenosse der Deukalischen Fluth, Amphiktyon, Erichthonius, Erfinder der Wagen, Pandion, der Stammvater der Pallantiden, Erechtheus, Aegeus, Theseus, der den Räuber Cinnis, den Mörder Scyrro und den Tyrannen Procastes tödtete, die Pallantiden besiegte, Attica von dem Menschentribut, den Minos ihr auferlegt hatte, befreite und Ariadne entführte, Athen zur Hauptstadt des Landes machte, die Athener zuerst in drei Stände, die Eupatriden (Adel), die Geomoroi, und die Demiurgoi theilte, eine demokratische Verfassung gründete, und später unter die Halbgötter versetzt wurde; Menesteus, um die Zeit des trojanischen Krieges, wohin er 50 Schiffe mit sich führte, und die Reihe endet mit Kodrus, der im

Kriege gegen die Heracliden, 1068, sich selbst aufopferte. Die dankbaren Athenienser erklärten nun, daß Niemand ihm in der Königswürde zu folgen würdig sey, und ersetzten diese durch Einführung der Archonten; Medon, Kodrus Sohn, war der erste derselben.

Sisyphus, ein Enkel des Hellen, hatte Ephyrä, das später Corinth hieß, erbaut. Glaucus, Bellerophon, Thersander, Alimus waren ihm gefolgt. Corinth ward früh zur reichsten Stapelstadt des jungen Griechenlands und gründete die Colonien Corcyra und Syracus.

Sparta.

Leler hatte Sparta gegründet, daß zuerst Lelegia, dann Laconia hieß. Mises, Eurotas, der Lacedämon gründete, das später mit Sparta zusammenfloß, Amycles, Argalus, Abalus, Hypocoon und Tyndareus folgten ihm; dieser ward von Leda Vater des Castor und Pollux, der Helena und der Clytemnestra. Die letztere ward die Gemahlin Agamemnons, Königs von Argos, wie Helena die seines Bruders Menelaos. Paris, der Sohn Priamus, König von Troja, raubte ihm jedoch dieselbe bei einem Besuche in Sparta, dessen König Menelaos geworden war.

Trojanischer Krieg.

Dies war die Veranlassung jenes großen Kriegs-
1194 zuges, der zuerst die Völker Griechenlands in engere
bis Berührung mit einander brachte, des Krieges von
1184 Troya (1194).

Auf der Küste Asiens, Tenedos gegenüber, blühte seit langem Troja, als eine reiche Stadt. Priam, Sohn Laomedons, beherrschte sie; funfzig Söhne zierten sein Alter.

Einer derselben, Paris, erschien in Griechenland, wo Hesione, Tochter des Laomedon, von Hercules entführt, weilte. Er sah Helena, die junge Gemahlin des Menelaos, raubte und entführte sie nach Troja. Auf Menelaos Racheruf rüstete sich sein Bruder Agamemnon, König von Argos und Mycenä, und mit ihm ganz Griechenland zum Kriege. Zu Aulis in Böotien versammelten sich die Flotten der griechischen Völker; Agamemnon ward zum Anführer des Zuges erwählt, den Nestor, der weise König von Pylos, Diomedes, Sohn des Tydeus von Calydon, der ränkevolle Ulysses, König von Ithaka, Ajax von Salamine, Achill, der göttergleiche Sohn des Peleus, Königs von Thessalien und unzählige andre Fürsten schmückten. Auf 1200 Schiffen fuhren die Griechen, nachdem die feindlichen Götter durch ein Menschenopfer (Iphigenia) versöhnt waren, nach Asien über, landeten nach mancher Noth in Ilion, dem Gebiete von Troja, erkämpften festen Fuß und begannen die Belagerung der feindlichen Stadt. Diese lag auf der Höhe eines Hügels, der jetzt Balidag heißt, zwischen der Landspitze von Intepegeulu und dem Dorfe Jenischeher in Kleinasien. Zehn Jahre währte der Kampf der Helden, der dem unsterblichen Gedichte der Ilias den Ursprung gab. Hector, der Sohn des Priamus, Aeneas, Deiphobos, Paris und andre Helden vertheidigten die Stadt. Die Belagerer verheerten in weiten Umkreisen das Land umher, plünderten, säeten, ernteten, kämpften, siegten und unterlagen; Zwiespalt stellte sich unter ihnen ein; Achill, der erste der Helden, enthielt sich lange aller Theilnahme am Kampfe, bis sein Freund Patroclus fiel. Nun beginnt der Kampf stürmischer, als je; er besiegt Hector, stirbt vom Pfeile des Paris und erst lange nachher dringen die Belagerer durch List, verborgen in dem Bauche eines hölzernen Rosses, das die Trojaner, als ein Göttergeschenk, selbst in die Stadt ziehen, in Troja ein, das sie zerstören. Die Glieder des Königshauses werden als Sclaven fortgeführt; Andromache fällt dem Rächer des Achill, Pyrrhus, als Beute zu, Cassandra dem Agamemnon, Aeneas flieht nach Latium, wohin vor ihm schon Evander, von Arcadien aus 1250 gegangen war; Feuer und Schwert vertilgen Troja.

Dieser Krieg, dessen Thaten etwa ein hundert und funfzig Jahre nachher der alte Homer in zwei unsterblichen Gedichten besang, lehrt uns den Culturzustand Griechenlands, am Schlusse dieser Heroenperiode, ziemlich genau kennen. Ein Anfang von Kunst war gemacht: Dädalus hatte nicht allein Handwerkzeuge aller Art, sondern auch die Bildhauerkunst erfunden; Dichter, Orpheus und Musäus, Dares, Diktys und andere waren aufgetreten um 1250; Wagen waren erfunden, in der Schifffahrt war ein bedeutender Anfang gemacht; allein noch schrieb man alle ausgezeichnete Werke Göttern zu; noch waren die Religionsbegriffe roh genug, um Menschenopfer zu verstatten; noch war die Sclaverei die Folge des Besiegtwerdens; noch waltete Macht über Recht und die Bande der Staatsgesellschaft und der Familie waren lose und unsicher. In der Schlacht focht man einzeln, regellos, mit Spieß und Schwert, auf Wagen und zu Fuß; das Ansehen der Könige war gering; der Nationalcharakter der Hellenen zeigt sich als stolz, rasch, wankelmüthig, eitel, dem Gehorchen feind; das Andenken der verschiedenen Abkunft war erloschen; nach dem Siege kannte der Sieger keine Grenzen in seiner Verfügung über Leben und Güter des Besiegten an; der Besitz war wenig gesichert, und gegen das Recht des Stärkern fanden nur geringe Zweifel Statt.

Aus alten Traditionen und abstrakten Begriffen von Naturwirkungen und Fiktionen der Dichter und Rhapsoden fing sich das mythologische System zu bilden an, das fast tausend Jahre Griechenland beherrschte. Die Verehrung der zwölf obersten Götter soll von den Hellenen (Nachkommen des Deucalion) herstammen. Das Ansehen der Priester (jetzt vielleicht noch eine eigne Kaste) war bedeutend: unter den Orakeln stand das des heiligen Hains von Dodona im größten Ansehen. Schon gab es große aus Stein erbaute Göttertempel, wie der zu Delphi dem Apoll geweihte; schon wurden im Bezirke von Olympia den Göttern zu Ehren Nationalfeste gefeiert; schon war das Gericht der Amphiktyonen (1360) von Acrisios, König von Argos, zur Erhaltung des innern Friedens gestiftet, und hielt jährlich zwei Versammlungen in Thermopylä.

Von den Siegern über Troja selbst kehrten wenige, und noch wenigere zum Glücke nach Hellas heim. Menestheus von Athen starb auf Melos, Ulysses irrte zehn Jahre lang umher, ehe er Ithaka, im Besitze übermüthiger Feinde, wieder sah; Ajax ging mit seiner ganzen Flotte zu Grunde; Diomed, Idomeneus, Philoctet, Teucer fanden ihre Throne von Usurpatoren besetzt und Agamemnon selbst starb von der Hand seiner Gattin, erst spät durch Muttermord gerächt, von seinem Sohne Orest. Nur Menelaos genoß der Frucht des Sieges.

Die Folgen dieser ersten großen Vereinigung aller griechischen Stämme, zu einem großen Unternehmen, sind nicht zu berechnen. Nationalgeist und Volksthümlichkeit wurden dadurch gebildet, die Griechen lernten von den in der Cultur vorgeschrittenen Trojanern, brachten Künste und Handwerke aus Asien heim, und der Sinn für Schönheit, für Heldenmuth und Größe wurde im Kampfe durch die Lieder gefördert, die in dem ganzen Volke von diesem Kampfe bis auf unsre Tage wiederhallen.

Zweite Periode.

(Sechshundert drei und sechzig Jahre.)

Entwickelung und Ausbildung der republikanischen Verfassungen Griechenlands; oder von der Eroberung Trojas bis zum ersten Kriege mit den Persern; vom Jahre 1184 bis 521 v. Chr.

Nach der gewaltsamen Aufregung, die der trojanische Kampf hervorgebracht hatte, blieb Griechenland fast hundert Jahre hindurch ruhig. Allein um 1104 überziehen plötzlich die Dorer, von den Heracliden geführt, den Peloponnes, aus dem sie einst durch die Nachkommen des Pelops verdrängt worden waren.

Zwar hatten sie schon vorher häufige Einfälle unter Hyllus, Kleodäus und Aristomachus versucht; doch den drei Söhnen des letztern, Temenus, Kresphontes und Aristodemus war es vorbehalten, den Pelopidischen Reichen in Mycenä, Argos, Sicyon, Lacedämon und Corinth ein Ende zu machen. Der ganze Peloponnes ward erschüttert; die Argiver flüchteten gen Norden und drängten die Jonischen Stämme nach Attika hinüber; die alten Staaten gingen unter und aus ihren Trümmern gingen fünf neue Heraclidisch=dorisch=äolische hervor. Oxylus, der Fürst der Aeoler, mit den Herclidern verbunden, gründete Elis: Argos bildete mit Mycen und Sicyon das Reich des Temenus; Messene fiel Kresphontes, Corinth dem Heracliden Aletes und Sparta den beiden Söhnen des Aristodemus, Eurysthenes und Procles, zu gemeinschaftlichem Reiche zu. Die Wirkungen dieser Erschütterung erstreckten sich über ganz Griechenland und Kleinasien. Die bedrängten Aeoler gingen nach Asien hinüber und gründeten dort Aeolis; die Jonier, nach kurzem Aufenthalte in Attika folgten ihnen unter Neleus und Androcles Führung, gründeten Milet und Ephesus, und bevölkerten Jonia. Ihre Freistaaten wuchsen schnell zu hoher Blüthe und Cultur empor und hier war es, wo die Sprache der Hellenen die erste Entwickelung fand, wo die Dialecte sich sonderten, wo Homers unsterbliche Gesänge und was uns von Hesiods Dichtungen übrig ist, seinen Ursprung nahm. Auch die Dorer in Megaris selbst wurden endlich ihrer beunruhigten Wohnsitze überdrüssig und gingen nach Rhodus und nach der gegenüber liegenden Küste. Der Peloponnes blieb mit Ausnahme Arcadiens, wo sich Kypsilos, ein pelopidischer Fürst erhielt, in der

Gewalt der kräftigeren, aber auch roheren Heracliden.

Griechenland hatte jetzt den Grad der Volkscultur erreicht, wo die Gewalt eines einzigen Chefs im Kriege und eines Richters im Frieden nicht mehr ausreicht. Republikanische Verfassungen traten daher als eine nothwendige Folge der Natur der Dinge, schnell überall ans Licht. Unter diesen zeigte Sparta die sonderbarste Mischung von monarchischen und demokratischen Grundsätzen.

Sparta.

Die Dorer, welche Sparta in Besitz nahmen, waren ein wesentlich rauher und kriegerischer Volksstamm. Ihre Behandlung der unglücklichen Bewohner von Helos zeigt uns dies auf das Deutlichste; die Stadt ward vertilgt, ihre Einwohner zu einer ewigen unablösbaren Sclaverei verurtheilt, bauten die Felder der Sieger, und wurden von diesen zu gewissen Zeiten gemordet, und wie Thiere gejagt, um ihre Vermehrung zu verhindern. Bürgerkriege zerrissen Sparta selbst; das Reich zweier Könige zugleich, der eine aus dem Stamme des Procles (Proclide, Eurypontide), der andre aus dem des Eurysthenes (Agide) war dem innern Frieden wenig günstig; Eunomus, der Vater des Lycurg, ward in einem solchen Bürgerkampfe erschagen. Ihm folgte Polydectes, sein Sohn; als dieser starb, regierte Lycurg, als Vormund seines unmündigen Neffen, Charilaos; allein die Verfolgungen der Witwe Polydects nöthigten ihn zur Auswanderung. In Creta, Kleinasien und Egypten lernte er weise Gesetze kennen, und brachte diese und Homers Gesänge

bei seiner Heimkehr nach Griechenland mit. Durch den Beistand des delphischen Orakels, das sich von nun an zu bedeutendem Ansehen erhebt, ward er zum Gesetzgeber des verwirrten Staates ernannt. Beschränkung der königlichen Gewalt durch die Gerusia (28 Greise über 60 Jahre) und fünf Ephoren (oberste Staatsrichter), welche die Volksversammlungen seltner machten, Gleichheit der Bürger und Vertheilung des ganzen Staatsgebiets in 9000 Theile für die Spartaner (Heracliden) und 30,000 Theile für die Lacedämonier (Besiegte, Ureinwohner, Pelasger, Perioiken), Verbot alles Handels, Rauhheit der Sitte, kriegerischer Geist, öffentliche Erziehung und Verbrüderung des ganzen Volks, wozu auch die Phiditia, öffentliche Mahlzeiten, gehörten, waren die Hauptpunkte seiner 500 Jahr hindurch erhaltenen Gesetzgebung. Er selbst starb für diese; nachdem er sich von den Lacedämoniern hatte schwören lassen, daß sie bis zu seiner Heimkehr keine Aenderung an seiner Gesetzgebung (Rhetrae) vornehmen wollten, verbannte er sich selbst. Hundert kleinere Städte hatte Sparta sich schon unterworfen; der Krieg mit Argos wegen Thirëa war durch einen Zweikampf von 300 Kämpfern geendet, da veranlaßte der Raub spartanischer Jungfrauen durch die Messenier, die Ermordung des Königs Teleclus von Sparta, und die Ungerechtigkeit der Spartaner gegen den Messenier Polychares den *ersten messenischen Krieg*. Alkmenes von Sparta nahm
Amphea ein, Schlachten folgten auf Schlach- 743
ten, bis die Messenier endlich, von König Theo- v.
pompus in der Bergfeste Ithome belagert, sich für Chr.
besiegt erkennen mußten. Sie wurden Sclaven Ol.
743 vor Chr. 9, 2

Dreißig Jahre darauf empören sie sich jedoch
unter Aristodemus Anführung, besiegen die Spartaner in mehreren Kämpfen, und nöthigen diese, einen Heerführer von den Athenern zu erbitten.
731 Diese, gleichsam zum Spott, senden ihnen den hinkenden Dichter Tyrtäus. Durch seine Lieder be-
724 geistert, erkämpfen die Spartaner den Sieg. Die
724 Besiegten wurden von neuem Sclaven, wie die He-
Ol. loten; ein Theil von ihnen flüchtete nach Sicilien
14, 1 und gründete dort Messene.

Ein Aufstand der Heloten, an dem die Parthenier*) Theil nahmen, zerriß indeß Sparta selbst. Sie wurden besiegt, flohen nach Italien und gründe-
705 ten Tarent. 705 v. Chr.

Eine neue Empörung der Messenier unter Aristomenes, dem griechischen Simson, den Arkadien, Argos, Elis und Sicyon unterstützen, ruft Sparta
685 von Neuem unter die Waffen. Nach vergeblichen Siegen bei Stenyclara und Carya flüchten die Messenier in die Bergveste Ira, und vertheidigen sich dort
680 zehn Jahre. Endlich wird Aristomenes jedoch verrathen, und Ira nach dreitägigem Sturme eingenom-
671 men. Der Held tödtet hundert Corinther, flieht nach Arcadien, bekriegt die Spartaner von Neuem und findet endlich in Sardes Zuflucht, wo er starb. Der Kampf endete mit dem völligen Untergange seines Volks. — Die Spartaner, jetzt das mächtigste
540 Volk des Peloponnes, erweitern ihre Grenzen gegen Argos und Arcadien. Nur die Tegeaten leisteten ihnen glücklich Widerstand, und schlugen ihre Könige Leon und Ariston. Der wahnsinnige Kleo-

*) Während der Abwesenheit der Väter in Sparta geborne Kinder.

menes I. machte Sparta allen seinen Bundesgenossen
verhaßt und bereitete so den Verlust der Hegemonie 500
(militairischen Anführung) vor. Ihm folgte Leonidas.

Athen.

Nach Kodrus Tode ward in Athen die Königs-
würde durch die eines lebenslänglichen Archonten 1068
ersetzt. Später gab es deren 13, alle aus Kodrus
Familie. Im Jahre 752 setzten die Eupatrides
(Edeln) es durch, daß die Archontenwürde alle zehn
Jahre und im Jahre 681, daß sie jährlich wechsele. 681
Nun gab es deren neun; der Eponymos, der dem
Jahre den Namen gab, der Polemarchos, Anführer im Kriege, der Basileus, Oberhaupt in Religionssachen; die sechs übrigen hießen Thesmothetä,
Gesetzgeber. Dennoch fehlte es nicht an Unruhen
und Zwiespalt, welche endlich die Veranlassung waren, daß man den Archonten Dracon mit der Verfassung neuer Gesetze beauftragte, 624. Doch auch 624
seine Gesetzgebung *) befriedigte nicht; sie war rauh Ol.
und unpassend; Tod und Verbannung straften das 39, 1
kleinste Vergehen; die Reibungen zwischen einzelnen
edlen Familien und dem Volke dauerten fort. Ein
solches edles Geschlecht, die Alkmäiden, an deren
Spitze Megacles und Kylon standen, reizte endlich
durch sichtbares Streben nach Obergewalt den Zorn 600
des Volks so, daß es sie nach schweren Kämpfen
verjagte. Bürgerblut war geflossen, die Heilig-

---

*) Θεσμοί genannt, ein wahrer Strafcodex, von dem man nach Solon nur einiges Wenige bestehen ließ.

thümer waren entweiht; man berief den weisen Priester Epimenides aus Kreta, um die Tempel und die ganze Stadt wieder zu reinigen und von Neuem der erzürnten Schutzgöttin Pallas zu weihen.

Während dessen gedieh Solon, aus Kodrus Geschlechte, als Kaufmann reich geworden, und wegen seiner Weisheit und Mäßigung bekannt, zu Ansehen. Auch als Krieger erwarb er Ruhm und eroberte um 600 Salamis durch List von den Megarensern zurück, trotz dem, daß es bei Todesstrafe verboten war, zu diesem so oft schon verunglückten Zuge nur den Vorschlag zu machen. Ein künstlich eingeschobener Vers in der Ilias erhielt Athen nachher im Besitze dieser Eroberung. Auf seinen Antrag wurden auch endlich die übermüthigen Krissäer, vor deren Plünderung selbst der Tempel von Delphi nicht sicher war, gezüchtigt. Ganz Hellas brach gegen sie zum Kriege auf. Cirrha ward nach Solons kluger Auslegung eines Orakelspruchs erobert, die Krissäer besiegt, und zum Andenken an diesen Sieg die pythischen Spiele bei Delphi, anfangs alle 9 Jahre, später (seit 582), wie die olympischen, alle vier Jahre gefeiert.

Nach diesem ersten heiligen Kriege beschäftigte sich Solon mit der endlichen Feststellung der Verfassung von Athen. Die drei Partheien der Eupatrides (Reiche, Bewohner der Ebene), welche Aristokratie, der Bergbewohner, welche Democratie und der Meerbewohner, welche eine gemischte Verfassung begehrten, beriefen ihn, der die angebotene Alleinherrschaft weise von der Hand wies, endlich zu ihrem allseitigen Gesetzgeber. Vor allen war es ein drückendes Schuldverhältniß, wo-

durch die reichen Bürger Athens über die ärmeren (wahrscheinlich ihre Pächter) eine unerträgliche Herrschaft ausübten. Solon versöhnte zuvörderst 594
alle Partheien durch Aufhebung dieser alten Schuld- Ol.
reste (Seisachthia, Erhöhung des Geldwerths für 46, 3
die Bezahlung der rückständigen Renten —) und durch die Verweigerung der Landesvertheilung. Dann theilte er das ganze Volk in vier Klassen: die Edlen, welche 500 Medimnen *) ernteten, die Ritter **), die Schwerbewaffneten ***) und die Handarbeiter ****), welche als Leichtbewaffnete und auf der Flotte dienten. Amtsfähig waren nur die drei ersten Klassen, doch zum Gerichte der Heliasten war auch die vierte wählbar. Volksversammlungen fanden in 35 Tagen viermal im Tempel des Bachus Statt; hier stimmte jeder Bürger über 30 Jahre mit Bohnen oder Steinchen (Ψῆφοι). Ein Senat aus vier, fünf und später sechshundert Alten hatte die gesetzvorschlagende und ausübende Gewalt; doch mit wechselndem Vorsitz der Prytanie, und in dieser wieder der Proedria. Die wichtigsten Aemter wechselten unter den Prytanen täglich: so war z. B. jeder nur einen Tag lang Epistatos, Aufseher des Staatsschatzes, Befehlshaber der Acropolis und Schlüsselbewahrer des Tempels der Schutzgöttin. Das ehrwürdige Gericht des Areopags waltete als oberste Richter- und Censurstelle; und es ward Vorschrift, daß bei Un-

*) Πεντακοσιομεδίμνοι.

**) Ἱππεῖς, welche 300 Medimnen hatten.

***) Ζευγῖται, welche je zwei zusammen so viel besaßen.

****) Θῆτες, Handarbeiter.

ruhen jeder Athenienser sich für eine Parthei entscheide.

Nach Begründung dieser aristokratisch-demokratischen Verfassung verließ Solon Athen, und ging nach Creta und Lydien, um nichts an diesen Gesetzen, die, wie er sagte, zwar nicht die vollkommensten, aber doch die passendsten waren, ändern zu dürfen. Als er zurückkehrte, fand
561 er seinen Verwandten Pisistratus im Besitze der Tyrannei (Alleinherrschaft) über Athen; doch be-
558 schützte dieser die solonischen Gesetze. Megacles jedoch, das Haupt der Meeranwohner, und Lykurg, der Anführer der Eupatrides, zwangen ihn endlich, trotz seiner mit Keulen bewaffneten Leibwache, Athen zu verlassen, 558 v. Chr. Nach einer zweiten Verbannung, denn von der ersten ward er durch List losgesprochen, kehrte er jedoch
540 mit bewaffneter Hand nach Athen zurück, wo er nun zur Zufriedenheit des Volks regierte. Er verschönte Athen, sammelte zuerst die homerischen Gesänge in ein Gedicht, und errichtete dem pythischen Apoll und dem olympischen Jupiter prächtige Tempel.

Hipparch und Hipplas, seine Söhne, folgten ihm, und regierten, wie er, gelind. Dich-
528 ter, wie Anakreon von Teos, Simonides und andre
Ol. sammelten sich um sie — das goldne Zeitalter
63, 1 der griechischen Sprache, der griechischen Kunst begann. Es war daher auch mehr Privatrache, als das Interesse des Vaterlandes, das Harmodius und Aristogiton mit andern Jünglingen ver-
514 mochte, Hipparch am Fest der Panathenäen, 514, zu ermorden. Hippias entkam, und nur in dem Untergange der Befreier, welche das Volk selbst

auslieferte, war der Grund zu suchen, warum
das Volk ihnen nach ihrem Tode Bildsäulen er=
richtete, und Hymnen sang, die zum Theil bis
auf uns gekommen sind. Hippias kehrte nach
der Hinrichtung der Verschwornen zurück; die
mißvergnügten Alkmäoniden flüchteten nach Ma=
cedonien, und reizten von hier aus, und im Ein=
verständniß mit dem Orakel zu Delphi, die La=
cedämonier auf, Athen zu befreien. Das sparta=
nische Heer unter Kleomenes, unterstützt von den 510
Mißvergnügten, siegte; Hippias Söhne wurden Ol.
gefangen, und er selbst hierdurch genöthigt, Athen 67,2
zu verlassen. Doch die Bürger gewannen nichts;
Klisthenes, das Haupt der Alkmäoniden, trat in
seine Stelle. Sein Betrug in Delphi ward ent=
deckt, die Spartaner drohten Krieg, wenn die Alk=
mäoniden nicht verwiesen würden. Dies geschah;
blutige Kämpfe in Athen selbst folgten: die Spar=
taner, von Isagoras unterstützt, drangen ein, wur=
den in der Acropolis belagert, Klisthenes zurück
berufen; die spartanische Parthei ward von ihren
Bundesgenossen verlassen: Klisthenes an der Spitze
seiner Democraten blieb Herr, und Hippias flüch=
tete nach Sardes, wo er Artaphernes, den per=
sischen Satrapen, zum Kriege gegen Hellas auf=
reizte (500 v. Chr.), um endlich in der Schlacht 500
von Marathon zu bleiben. —

Theben, Argos, Korinth und die andern Staaten.

In Theben war mit Xanthus Tode schon frü= 1100
her, als in Athen, die Königswürde abgeschafft
worden, wenn gleich die Macht des Archonten im

Grunde genommen eine königliche blieb. Gesetze erhielt Theben 728 durch den Korinther Philolaus. In Argos siegte die demokratische Parthei vollends, doch sank der Staat in seiner Bedeutung sehr. Phidon, der Heraclide, gab ihm um 800 feste Gesetze, und ließ Münzen prägen. Elis und Messene wurden um 740 Republiken, so daß um die Zeit des Perser-Krieges nirgends mehr Monarchie (Tirannei im griechischen Sinne) zu finden war.

Arcadien, Sicyon und Korinth behaupteten sich am längsten im Besitz monarchischer Regierungsformen. In Korinth besonders ging die De-
950 mocratie erst aus langen und blutigen Kämpfen hervor. Die heraclidischen Familien Aletes, Ixion, Agelas, Prymnis mußten den Bacchis weichen. Von diesen folgten sich Eudemus, Aristodemus,
770 Agemon, Alexander, Telestes in der Herrschaft, worauf eine Oligarchie der 200 ausgezeichnetsten Bacchiden, unter dem Vorsitz von Prytanen, folgte. Unter ihnen gelangte Korinth zu Reichthum und Macht, und ward die Mutter zahlreicher Colonieen (Ambracia, Apollonia, Potidäa). Die Seeschlacht gegen die Colonie Corcyra (664), in der schon Triremen (Dreidecker) erscheinen, ist die älteste, von der die Geschichte weiß. 657 endlich erhob sich Kypselos zur Tyrannis und brachte die
627 Regierung auf seinen Sohn Periander, der zu den sieben Weisen gerechnet ward. Ihm folgte Psammetich, Sohn des Gorgias (585); worauf die Korinther, unter dem Beistand der Lacedämonier, deren Bundesgenossen sie von nun an blieben, zu ihrer alten Oligarchie zurückkehrten.

Culturgeschichte.

Das öffentliche Staatsleben würde bei dieser
Zerstückelung Griechenlands verlohren haben, wäre
nicht durch das Institut des Amphiktyonen-
Gerichts und die olympischen und pythischen Spiele, sodann durch die Orakel und
die gemeinsamen Religionsangelegen-
heiten ein Band gebildet worden, das die einzelnen Staaten von Hellas zu einem Ganzen ver-
knüpfte. Jenes uralte Gericht sah seit den Sie- Seit
gen der Dorier sein Ansehn über ganz Griechen- 1200
land verbreitet; überall erkannte man es als das
höchste, entscheidende Staatsgericht an, als eine
Art von General-Staaten, bei denen alle Griechen repräsentirt waren. Die Jonier, die Dorier, die Aeoler (Böotier), Thessalier, Magne-
ter, Achäer, Phthioten, Phocier, Malier, Aenia-
ner, Doloper und Lokrer sandten, jeder Stamm
zwei Deputirte, die im Frühjahre zu Delphi,
im Herbst zu Thermopylae zur Schlichtung von
Staatshändeln, richterlichem Erkenntniß in letzter
Instanz, und Maaßnahmen gegen die Tyrannis zusammen kamen.

Das Ansehn der Orakel stieg in diesem Zeitraum bedeutend unter den Griechen. Den ersten Rang behauptete das der Pythia, die dem Volksglauben nach von dem delphischen Apoll begeistert ward. Viel Gutes, Friedenstiftendes und Menschlichkeit Förderndes ging von diesem Orakel aus, ehe es zum Spiel schlauer Priester herabsank.

Von den ältesten Zeiten her feierte Griechenland in Elis öffentliche Spiele. Die Einfälle der

888 Heracliden unterbrachen diese jedoch, und erst 888 stellte Iphitus auf Anweisung des Orakels sie wieder her, und verordnete die Feier der olympischen und pythischen Spiele bei Olympia und Cirrha fünf Tage lang in jedem fünften Jahr. Seitdem dienten sie zur Zeitberechnung. Freude und eine allgemeine Waffenruhe begleiteten sie. Körperliche Uebungen, Ringkämpfe, Wettrennen zu Fuß und zu Wagen (die erstern ehrenvoller) waren ihr Zweck; den Sieger lohnten Kränze von Oliven, Epheu, Lorbeer und Pinie, Preisgesänge und der Beifall des Volks. — Die isthmischen Spiele, welche bei Korinth Poseidon zu Ehren alle drei Jahre, und die nemeischen, welche bei Nemea in Argos gefeiert wurden, hatten ähnliche Zwecke; nur fanden auch hier Wettkämpfe um Dichterpreise statt, und Geisteswerke wurden vorgelesen. —

Die griechische Cultur schlug im Lauf dieser Periode ihre bestimmte Bahn ein. Der Schönheitssinn fing an seinen siegenden Einfluß zu entwickeln; die Philosophie ward von Thales, Anaximander, Pythagoras aus Samos und Anaximenes gelehrt; die gnomischen Dichter, zu denen Solon selbst gehörte, Theognis aus Megara, Phocylides aus Milet gewannen Ruhm; Alcäus, Sappho, Archilochus, Anakreon, Pindar, Tyrtäos aus Milet, Korinna aus Tanagra, Kalinos aus Ephesus, Lasos und andere; die ältesten Geschichtsschreiber Kadmus, Pherecydes und Fabeldichter, Aesopus, treten auf; das Drama beginnt, Xenophanes gründet in Kolophon die eleatische Schule (540); die Künstler Ageladas, Theodoros verkünden zuerst den Ruhm griechischer Kunst, und die sieben Weisen den der griechischen Weisheit *).

Das Staatsleben gewinnt überall feste Formen, die Gesetze gelangen zu Ansehn, Willkühr und rohe Gewalt verschwinden; Religion und Dichtkunst vereinigen sich, die Sitten zu mildern. Die Sprache bildet sich, die Sklaverei selbst verliert ihre rauhe Gestalt, und die Kriege werden menschlicher geführt.

Vor allen andern Staaten war es Athen, wo die Rechte der Menschheit, selbst am Sklaven, am meisten geschätzt wurden, und erlitt gleich Solons Gesetzgebung hier später bedeutende Veränderungen, so blieb doch der einmal geweckte milde und gerechte Sinn in dem Volk der Athenienser rege und lebendig. Nur der Ostracismus, das Urtheil der Landesverweisung durch die aus 20,000 — 30,000 Bürgern bestehende Volksgemeinde **) ausgesprochen, verleitete zu Mißbräuchen. —

*) „Maas zu halten ist gut: so lehrt Kleobulus aus Lindus.
„Jegliches vorbedacht, heißt Ephyras Sohn, Periander.
„Wohl erwäge die Zeit: sagt Pittacus aus Mytilene.
„Mehrere machen es schlimm, wie Bias meint, der Priener.
„Bürgschaft bringet dir Leid: so warnt der Milesier Thales.
„Kenne dich selbst:“ so befiehlt der Lacedämonier Chilon.
„Endlich: Nimmer zu viel, „gebeut der Cecropier Solon.“

Voß.

**) Sechstausend Stimmen genügten zur Verbannung.

So wie Sitte, Verfeinerung und Kunst in Athen, so herrschte in Lacedämon strenge Zucht und kriegerischer Sinn. Bedeutend waren die Fortschritte, welche die Kriegskunst in dieser Periode machte. Die Einrichtungen der Lacedämonier in dieser Beziehung waren musterhaft. Das ganze Bürgerheer zerfiel in sechs Abtheilungen *), jede in vier Schaaren **), die vier Lochagen nebst einem Polemarchen führten; jede Schaar theilte sich wieder in zwei Pentecosteren, und diese in zwei Enomolien. Immer, wie groß auch Sparta ward, blieb dieselbe Einrichtung; nur wuchsen die Zahlen. Zum Commando bedienten sie sich gewisser Kriegsgesänge, übten sich fortwährend im Gebrauche der Waffen, trugen flatterndes Haar und rothe Kriegskleider. Alle Bürger aßen zunftweise, in Syssitien vereint, öffentlich; eine schwarze Brühe war ihr Hauptgericht: alles, selbst Pferde und Hunde, besaß man gemeinschaftlich; Jagd (auf Heloten!) und Achtung des Alters waren der Jugend geboten; List, Raub und Gewandtheit wurden geübt; der glückliche Dieb ward geehrt; kurz — die ganze Erziehung war auf Stärke gegen den Feind berechnet; die Künste dagegen waren verboten. —

Nicht geringere Fortschritte, als die Kriegskunst, machte die Schiffahrt; die ersten Triremen besaß Korinth; die stärkste Seemacht die Bewohner von Aegina, deren Seekriege Athen zum Besitze einer Flotte verhalfen, in der es bald nachher seine Rettung finden sollte. Viele neue Ko-

*) Μόραι.

**) Λόχοι.

lonieen gründete diese Zeit. Argivische Herakliden
stifteten (734) das Reich Macedonien in einem 734
Thale Päoniens; Colophon, Phokaea, Priene,
Samos, Chios wurden von Joniern; zwölf andre Städte von Aeoliern; sechs, und unter diesen
Cnidos und Halicarnassus, von Doriern gegründet; alle diese Städte bildeten drei freie Conföde-
rationen, in denen der Handel, die Künste und
die Sprache blühten. Von Aeolern ward ferner
Sestos und Abydos, von Joniern Heraclea, Sinope, von Korinthern und Megarern Byzanz gegründet. Archias bauete Syracus, Messenier und
Samier Messene und Rhegium; die Argiver bevölkerten Großgriechenland; Kroton, Pästum und
Sybaris erbaueten Achäer; Aeolier Cumae. So
endete dieser Zeitraum, eine weite Aussicht auf
hohe Volksbildung, den schönsten Sieg der Freiheit und des Rechts, die herrlichsten Leistungen
der Kunst für die Zukunft versprechend. — Diese
Verheißungen sollten in dem nächstfolgenden Zeitraume in Erfüllung gehen. —

Dritte Periode.

(Hundert und neunzig Jahre.)

Griechische Freiheit, oder von dem ersten Perserkriege bis zu Alexander dem Großen, von 521 bis 336 v. Chr.

Perserkriege.

Seit Cyrus den persischen Thron bestiegen hatte,
waren die griechischen Städte in Kleinasien dem
„großen Könige" theils zinsbar, theils unter-
03 worfen. Unter Darius Hystaspes, seinem Nachfolger, empörte sich jedoch zuerst Milet, und Ari-
stagoras, der Gewalthaber in Milet, vertrieb nach
und nach die Satrapen aus den jonischen Städ-
98 ten. Die schnell erworbene Freiheit zu sichern baten die Jonier erst Lacedämon und, hier zurückgewiesen, Athen um Beistand. Athen sandte ihnen seine Flotte, welche nach Beendigung der
Kriege mit Aegina so eben müßig lag. Mit dieser eroberten und verheerten die Jonier Sardes.
Darius schwor Rache, überzog Kleinasien mit einer
Macht von 300 Schiffen und einer halben Million Menschen, und sandte seinen Feldherrn Mardonius nach Thrazien hinüber; wo er unter den
wilden Bewohnern, trotz des Beistandes des ma-

cedonischen Königs, Amyntas I., seinen Untergang fand, wie seine Flotte durch Sturm am Berge Athos. Neue Rüstungen der Perser folgten; Darius fordert Griechenland zur Unterwerfung auf, und Aegina, Theben und andre Städte erkennen die persische Oberherrschaft; nur Athen und Sparta, Eretria und Platea wiesen die persischen Herolde ab, und Sparta warf diejenigen, welche Wasser und Erde begehrten, in Brunnen und Graben; einen Frevel, den man nachher umsonst abzubüßen sich bemühte. Nun sendet Darius auf sechs hundert Schiffen zahllose Truppen unter Datis und Artaphernes von Cilicien aus nach Euböa. Diese zerstören Eretria und landen dann bei Marathon, nicht mehr als hundert und vierzig Stadien von Athen *), und der entflohene Hippias stellt die Reiterschwärme des Feindes in der weiten Ebene vortheilhaft auf.

Diesem furchtbaren Angriffe hatte Athen nicht mehr als 9000 Bürger und 1000 Platäer entgegen zu stellen; allein diese begeisterte das Vaterland, diese führte Miltiades. Aberglaube hielt den Beistand Spartas entfernt. Am Tage der Schlacht führte Callimachos, der Polemarch, den rechten Flügel, Aristides und Themistocles, später der Stolz Athens, kämpften im Centrum, die Platäer bildeten den linken Flügel der Schlachtlinie, und Miltiades war überall, wo der Oberbefehl, den ihm die neun Feldherren der Griechen abgetreten hatten, ihn hinrief. Am 29sten September 490 v. Chr. erfochten 10,000 Griechen über 100,000 Perser den vollkommensten

*) Etwa 3 Meilen.

Sieg, zuerst auf beiden Flügeln, dann in der Mitte. Die Perser stürzten fliehend ihren Schiffen zu, die Athenienser nahmen deren sieben; sieben tausend Perser, zwei hundert Griechen, Hippias, Callimachos, Stesileus und andre deckten den Kampfplatz, auf dem Aeschylus stritt; Athen war gerettet, denn auch ein zweiter Angriff vom Hafen aus ward abgeschlagen.

Miltiades verfolgte den besiegten Feind, griff mit 70 Schiffen Paros an, und ward endlich von dem undankbaren Vaterlande zurückberufen, um im Kerker zu sterben, da er eine Geldstrafe von 50 Talenten für den fruchtlosen Angriff auf Paros, nicht bezahlen konnte. Der strenge Aristides, an der Spitze der Aristokratie, der unerschrockene aber rohere Themistocles, als Haupt der Demokratie, leiteten von nun an die Staatsgeschäfte des Vaterlandes, oft im Widerspruche und feindselig gegen einander. Als es endlich zum offenen Kampfe kam, siegte Themistocles, und Aristides ward durch den Ostracismus verbannt. Wenig Jahre nachher sollte das undankbare Vaterland sich schmerzlich nach ihm zurücksehnen. Auf Themistocles Rath hatten die Athenienser ihre Flotte vermehrt; er sah wohl voraus, daß die Perser ihre Schmach nicht so schnell vergessen würden. Er hatte sich nicht geirrt. Darius starb; aber sein Nachfolger Xerxes rüstete ein Heer, wie die Welt nur selten gesehen hat. Zwölf hundert Dreidecker und 1,700,000 Menschen, sagen die Griechen, versammelte der König zur Rache gegen Hellas. An der Spitze dieser Macht erreichte er den Hellespont; sieben Tage und sieben Nächte lang zogen seine Schaaren auf einer Schiffbrücke

über die Meerenge; der Berg Athos war durchbohrt, seiner Flotte Bahn zu geben. —

Griechenland zagte; Argos beschloß Neutralität, Theben und Thessalien, wo die Aleuaden sich
mit Xerxes verbanden, erklärten sich persisch; der
Peloponnes begnügte sich mit Verschanzung der
Landenge; in Athen selbst, das mit Sparta allein zum Kampfe entschlossen war, walteten Partheiungen; Aristides war verbannt; das delphische
Orakel verhieß nur Heil hinter hölzernen Mauern.
Themistocles deutete diesen Spruch; ganz Athen
ging zu Schiffe; Weiber und Kinder flüchteten
nach Salamis. Die Perser zogen durch Thrazien, durch Macedonien, durch Thessalien, langsam und schwerfällig, doch ohne Widerstand hinab.

Die Versammlung der Griechen zu Korinth
löste sich vor Schrecken auf; in dem engen Grenz-
paß von Thermopylä stand ihnen Leonidas, König der Spartaner, mit 300 Spartern und 7000
Lokriern, Arkadiern, Mantineern, Korinthern und
andern entgegen. Lange machte er den Fluthen
des Feindes den Durchgang streitig: endlich sah
er sich durch Ephialtes, der den Persern den Weg
am Meere entlang zeigte, verrathen, und zum
Siege ohne Hoffnung. Da beschloß er in heldenmüthiger Aufopferung und als ein Beispiel
für alle Zeiten zu sterben. Er entsendete seine
Krieger bis auf 400 (300, 1400) nach Athen,
weihte sich mit diesen dem Tode und starb mit
ihnen, den Gesetzen des Vaterlandes gehorsam,
in der Vertheidigung des Passes. Nun ergoß sich 479
der Strom des Feindes über Böotien, indeß seine
Flotte Athen bedrohte. Dieser hatte sich in der
Meerenge Euripus, Themistocles mit 280 verbün-

deten und 53 atheniensischen Schiffen entgegengestellt, und nach dem unentschiedenen Kampfe am Cap Artemision, an der attischen Küste, eine sichernde Stellung genommen. Bei Salamis begegneten sich die Flotten. Themistocles, eine jener großen Naturen, die im Bewußtsein eigener Kraft nie fürchten, führte die Griechen. Den zagenden Spartanern unter Eurybiades zum Trotze, erhält er die Griechen beisammen, greift mit
480 271 Segeln die ungelenken Triremen der Egyp-
Ol. ter und Perser an, und erringt im vollkommen-
75, 1 sten Sieg die Rettung Griechenlands, den 23sten September 480. — Als Xerxes die Niederlage seiner Flotte von dem Aschenhaufen Athens her gewahr ward, floh er, da die Brücke über den Hellespont zertrümmert sein sollte, auf einem Fischerkahne nach Asien. Mardonius führte seine 300,000 Perser nach Macedonien zurück, von wo aus er Athen, durch König Alexander von Macedonien, vortheilhaften Frieden anbieten ließ. Die Athener verweigerten ihn stolz, und eilten, als
479 Mardonius im folgenden Jahre sie wiederum bedrohte, von neuem zu Schiffe. Indeß sandte auch Sparta endlich Hülfe, und Mardonius wich abermals nach Böotien zurück; die Hellenen folgen mit einem Heere von 100,000 Mann unter König Pausanias (dem größten, das Griechenland je besessen), und erringen, bei Platäa angegriffen, über den zehnfach überlegenen Feind den
Ol. schönsten Sieg, den 25. September 479. Mar-
75, 2 donius selbst war geblieben, das ganze Lager und unermeßliche Beute fiel den Griechen in die Hände. Theben ward von Pausanius erobert. An demselben glücklichen Tage wird der Rest der persi-

schen Flotte von Xanthippus und Leotychides bei Mycale durch Hülfe der Samier und Milesier vernichtet, Samos, Chios wurden befreit, und der Sieger kehrte mit Beute beladen heim. Xerxes flieht nach Susa, die Athener unterwerfen den Hellespont, und die Spartaner kehren heim. Athen erhebt sich aus den Trümmern; die Beute der Perser hilft es schöner wiedererbauen, als es je war. Aristides ist zurückgerufen; Themistocles befestigt seine Vaterstadt; der Hafen Piräus ward von ihm erbaut, und die lange Mauer, die Pericles vollendete, begonnen.

Auf gemeinschaftliche Kosten ward eine neue
Flotte ausgerüstet, um Kleinasien zu befreien. 476
Pausanias und Aristides erhalten den Oberbefehl, den Pausanias, durch asiatische Pracht den Griechen verdächtig, bald ganz an Aristides abgeben muß. So erlangte Athen, nach Pausanias Hinrichtung durch Hunger, die Hegemonie und die Verwaltung der jährlichen Beiträge von ganz Griechenland (460 Talente) zur Fortführung des Krieges gegen Persien.

Neidisch sah Sparta diesen Anwachs von Macht bei seiner Nebenbuhlerin; seiner Eifersucht gelang es endlich, Themistocles verweisen zu lassen; der Undank gegen seine Wohlthäter war ein characteristischer Zug Athens; es besaß ein Gesetz, das Jeden zu verbannen erlaubte, dessen Ruhm und Ansehen die Freiheit bedrohen zu können schien. Themistocles erhielt von Xerxes Lampsacus und Magnesia 471
geschenkt und tödtete sich hier durch Gift, um nicht Ol.
gegen sein Vaterland streiten zu dürfen*). In dem- 77, 2

*) Nach Thucydides starb er jedoch eines natürlichen Todes.

selben Jahre starb Aristides, sein großer Nebenbuhler, nach Einigen in Pontus oder in Jonien, nach Andern arm und vergessen in Athen. — Nach ihm erlangte Cimon, der schöne und edle Sohn des Miltiades, der zwar rauhe aber talentvolle Schüler des Aristides, der frühe Gegner des Themistocles, die Gunst des Volks und den Oberbefehl der Flotte. In dem neuen Feldzuge von 471, nahm er Byzanz, Scyros und Amphipolis, strafte die treubrüchigen Thasier, verbesserte die Einrichtung der Flotte, vernichtete die letzten Reste der persischen Heeresmacht in Aeionia am Strymon, wo sie sich unter Bojes eingeschlossen hatten, und führte den Leichnam des Theseus von Scyros nach Athen*). Im folgenden Jahre eroberte er Carien und Lycien
470 und schlug die persische Flotte und ihre Landmacht am Eurymedon in Pamphylien an einem Tage. Unermeßliche Beute fiel dem Sieger zu, die Seemacht Athens erreichte unter ihm ihre höchste Ausbildung, ihr politisches Ansehen seine höchste Stufe, und Athen verschönte sich als Stadt so, daß kein andrer Ort in Hellas ihr mehr den ersten Rang streitig machen konnte. — Allein eben diese Beute brachte Zwiespalt in den Bund. Cimon schlug vor, künftig nur Geld von ihnen, nicht Schiffe zu fodern; dies geschah und die Macht der Athener wuchs dadurch aufs Neue; doch mit ihr der Neid der Lacedä-

*) Bei der Feier der Beisetzung dieser Leiche war es, wo Sophocles über Aeschylus im tragischen Wettkampfe, Ol. 77, 4, siegte. In demselben Jahre (Archont Aphepsion) ward Socrates geboren.

monier und der heimliche Unwille der ganzen Bundesgenossenschaft gegen sie.

Indeß ward Sparta durch ein Erdbeben 469 fast gänzlich zerstört, und durch innere Kämpfe erschüttert. Die Heloten benutzten die Verwirrung, 469
welche die Zerstörung der Stadt im Erdbeben veranlaßt hatte, um sich mit den aufrührerischen Messeniern zu vereinigen und die Spartaner so zu dem dritten messenischen Kriege zu nöthigen. Indeß nahm König Archidamus ihren festen Hafen ein und vertrieb die Empörer nach Ithome. Hier riefen die in der Belagerungskunst ungeübten Spartaner den Cimon zu Hülfe, entledigten sich jedoch seiner bald wieder. Dadurch erbittert, nahm Athen die flüchtig gewordenen Messenier in Naupactus auf, und Cimon ward auf Antrieb Sparta's, verbannt. Sparta verfolgte unterdeß seinen Sieg, zerstörte das feindliche Pisa und ließ von der hier gemachten 456
Beute den berühmten Tempel des olympischen Jupiters mit der vergoldeten Statue des Phidias errichten.

Während des erhob sich in Athen Pericles, der Sohn des Xantippus und Enkel des Klisthenes, durch Feinheit der Sitten, schmeichelnde Beredsamkeit und Freigebigkeit gegen die ärmeren Bürger zu dem höchsten Ansehen. Er verschönte Athen, gewann 460
das Volk durch Schauspiele und durch höhere Richtergebühren, und schwächte die Macht des Areopag. Dabei beschäftigte er die Bürger durch äußere Kriege, und die Sorge für ihren Kriegsruhm. — Die Eifersucht zwischen Athen und Sparta war nämlich im Jahre 459 wirklich zu einem offenen Kampfe gediehen. Vierzehn tausend Athener waren den Argivern und Thessaliern, die mit Sparta im Kriege

lagen, zu Hülfe gezogen, und hatten diesen bei Tanagra in Böotien eine Schlacht geliefert, an der der verbannte Cimon Theil nahm. Später stellte dieser jedoch den Frieden so glänzend wieder her, daß er vom Volke zurückberufen ward. Darauf zog er mit einem athenienſischen Hülfscorps den aufrühreriſchen Egyptern gegen Artaxerxes zu. Das athenienſische Hülfsheer siegt und belagert Memphis, wird jedoch bald nachher zurückgeschlagen und nach hartnäckiger Vertheidigung vom Megabazes auf einer Insel des Nils eingeschlossen, und, von Persern und Phöniziern zugleich angegriffen, im Jahre 458 gänzlich vernichtet. Dieser erste unglückliche Krieg vermehrte die Verlegenheit Athens, gegen dessen Uebermacht die Bundesgenossen sich bereits von allen Seiten, Aeginaten und Corinther an ihrer Spitze, zu erheben anfingen. Cimon beschwor jedoch für diesmal den Sturm, brachte einen fünfjährigen Frieden zu Stande, ward sodann durch Pericles von Neuem entfernt, und betrieb nun die Belagerung von Cition (Sicyon) in Cypern. Durch ihn war die persische Macht in Europa gebrochen, und das Ansehen Athens über jede andere Staatsgewalt in Griechenland erhoben. — Mit Pericles Siege über ihn siegte zugleich die Demokratie über das aristokratische Element in der Staatsverfassung Athens, dessen Stütze Cimon gewesen war; allein dies nur, um bald alle Gewalt in Pericles Händen zusammenfließen zu sehen. —

Nicht ruhiger als hier, ging es in allen übrigen Staaten Griechenlands her. Argos und Theben wurden wegen ihrer Neigung für die Perser von den ihnen unterworfenen Städten angefeindet. Diese riefen bald Sparta, bald Athen zu Hülfe; die sich

dann wieder feindlich begegneten. So ward Mycenä zerstört 468, zwischen Athenern und Spartanern, wie wir schon sahen, bei Tanagra gekämpft (459); die Küste Laconiens (455) unter Tolmides geplündert und im nächsten Jahre (454) von Pericles selbst verwüstet. Dies währte so lange, bis es im Jahre 454 abermals zu einem großen Zuge gegen die Perser kam. Pericles ging mit 200 Schiffen nach Cyprus und nöthigte Artaxerxes (451) zum Frieden *), in dem er die Unabhängigkeit der griechischen Staaten in Kleinasien anerkennen und sich weder der Küste mit einem Heere zu nähern, noch das Meer zwischen den Chelidonischen Inseln und dem cyaneischen Felsen mit einem Schiffe zu befahren versprechen mußte. Um dieselbe Zeit starb Cimon, 449
der letzte Feldherr Athens ohne Selbstsucht und voll Vaterlandsliebe, fern in Cyprus.

Zeitalter des Pericles.

Nach Cimons Tode war die höchste Gewalt in Pericles Händen, den man seiner Pracht und Freigebigkeit wegen, den olympischen nannte. Aus einem der edelsten Geschlechter entsprossen, voll eingeborner Seelenhoheit, Einsicht und Geschmack, geschickt, wie keiner, in der Leitung eines ungeord-

*) Dieser Friede, den Kallias unterhandelt haben soll, ist vielfach bezweifelt worden. Thucydides weiß nichts davon, Kallisthenes glaubt auch nicht an ihn, und nur Craterus hat ihn uns unter seinen Volksbeschlüssen aufbewahrt. Plutarch erzählt wie von einer Sage von ihm und scheint ihn zwanzig Jahre früher nach der Schlacht am Eurymedon anzusetzen.

neten Staatswesens, überall, im Felde, zur See, im Rathe gleich groß, sicher und unerschrocken, verwaltete er, nachdem er durch geschickte Benutzung der Demokratie gegen die Aristokratie fast zur Alleinherrschaft emporgestiegen war, vierzig Jahre hindurch eine Regierung, die das Studium aller derer zu seyn verdient, welche in Freistaaten Aemter bekleiden wollen. Er erhob Athen zu der höchsten Stufe der Macht und des Reichthums, die Künste und Wissenschaften zu ihrer höchsten Blüthe, hielt, einmal zur Herrschaft gelangt, mit starker Hand die Demokratie im Zaume, schwächte das Ansehen des Areopag, schmeichelte wirksam bald dem Volke, bald den Aristokraten, verfeinerte und verdarb trotz persönlicher Tugend und Würde die Sitten, und milderte, so viel an ihm lag, den Druck, unter dem die Bundesgenossen seufzten.

Der Aufstand der Corinther und Aegineten war unterdrückt; die ersten, durch Myronides besiegt, baten um Frieden; die Aegineten, von Leocrates geschlagen, mußten selbst ihre Flotte ausliefern, und die unglückliche Schlacht bei Tanagra hatte den Sieg des Myronides über die Böotier und Phozäer vergessen gemacht. Dennoch brach gegen das Ende seines Lebens der Neid Spartas, der Unwille der Bundesgenossen in dem großen peloponnesischen Kriege aus. Pericles rieth dazu, denn er erkannte den Kampf als unvermeidlich und wollte nicht der letzte im Felde seyn. Eine große Unternehmung nach außen mochte überdies zur Erhaltung der innern
447 Ruhe auch nothwendig scheinen. Megaris begann
Ol. den Aufstand; zwar ward dieser kräftig unterdrückt,
83, 2 allein im folgenden Jahre ergriff Sparta die günstige Gelegenheit, sandte ein Heer gegen Athen,

dessen Führer, Kleandrides, Pericles bestach. Ein
dreißigjähriger Friede folgte nach der Hinrichtung des
Kleandrides; Megaris unterwarf sich; der Druck 445
blieb derselbe.

Die Athenienser, nur stolzer durch den neuen
Sieg, verlangten jetzt förmlich als die Oberherren
des griechischen Bundes anerkannt zu werden, und
begehrten, daß die Staaten Gesandte zu ihnen
schicken sollten, die gemeinsamen Angelegenheiten zu
berathen. Viele gehorchten, aber alle erfüllte diese
Forderung mit Haß und Feindschaft. Ein Krieg
zwischen Corcyra und dem Mutterstaate Corinth, in
dem Athen für Corcyra Partei nahm, gab die Veranlassung zum Ausbruche dieses Hasses. Die Co- 432
rinther reizten die macedonischen Unterthanen der
Athenienser zum Aufstande. Zwar besiegt Kallias
das empörte Potidäa; allein die Gesandten dieser
Stadt bringen im Peloponnes den Entschluß zum
Kriege gegen Athen zu Stande, über dessen Härte
alles in eine laute Klage ausbricht. Nun wen-
det sich der Zorn der Athener gegen Pericles; man
verbannt seine Freunde, Anaxagoras und Phidias,
und klagt, nachdem er Aspasia, seine Freundin, wirksam vertheidigt, endlich ihn selbst der Veruntreuung
öffentlicher Gelder an. Seine Beredsamkeit und
seine Armuth beschwören den Sturm und gründen seine Macht von Neuem auf die Liebe des
Volks; so daß, als die Gesandten des Peloponnes
mit Friedensbedingungen erschienen, die die Aufhebung der Belagerung von Potidäa, der Handels-
sperre gegen Megara*), die Entfernung der Be-

*) Pericles Zorn gegen Megara sollte seinen Grund
in der Entführung zweier Mädchen, die der

satzung aus Aegina, die Unabhängigkeit der Inseln, und die Verbannung des Pericles forderten, er sie verwerfen und den Krieg beschließen lassen konnte.

Ganz Hellas, mit Ausnahme von Argos, Achaja, Naupactus, Platäa, Corcyra, den Inseln und einigen thessalischen und thrazischen Fürsten, hielten an dem Bunde mit Athen fest; ja, selbst Sicilien und die italischen Colonien, Perdikkas von Macedonien und Persien wurden um Hülfe gegen die
431 Athenienser angerufen. Seitdem in Athen nämlich
Ol. die Demokratie entschieden zum Siege gelangt war,
87, 2 neigten sich die Volksklassen in allen kleineren griechischen Staaten zu Athen hin, während die Aristokraten meistens für Sparta waren. Mit der erwachenden Eifersucht zwischen diesen beiden Staaten, erwachten daher auch überall Bürgerzwiste, die damit endeten, daß die demokratisch regierten Staaten für Athen, die aristokratisch verwalteten dagegen für Sparta in die Schranken traten. So schlossen sie die Böotier, die Phozäer, die Lokrer, die von Megara, Ambracia, Leucate, Anactorium und der ganze Peloponnes, außer Argos an Sparta an; und so brach der Krieg aus, der nach 27jährigem blutigen Kampfe mit der Demüthigung Athens endete.

Peloponnesischer Krieg.

Archidamus, König von Sparta, eröffnete, nachdem der Krieg durch die Volksgemeinde von Sparta entschieden war, den Kampf durch Belage-

Aspasia angehörten, durch einige megarensische Jünglinge haben, und so wäre am Ende der große Peloponnesische Krieg um einiger Courtisanen willen geführt.

rung Oenoe's, der attischen Grenzveste gegen Böotien. Zwar nöthigte Pericles die Lacedemonier
durch seine Flotte, welche Messenien bedrohte, und
Aegina und Megara verheerte, zum Rückzuge; doch
ward Attika verwüstet, ohne daß es die Landmacht 430
Athens, 32,000 Mann, noch seine Flotte (fast
100 Schiffe) zu hindern vermögen. Im nächsten
Frühjahre kehren die Peloponnesier wieder; die
Pest (!) wüthet in Athen und entvölkert es trotz Hip-
pocrates Curen, den die Dankbarkeit der Athenienser
mit einer kostbaren Krone und mit dem Bürgerrechte
ehrt, das später auf alle seine Landsleute, die Bewohner von Cos, ausgedehnt wurde. Die Straßen
füllten sich mit Leichen; Zucht und Ordnung müssen
vor dem Drange der Gefahr weichen, und die Un-
gewißheit des Daseyns löst alle Fesseln der Tugend
und der Schaam. In dieser Noth zeigte sich die
Geisteskraft eines großen Mannes; Pericles allein
hielt den gesunkenen Muth Athens aufrecht. Potidäa ergiebt den Atheniensern sich; die Peloponnesier
werden abermals zum Rückzuge genöthigt; dennoch
wird Pericles seines Amtes entsetzt. Ein neuer
Einfall der Spartaner folgt und Pericles, wieder 429
zum Anführer erwählt, stirbt. Der Friedensantrag
der Athenienser wird von den Spartanern stolz verworfen, und verzweifelnd rüstet sich Athen von
Neuem zum Widerstande. Im folgenden Jahre 428
erobern die Spartaner Potidäa, und eine atheniensische Flotte verwüstet dagegen Laconien. Die Inseln der Athener werden dafür geplündert, und selbst
die ionische Küste tritt dem Bunde gegen das Mutterland bei, dem es einst seine Rettung vom persischen
Joche dankte. Unterdeß lenkt der rohe Kleon, aus
der Zunft der Gerber, trotz des Spottes der Athener

über ihn, durch Frechheit die Volksgemeinde von Athen. Seine Flotte unter Nicostratus wird bei Corcyra von Alcidas besiegt. Dennoch nimmt er Mytilene ein, und verurtheilt trotz Demodates Widerstand, in einem blutigen Decrete alle Lesbier zum Tode (427); während die Spartaner Platäa, die treue Bundesgenossin Athens in allen seinen Kriegen, erobern und zerstören. — Doch konnte Alcidas, mit Brasidas vereinigt, noch in demselben Jahre Corcyra wieder nehmen, das beide jedoch bald wieder verlassen müssen. — Im nächsten Jahre hinderten Erdbeben in Attika und Böotien die Peloponnesier, diese Landschaften zu verwüsten. Im Jahre 425 rettet Demosthenes, ein trefflicher Feldherr Athens, Naupactus und Argos, die Athener siegen (424) zur See und belagern die Spartaner auf Sphakteria. Nikias, der edle aber unentschlossene Gegner des Kleon in der Volksgemeinde, legt das Commando nieder und der prahlerische Schreier Kleon führt die Spartaner wirklich gefangen nach Athen; Lacedämon bittet nun um Frieden, doch Kleon läßt ihn stolz verwerfen, wofür Aristophanes ihn dem öffentlichen Spotte Preis gab. Lange blieb das Glück den Athenern treu; Nikias erobert Cytheräa, Demosthenes Nisäa, die Landarmee Thyrea; allein der Uebermuth, den diese Siege erzeugten, verdarb
423 schnell alles wieder. Neue Friedensanträge werden abermals verworfen, doch Kleon wird von Brasidas bei Amphipolis geschlagen; beide Heerführer bleiben, und eine Art von 50jähriger Waffenstillstand kommt bei der friedlichen Neigung Nikias und Plistoa-
422 nax von Sparta zu Stande (422 v. Chr.). Thucydides, der Geschichtsschreiber, der zu Thasos befehligt hatte, ward verbannt — und dieser

Verbannung verdanken wir das trefflichste Geschichts-werk der Hellenen *).

Sicilische Expedition.

Nichts was bisher entschieden, und so war vorauszusehen, daß die Ruhe nur von kurzer Dauer sein würde. Indeß vergingen bei der allgemeinen Erschöpfung doch sieben Jahre, ehe die Waffen wieder ergriffen wurden. Dies geschah mit einem pomphaften Seezuge der Athenienser gegen Sicilien. Die Bewohner Egestes hatten den Beistand Athens gegen die Bedrückungen der Syracuser angerufen. Alcibiades, der Sohn des Klinias, der Neffe und Nachfolger des Pericles in feiner Sitte und Volksgunst, schön, unternehmend und geistvoll, ein Schüler des Sokrates, allein von eben so ausschweifendem und sybaritischem Wandel als der des großen Pericles ernst und streng gewesen war, rieth zum Kriege wider Syrakus. Er bedurfte des Krieges; Ruhm und Einfluß waren die Elemente seines Lebens; außerdem war der Vortheil, den diese Unternehmung versprach, die Beute, die sie verhieß, entscheidend, und immer war die Aussicht auf Ruhm und Beute für die Griechen ein unwiderstehliches Motiv. Die öffentliche Meinung unterstützte daher den Rath des jungen Helden; Syrakus war dorischen Ursprungs und daher schon in dieser Hinsicht eine Alliirte der Feinde Athens; die Egester versprachen überdies den Ersatz aller Kriegskosten im Falle des Mißlingens. Sechzig Talente, die sie für eine Hülfsflotte von 60 Schiffen sogleich vorwiesen, gaben

*) Ueber die ersten zwanzig Jahre dieses Krieges.

den Ausschlag. Umsonst widersetzte sich der muthige, aber unentschlossene Nikias; Alcibiades siegte und die Rüstung ward vollendet. Die Flotte verließ die Rhede von Corcyra, nachdem der Prozeß, in den die Verstümmelung der Hermes-Statuen den eitlen, leichtsinnigen Alcibiades verwickelt hatte, niedergeschlagen war. Hundert und vier und dreißig Dreidecker und 5000 Schwerbewaffnete, ohne die Schützen von Creta, die Schleuderer von Rhodos, die leichten Truppen von Megara zu rechnen, bildeten den Zug. In Rhegium, Syracus gegenüber angekommen, fand man den Feind gerüstet, die Egester arm und ohnmächtig und den Zwiespalt unter den Anführern Lamachus, Nikias und Alcibiades.
415 Man landete, bemächtigte sich Catana's und der Angriff auf Syracus begann. Da erschien plötzlich die salaminische Galeere, welche Alcibiades von dem Oberbefehle abrief, um auf die in seiner Abwesenheit gegen ihn eingebrachte Klage zu antworten. Alcibiades eilte zurück; allein in Thurii angekommen, beschloß er hier den Ausgang seiner Sache abzuwarten; er wird zum Tode verurtheilt, und sucht Schutz erst in Argos, zuletzt in Sparta. „Ich will Athen beweisen, daß ich noch lebe", hatte er gesagt, und er hielt Wort.

Nach Alcibiades Abberufung geschah zunächst wenig in Sicilien; die Entfernung des heldenmüthigen Führers hatte die Armee entmuthigt; Nikias verlor durch Zaudern den günstigen Augenblick und Lamachus hatte wenig Einfluß. Endlich führt Nikias jedoch das Heer zum Angriffe; er siegt; allein sein Sieg blieb ohne Frucht, da es ihn an Belagerungswerkzeugen gebrach. Dennoch schloß er die Stadt zu Lande und zur See ein. Schon waren die Syracusaner im Begriffe sich dem Sieger zu ergeben, als Gylippus und Gongylas mit einer lacedämonischen Flotte zu ihrem Beistande erschienen. Mit den Hülfsvölkern des Peloponnes, des Gela, Selinunts und Himeras drang er in die Stadt ein. Zwar siegte Nikias noch einmal; dennoch mußte er endlich der Ueberzahl weichen, und sah sich nun in seinem eigenen Lager belagert. Die Flotte von Syracus, auch durch Corinthische Schiffe verstärkt, trug nun einen entscheidenden Sieg davon; Nikias mußte sich mit den Resten seiner Flotte hinter die Transportschiffe verschanzen, da erscheint plötzlich eine atheniensische Hülfsflotte von 74 Segeln unter Eurymedon und Demosthenes. Nun folgte Anstrengung auf Anstrengung, Kampf auf Kampf und diese Kriegsepisode wird bald die anziehendste und größte Kraftentwickelung, zu der Athen und Sparta je emporgestiegen sind. Demosthenes übernimmt nun den Oberbefehl und bewegt den zögernden Nikias endlich zu einem Hauptsturme auf den Theil der Stadt, welcher die Epipole hieß. Der Angriff erfolgte in der Nacht unter Begünstigung des Mondscheins: drei syracusische Lager wurden eingenommen, schon waren die Mauern erstiegen, die Syracusaner flohen, als Gylippus sich mit den Peloponnesiern den Angreifenden entgegenwirft. Verwirrung ergreift die Reihen der Athenienser; zu früh glauben sie sich besiegt, die Unkunde des Orts zerstört alle Ordnung und verwirrt die Befehle; sie weichen. Auf dem Rückzuge stoßen sie auf ihre Bundesgenossen aus Corcyra und Argos, die einen Päan (Kriegsgesang) im dorischen Dialekte singen. Man hält sie für Feinde, stürzt sich auf sie, und ein unglücklicher, blutiger Kampf erfolgt. In dieser Verwirrung erfährt der Feind das Schlachtwort, dringt ein und

unter den Streichen der Syracusaner fallen alle neu-angekommenen Hülfstruppen. Nikias rettet sich jedoch. — Diesem Unglücke folgt nun Zwiespalt unter den Anführern; Demosthenes drang auf schnelle Heimkehr; Nikias war unentschlossen; doch während man noch überlegte, verstärkten neue Hülfsvölker die Reihen der Feinde. Die Syracusaner versperrten der atheniensischen Flotte den Rückweg durch Ketten; man mußte sich zu einem entscheidenden Kampfe entschließen. Hundert und zehn Schiffe wurden zur Schlacht gerüstet; die Vorbereitungen
413 von beiden Seiten verkündeten den blutigsten und hartnäckigsten Kampf. Die Schlacht war furchtbar; die Schiffe, in einem engen Raume zusammengedrängt, bildeten ein festes Schlachtfeld, auf dem sich Mann gegen Mann schlug. Nach mehreren Stunden blutiger Arbeit waren die Athenienser besiegt: alles floh; die Bemannung der wenigen nicht untergegangenen Schiffe verließ diese, und floh zu Lande. Man mußte das Lager, die Kranken, die Verwundeten dem Feinde überlassen Nikias zog vorauf, Demosthenes deckte den Rückzug. Nach zwei Tagen mußte sich die Nachhut, 6000 Mann stark, erschöpft und unfähig zur Schlacht, zu Gefangenen ergeben. Nikias erreichte indeß den Erineon, wo er Tags darauf auch seiner Seits angegriffen ward. Er kannte das Schicksal des Demosthenes und erbot sich, die Kriegskosten zu bezahlen, wenn man ihm freien Abzug bewillige. Sein Antrag ward verworfen: der Kampf begann und währte bis zum Abende. In der Nacht wollte er fliehen; allein umsonst; verfolgt vom Feinde, erreichten die Athener den Asinares. Hier wurden die erschöpften Athenienser von dem übermächtigen Feinde erdrückt;

sie starben, während sie ihren glühenden Durst in den Wogen des Flusses zu stillen bemüht waren. Nikias ergab sich mit dem Reste der Seinigen dem Gylippus; der Sieg der Syrakusaner war vollkommen; sie benutzten ihn unmenschlich; Nikias und Demosthenes wurden hingerichtet; die Ihrigen aber nahmen die weiten Gefängnisse der Catacomben auf. Unter den letztern rettete sich mancher, der einige Verse des Euripides, des Lieblingsdichters der Syracusaner, auswendig wußte, und diese waren die einzigen, welche ihre Freiheit erhielten und die Nachricht von dem unglücklichen Ende ihrer Waffenbrüder nach Athen bringen konnten.

So endete diese stolz begonnene Unternehmung mit dem gänzlichen Ruine der Seemacht Athens. Schrecken und Bestürzung ergriff bei dieser Nachricht die Athenienser: Wehklagen und Jammergeschrei erfüllte die ganze Stadt.

Denn auch hier war die Noth indeß furchtbar angewachsen; Hunger und Krankheit herrschten
in Athen, die Flotte war verloren und alle Bun- 413
desgenossen waren abgefallen. Den 50jährigen Waffenstillstand hatten diese vom Hause aus gar nicht angenommen; Korinth, Argos, Mantinea und Elis führten den Krieg vielmehr fort; bald traten auch Theben und Athen hinzu. Später (418) trennte sich dieser Bund jedoch wieder; Athen nimmt Orchomen und Tegea ein, und nun treten Theben, Korinth und Megara wieder auf die Seite Spartas. Argos dagegen bleibt athenienisch. Unter diesen Umständen brach der Krieg mit erneuerter Wuth aus. Der Hunger herrschte in dem jüngst so blühenden Athen. Agis von Sparta eroberte die Grenzveste von Decelia; alle noch übrigen Verbündeten fallen von Athen ab

und Tissaphernes herrscht auf der kleinasiatischen Küste, nicht ohne Attika selbst zu bedrohen. Eine
412 neue Flotte wird jedoch von dem Reservefonds der eintausend Talente erbaut und der Sieg bei Milet errungen: dennoch vertrieb theils Alcibiades, theils Tissaphernes die Sieger aus dem ägäischen Meere.

Da wird der verurtheilte Alcibiades selbst der Retter seines Landes. Aus Sparta muß er fliehen, weil Astyochus die Verletzung der Sitten an ihm mit dem Tode zu bestrafen droht; er geht zu Tissaphernes, der unterdeß ganz Kleinasien unterworfen hat, nimmt diesen gegen Sparta ein, und verspricht nun den Atheniensern die Freundschaft des großen Königs, wenn sie die Aristokratie annehmen wollen. Pisander und Theramenes setzen diesen Vorschlag in Athen durch, ein Ausschuß von 400 erhält die Macht der Volksgemeinde, und der gewaltige Rhetor An-
411 tiphon entwirft eine neue Constitution. Der Rath
Ol. der 400 (Aristokraten) sollte die executive, die Ge-
91, 1 meinde von 5000 Bürgern die gesetzgebende Gewalt haben. Doch das Heer in Samos verwirft diese Verfassung wieder und begehrt Alcibiades zum Anführer. Die 400, um sich zu retten, wollen Frieden unter jeder Bedingung; allein man kerkert sie ein, tödtet ihren Gesandten in Sparta, Phrynichus, und neue Kämpfe folgen. Eine feindliche Flotte nimmt indeß Euböa; Theramenes übergiebt die höchste Gewalt den 5000, welche Alcibiades zurückrufen. Zwanzig in Eile erbaute Schiffe besiegen unter seiner Leitung die Spartaner, befreien Ionien, den Hellespont und vernichten bei Cyzikus unter Alcibiades, die feindliche Flotte. Die freudetrunkenen Athener verweigern nun übermüthig den Frieden; das Glück folgt dem Alcibiades, der (407) nach-

dem er den Hellespont unterworfen und die Niederlage des Thrasyllus bei Ephesus (409) durch die Einnahme von Byzanz gerächt hat, endlich im Triumphe
in Athen einzieht und zum Oberfeldherrn mit *unbeschränkter* Gewalt ausgerufen wird. — Die- 407
ser Taumel währte bis Lysander an die Spitze der
Peloponnesier tritt: schnell gehen nun alle Eroberungen verloren, die atheniensische Flotte wird in Abwesenheit des Oberfeldherrn geschlagen, Alcibiades
wird entsetzt: Konon, Thrasyllus und zehn andere
Feldherren folgen ihm. Lysander muß indeß den 406
Befehl an Kallicratides abgeben und dieser schlägt 93, 3
Anfangs Konon, und nimmt fast die ganze athe- Ol.
niensische Flotte; allein bald darauf wird er bei den
äginusischen Inseln gänzlich geschlagen (Lesbos)
und findet selbst seinen Tod. Nun tritt Lysander
wieder an die Spitze der Seemacht; mit 150 Schiffen nimmt er Lampsacus, die Athenienser 180 Segel
stark, folgen ihm und bei Aegospotamos, Lampsacus gegenüber, kommt es zu einer entscheidenden 405
Schlacht. Die übermüthigen Athener werden be- im
siegt; Kanon flüchtet mit 8 Schiffen; Jonien und Dec.
die Inseln unterwerfen sich, und Athen wird zu Ol.
Wasser und zu Lande von Agis belagert. Nach meh- 93, 4
reren Monaten zwang sie der Hunger zur Uebergabe. 404
Die Bedingungen des Siegers waren hart; der Ol.
Piräus sollte zerstört, die Mauer niedergerissen 94, 1
werden; Athen alle Ansprüche auf auswärtige Besitzungen aufgeben, nur zwölf Schiffe halten dürfen,
alle verbannte Aristokraten zurückrufen und die Verfassung annehmen, die Sparta ihnen gab. Der
Sieg des Peloponnes war vollkommen — von diesem Tage an rechnet man den Verfall Athens. —

Spartas Oberherrschaft.

Die Spartaner allein hatten dem Verlangen der Korinther, der Thebaner und ihrer übrigen Bundesgenossen, Athen zu zerstören, widerstanden. Sie ließen die Stadt, die Griechenland von dem persischen Joche befreit hatte, nicht untergehen — nur gedemüthigt sollte die Nebenbuhlerin werden. — Die Verfassung, welche der Sieger Athen aufdrang, war eine oligarchische. Dreißig (Tyrannen) standen, unter Kritias Leitung, an der Spitze der Regierung; Tugend, Reichthum
404 und Ansehen wurden verfolgt: der edle Thrasybul verbannt, Antiphon selbst getödtet, Theramenes, einer der Dreißig, allein der Ungerechtigkeit der andern ein Damm, wird zum Giftbecher verurtheilt, und Willkühr und Grausamkeit zur Herrschaft berufen; eine spartanische Besatzung bewachte die Stadt: jeder angesehene Bürgerfreund wird ohne Scheu vertrieben; Alcibiades flieht nach Phrygien — da erhebt Thrasybul die Fahne der Empörung, erobert mit siebzig Verschworenen das feste Phylä, schlägt das Heer der Dreißig, tödtet Kritias und Hippomachus, nimmt den Piräus und belagert Athen, wo die Dreißig, welche nach Eleusis fliehen, durch einen Rath von Zehn ersetzt werden, die sich jedoch dem spartanischen Einflusse so wenig entziehen, als die Dreißig. Der Zwiespalt der beiden spartanischen Könige Lysander und Pausanias, welche jeder an der Spitze eines Heeres erscheinen, kommt Thrasybul jedoch zu Statten: er unterhandelt mit Pausanias, die Demokratie wird wieder hergestellt, die spartanische Besatzung abberufen, den Gegnern der neuen

Verfassung die Auswanderung nach Eleusis verstattet und eine allgemeine Amnestie bewilligt.
Dennoch gedieh die solonische Verfassung nicht 403
wieder zum Leben: ein ungeregeltes Pöbelregiment Ol.
führte Athen vielmehr seinem Untergange bald 94, 2
vollends zu. In dieser Zeit (399) ward Socrates, der Lehrer der Weisheit, von dem Volksge-
richte der Heliäa zum Giftbecher verurtheilt. Er
hatte sich als Epistat der Ungerechtigkeit des Volkes widersetzt, welches die Sieger bei den äginusischen Inseln, weil sie die Todten nicht gehörig
bestattet hatten, zum Tode verurtheilen wollte. —
Von phrygischen Mördern ward Alcibiades um
eben diese Zeit, auf Anstiften der Dreißig, in seiner Zufluchtstätte mit Pfeilschüssen aus der Ferne
ermordet, weil die Mörder sich ihm nicht zu nahen wagten. —

Die Hegemonie (Heerführerwürde) war jetzt
unbestritten bei Sparta. Bald genug verlohr jedoch auch dies, besonders durch seine Grausamkeit gegen Elis, die Liebe der Griechen. Nach
Agis Tode bestieg Agesilaus II., der Große genannt, klein und unansehnlich von Person, doch
durch Scharfblick und Thatkraft ein großer Feldherr, den Thron. Dieser sandte dem Cyrus gegen seinen Bruder Artaxerxes ein 13,000 Mann 400
starkes Hülfscorps unter Clearch und dem Athener Xenophon; doch trotz des Sieges bei Kunara,
erwarb Griechenland keinen andern Ruhm aus diesem Zuge als den, welchen Xenophon durch seinen 400
musterhaften Rückzug durch barbarische Völker und
Länder, 300 Meilen weit, errang. Artaxerxes
nahm Rache an den äolischen Städten in Asien.
Thimbro und später Dercyllides wurden ihnen mit 399

5000 Laconiern und Heloten (denn die Bürger Spartas stritten nur für Sparta), zu Hülfe gesandt. Dieser erobert, besonders durch die von Xenophon geführten Truppen, und durch eine List, die ihn berühmt machte, den thrazischen Chersones und nöthigt die Satrapen, Pharnabazes und
397 Tissaphernes, den Frieden anzubieten. Agesilaus,
396 der hierauf selbst erscheint, schlägt die Perser am
395 Paktolus, erobert Lydien und Phrygien, und kann nun selbst den Plan entwerfen, den großen König zu entthronen, der ihm in aller Eile Tithraustes entgegen sendet. Indeß aber geräth Sparta in einen Kampf mit ganz Griechenland. Argos, Korinth und Theben von persischem Gelde, gewonnen und von Abentheurern und Condottieris unterstützt, mit denen der peloponnesische Krieg ganz Griechenland überschwemmt hatte, erhoben zuerst die Fahne gegen die spartanische Oberherrschaft. Zwar drang Lysander in Böotien ein, erobert Orchomen und Lebadea; allein bei Haliar-
394 tus überrascht, wird er geschlagen und bleibt. Die-
Ol. ser Niederlage folgt zuerst der Abfall Athens, dann
96, 3 eine allgemeine Empörung der Griechen. Sparta ruft in seiner Noth den in Oberasien siegreichen Agesilaus zurück; dieser dringt durch Thessalien, durch Böotien ein und siegt über die Verbündeten bei Coronea. Während er Korinth verwüstet, wird die spartanische Flotte unter Pisander von Konon, dem der cyprische König Evagoras wieder eine (zum Theil persische) Flotte verschafft hat,
394 bei Knidus hart geschlagen, so daß er wieder zum Herrn des Meeres wird. Pisander bleibt, Konon wird Herr der Küsten des Peloponnes, zerstört alle spartanische Schiffe ohne Ausnahme, brand-

schatzt Laconien und erbaut endlich — mit persischem Gelde — den Piräus und die Mauer von
Neuem. In ihrem Schrecken unterhandeln die
Spartaner auf jede Bedingung mit Persien Frie- 387
den, durch Antalcidas: Konon, der atheniensische
Gesandte, erscheint, wird von dem Satrapen The-
ribazes gefangen und getödtet. Evagoras von Cyprus nimmt sich Athens jedoch an, und schlägt
die Perser, während Thrasybul Byzanz erobert,
und nach seinem Tode, in Rhodos, Iphicrates
den Spartaner Anaxibias im Chersones besiegt.
Nun kommt der (antalcidische) Friede leicht zu
Stande. Kleinasien wird den Persern unterworfen; Lemnos, Imbros und Scyros bleiben Athen: 387
alle andere Inseln sollten Republiken seyn. Zwi- Ol.
schen Sparta und Persien wird ein Bündniß zur 98,2
Aufrechthaltung dieses Friedens verabredet; Athen,
Theben und Argos müssen ihn anerkennen, und
Evagoras, der allein widerstrebt, wird zwar besiegt,
weiß sich jedoch als tributpflichtiger König in Cyprus zu behaupten.

So endete dieser Krieg durch den Einfluß der Perser, doch mit einer neuen Erhebung Athens. Die durch den Sieg Spartas fast überall erhobenen aristokratischen Verfassungen mußten nun meistens wieder den demokratischen Elementen weichen, wie dies in Korinth, Theben und Rhodus z. B. nach blutigen Kämpfen, geschah. Dennoch blieb die militärische Obergewalt noch eine kurze Zeitlang bei den Spartanern. —

Thebanische Macht.

Nach diesem Frieden leitete Sparta mit Stolz und Uebermuth die griechischen Angelegenheiten.

Man hörte nicht auf, diejenigen Städte zu züchtigen, die im Kriege nicht für Sparta gewesen
waren. So ward Mantinea grausam zerstört
385 (385), als es seine Mauern nicht selbst niederrei-
ßen wollte. Apollonia und Akanthus gegen Olynthus in Macedonien zu unterstützen, führte Eu-
383 damidas 2000 Sparter nach Nordgriechenland und
wird geschlagen. Teleutias, Agesilaus Bruder,
382 folgt mit 10,000 Mann: ihn ereilt dasselbe Schicksal. Im nächsten Jahre zieht der König Agesi-
polis mit einem mächtigen Heere dahin, plündert,
erobert Torona und stirbt. Polybiades, sein Nachfolger, unterwirft endlich Olynthus nach zehnmo-
380 natlicher Belagerung (380). — Ein zweites spartanisches Heer unter Phöbidas hielt Theben in
Zaum. Hier bekämpften sich die Partheien des
Leontiades und des Ismenias; Phöbidas läßt sich
bereden, Theben zu besetzen; die Ismeniaden, unter ihnen Pelopidas, der Schüler des Pythago-
räers Lysis, die Hoffnung Thebens, fliehen nach
Athen. Mit Hülfe der Athener werden die Ari-
378 stokraten, an deren Spitze Archias stand (378),
durch als Mädchen verkleidete thebanische Jünglinge, unter Pelopidas und Phyllidas Anführung,
ermordet, die Spartaner durch Epaminondas aus
der Burg Kadmea vertrieben, und, nach dem unglücklichen Versuche des Sphodrias auf den Piräus, von einer neuen Verbindung, an deren
Spitze Athen stand, und welche Chios, Rhodos,
Mytilene, Theben und Byzanz bildeten, mit Krieg
überzogen. In Athen ward der Kriegsrath für
den neuen Feldzug gehalten, Chabrias stand an
der Spitze der athenienfischen Heeresmacht: er
wirft erst Cleombrotus, den König von Sparta,

zurück, und schlägt im nächsten Jahre Agesilaus
selbst bei Thespiä. Auch zur See siegt Chabrias 377
bei Naxos über Pollis, und hebt das Ansehen
der Athener von Neuem. Die Spartaner verloren hier ihre erborgte Seemacht. Der Sohn des Konon, Timotheus, greift Laconien selbst an und nimmt Corcyra ein; Artaxerxes jedoch vermittelt den Frieden, um mit griechischer Hülfe Aegypten zu unterwerfen. Gegen das Versprechen, daß alle griechische Colonien frei seyn sollen, wird Iphicrates mit 20,000 Griechen zu den Persern gesandt.
Dies benutzt Theben, seine Macht in Böotien 372
auszudehnen, indem es seinen Beitritt zu dem Frieden, der den antalcidischen Status quo wieder herstellen sollte, versagt. Allein Sparta sowohl als Athen verweigern es, Theben als den Repräsentanten von Böotien anzusehn, und ein spartanisches Heer unter Kleombrotus überzieht das Land. Epaminondas, der Feldherr der Thebaner, geht ihm entgegen, und schlägt durch treffliche Manöver die Spartaner bei Leuctra; wo Kleombrotus 371
selbst mit 400 Spartiaten (Adel) fällt. Athen Ol.
versagt zwar seine Hülfe gegen Sparta, allein die 102,
Arkadier erheben sich für Theben und vertreiben 2
Agesilaus. 369

Pelopidas und Epaminondas stehen nun an der Spitze der verbündeten Böotier, Lokrer, Euböer, Arkadier und Akarnanier, überall siegreich gegen Sparta. Zum erstenmale mußte das stolze Vaterland des Leonidas die Heloten selbst bewaffnen; und dennoch hätte es, bei dem Abfalle seiner Verbündeten in Elis, Argos und Arkadien, wahrscheinlich unterlegen, hätte nicht Korinth und endlich auch Athen Hülfe gesendet. Im Falle der

5 *

größten Noth schützten sich die beiden Haupt-
staaten Griechenlands immer gegenseitig. Iphicrates zog mit 12,000 Athenern heran; Epaminondas, welcher als Böotarch an der Spitze eines
Heeres von Lokrern, Phoziern, Euböern, Akar-
naniern und thessalischen Reitern Gytheum belagerte und Sparta selbst bedrohte, wich vor ihm
zurück, nachdem er von Neuem Messene erbaut
368 hatte. Sicilien, unter Dionys von Syrakus, und
Artaxerxes schickten Geld und Hülfstruppen: Epaminondas ward von Chabrias bei Korinth geschla-
367 gen, die Arkadier bei Milea von Archidamus,
dem Sohne Agesilaus.

So ward Sparta durch seine alte Nebenbuhlerin gerettet: allein nicht ohne Demüthigung seines Stolzes: es hatte Athen die Hegemonie förmlich wieder zurückgeben müssen. Siegreicher, als
der in Ungunst gefallene Epaminondas, war Pelopidas in Macedonien, wo er Alexander gegen
seinen Halbbruder Ptolemäus Alorites auf dem
Throne von Macedonien befestigte und Philipp als
Geißel nach Theben mitführte; denn schon war
der Einfluß Thebens so angewachsen, daß es, wie
sonst Athen und vor ihm Sparta, das Schieds-
richteramt in allen Streitigkeiten der einzelnen
Staaten gegen einander in Anspruch nahm. Von
hier ging der Sieger zu Artaxerxes, den er geschickt von dem spartanischen Bunde zu entfernen
wußte. Der König schrieb die Bedingungen des
366 Friedens vor, und als Athen und Sparta diese
nicht annehmen, nimmt Persien für Theben Parthei. Dennoch mißlingt der Versuch der Thebaner, Herren des Meeres zu werden; dagegen bleiben sie zu Lande siegreich und ersticken eine zu

Orchomen gegen sie ausbrechende Verschwörung mit 364
der Zerstörung dieser Stadt. Zwar war Pelopidas selbst in die Gefangenschaft des Tyrannen
Alexander von Pherä gerathen, und die thebanische Armee, welche ihn zu befreien heranzog, und
in der Epaminondas als Soldat diente, ward geschlagen (367); allein als dieser hierauf wieder
an der Spitze einer Armee Achaja einnahm, und
gegen Alexander siegreich vorrückte, erlangte er die
Freiheit Pelopidas leicht. Dieser schlägt nun, als
ihn die Thessalier von Neuem zu Hülfe rufen, den
Tyrannen Alexander von Pherä bei Kynoskephalä
in Thessalien und fällt als Sieger. Epaminondas 363
zieht indessen von Neuem gegen die Arkadier, die
von Sparta und Athen unterstützt werden. Sein
Plan auf Sparta mißlingt zwar, allein bei Mantinea erkauft er den Sieg über die Spartaner und
Athener unter Agesilaus mit seinem Tode (363).
Als er den Sieg errungen sah, riß er den Wurf-
spieß, der ihn verwundet hatte, aus der Wunde,
und starb mit den Worten: „Ich hinterlasse zwei
glorreiche Söhne, die Siege von Leuctra und von
Mantinea." — Mit diesem größten Thebaner,
einem der edelsten, uneigennützigsten und vollkommensten Staatsmänner des Alterthums, fällt die
kurze thebanische Herrschaft schnell zusammen. Artaxerxes will nun den Frieden vermitteln: allein
die Bedingung der Freiheit Messeniens mißfällt
den Spartanern, die hierauf den alten Agesilaus 361
den Egyptern zu Hülfe senden. Dieser schlägt Ol.
die Perser und stirbt (361) in seinem achtzigsten 104,
Jahre im Hafen des Menelaus in Afrika. 4

Nachdem Theben und Sparta so ihre größten
Heerführer verlohren, kam die Obmacht in Grie-

chenland wieder an Athen. Seine Flotten beherrschten das aegeische und jonische Meer: seine Feldherren, Timotheus, Chabrias und Iphicrates sicherten ihm seinen Einfluß auf dem festen Lande; Euböa, Corcyra und Byzanz gehorchten ihm, und die Tage des Ruhms schienen für Athen zurückkehren zu wollen, als im Norden Griechenlands ein Mann auftrat, der die ganze politische Gestalt von Hellas schnell umwandeln sollte.

Philipp von Macedonien.

Die mächtigsten Staaten Griechenlands, Lacedämon, Athen und Theben, waren durch funfzig Kriegsjahre erschöpft; keiner konnte die Oberherrschaft mehr mit *Nachdruck* geltend machen; so athmete Griechenland wieder auf, und schickte sich an, alle Früchte der Civilisation zu genießen, die, troz der ununterbrochenen Bürgerkriege, doch beständige Fortschritte gemacht hatte. Zwar war das alte Gefühl der Nationalität eben durch diese Kriege ziemlich erschüttert und geschwächt worden; Sparta war durch Lysander zur Untreue gegen seine alten Institute verleitet; in Athen wich alles dem Einflusse des Geldes; doch verschafften drei Feldherren, wie Chabrias, Iphicrates und Timotheus, den Athenern noch immer ein gewisses politisches Uebergewicht in Hellas. Sie unterwarfen ihm den Bosporus, Chios und Rhodus. Nicht lange, so folgte diesen Siegen jedoch der gewöhnliche *Uebermuth* der Athenienser, dem *Uebermuthe* aber der Aufstand sämmtlicher Bun-
358 desgenossen, Chios, Cos, Rhodus, Byzanz an der Spitze. Chabrias ging mit seinem Schiffe zu

Grunde, und Chares, der Demagoge, muß die
Belagerung von Chios aufheben. In dieser Lage
der Dinge nöthigt das wachsende Ansehen Philipps
von Macedonien jedoch Athen, das seine letzten
würdigen Führer, Iphicrates und Timotheus, ver- 356
bannt hat, seine Bundesgenossen für frei zu erklären und sich auf die Vertheidigung seines eigenen Heerdes zu beschränken.

Philipp war nach Perdikkas, seines Bruders, Tode aus Theben entflohen, und hatte nach 350
einem Siege über die Athener bei Methone den
Thron Macedoniens bestiegen. Diesen wußte er
bald durch Staatskunst und kühne Eingriffe zu solchem Ansehen in Hellas zu erheben, daß das einst
verachtete Macedonien, das sonst nicht einmal Sitz
und Stimme im Amphiktyonen-Gericht hatte, zu
der gewaltigsten Staatsmacht in Griechenland her-
anwuchs. Philipp selbst, der Schüler des Epaminondas, der Freund des Aristoteles, des Platon und des Isocrates, vereinte Gewandtheit und
Kriegskunst mit Politik und gewinnenden Manieren. Im Bunde mit Athen, breitet er sich im
Stillen mehr und mehr aus; entfernt die Böotier
durch Geld und nimmt Amphipolis, Olynthus, 357
Pydna und endlich auch Potidäa weg, während
der Bundesgenossenkrieg Athen und der phoci-
sche Krieg die Griechen überhaupt hindert, sich
seinen Eingriffen entgegen zu stellen.

Die Phozier hatten nämlich, statt eine Geld-
buße zu bezahlen, zu der die Amphiktyonen sie verurtheilt hatten, den delphischen Tempel geplündert,
unter Philomelus und Onomarchus über die Thebaner und Lokrer gesiegt, die sie bestrafen wollten, 354
und hierauf Philipp durch Unterstützung des Tyran-

nen von Pherä selbst übermüthig gereizt. Dieser
besiegt sie, nachdem er in zwei Schlachten den Kürzeren gezogen, opfert 9000 der Ihrigen, schlägt
Onomarchus ans Kreuz, besiegt Phonyllus, seinen
353 Bruder, und erscheint nun an den Thermopylen;
349 die dadurch aufgeregten Athener beschwichtigt er durch
Verstellung und beschäftigt sie durch Händel in
Euböa. Das unterjochte Olynth sucht Schutz bei
Athen, Demosthenes spricht für sie; drei kleine
Heere werden ausgesandt, allein geschlagen und
348 Olynth besiegt. Nun greift Philipp Athen selbst
an, das, noch immer mit dem Bundesgenossen-
Kriege gegen Chios, Rhodus und Byzanz beschäftigt, diesem neuen Gegner wenig gewachsen
347 war. Philipp siegt zur See bei Salamis, erobert
Euböa durch List und zwingt Athen zum Frieden,
während dessen er alle atheniensischen Städte in Thrazien wegnimmt. Dennoch folgen die Athener dem
Rathe des Demosthenes nicht, und lassen Philipp,
statt ihm zuvorzukommen, die Thermopylen von
Neuem durchschreiten. Das Amphiktyonengericht,
bei dem sonst nicht einmal Deputirte von Macedo-
340 nien zugelassen waren, hat ihn zum Rächer des delphischen Heiligthums ernannt und er zerstört und
verwüstet Phocis im heiligen Kriege durch Feuer
und Schwert. Eben dies Gericht, dessen Entscheidung sich die Phoceer nun unterwerfen, beschließt ihre Ausstoßung aus dem Bunde, die Zerstörung ihrer Städte, ihrer Waffenplätze, ihres Heeres; verurtheilt sie zu einer Buße von 60 Talenten
jährlich, und zur Zerstreuung der ganzen Bevölkerung
in Dörfern von weniger als 50 Häusern. So rächte
Philipp die Verletzung des delphischen Heiligthums.

Die Korinther, welche den Phoceern beigestan-

den hatten, verloren den Vorsitz bei den pythischen
Spielen, welcher auf Philipp überging, eben so wie
die Stimmen der Phoceer bei dem Amphiktyonen-
gericht und die Aufsicht über den Tempel zu Delphi.
Athen muß ihn nun als Mitstand von Griechenland
erkennen; und er verläßt dies anscheinend, um gegen
Illyrien zu ziehen; allein schon (344) kehrt er nach
Besiegung dieser Feinde und nachdem er den innern
Frieden seines Reichs aufs Neue befestigt und die
Macht der Aristokratie gebrochen hat, wieder, um
als Vertheidiger der peloponnesischen Staaten gegen
Sparta, wozu die bestochenen Amphiktyonen ihn ernannt haben, aufzutreten. Sparta fordert Hülfe 343
von Athen; umsonst enthüllt Demosthenes den ganzen Unterjochungsplan; Athen bleibt ruhig. Philipp landet in Lakonien, erklärt Argos, Messene
und Arkadien frei und kehrt im Triumphe in sein
Reich zurück. Endlich siegt jedoch Demosthenes, 341
Athen erhebt sich gegen Philipp. Ein atheniensisches Heer unter Diopeithes verwüstet die macedonischen Colonien, und in Euböa folgt Phocions Fahnen der Sieg; mit einer Flotte von 120 Schiffen
rächt er Diopeithes Niederlage, und befreit ganz 340
Thrazien. Hierauf wandte Philipp seine Waffen
wieder gegen Scythien, um Zeit zu gewinnen, den
Haß der allzumächtigen Athener zu mildern. Allein
die erkauften Amphiktyonen ernennen Philipp abermals zum Anführer in dem heiligen Kriege gegen
Amphissa, das sich der Ebene von Cyrrha bemächtigt hatte. Umsonst widersetzt sich Athen dieser Ernennung; seine Flotte wird geschlagen und Philipp 340
landet in Phocis. Unfern Eleusis versammelt sich Ol.
nun ein atheniensisch-thebanisch-korinthisches Heer 110,
unter Chares und Lysicles; Philipp rückte ihm 1.

32,000 Mann stark entgegen. Bei Chäronea kam es zur Schlacht; schon schien der Sieg für Athen, da giebt der Muth des jungen Alexander, der den rechten Flügel befehligt, den Ausschlag; Philipp sammelt noch einmal sein weichendes Heer, stürmt auf die zerstreuten Athener, erlegt die Schaar der Liebenden *), welche 400 Köpfe stark auf einem Flecke, nach muthigem Kampfe, die Wunden auf der Brust, dahin sinkt, und entwindet ihren Händen den Sieg. Mit diesem Tage ging die Freiheit Griechenlands verloren. Philipp gewann in der ersten Freude des Sieges die Athener durch einen billigen Frieden: behielt die Thermopylen in seiner Gewalt, ersetzte die demokratische Verfassung in Theben durch eine ihm wohlgefällige Aristokratie, besetzte die Burg mit seinen Macedoniern, ward
337 Vorsteher der Spiele, Vorstand der Amphiktyonen,
und endlich Oberfeldherr der Griechen gegen die Perser. Die Athenienser büßten durch diesen Frieden, den Phocion unterhandelte, zwar äußerlich nur Samos ein, wofür sie sogar noch Ersatz erhielten; allein in der Meinung Griechenlands stiegen sie von dem ersten Range, den sie seit 30 Jahren wieder behauptet hatten, für immer hinab.

So endete dieser hundertjährige Kampf der Griechen unter einander mit dem Verluste der Freiheit an einen fremden Gewalthaber — ein warnendes Beispiel für alle Völker, für alle Zeiten. Die politische Kraft Griechenlands war gebrochen, der Sinn für echte Freiheit erstarb nach und nach: Feinheit und Politur, die Schmeicheleien der Redner traten in die Stelle der alten Kraft, und alter

*) Hetäria.

Großthaten; ja, am Ende dieses Zeitraums schien die Heldenzeit der Leonidas und Miltiades, die einfache Größe der Themistocles und Aristides fast eben so fabelhaft, als die Zeiten des Theseus und des Hercules.

Nach Besiegung Griechenlands hatte Philipp keinen eifrigeren Wunsch, als auch Persien die Schwere seiner Waffen fühlen zu lassen, besonders um durch die Rache einer alten Schmach die Unterjochung Griechenlands zu vollenden. Er berief daher Deputirte aller Staaten von Hellas nach Korinth; der Krieg gegen Persien ward auf seinen Antrieb beschlossen (337). Nur Sparta enthielt sich der Theilnahme daran. Schon war Parmenion, einer der Feldherren Philipps, nach Kleinasien aufgebrochen, und der König selbst wollte ihm folgen, als ein Aufstand der Illyrier ihn zwang, diesen Kriegszug aufzuschieben. Seine Gemahlin, Olympias, die sich mit ihrem Sohne Alexander nach ihrer Verbannung und Philipps zweiter Vermählung mit einer Nichte des Attalus, nach Illyrien zurückgezogen hatte, mochte diese Unruhe angestiftet haben. Zwar kam es zur Versöhnung; allein bei den Hochzeitfeierlichkeiten des Königs von Epirus, Olympias Bruder, mit Philipps Tochter Cleopatra, wird Philipp ermordet, nicht ohne einen Schein der Mitwissenschaft auf Seiten Olympias und ihres Sohnes. Diese Nachricht verbreitete Freude über ganz Griechenland; die Athener (Demosthenes) dankten den Göttern öffentlich. —

Staaten im Norden Griechenlands.

Während dieses Zeitraums der griechischen Geschichte waren mehrere kleinere Staaten in Nordgriechenland zu Ansehen und Bedeutung gelangt, deren bis dahin zu erwähnen noch nicht Gelegenheit war und deren Schicksale daher jetzt kurz gedacht werden muß. In Thessalien hatte sich am maliakischen Meerbusen das Reich der Malier, deren Hauptort Trachin war, erhoben, wo vor Alters Ceix die Kinder des Hercules (Heracliden) gegen Eurysthenes in Schutz genommen haben soll. Das Reich der Malier, im peloponnesischen Kriege von den Böotiern eingenommen und behauptet, ging 370 in dem Staate unter, den sich Jason, Tyrann von Pherä, zu bilden wußte. Heraclea, einer seiner Hauptorte, nur blieb den Spartanern.

Ein zweites Reich dieser Art war Larissa, wo in alter Zeit der Stamm der Lapithen, später die Familie der Aleuaden herrschte, ein Zweig der Heracliden. Diese waren Bundesgenossen der Perser, und
500 später der Athener: Jason von Pherä unterwarf auch sie.

Das Reich Jasons selbst endlich, das einst Admet, der Gemahl der Alceste gegründet, erhob sich von (380) an unter ihm zu kurzer, aber bedeutender Macht. Unter dem Titel Tajos erkannte ihn endlich ganz Thessalien als Oberherr an. Er schloß Bündnisse mit Macedonien und Theben und bedrohte die Freiheit Griechenlands, als ihn seine
370 Brüder Polydor und Polyphron ermorden ließen. Diesem folgte der grausame Alexander, welchen Pelopidas nöthigte, seine Macht auf Pherä zu be-
367 schränken. Als ihm seine Nachfolger Tisiphon und Lykophron an Härte gleichen, rufen die Aleuaden Philipp von Macedonien zu Hülfe, der dem Reiche Pherä endlich (353) ein Ende macht.

Kleinere Republiken, wie Jolkos auf Magnesia,

Alos in Phthiotis, Phylace und andere verloren sich endlich alle in Philipps von Macedonien Herrschaft. Auch das eigentliche Thrazien (zwischen dem Hämus, dem ägäischen Meere, der Propontis und dem Pontus) (alt: Sithon) theilten dies Schicksal. Hier lag Abdēra, das Vaterland Democrits, Skatesyle, Doriskus; auf der Landzunge Sestos, Kallipolis, Lysimachia; am Propontis: Byzanz, Perinthus (Heraclea), Selymbria; am Pontus: Apollonia, Salmydessus, Mesembria; im Innern später: Adrianopolis, Trajanopolis, Philippopolis. Hier lebten unter rohen Bewohnern die ersten Sänger der Griechen, Orpheus, Linus, Thamyris. Die Geten, die Triballier und andere kleine Völker, deren Gesetzgeber Zamolxis ward, die Bessi, die Edonen, die Doloncer, Cikonen, und die Odryser am Flusse Hebrus, die mächtigsten, deren König Sitalkes der Athenienser Bundesgenosse ward, waren hier zu finden. Philipp unterwarf auch sie; 356
jedoch bestand noch unter Alexander ein Reich der Odryser fort, das unter den Römern sogar wieder bedeutender ward.

Auch Epirus muß hier gedacht werden. Unter den kleinen Völkern dieser Landschaft waren die Molosser die bedeutendsten; Neoptolemus, des Achilleus Sohn, soll dies Reich 1184 besessen haben. Seine Nachfolger die Aeaciden, Pyrrhiden, sind kaum dem Namen nach bekannt. Admet, dessen Bündniß die Athener suchten, herrschte hier um (480); er nahm den verbannten Themistocles auf; später focht er mit den Spartanern. Alcetas I.,
sein Nachfolger, war dagegen wieder im Bunde mit 429
Athen, die ihn vor Jason von Pherä beschützten;
sein Nachfolger Arybas war Vater der Olympias, 385

352 der Mutter Alexanders; Philipp von Macedonien
gab seinem Schwager Alexander das Reich. Bei
336 den Vermählungsfeierlichkeiten dieses Alexander mit
Kleopatra, seiner Tochter, ward Philipp ermordet, und sein Sohn folgte ihm im Reiche. Von diesem Reiche, in das allmählig ganz Nordgriechenland sich verlor, ist jetzt so viel nachzuholen, als zum Verständniß der Geschichte Alexanders nöthig ist.

Macedonien, ursprünglich der schmale Landstrich vom kambunischen Gebirge südlich am ägäischen Meere entlang, begriff später das Land zwischen den skardischen Gebirgen im Norden und dem Olymp im Süden, dem Nestus (Strymon) im Osten und dem See Lychnitis im Westen. Das Land war fruchtbar, zwei große Meerbusen begünstigten den Handel, der singitische und der toronäische. Städte waren Pydna im Lande Pieria (Musenland), Pella, die Residenz in Emathia, wo Euripides starb, Thessalonika (Thermä), Stagira in Chalcidicä, die Vaterstadt des Aristoteles, Torone, Acanthus, Olynthus, Amphipolis am Strymon. Die Bisalten, die Päoner, die Krestonäer, die Taulantier (in Albanien) waren tributpflichtige Stämme. Zu Griechenland ward dies Reich jedoch eigentlich nicht gerechnet, war bis auf Philipp in der Amphiktyonenversammlung nicht repräsentirt und ward erst spät zu den olympischen Spielen zugelassen, nachdem einer seiner Könige seine Abstammung von dem Heracliden Temenus bewiesen hatte.

Macedonien war von dem Heracliden Karanus
700 bevölkert; sein Reich erweiterte Perdikkas I. um
500 (700) durch Eroberungen. Alcetas herrschte hier
480 um (500). Amyntas folgte den Persern, er war
der Gründer der Macedonischen Kriegsmacht; sein

Sohn Perdikkas II. focht gegen Athen und reizte 431
Olynthus und andere atheniensische Städte zum Abfalle. Hierauf folgen innere Kämpfe, bis Archelaus,
die Schwäche Athens benutzend, Pydna erobert und 413
sich im Reiche befestigt. Er nahm Euripides auf und civilisirte zuerst sein Land. Nach seiner Ermordung folgen neue Kämpfe, bis Amyntas das Reich 399
gewinnt. Dieser schloß sich an Athen näher an und 370
starb (370). Einer seiner Söhne, Philipp, Geißel des Pelopidas in Theben, wo er von Epaminondas und Pelopidas in der Kriegskunst, von einem berühmten Pythegoräer in der Wissenschaft Unterricht empfangen, entflieht, als seine Brüder Alexander und Perdikkas von Pausanias verdrängt werden; übernimmt nach Perdikkas Tode (360), während die Anarchie das Reich zerreißt, die Vormundschaft
seines Neffen, entfernt Pausanias und die Böotier 360
durch Geld, die Illyrier und Thrazier durch Waffen, ordnet das Reich und wird von dem Volke zu Aegi, wo ihn Argeus, einer der Kronprätendenten belagert, zum König ausgerufen. Diesen und die Athenienser, welche ihn unterstützen, schlägt er bei Edessa, erwirbt sich Anhänger, gewinnt die Athenienser durch Schmeichelei, und durch die Freigabe von Amphipolis, und befestigt sich im Frieden auf dem schwankenden Throne. Durch die kräftige Erdrückung der aristokratischen Parteien in seinem Reiche, durch die Bildung der Phalanx und seine Staatskunst wird er bald der mächtigste Fürst in Griechenland; erobert Päonien, unterwirft die Illyrier, erweitert sein Reich bis zum Lychnitis; nimmt 358
Amphipolis wieder, darauf Pydna, Potidäa, das
goldreiche Land am Nestus und Methone während 355
des heiligen Krieges, das ihm jedoch ein Auge ko-

353 stet, schlägt Onomarchus, den Phozier, greift Athen,
das sich feindlich gegen ihn benimmt, an, zerstört
348 seinen Handel, seine Colonien, siegt zur See,
344 nimmt ganz Thrazien weg, straft die Phozier,
schreibt Sparta den Frieden vor, kämpft unglücklich
341 gegen Phocion, unterwirft die Triballer; läßt sich
zum Anführer im Kriege gegen Amphissa ernennen,
338 landet in Attika, und vernichtet bei Chäronea die
griechische Freiheit. Nun wird er zum Oberfeldherrn gegen Persien ernannt, doch während er zu
diesem Kriege sich rüstet, wird er von Pausanias —
vielleicht auf Anstiften der verstoßenen Olympias
und ihres Sohnes Alexander, vielleicht auf Antrieb
336 der Perser — in seinem 47sten Jahre ermordet.
Philipp hatte seine Kenntniß des griechischen Volks-
charakters, seine Gewandtheit, seine einschmeichelnden
Manieren, seine Politik und sein Feldherrntalent
dazu benutzt, Griechenland etwa in eben der Art zu
unterjochen, wie lange nach ihm, August die Römer
unterjochte — ohne daß das getäuschte Volk selbst
des Verlustes seiner Freiheit gewahr wurde. Nur
Einzelne, aufgeklärte und scharfsichtige Männer,
wie Demosthenes in Athen, sein geschworner Widersacher bis in den Tod, erkannten die Zwecke seiner
Staatskunst, und sahen den Untergang Griechenlands voraus, wenn man sich dem schmeichelnden
Feinde nicht rüstig und entschlossen entgegensetzte.
Griechenland, verblendet, fiel in Abhängigkeit und
Sclaverei.

Culturgeschichte.

Dieser Zeitraum, dessen politische und äußere Geschichte so eben erzählt wurde, war die Periode der höchsten Blüthe Griechenlands sowohl in politischer Beziehung, als in Hinsicht auf Kunst, Humanität und Wissenschaft. In ihm entwickelten sich die von der Natur dem griechischen Volke als reiche Aussteuer mitgegebenen Gaben, Kunstsinn, Witz und Feinheit zu der höchsten Vollkommenheit, die sie jemals und in irgend einem Lande der Welt erreicht haben. — Was die innere politische Geschichte der einzelnen Staaten betrifft, so ist das Nöthigste bereits im Vorübergehen angemerkt worden. Der Kampf der Aristokratie gegen die Demokratie endete fast überall mit einer ordnungslosen Pöbelherrschaft. In Sparta ging die Gesetzgebung Lycurgs unter Lysanders Regierung, in Athen die Verfassung Solons, die schon unter Hippias bedeutende Veränderungen, z. B. die Eintheilung des Volkes in zehn Zünfte, statt der vier Classen Solons, erfahren hatte, in einer wilden Demokratie unter, bei der alle Gewalt bestochenen Rednern und Günstlingen des großen Haufens zufiel. Zwar stand, dem Gesetze gemäß, der Volksversammlung *) (ἐκκλησία) die Wahl der Beamten, die Entscheidung über Krieg und Frieden und alle großen Staatsangelegenheiten zu: allein diese Entscheidung lenkte die Beredtsamkeit der Redner, nicht die Einsicht und das Interesse des Staats. Die Gerusia, Bulä (Rath) bereitete diese Ent-

*) In dieser zerfiel das Volk in Phylä (φυλαί), diese aber wieder in τριττύς, ἔθνος, φρατρίαι (Tribus). Zu Alexanders Zeit bestand die stimmfähige Volksgemeinde aus 12,000 Bürgern (früher 10,000) oder Autochthonen, wie die Redner schmeichelhaft sie nannten.

scheidungen vor; die Archonten, in Sparta die Könige, führten sie aus. Noch bestanden die alten Würden — allein nicht mehr der alte Ernst, die alte Würdigkeit. In Hinsicht auf den Stand theilten sich die Bürger Athens noch immer in Eupatrides (Adel), Metoikoi (Schutzverwandte) und Bürger. Hier schloß eine fremde Mutter von Erwerbung des Bürgerrechts aus; in Sparta und andern Orten schon eine fremde Urgroßmutter; in Athen war auch der Landbewohner stimmfähig, in Sparta nur der Spartaner, deren Körperschaft, nie erneut, endlich bis auf 700 Personen herabsank. — In Privatsachen entschieden Bürgergerichte, in Staats- und Criminalfällen eigene Tribunale (Heliäa, der Areopag in Athen). Die Staatsausgaben waren gering, da kein Beamter Sold empfing, so lange der Kriegsdienst und das System der Bestechung nicht große Summen verschlang. Die Unterhaltung des Gottesdienstes *), der Volksfeste, Schauspiele und die politischen Ausgaben bildeten das ganze Budget des Staatshaushaltes; die Einnahme entsprang zu Athen aus einer Landtaxe, einer Abgabe von zum Verkaufe ausgestellten Waaren, und von Erbfällen. Die Metoiken waren einer Kopfsteuer unterworfen; die Abgabenbewilligung ging von der Volksgemeinde aus; die Aufsicht darüber führten in Athen die 500, in Sparta die Ephoren. Die Staatseinnahme Athens, früher 130 Talent, war zu Ende dieses Zeitraumes auf 400 Talent gestiegen, das

*) Die Priester waren Bürger durch das Loos, oder durch Erbrecht erwählt; niemals ein eigener Stand.

ganze attische Gebiet ertrug zur Zeit des peloponnesischen Krieges 6000 Talent; die Inseln steuerten 1300 Talent bei. Jährlich wurde öffentliche Rechnung abgelegt, und diese in steinernen Denkmählern verewigt. —

Jeder Bürger Athens, vom achtzehnten bis zum vierzigsten Jahre, war zur Vertheidigung des Vaterlandes verpflichtet. Die Metoiken wurden größtentheils nur auf den Schiffen gebraucht. Allein allmählig bildete sich das Söldnerwesen, und gegen Ende dieses Zeitraumes ist bereits kein Heer mehr aus bloßen Bürgern zusammenzusetzen. Seit Perikles zahlte der Staat zuerst Sold, zwei bis vier Obolen täglich; das Fußvolk war in Phylä abgetheilt, und bestand theils aus Hopliten (Schwerbewaffneten) und Psilen (Leichtbewaffneten). Die Reiterei erhielt der Staat; Athen kosteten 1000 Reiter jährlich vierzig Talent *). Die besten Truppen dieser Art waren die Thessalier. Eine eigentliche Taktik gab es erst seit Epaminondas; Pelopidas bildete die thebanische Reiterei; Agesilaos und Iphikrates verbesserten das spartanische und atheniensische Kriegswesen; die Seemacht kannte taktische Grundsätze erst nach den Schlachten von Artemisium und Salamis; bis dahin war alles roher Angriff und Sturm.

Eine nicht geringere Veränderung, als die in allen politischen Verhältnissen, ging in diesem Zeitraume in den Sitten des ganzen Volkes vor. An die Stelle der alten Einfachheit und Strenge trat

*) Etwa 3000 Piaster, so wie sechs Obolen eine Drachme ($\frac{1}{2}$ Piaster), 100 Drachmen eine Mina, 60 Minen ein Talent. —

eine glänzende Eleganz, eine bestechende Leichtigkeit und Feinheit; Sophistik an die Stelle praktischer Tugend, Gelehrsamkeit und Kunstgeschmack an die der Thatkraft. Die Begierde nach Reichthümern, in deren Besitze alles erlaubt war, wuchs. Doch eben diese Eleganz der Sitten, so verderblich der politischen Freiheit der Griechen, war dem Reiche der Kunst vor allen günstig. Besonders war es das Zeitalter des peloponnesischen Krieges, das Zeitalter des Perikles, wo jene Kunstwerke an das Licht traten, die die Welt bis auf unsere Tage für die Typen des Schönen erkannt hat, und denen sie seitdem vergeblich nachringt.

Um die Zeit, als Perikles mit einem Aufwande von drei Millionen, durch Kallikrates und Iktinos, das Parthenon und die Propyläen, das kostbarste Bauwerk des Alterthums, errichten ließ, und Athen, das an dem Tempel des Theseus und des Jupiter schon herrliche Kunstwerke besaß, zu der schönsten Stadt der Welt erhob — zu dieser Zeit lebten die Maler Polygnotus von Thasos, Apollodor von Athen, Zeuxis von Heraclea, Parrhasius von Ephesus; die Bildhauer Phidias, Polyclet, Alkamenes, Scopas, Praxiteles; die Philosophie zählte die berühmtesten Namen: Anaxagoras aus Klazomenä, der zuerst die Einheit Gottes gelehrt und eine Mondfinsterniß erklärt haben soll, Socrates, der den menschlichen Geist von spitzfindigen Fragen der Physik und einer regellosen Spekulations- und Hypothesensucht über den Ursprung der Welt, zu den Sätzen der Moral und der Ethik zurückrief, Staatsweisheit, Redekunst, Logik, Moral, Geometrie lehrte und mit seinen Schülern Alcibiades, Kriton, Euclid,

Xenophon, Antisthenes, Platon, Aristipp, Phädon, Aeschines, Kebes, den ausgezeichnetsten Männern seiner Zeit, die Dichter las, als Epistat der Bürgergemeinde vorstand, Recht sprach und endlich mit echter Erhebung der Seele den Giftbecher trank; den göttlichen Platon, seinen großen Schüler; Aristoteles, den König der Weisen, der jenem, wie der Verstand dem Witze, gegenüber steht; Zeno aus Citium, den Stoiker und viele andere. Ueberall in der Academie (Platon), wie in der Stoa, in den Gesellschaftszimmern der Aspasia, wie auf den Spaziergängen der Peripatetiker, vor allen aber in den Mysterien, unter denen die Eleusinischen die angesehensten waren, wurden diejenigen Fragen erörtert, welche den Geist des Menschen vor allen und zu allen Zeiten anziehen. So kam es, daß die höhere Gesellschaft sich bald über die engen Grenzen des Volksglaubens in Religionssachen erhob. Doch da indessen überall das demokratische Prinzip in der Staatsverfassung siegte, und besonders die Richtergewalt in den Händen des Volkes blieb, so mußten hieraus häufige Anklagen auf Irreligion und Verachtung der Götter hervorgehen. Und in der That sehen wir nach einander die Freunde Pericles, Aspasia, seine Gemahlin selbst, dann Alcibiades, Socrates und Phocion, viele andere nicht zu rechnen, dieser Schuld wegen verurtheilen oder freisprechen.

Endlich durften selbst die Lustspieldichter schon den Spott über den Olymp zu einem Elemente ihrer Leistungen machen. Aristophanes und Alexis verspotteten mit gleichem Glücke die Götter, den olympischen Pericles und den weisen Socrates.

Die tragische Scene erhob sich in diesem Zeitraume zu ihrem höchsten Ruhme. An dem Tage der Schlacht von Salamis (480) vereinigte die Muse ihre drei Lieblinge auf dieser Insel. Der feurige Aeschylus half den Sieg erringen; der blühende Sophocles tanzte um die Siegstrophäen und der tiefdenkende Euripides wurde an diesem Tage auf dieser Insel geboren.

Die größten Geschichtsschreiber Griechenlands sind Zeitgenossen der großen Begebenheiten dieser Zeit. Im drei und dreißigsten Jahre nach der Besiegung der Perser las Herodot von Halicarnassus die neun Bücher seiner Geschichte der Kriege zwischen Europa und Asien zu Athen am Minervenfeste vor; lange kämpfte Thucydides, der Sohn des Olorus, der als Knabe über diese Vorlesung weinte, gegen Pericles an: endlich mußte er weichen und ging in die Verbannung; er ist groß als Staatsmann, wie als Historiker.

Der liebenswürdige Schüler des Socrates, Xenophon, war Feldherr und Geschichtsschreiber zugleich; er übertrifft selbst Herodot an Einfachheit und Klarheit; Sparta, das den Verbannten aufnahm, begünstigt er.

Unter den Rednern, in einer Demokratie den eigentlichen Lenkern des Staats, war Antiphon so ausgezeichnet, daß das Volk ihm zu sprechen verbot, aus Furcht, von ihm zu allem verleitet zu werden; Andokides und Isäus waren als Rechtslehrer berühmt; über ihnen erheben sich der anmuthige Lysias, der umfassende Isokrates *) und der feurige Demosthenes, der Anmuth mit mora-

*) Dem seine Schüler 1000 Minen bezahlten.

lischer Größe, Kraft mit Satyre vereinigte, und krampfhaft für die sterbende Freiheit mit einem unwürdigen Zeitalter rang. Demades, Dinarchus und Lycurg verschwinden gegen diese.

Unter den lyrischen Dichtern steht Pindar oben an. Die Sprüche des Theognis (Phänomena) gehören, wie die Bruchstücke Sapphos, des Alcäus, des Tyrtäus aus Milet, der Korinna aus Tanagra, des Kalinas aus Ephesus, des Lasos aus Hermione und des Anacreon in eine frühere Zeit.

So schließt denn diese Periode auf der einen Seite mit dem betrübenden Schauspiele einer nach so vielen blutigen Opfern dennoch rettungslos dahin sinkenden politischen Freiheit, auf der andern Seite mit dem erhebenden Anblicke einer aus den Schulen der Philosophen, den Studierzimmern der Historiker, der Dichter und den Werkstätten der Künstler sich aufschwingenden moralischen Freiheit und eines von dort ausgehenden Nachruhms, der den griechischen Namen für alle Zeiten zu erhalten verspricht. —

Vierte Periode.

(Einhundert sieben und siebzig Jahre).

Zeit des Verfalls; oder von Alexander d. Gr. bis zur Auflösung des Achäischen Bundes; von 336—146 v. Chr.

Alexander.

Alexander, der Zögling des Aristoteles, wie Philipp der des Epaminondas gewesen war, der Bewunderer des Homer, der Nacheiferer des Achilleus, seines Ahnherrn, folgte dem ermordeten Vater in seinem zwanzigsten Jahre auf dem Thron.
336 Seine Gegenwart hatte bei Chäronea den Sieg entschieden; er hatte die heilige Schaar der Thebaner zum Weichen gebracht; der junge König kündigte sich so vor allem als Held und Sieger an. Kriegsruhm war das Element seines Lebens. Seit seinem sechszehnten Jahre hatte er sich durch die Verwaltung Macedoniens in Abwesenheit seines Vaters in der Staatskunst geübt; doch der Heldensinn siegte bei ihm noch über die Berechnungen der Politik. Kaum im Besitze der Zügel des Staats, ließ er sich in einer zweiten Versammlung der Peloponnesier zu Korinth, die Anführerwürde gegen die Perser übertragen

(335), troß der Weigerung der Spartaner, die 335
für sich selbst die Hegemonie in Anspruch nahmen, troß der Intriguen der Athener. Hierauf zieht er gegen die nordischen Grenzvölker seines Reichs, vertreibt die Thrazier von den Vorbergen des Hämus, siegt bis gegen die Donau hin und stürzt auf die Nachricht von dem Aufstande Thebens, das, seine Entfernung benutzend, die Macedonier in der Burg Kadmea ermordet hat, durch Thessalien den Thermopylen zu und steht plötzlich vor dieser Stadt. Ein Ausfall der Thebaner wird zurückgeschlagen, Theben wird im Sturm erobert; die Thebaner setzen den Kampf in jedem Hause fort, 6000 Todte erfüllen die Straßen der unglücklichen Stadt, mit deren Untergang der Kampf endet (335). Die Platäer, die Phocier rächten die Zerstörung ihrer Städte an Theben, 30,000 Thebaner wurden in die Sklaverei verkauft, das Haus des Pindar allein blieb stehen. Ganz Griechenland unterwarf sich voll Schrecken; Athen lieferte ihm seine Redner Demosthenes, Lycurg und andere aus, und suchte seinen Zorn durch Schmeicheleien zu besänftigen; doch Alexander benutzte seinen Sieg menschlich; aus Athen ließ er nur Charidemus verweisen, und Theben selbst erlaubte er später wieder aufzubauen.

Hierauf versammelte er das Heer, mit dem er die Eroberung Persiens zu unternehmen beschlossen hatte. Darius Codomannus, der um dieselbe Zeit, als Alexander den Thron Macedoniens, den Thron von Persien, bestiegen, hatte zu diesem Kriege keinen Anlaß gegeben: die Griechen hatten nur alte Beleidigungen als Rechtfertigungen für diesen Angriff aufzustellen. Alexanders Macht bestand aus 12,000 Macedoniern, dem Kerne seines Heeres, 7000 Verbündeten, 5000 Söldnern unter Parmenion, 5000 Triballiern und Illyriern, 1500 macedonischen Reitern unter Philotas, 1500 thessalischen Reitern unter Calas, 600 Griechen und 900 leicht bewaffneten Thraciern unter Cassander. Zehn Talent *) waren in seiner Kriegskasse — er rechnete auf den Sieg! — Zur Aufrechthaltung der Ordnung in Griechenland ließ er Antipater mit 12,000 Mann und 1500 Reitern in Macedonien zurück. — Ein hundert und sechzig Dreidecker führten sein Heer nach Sestos über, und Alexander bekränzte das Grab seines Ahnherrn, Achilleus.

Darius war dem Rathe seines rhodischen Generals Memnon, das Land vor Alexander zu verwüsten und sich zurückzuziehen, nicht gefolgt; die
334 Perser standen am Granikus, einem kleinen Flusse
Ol. in Phrygien, Alexander warf sie, durch den Un-
111, gestüm der Schaar der **Königsfreunde** **), zu-
3 rück, überschritt den Fluß und errichtete eine Siegessäule an der Stelle des Ueberganges, mit der Inschrift: „Alexander und die Griechen, außer „den Lacedämoniern, über die Barbaren Asiens.“ Zugleich schmeichelte er den Athenern durch Trophäen, und hielt durch Haß und Liebe Griechenland in Zaum.

*) Etwa 100,000 Thaler.

**) Diese bestand aus den Söhnen der mächtigsten Reichsvasallen, aus denen Philipp eine Art von Ehrenwache für sich gebildet hatte, um sich auf diese Weise der Treue dieser mächtigen Familien durch Geißeln zu versichern. —

Ganz Kleinasien, Milet und Ephesus fielen
ihm zu: Carien und Halicarnassus wurden erobert, die Demokratien hergestellt; Phrygien und
Lydien folgten, aus Cilizien ward Memnon verdrängt, der hierauf die Inseln des ägäischen Meeres angriff, Chios eroberte und vor Mitylene starb.
Am Cydnus bestand Alexander eine schwere Krankheit, als Folge eines zu kalten Bades, und trat
dann dem zahllosen Heere des Darius in den Bergen von Issus in Cilizien entgegen. Der Sieg 333
der Macedonier war entscheidend, die Freunde des
Königs (die Hetären) warfen alles vor sich nieder,
Darius floh zu Rosse, die Griechen, in seinem
Solde, hatten dem Sieger allein einen Augenblick
widerstanden. Seine Familie fiel in die Gefangenschaft. Alexander begegnete ihr mild und unterwarf Phönizien und Syrien. Sieben Monate 332
lang lag er vor Tyrus; ein dreitägiger Sturm
lieferte es in seine Hände: die Einwohner wurden
Sklaven, 2000 Krieger wurden gekreuzigt; jetzt
war Alexander Herr Griechenlands und Asiens.
Palästina und Gaza wurden erobert *); Egypten
folgte und Alexandria ward gegründet, um das
zerstörte Tyrus zu ersetzen; der abentheuerliche Zug
nach der Oasis des Jupiter-Ammon-Tempels
brachte ihm jedoch nichts, als den Titel eines
Sohnes des Jupiter, den er seitdem annahm.
Egypten richtete er als seine Provinz ein.

*) Hier befleckte Alexander seinen Ruhm durch Grausamkeit. Den Betis schleifte er, wie Curtius erzählt, als Nachahmer seines Vorbildes Achill, an seinem Siegeswagen um die Mauern der Stadt. Arrian meldet hiervon jedoch nichts.

Unterdessen hatte Darius ein neues Heer gesammelt: Alexander überschritt den Euphrat, den
331 Tigris, ihm entgegen. Zwischen Arbelä und Gau-
2. gamela erfocht er den großen Sieg, der ihm das
Oct. Reich der Perser auslieferte. Darius floh nach Medien; Alexander nahm Babylon, ließ dem Volke seine Sitten, schmeichelte den Priestern, und gewann dadurch Unterwerfung und Liebe. Von hier aus eroberte er Susa und schickte den Athenern die Statuen des Harmodius und Aristogiton zurück, die die Perser einst hierher geführt hatten. Persepolis verwüstete er im Rausche mit Feuer; und Darius floh aus Medien nach Bactrien, um von Bessus, seinem Satrapen, in Fesseln gelegt zu werden. In diesen wird er ermordet, als Alexander zu seiner Befreiung herbeieilt; er belohnte die ihm treu gebliebenen Griechen und führte die königliche Leiche nach Persien zurück. —

331 Unterdessen hatte Sparta im Peloponnes die Fahne des Aufruhrs erhoben; Antipater eilt mit 40,000 Mann herbei, schlägt die Spartaner bei Megalopolis, und Agis, der König, bleibt mit 3000 der Seinigen.

Während dessen haben Parmenio und Cänus
330 Parthien und Hyrkanien unterworfen; die Marder am caspischen Meere besiegt Alexander selbst;
329 allein eine Verschwörung unter seinen eignen Feldherren, die jedoch entdeckt wird und mit Parmenios und seines Sohnes Philotas Hinrichtung endet, und die Erhebung des Bessus in Bactrien zum Könige (Artaxerxes IV.) zwingen ihn zu neuen Zügen, um das unruhige Heer zu beschäftigen; die Euergeten und Arachoten werden unterworfen,

die Scythen besiegt und ihre Hauptstadt Cyropo-
lis mit Sturm erobert. Im folgenden Jahre zog 328
er nach Bactrien selbst; Bessus floh nach der Sogdiana *), Alexander folgt ihm, erobert Maracanda
(Samarkand), besiegt Bessus und dringt bis zum
nördlichen Grenzstrome, dem Tanais (Jaxartes).
Gegen die Scythen legt er Festungen an; tödtet,
berauscht von Wein und Glück, seinen Freund
Klitus, der ihm an Granikus das Leben gerettet, und legt persische Kleider an. Spita- 327
menes Aufruhr in Sogdiana hindert ihn an dem
Zuge nach Indien; das Heer murrt über den Anführer, der sich als Gott verehren läßt; doch wird
der Aufruhr gedämpft und Roxana gewinnt Alexanders Herz. Nun beginnt der Zug nach Indien; Taxiles und eine Menge kleiner Stämme
am Indus unterwerfen sich; Alexander zieht gegen den angeschwollenen Hydaspes hinab, den Po-
rus besetzt hält. Dieser wird besiegt, doch behält
er sein Reich, das er von nun an als Freund
Alexanders verwaltet. Weiter dringt er über den
Acesines, den Hydraotes; besiegt ein unermeßliches
Heer von Indern und ermordet deren 17,000.
Zum Ganges will sein Heer ihm jedoch nicht folgen und so ward der Hyphasis die Grenze seines
Zuges, an der er 12 Altäre auf Thürmen errichtete. Hierauf segelt er den Hydaspes hinab, be-
zwingt die *Maller* und gründet am Indus ein
neues Alexandria. Dem westlichen Arm des Indus folgend, schifft er in den Ocean hinaus (außerhalb Gestirn und Sonne!), besucht einige In- 326
seln, während Nearchus, sein Admiral, den per- 325

*) Dem Lande der Usbeks.

sischen Meerbusen entdeckt, und die Mündung des Indus. Durch Gedrosien, Karmanien und Persis ging er von hier zu Lande nach Babylon zurück, wo er sich mit Statira, die Tochter des Darius, seine Feldherren Seleucus, Nearchus, Ptolemäus, Perdikkas, Eumenes aber mit anderen Prinzessinnen vermählt. Rebellen wurden unterdrückt, und ein Leben voll Wollust und Weichlichkeit folgte den Anstrengungen des Krieges. Alexanders Plan, die Perser mit den Macedoniern in eine große Nation zu verschmelzen, ward klar. Das Heer begehrt jedoch nach der Heimath; neue Empörungen und Hinrichtungen folgen; 10,000 Veteranen unter Kraterus zogen nach Hause, die Uebrigen gewann Alexander durch Beschämung. Der Zug nach Ekbatana, Hephästions Tod, die Besiegung der Kosseer, die Untersuchung des kaspischen Meeres und neue Eroberungspläne gegen Araber, Karthager und Römer, Schifffahrten den Euphrat hinab und die Rückkehr nach Babylon, das die Hauptstadt der Welt werden sollte, erfül-
324 len das folgende Jahr. In Babylon endlich töd-
323 tet ihn im Anfange des Jahres 323, 33 Jahre alt, Gift oder Ausschweifung. Sein Reich erstreckte sich vom Hyphasis bis zum jonischen Meere, vom caspischen Meere bis zu den Cataracten des Nil und der Mündung des Indus; allein da es ihm an aller inneren Organisation, an allem gemeinschaftlichen Staatsleben fehlte, zerfiel es schnell in kleinere Reiche, die jedoch der Cultur des Menschengeschlechts günstiger waren, als das große Reich, das ein Jahrtausend lang, unter dem Namen des babylonischen, medischen, assyrischen, persischen, vorher hier bestanden hatte.

Alexanders Nachfolger. Athen.

Alexander hatte sein Reich sterbend dem „Würdigsten“ vermacht. Wer war dieser? Wie er es vorausgesehen hatte, sollte die Gewalt der Waffen die schwere Frage entscheiden. Indeß gewann Perdikkas das Heer für Arrhidäus, den schwachsinnigen Bruder Alexanders, und für den gleichnamigen Sohn der Roxana, zu deren Vormund Perdikkas, später Antipater, ernannt wurde. Das Reich selbst wurde in 33 Satrapien vertheilt, welche die Feldherren Alexanders, unter denen nur Eumenes, der edelste von allen, allein unbeachtet blieb, erhielten. Kaum in ihren Hauptstädten angekommen, erklärten sie sich hier, einer nach dem andern, für unabhängig; und innere Kriege begannen nun, die mit dem Untergange der Familie Alexanders und dem der meisten seiner Feldherren endeten.

Kurz vor seinem Tode hatte Alexander den 324
griechischen Städten befohlen, jede ihre Verbannten zurückzurufen; ein Befehl, der feierlichst bei den olympischen Spielen proklamirt ward. Athen jedoch, das, diesem Befehl zufolge, Samos herausgeben sollte, und die Aetolier, die dadurch eine verhaßte Familie zurückzurufen genöthigt wurden, waren damit wenig zufrieden; sie verbanden sich daher in aller Eile, auf die erste Nachricht von Alexanders Tode, gegen Antipater, und beschlossen, dem weisen Rathe Phocions zum Trotze, den Krieg. Seine Rede bei dieser Gelegenheit gab ein schreckendes Bild des Verfalles der Sitten. „Wann wirst du denn zum Kriege rathen?“ fragte man ihn. — „Wenn ich die Jugend bereit se-

hen werde, dem Feinde zu stehen, die Reichen
ihre Koffer zu öffnen, um den Krieg zu unterhalten, und die Lenker des Staats entschlossen,
den Schatz nicht zu plündern," antwortete er.
Der verbannte Demosthenes erwarb unterdeß der
Vaterstadt Sicyon, Argos, Korinth und den Peloponnes, außer Sparta, als Bundesgenossen in
diesem Kriege, und ward zum Lohne dafür zurückgerufen. Nur Sparta erinnerte sich noch seiner Niederlage bei Megalopolis, und trat dem
Bunde nicht bei. Leosthenes, der die Feindselig-
keiten schon früher begonnen hatte, führte das
atheniensische Heer gegen Antipater und belagerte
diesen wirklich in Lamia; hier blieb er jedoch bei
322 einem Ausfalle. Antipater und Kraterus schlugen die Athener nun bei Cranon, und diese baten durch Phocion und Xenocrates um Frieden.
Antipater bewilligte diesen, allein einer der Häfen
Athens, der Munychius, mußte eine macedonische
Besatzung aufnehmen. Hyperides, der Redner
gegen Antipater, ward ausgeliefert und hingerichtet, Demosthenes, der Widersacher der Macedonier bis an seinen Tod, nahm das Gift, das er,
in einer Feder verborgen, schon seit langer Zeit
bei sich trug. Phocion, der Feind der Demokratie, ward mit der Reorganisation Athens beauf-
321 tragt. Bald darauf starb Antipater, und hinterließ die Vormundschaft mit der Verwaltung Macedoniens dem Polysperchon, einem der ältesten Feld-
319 herren Alexanders. Dieser begünstigte die Volksherrschaft; wogegen Cassander, Antipaters Sohn,
der Chiliarch, theils selbst, theils durch Nicanor,
den Befehlshaber im Munychius, im Einverständnisse mit Phocion die Aristokratie unterstützte.

Polyperchons Sohn, Alexander, bestürmt Athen;
die Demokratie siegt, und das Volk verurtheilt
Phocion zum Giftbecher. So starb Phocion der
Weise, einer der letzten edlen Staatsmänner Grie- 319
chenlands.

Später stellten Cassander und Nikanor jedoch
die Aristokratie in Athen wieder her, und den Philosophen Demetrius Phalereus an die Spitze der
Verwaltung, in welcher dieser sich zehn Jahre hindurch eines solchen Ansehens erfreute, daß ihm die
dankbaren Athener 360 Statuen von Erz errich- 318
teten.

Nach seinem Tode ward die Demokratie jedoch von Antigonus, dem Herrn von Asien, wieder erhoben. Sein Sohn Demetrius Poliorcetes 308
(der Städtebezwinger) vertrieb die Macedonier aus
dem Hafen, nahm den Piräus ein und stellte die
Volksherrschaft wieder her. Der edle Demetrius
Phalereus verließ hierauf Athen und zog sich nach
Böotien zurück, wo er starb. Das Volk indessen riß seine Statuen herab, verfluchte sein Andenken und verurtheilte ihn abwesend zum Tode.
— Ein treues Bild der Volksgunst, wie es die
Geschichte nur zu häufig darzustellen hat! — Hierauf ward Poliorcetes das Idol der Athener und
genoß ausschweifender Ehrenbezeigungen; bis man
ihn und seinen Vater Antigonus endlich wirklich 302
zu den Göttern (Σωτῆρες) erhob.

Kaum verläßt er jedoch Athen, so nimmt es Cassander, im Einverständnisse mit Lachares, dem Tyrannen, von Neuem ein, der jedoch dem Demetrius abermals weichen muß, sobald dieser von Cyprus und Rhodos zurückkehrt. Dieser erhebt die Athener über alle andere Griechen, proklamirt

die Freiheit der Griechen, nimmt die Böotier in
seinen Bund auf, erobert für Athen Phylä und
Panacte von den Spartanern, wird zum Haus-
genossen der Pallas erklärt, und wohnt im Parthenon, wo er das Heiligthum der Göttin mit
296 Buhlerinnen und Ausschweifungen befleckt. Dies
währt so lange, bis Seleucus, Nicander und Lysimachus, Feldherren Alexanders, auf die Macht
301 Antigonus neidisch, diesen mit vereinten Kräften
angreifen, und durch die Schlacht bei Ipsus in
Phrygien seiner Herrschaft in Asien, und der seines Sohnes in Griechenland ein Ende machen.
Antigonus selbst blieb. Die Sieger theilten hierauf das Reich des Macedoniers: Egypten mit Ly-
bien, Arabien und Palästina erhielt Ptolemäus
Lagi; Cassander, der Mörder Olympias, Roxa-
nas und ihres Sohnes, erhielt Macedonien und
die Hegemonie von Griechenland; Lysimachus Thrazien, Bithynien und die Länder des Hellesponts;
Seleucus das übrige Asien, als Königreich Syrien, mit der Hauptstadt Antiochia.

Demetrius, der nach Athen geflüchtet war,
fand die Thore dieser Stadt verschlossen. Er belagerte sie mit einer in Cylicien, Tyrus und Sidon
erkauften Armee, nahm sie ein und verzieh den
Athenern: er war der Krone durch Tapferkeit,
Menschlichkeit und Gerechtigkeitsliebe würdig!

Indessen stritten nach Cassanders Tode seine
drei Söhne, Philipp, Antipater und Alexander,
um den Thron. Philipp, der ihm folgte,
starb bald und Pyrrhus, König von Epirus, benutzte nun diese Kämpfe, und griff den Sieger
297 Alexander, den er anfangs unterstützt hatte, an;
dieser rief Demetrius zu Hülfe, der den Thron

von Macedonien bestieg, nachdem er Alexander, wie Lysimachus den Antipater, ermordet hatte.
Sieben Jahre lang beherrschte er sein neues Reich 294
in Griechenland; Athen, Megara, Böotien, der Peloponnes gehorchten ihm, bis eine allgemeine Verbindung der Ptolemäer, Lysimachus, Seleucus und Pyrrhus ihn von dem Throne stürzte. Er
flieht, als Hirt verkleidet, nach Asien, greift Se- 284
leucus noch einmal an und stirbt in des Siegers Gefangenschaft zu Apamea. Pyrrhus theilte Macedonien mit Lysimachus und ging nach Athen. Bald darauf vertrieb ihn Lysimachus. Diesen
stürzte Seleucus, diesen Ptolomäus Keraunos 287
(281), der blutdürstige Sohn des Ptolemäus Lagi, den die Gallier 280 erschlugen. Ihm folgte sein Bruder Meleager, sein Enkel Antipater, nach dem der edle Sosthenes als Feldherr den Staat lenkte. Als auch dieser vor den Galliern blieb, erschien
Antigonus Gonnatas *), Sohn des Demetrius 272
Poliorcetes, der nun ganz Macedonien und Griechenland beherrschte.

Um diese Zeit drangen in drei Schwärmen 278
200,000 Gallier, welche Belgius, später Brennus, vom Fuße der Pyrenäen herführte, in Macedonien und Thessalien ein. Sosthenes wird von ihnen besiegt und getödtet; Athen, Böotien, Lokris, Phocis und Aetolien ergriffen unter Kalippus die Waffen gegen sie, der Peloponnes blieb unthätig. Die Gallier gingen über den Sperchius, wurden bei Heraclea, bei den Thermopylen geschlagen und drangen dessen ungeachtet bis Delphi vor. Allein hier schreckte sie ein Erdbe-

*) Von Gonni, seinem Geburtsorte in Thessalien.

7*

ben: sie glaubten sich angegriffen, tödteten sich untereinander, und wurden von den Böotiern und Aetoliern getödtet. Brennus wandte das Schwert gegen sich und der Rest floh über den Sperchius zurück.

Unterdeß hatte sich Pyrrhus Macedoniens und eines großen Theils von Griechenland bemächtigt; Lysimachus nöthigte ihn (267) jedoch, erst mit ihm zu theilen, und verdrängte ihn endlich ganz aus Macedonien. Hier folgte ihm jedoch bald Antigonus Gonnatas, der Besieger und Nachfolger des Ptolemäus Keraunos, des Meleager, des Antipater und des Sosthenes. —

267 Jetzt herrschte Antigonus Gonnatas unbeschränkt über Griechenland. Im Jahre 267 besetzte er Athen mit macedonischen Truppen, und das Vaterland des Pericles blieb nun in Abhängigkeit, bis Aratus ihm auf kurze Zeit wieder Freiheit errang.

Sparta.

330 Sparta hatte sich nach der Niederlage König Agis II. bei Magalopolis, den letzten Versuch Spartas gegen den Macedonier, ruhig gehalten, bis Demetrius, der Städtebezwinger, nach der ersten Einnahme Athens auch den Peloponnes angriff. Archidamus verlor zwei Schlachten; Sparta, jetzt hinter
295 Mauern, ward belagert und nur durch die Abberufung Demetrius nach Macedonien gerettet. Innere Unruhen riefen Pyrrhus, König von Epirus, mit einem Heere von 22,000 Mann, und 24 Elephanten nach seiner Niederlage bei Benevent, aus Italien und Sicilien nach dem Peloponnes; Akrotalas, König Areus Sohn, der selbst gerade in Kreta war,

wehrte ihn siegreich ab; Pyrrhus, der den Kleony= 272
mus gegen seinen Vater unterstützt hatte, mußte
schimpflich aus dem Peloponnes abziehen, und ward
bei der Belagerung von Argos durch einen Stein
erschlagen; ja die Spartaner konnten nun selbst
Athen gegen Antigonus Gonnatas zu Hülfe eilen. 267
Hier wurden sie jedoch bei Korinth geschlagen und
Akrotalas blieb. Neue Unruhen zerrissen Sparta 258
unter Leonidas II. und Agis III., die lykurgische
Verfassung war verfallen, ein Erbrecht durch Epita=
deus eingeführt; alles Land war im Besitze von
Frauen; Agis, an der Spitze der Vornehmen,
wollte die alten Gesetze wieder herstellen. Es ge= 244
lingt; Leonidas, der Freund des Luxus, wird ver=
bannt; doch 241 zurückberufen, wird Agis von
den Ephoren der neuen Partei verurtheilt und hin= 236
gerichtet. Leonidas blieb allein König, ihm folgte
sein Sohn Kleomenes III., der 226 die Plane 226
des Agis wieder vornahm, die Ephoren demüthigt
und unter blutigen Gewaltstreichen auf eine kurze
Zeit noch einmal die alten Einrichtungen wieder her=
stellte. Auswärtige Eroberungskriege, besonders ge=
gen die Achäer, nehmen das Uebrige der Geschichte
Spartas ein.

Der Achäische und Aetolische Bund.

Gegen Antigonus Gonnatas Herrschaft in Griechenland bildeten sich jetzt zwei Verbindungen aus ursprünglich geringen Anfängen, die Hellas noch einmal zu einem kurzen Glanz erheben sollten. Die achäischen Küstenstädte, seit der Vertreibung des König Gyges im Jahre 1000, als eine freie Bundesrepublik von vortrefflicher Verfassung blühend,

waren jetzt fast alle in der Gewalt macedonischer Besatzungen oder einzelner Tyrannen, die sich durch die Verbindung mit Macedonien hielten. Bei
280 Pyrrhus Einfall in den Peloponnes verjagten meh-
rere dieser Städte, zuerst Paträ, Pherä, Tritäa und Dyme, ihre Garnisonen, ihre Tyrannen und traten in einen Bund zusammen. Bura, Aegion, folgten (275). Der junge Aratus, Sohn des Klinias, hatte auf diese Art Sicyon, seine Vaterstadt, von der Herrschaft des Nikokles, Nachfolger des Abantidas, des Mörders seines Vaters befreit und hierauf an der Spitze des Bundes auch Korinth erobert. Von dieser Zeit an gelangte der achäische Bund zu dem Ansehen einer Staatsmacht; Megara, Trözen, Epidaurus, Korinth treten gezwungen oder freiwillig bei, Argos, Hermione, Aegina, Phlius, Mantinea folgten (232); man gab dem Bündnisse
259 eine Verfassung. Ein Grammateus und zwei Stra-
tegen standen der Verwaltung der Bundesangelegenheiten vor, die in einer Hauptversammlung im Frühjahre und Herbst zu Aegion, oder auf Einberufung durch die Ephoren, berathen wurden. In Abwesenheit der Strategen, später (von 265 an), des Strategos, lenkten zehn Demiurgen den Bund. Sein Hauptzweck war die Aufrechthaltung der Freiheit gegen die macedonischen Gewalthaber.

Bald bildete sich diesem Bündnisse gleich ein ähnliches unter den gegenüber liegenden Aetolischen Staaten (Panätolion), die, rauh und abgeschieden, an der Cultur des übrigen Griechenlands wenig Theil genommen hatten. Auch dieses nahm dieselbe Verfassung mit demselben Hauptzweck auf. Nur zu bald jedoch stellte sich Eifersucht und Neid zwischen diese beiden Föderationen, welche Griechenland hätten retten können.

Sparta, unter Agis, war der Bundesgenosse
der Achäer, Athen, unter Antigonus, stand diesen
gegenüber. Später jedoch unter Gonnatas Nach- 236
folger Demetrius rief es Aratus selbst zu Hülfe, empfing von diesem die Freiheit und seine Häfen, Salamis und Sunium, ohne deren Besitz es verarmte,
zurück, und nannte Aratus seinen Retter. Derselbe
befreite Argos von der Tyrannei des Aristipp, und
später des Aristomachos, und vermehrte das Ansehen
des Bundes durch den Zutritt dieser beiden Städte.
Allein nun erhob sich Sparta gegen ihn. Unter
Kleomenes, der indeß die alte Verfassung wieder hergestellt hatte, trat es dem Bunde der Aetolier bei,
und vermochte Aratus hierdurch den Schutz des macedonischen Königs Antigonus Doson, der indeß
dem Demetrius, Gonnatas Sohn, als Halbbruder
des Vaters, gefolgt war, nachzusuchen. Dieser 223
erschien zwei Jahre nach einander mit großen Hee- 222
ren im Peloponnes (ätolischer*) Krieg); im zweiten
Jahre ward Kleomenes, ungeachtet Korinth und Sicyon seine Partei verstärkt hatten, bei Sellasia, besonders durch Philopömens Tapferkeit, besiegt. Kleomenes floh nach Aegypten, wo er Gift nahm;
Sparta empfing den Sieger, der es mild behan- 220
delte. Dennoch geriethen die Achäer nach Dosons
Tode in neue Verlegenheit; sie wurden von den
Aetoliern geschlagen, und Aratus sah sich genöthigt,
seines Nachfolgers Philipp II. Beistand anzurufen.
Dieser nahm nun zwar Thermon, die ätolische Hauptstadt, ein und zerstörte sie; allein bald darauf verun- 219
einigten sich die Verbündeten über die Eroberung
von Messene dergestalt, daß Philipp Aratus, nach-

*) Kleomenischer Krieg.

dem dieser siebzehn Mal Strategos des Bundes gewesen und den Namen des Befreiers erworben hatte, mit Gift hinwegräumen ließ.

Nach seinem Tode ward Philopömen Strategos des Achäischen Bundes. So wenig er auch Veranlassung hatte, Philipp zu lieben, so sah er sich doch durch die Verbindung seiner Gegner, der Aetolier, mit dem römischen Bundesgenossen Attalos von Pergamus und endlich mit den Römern selbst genöthigt, die Verbindung mit Philipp fortzusetzen. Von dem Augenblicke an, wo der Name der Römer zum ersten Male in der Geschichte von Hellas genannt wird, war es um die Unabhängigkeit Griechenlands geschehen; aller Kampf war von nun an nur Todeskampf!

Auftreten der Römer und Untergang der griechischen Unabhängigkeit.

Die Aetolier und Lacedämon waren im Bunde mit Rom, das an Philipp einen verwegenen Angriff zu rächen hatte; die Achäer und Akarnanier waren Philipps Kampfgenossen; Athen hatte mit sich selbst und seinen Rednern zu thun. Machanidas, Ty-
207 rann von Sparta, hatte Achaja angegriffen; zu seinem Schutze erschienen im Jahre 207 der römische Proconsul Sulpicius und Attalos, König von Pergamus, mit einer Flotte, und machten sich zu Herren von Achaja.

Philopömen von Megalopolis, Schüler des Akademikers Archelaus, stand an der Spitze des Bundes. Er hatte die Taktik reformirt, und besiegte mit seinen neugebildeten Bataillonen Machanidas bei Mantinea in einer großen Schlacht; der

Tyrann selbst blieb. Ihm folgte in der Herrschaft Spartas Nabis, ein noch blutdürstigerer Tyrann, der die Spartaner darin übte, ihre Abhärtung zur Ertragung der Foltern anzuwenden, mit denen er Geld und Schätze von ihnen erpreßte (die eiserne Apega). Dahin war es mit den stolzen Lacedämoniern gekommen, daß sie die blutigen Grausamkeiten eines Elenden ungestraft ertrugen! Im Felde war Nabis siegreich. Er eroberte Messene, das er jedoch bald wieder an Philopömen verlor.

Indeß waren die Plane Roms gereift. Es nahm die Sache der Griechen auf, als handle es sich darum, ihre Freiheit gegen Philipp zu vertheidigen. Quintus Flaminius erschien und nöthigte Philipp, um Frieden zu bitten. Zugleich verhandelte er mit Nabis, welcher Philipp verrieth und zum Freunde Roms erklärt wurde — alles dies, während Philopömen in Creta abwesend war, um dort den Bürgerkrieg zu unterdrücken. Athen nahm die römische Flotte mit Jubel auf; die Aetolier, Böotier, Sparta und der König von Pergamus verbanden sich mit Rom; Philipp wich nach Thessalien zurück. Auf den Höhen von Kynoskephalä kam es zur Schlacht; die macedonische Phalanx wurde durchbrochen, die Römer siegten, Philipp bat um Frieden, 197
den er gegen einen Tribut von 400 Talente erhielt. Hierauf befahl ihm der römische Senat, die griechischen Städte frei zu geben, 1000 Talent Kriegssteuer zu bezahlen und seinen Sohn Demetrius zur Geißel zu senden. Dieser Befehl ward bei den nemeischen, bei den isthmischen Spielen durch Herolde publizirt und die betrogenen Griechen begrüßten mit Freudengeschrei ihre wiedergewonnene Freiheit. Sparta allein wollte diesem Frieden nicht beitreten,

um Argos nicht herausgeben zu dürfen. Dadurch
zog Nabis die Rache der Römer auf sich. Flaminius zog gegen Sparta; Nabis trat ihm mit
3000 Spartanern und 1000 Cretensern entgegen.
Die Römer nehmen Gythium, den Hafen, stürmen Sparta und werden von den Einwohnern aus
der brennenden Stadt hinausgetrieben. Hierauf
195 folgte ein Friede, in dem Nabis Argos herausgab.

Nicht lange nachher entzünden die enttäuschten Aetolier jedoch einen neuen Krieg gegen Rom. Antiochus von Syrien und Nabis ergreifen von Neuem die Waffen für sie. Der letztere griff die Achäer an; allein Philopömen besiegt ihn bei Sparta und belagert ihn in der Stadt. Hierauf setzen sich die Aetolier unter Alexamenes durch List in Besitz von Sparta, werden jedoch darin vernichtet. Nun ward es Philopömen leicht, sie zu Bundesgenossen der Achäer zu machen, und die entzückten Lacedämonier boten ihm die Schätze des Nabis an, die er jedoch ausschlug.

Unterdeß erschien auch Antiochus auf dem Kampf-
platze; allein der schwelgerische Asiat war den Rö-
191 mern wenig gewachsen; er erlag bei den Thermopylen
den Waffen des Cato Censorius und des Acilius
Glabrio; Antiochus floh nach Asien zurück und überließ die Aetolier der Rache des M. Acilius. Diese
189 wurden in Heraclea belagert und unterwarfen sich,
nach der Niederlage des Antiochus bei Magnesia, den
Römern unter L. Scipio. Von nun hob sich
der ätolische Bund nicht mehr und Griechenland fing
an, als römische Provinz behandelt zu werden.
Indeß lag Sparta noch immer mit den Achäern im
Kampfe; der Friede Philopömens war gebrochen;
188 die Achäer griffen Sparta an, eroberten es, und

Philopömen zertrümmerte, was noch von Lycurgi-
scher Gesetzgebung übrig war. Das hierdurch erho-
bene Ansehen der Achäer erregte die Eifersucht der
Römer: sie reizten die Messenier zum Abfall auf, 183
die unter Dinokrates dem vom Alter gebeugten
Philopömen Widerstand leisteten. Der Greis
wurde gefangen und mit Ketten beladen im Schauspiele den Blicken des höhnenden Volkes ausgesetzt,
worauf er den Giftbecher trank. So starb der letzte
Grieche, den ein Abglanz der ehemaligen Sitten
weit über seine Zeitgenossen empor hob.

Sein Tod reizte ganz Achaja zu Rache auf.
Des Greises Freund Lycortas ward zum Strategos
ernannt. Dieser eroberte Messeue, steinigte die
Mörder Philopömens und rächte seine Schmach an
Dinokrates. Seine Asche ward im Pomp nach Me-
galopolis geführt; der junge Polybius, Sohn des
Lycortas, später als Geschichtsschreiber groß, trug
die Urne; ganz Achaja folgte in Trauerkleidern.
Dies war der Leichenzug der griechischen Freiheit! 175

Nach Besiegung Philipps hatte der Senat von Rom die Unabhängigkeit Griechenlands proklamiren lassen — allein ein Volk, das seine Freiheit von einem andern empfängt, bleibt in der Unfreiheit!

Die Römer erregten und schlichteten Kriege
und herrschten durch das Schrecken ihrer Waffen
willkührlich in Griechenland. Perseus, der Sohn
Philipps von Macedonien, hatte ihren Zorn erregt:
er ward von Paulus Aemilius, dem er ein Heer von
44,000 Mann entgegen stellte, am Olympus besiegt, schmückte seinen Triumphzug in Rom, und
Macedonien ward nach den gescheiterten Versuchen 166
des Andriscus und Alexander, sich des Thrones zu
bemächtigen (150), zur römischen Provinz. Das-

selbe Schicksal erfuhr auch Epirus, nur mit noch größerer Härte von Seiten der Römer. Die Achajer hatten an Perseus Aufstande Theil genommen, und die Sieger begehrten dafür tausend Opfer, unter den freisinnigsten Bürgern ausgewählt, von ihnen; die Achajer widerstanden unter dem Strategos Kallikrates; allein sie wurden zum Gehorsam gezwungen, und die tausend Opfer, unter denen Polybius sich befand, wanderten in die Etrurischen Gefängnisse nach Italien. Umsonst klagte ihnen Griechenland nach, bis Scipio endlich diejenigen 300,
150 welche nach langen Jahren noch übrig waren, der Freiheit zurückgab.

Dennoch schien den Römern die Verbindung Achajas noch immer ein zu mächtiger Damm gegen die Herrschaft der Willkühr. Sie unterstützten daher die Spartaner in ihren beständigen Kriegen gegen Achaja, und sandten endlich Commissarien nach Korinth, mit dem Befehle, Argos, Korinth, Lacedämon und andre Orte sollten nicht mehr dem Bunde angehören. Getheilt, war dieser leichter zu beherrschen.

An der Spitze Achajas stand zu dieser Zeit Diaeus, ein Mann voll Kraft und Römerhaß. Er reizte Korinth gegen die Lacedämonier, gegen die Römer auf, und die Korinther vertrieben beide. Der Senat, im Kriege gegen Carthago begriffen, antwortete gemäßigt. Indeß ward in der Bundes-
147 versammlung der Krieg gegen Sparta beschlossen und Diaeus und Critolaus traten an die Spitze des achajischen Heeres.

Metellus, der Proconsul von Macedonien, eilte herbei, schlug und tödtete Critolaus am Oeta und, bot den Achäern Frieden, den Diaeus jedoch stolz verwerfen

ließ. Nun vereinigte sich Metellus mit Mummius,
der mit neuen Truppen aus Italien herbei kam,
und griff Diäus in Korinth an. Einige kleine Vortheile lockten den unvorsichtigen Strategos aus seinen
Schanzen hervor; im Thale Leukopetra ward er
von Mummius geschlagen, floh nach Megalopolis, 146
ermordete seine Gattin, zündete sein Haus an und
nahm Gift.

Mummius zog nun ohne Widerstand in Ko- 146
rinth ein, verwüstete die schönste Stadt Griechen- vor
lands, verkaufte ihre Einwohner in die Gefan- Chr.
genschaft, plünderte die Tempel, die Palläste und Ol.
belud als Barbar seine Schiffe mit ihren Statuen 158,
und Kunstwerken. Griechenland ward unter dem 3.
Namen Achaja zur römischen Provinz; der Se- ab
nat sandte Verwalter herüber und der letzte Schat- u.c.
ten der griechischen Unabhängigkeit verschwand. 608

Nur als Sitz der Cultur blieb es den Römern noch wichtig: seine Kunstwerke, seine Lehren, seine Philosophen erweckten in Rom einen
Geist der Nacheiferung: über Italien, und von
da über ganz Europa ging das Licht griechischer
Bildung auf. — Funfzig Jahre hatte Griechenland in stiller Ergebung die römische Verwaltung
ertragen, da rief Mithridates, König von Pontus, ganz Asien und halb Europa zu den Waffen gegen sie auf. Er drang in Attika ein, und
stellte einen Athenienser, Aristion, an die Spitze 84
der Verwaltung; doch von fünf Legionen begleitet erschien Sylla, unterwarf die empörten
Städte, und belagerte endlich Athen, das von allen allein Widerstand leistete. Sylla erstürmte
den Piräus, fällte die heiligen Haine, plünderte
die Tempel von Delphi und Olympia, und brachte

über Athen alle Leiden einer langen Belagerung. Endlich sah sich Aristion durch die Athenienser genöthigt, Frieden zu suchen. Man ward nicht einig, und Athen ward von den Römern gestürmt. Das Blut floß in hohen Strömen; heldenmüthig vertheidigte sich Aristion hierauf in der Akropolis, Wassermangel nöthigte ihn zur Uebergabe: er büßte seinen Widerstand mit dem Leben; nach der Einnahme von Athen verlohr Griechenland alle politische Bedeutung.

Culturgeschichte.

Um dieselbe Zeit, als Griechenland der macedonischen Herrschaft erlag, fing es an, von der hohen Stufe gesellschaftlicher und künstlerischer Cultur, die es erstiegen hatte, wieder hinab zu steigen. Der Verfall der freien Staatsverfassungen zog den Fall der Städte nach sich. Das prächtige Athen, das sich 178 Stadien im Umfange mit kostbaren Plätzen, Säulengängen und Tempeln, seiner Akropolis, seinem Odeion, seinem Tempel der Pallas, des Dionysios, seinem Prytanäon hindehnte, verlohr von seinem Wohlstande und seiner Schönheit, sobald seine Häfen im Besitze der Macedonier, die Einwohner von dem Handel, der sie bereichert hatte, verdrängt waren. Theben vollends, eine der schönsten Städte Griechenlands, war von Grund aus zerstört. Korinth, der Sitz des Handels, verfiel mit diesem; Argos war in demselben Falle; der ewige Bürgerkampf, in den es verwickelt war, vernichtete hier früh kostbare Kunstschätze. Auch Epidaurus und Trözen, vor allen aber Olympia, glänzte

einst mit Prachtbauten. Hier war es das große Stadion und der Tempel des Zeus, mit der vergoldeten Statue des Gottes, das die Blicke aller Fremden auf sich zog. — Unter den Inseln hatte Samos die größte Seemacht, nachdem Aegina den Athenern unterlegen. Hier herrschte Polykra-
tes, bei dem Anakreon lebte, mit großem Ruhme. 532-
Hundert Städte bevölkerten Kreta, unter denen 525
Gnossus 30 Stadien Umfang einnahm. Andere Inseln, wie Chios und Lesbos, waren als der Sitz der feinsten Cultur bekannt; noch andere hatte der Handel bereichert.

Unter den Künsten blühte vor allen die Baukunst; unsere Tage bewundern noch jetzt die Reste jener geschmackvollen Tempel, Gymnasien, Bäder und Theater, die zuerst nach den Siegen über die Perser aus Stein erbaut wurden. Mochten auch die Privathäuser, wie überall im Süden, klein, eng und unwohnlich seyn, die Pracht der öffentlichen Gebäude besiegte sie. In freien Staatsverfassungen sind *sie* der Stolz der Bürger!

Die Bildhauerschule zu Aegina war verblüht; allein die zu Korinth und Sicyon blühten in dieser Periode. Agorakritos, Polyklet, Myron, Praxiteles und Lysipp waren die würdigen Nachfolger der Phidias und Alkamenes. Apelles von Cos und Protogenes von Caunus folgten im Ruhme dem Zeuxis, Parrhasius und Polygnotos. Die schönsten Münzen, Cameen und Steine entstammen dieser Zeit; die *Kunst*, wie der Handel, war dem freien Manne erlaubt; das *Gewerbe* kam dem Sklaven zu.

An die großen Philosophen des vorigen Zeitraumes schließt sich in diesem, Epikuros von Athen an, dessen Lehren jedoch von seinen eigenen Schülern nur zu früh verkannt wurden. Desto siegreicher waren die Anhänger der Stoa (Zeno), deren Grundsätze vor allen die Römer gern aufnahmen; die neue Academie blühte unter Arkesilaos und Carnoades, Theophrast und die Peripatetiker (Schüler des Aristoteles). Demokrit und Heraclit, und die schmuzige Sekte der Cyniker (Diogenes) dienten mehr dazu, die Philosophie dem Gespötte der Weisen auszusetzen. Des größten Ansehens genossen die Sophisten und Redner, unter denen Demosthenes, Isäos und Isokrates noch dieser Zeit angehören. Die Dichterschule zu Alexandria, deren Stolz Theokritus, der Idyllendichter, Bion und Moschos, seine Nebenbuhler, Callimachus, der Odendichter, Lykophron, der Tragöde, und das ganze tragische Siebengestirn, Aratus und die Grammatiker Aristarch, Zenodotus und Zoilus, Nearchos, der Geograph, und Eratosthenes, der Mathematiker, waren, blühte in dieser Zeit (um 280). Unter den Historikern kam Niemand dem Polybios, dem Sohne des Lykortas, an Ansehn gleich. Die Comödie blühte mit der Redekunst. Menander, Diphilos, Philemon und dreißig andere Lustspieldichter gründeten die neue Schule des Charakterlustspiels. Die Satyre, bei dem reichen Stoff, den die Zeit gewährte, blühte in demselben Grade; doch ward die Kunst mehr zur Künstelei; Mühe und Studium ersetzten allmählig die freien Erzeugnisse eines reichbegabten Geistes; der Genius ging mit der Freiheit unter, die seine Mutter ist.

Die Sitten verfielen — Wohlleben und Müßiggang verdrängten den alten Ernst, den große

Interessen aufrecht erhalten hatten, und die strengen Lacedämonier thaten es allen übrigen Griechen an Verdorbenheit, Feigheit und Feilheit zuvor.

Die Kriegskunst veränderte sich unter Alexanders und Philopömens Meisterhand; der letztere schaffte die tiefen, schwerbeweglichen Bataillone zuerst ab. Die Schiffahrt machte Fortschritte, und was bisher kein Grieche gewagt hatte, geschah; man fuhr quer über das jonische Meer, dessen Küsten man sonst nie aus den Augen verlor; die Chronologie gewann an Festigkeit durch den bekannten parischen Marmor; die Speculation fing an mit der Praxis in einen Bund zu treten, und die Fortschritte, welche die gesellschaftliche Bildung machte, waren unverkennbar.

Gegen Ende dieses Zeitraumes wandten sich griechische Künstler, Gelehrte, Sophisten und Grammatiker nach Rom; doch galt Griechenland noch immer für den Sitz der Cultur und feiner Sitte, und besonders ward Athen, als die Hauptstadt der Kunst und Wissenschaft, von den Römern selbst mit vielen kleinen Vorrechten und Privilegien bedacht.

Fünfte Periode.

(Fünfhundert ein und vierzig Jahre.)

Römische Herrschaft; oder von der Auflösung des achäischen Bundes bis zur Gründung des orientalischen Kaiserthums; von 146 v. Chr. bis 395 n. Chr.

Nach der Schlacht von Leukopetra versank Griechenland, nun eine römische Provinz, gänzlich in politische Unbedeutenheit. Zwar behielten die einzelnen Städte wohl meistens ihre hergebrachte Verfassung, es gab Archonten in Athen, Könige in Sparta; allein diese waren Geschöpfe der Römer und der Senat entschied über jeden Schritt, der mehr als die bloße Verwaltung der Stadtgüter betraf. Der letzte Versuch, der in dem pontischen Kriege zur Wiedererlangung der Unabhängigkeit von Athen ausging, war gescheitert. Aristion und seine 2000 Mann Hülfstruppen, welche Mithridat ihm zugesendet hatte, war nach einer zweijährigen Belagerung in Athen erdrückt, da er nirgend in Griechenland Beistand fand und Sylla
88 hatte Athen mit Sturm genommen. Der Sieger brandschatzte Griechenland. Die Schätze des Aesculaptempels zu Epidauros, die Reichthümer

des Tempels von Delphi mußten ihm ausgeliefert werden; er ließ, trotz der Wehklagen Griechenlands, aus Götterstatuen Münzen schlagen.
Dennoch erfreute sich Athen noch mancher kleinen
Vorrechte vor den übrigen Städten Griechenlands:
seine Kunst und seine Wissenschaft machte es selbst
den rohen Römern ehrwürdig. Als es im Kriege 48
zwischen Cäsar und Pompejus die Parthei des
Pompejus ergriff, verwüstete zwar Falenus, der 48
Feldherr Cäsars, es von neuem; dennoch begegnete Cäsar selbst den Athenern auch nach der
Schlacht von Pharsalos (in Phthiotis) mit großer Milde, ließ ihnen ihre Stadtverwaltung, ihre
Archonten und ihre Privilegien; „den Lebenden
um der Todten willen," wie er sagte. — Dennoch fanden seine Mörder, Brutus und Cassius,
bei den Athenern bereitwillige Aufnahme. Cäsars Todestag ward als der Tag der wiederaufle-
benden Freiheit gefeiert, und es bedurfte des Sieges der Triumvien bei Philippi, um Athen wie- 42
der zum Gehorsam zurückzubringen. Auch Antonius bewies sich mild gegen die ehemalige Hauptstadt von Hellas, und gab ihr die längst verlorenen Inseln Cea und Aegina zurück. Nach der
Schlacht von Actium, an der Küste von Acarnanien, jedoch strafte August Athen für die dem 31
Brutus und Cassius errichteten Bildsäulen durch
Wegnahme der beiden Inseln, und erhob dafür
das noch tiefer gesunkene Sparta durch Auslieferung der Inseln Cytherea und fünf peloponnesi-
scher Städte. Nero kam nach Griechenland, um
hier den Preis als Tonkünstler und Wagenlenker
zu gewinnen. Die griechische Schmeichelei bewilligte ihn ihm, und Nero triumphirte nun, den

8 *

Flötenspieler Diodos an seiner Seite auf dem
Triumphwagen. Aus Dankbarkeit gegen die Kampf-
66 richter verlieh er der Provinz Achaja die Abga-
nach benfreiheit und einen Schatten von Selbstständig-
Chr. keit, unter dem das Land immer tiefer sank, immer mehr verarmte. Allein auch dieser Schein
von Freiheit erregte sogleich wieder so blutige
Streitigkeiten unter den Achajern, daß Vespasian
74 sich genöthigt sah, um die Ruhe herzustellen, die
Privilegien Neros zurück zu nehmen. Zwar gab
97 ihnen Nerva einen Theil derselben zurück, und
Trajan zeigte sich den Athenern günstig; ja, als
Hadrian von ihnen zu den kleineren und endlich
auch zu den größeren Eleusinischen Geheimnissen
Zutritt erhielt, erweiterte er diese sogar, und ließ
sich gern in dem Kleide als Archont von Athen
sehen. Er verschönte die oft zerstörte Stadt;
126 baute ihr eine kostbare Bibliothek, und erweiterte
222 sie durch eine neue Vorstadt, der er seinen Namen gab. Unter Severus und Gallien wurden
262 ihr die bis dahin erhaltenen Vorrechte jedoch entzogen und die Archontenwürde definitiv abgeschafft.
Die Stadt empfing eine römische Besatzung und
der Strategos derselben ward zur höchsten Obrig-
keit in Athen.

Der Peloponnes hatte die Schicksale Athens
ziemlich getheilt: nur versank Sparta, nach dem
kurzen Aufblühen unter August, noch schneller und
tiefer als Athen. Achaja, ohne Handel, verfiel,
Korinth und Theben waren zerstört. Unter den
198 übrigen griechischen Staaten hatte Macedonien nach
vor der Schlacht von Kynoskephalä sich als selbstständi-
Chr. ger Staat so lange behauptet, als Philipp III., ein
179 Fürst voll Talent und Einsicht, lebte. Seinen Sohn

Demetrius hatte er vergiften lassen, und sein natürlicher Sohn Perseus bestieg daher durch Gewalt und
Blut den Thron. Dieser greift die Doloper an,
und zieht dadurch die Rache der Römer auf sich, 172
welche Eumenes von Pergamum gegen ihn reizt.
Perseus schlägt die Römer, allein anstatt den Sieg
zu benutzen, läßt er sich durch Unterhandlungen
täuschen und wird, als der Krieg von Neuem beginnt, von Paulus Aemilius bei Pydna geschlagen,
in Samothrace gefangen, und im Triumphe nach 168
Rom geführt. Nun erklärten die Römer Macedo- Ol.
nien für frei und begnügten sich mit der Hälfte des 153,
bisherigen Tributs. Diesen Zustand benutzt An- 1.
driskos, Sohn des Perseus (Philipp IV.), um sich
als König ausrufen zu lassen, Thrazien zu erobern 150
und die Römer zu schlagen. Allein Härte und Stolz
machen ihn verhaßt; Cäcilius Metellus besiegt ihn
in zwei Treffen und Andriskos wird von den Thra-
ziern ausgeliefert. Hierauf erhob sich ein zweiter 149
Sohn des Perseus, Alexander, der jedoch vertrieben
wird; Philipp, ein dritter Sohn des Perseus, hat
dasselbe Schicksal; der Quästor Tremellus besiegt 142
ihn und nun blieb Macedonien, schon seit 148 zur
römischen Provinz eingerichtet, im ruhigen Besitz
der Sieger.

Dasselbe Loos traf die griechischen Inseln und
die Staaten in Kleinasien. Diese folgten den Schicksalen des Syrischen Reiches, welches unter den Nachkommen des Seleucus (Seleuciden) nach langen blu- 85
tigen Kämpfen endlich an Tigranes von Armenien, vor
von diesem an Mithridat von Pontus und nach dessen Chr.
Besiegung durch Lucullus und Pompejus, an die 68
Römer überging, die es durch Proconsuln (seit Au- vor Chr.
gust Legati Cäsaris) verwalten ließen; dasselbe Ende 64

nahm die griechische Herrschaft der Ptolemäer in
Egypten, lange Zeit hindurch der Sitz der griechschen
Cultur und Wissenschaft. Nach einem langen Succes-
41 sionsstreite verlor Ptolemäus **XIII.** das Reich an
Cäsar; Cleopatra, seine Schwester, gewann den
Sieger bei Philippi, Antonius, so, daß er sie hei-
42 rathete, und das Reich für ihre Kinder von Neuem
gründete. Octavian besiegt sie jedoch bei Actium
30 und nun ward Egypten römische Provinz.

38 Thrazien, das Reich des Sitalkes, behauptete
vor sich selbstständig unter Sethymos und dessen Sohn
Chr. Kotys. Dessen Nachfolger Sassales mußte jedoch
42 (42) den Römern sein Reich ausliefern. Nichts
70 desto weniger herrschten hier einheimische Könige
nach fort, bis das Land unter Vespasian auch zur römi-
Chr. schen Provinz erklärt wurde.

219 In Epirus waren die Kinder des Pyrrhus, Pyr-
nach rhus **III.** und Deidamia vom Volk ermordet worden,
Chr. und ihrer Herrschaft folgte eine republicanische Ver-
191 fassung, die das Land jedoch weder gegen Macedonier und Illyrier, noch gegen die Römer vertheidigen konnte. Als die Epiroten vollends Theil an
168 dem Kriege des Antiochus und Perseus nahmen,
zog Paul Aemilius nach Epirus, plünderte siebzig
Städte, verkaufte 150,000 Einwohner in die Sclaverei und richtete das Land zur römischen Provinz ein.

Die griechischen Staaten in Italien hatten der Allgewalt der Römer schon früher erlegen. Besonders war Sizilien, seit der Eroberung durch Pyrrhus (275), und nach seiner Niederlage bei Benevent den römischen Angriffen ausgesetzt gewesen und nach der Vertreibung des Hieronymus und der Einnahme von Syracus (212), zur römischen Provinz erklärt worden (210).

So waren denn allmählig alle griechische Staaten in das große Reich der Römer zusammengeflossen und Griechenland behauptete, politisch todt, nur noch durch seine höhere Cultur, seine Kunsttraditionen und seine feineren Sitten einiges Ansehen unter den Ländern der Erde.

Unter den von Griechen bevölkerten Städten des römischen Reichs gelangte Byzanz am Propontis, sonst eine Atheniensische Pflanzstadt, früh zu bedeutendem Ansehen. In den Kriegen Severs gegen
Niger bestand es eine dreijährige Belagerung, die 196
mit ihrer gänzlichen Einäscherung endete. Kaum nach
war Byzanz aus diesem Elende von Neuem erstan- Chr.
den, so zerstörte sie Gallien zum zweiten Male. Die 263
Gothen überzogen Griechenland. Thrazien ward von ihnen verheert und Athen selbst, auf dem noch immer ein Abglanz alter Schönheit ruhte, fühlte die Schrecken ihrer Gegenwart

Indeß theilte sich unter Diocletian das Römerreich zum ersten Male. Griechenland (Achaja und
Mazedonien) gelangte an Diocletian, der es von 292
Nicomedien aus regierte. Unter seinen Nachfolgern Galenus und Constantius Chlorus, und deren Mit-
Kaisern, erstand Griechenland unter Maximinus, dem 310
Beherrscher des Orients, bis endlich Constantin der Große, der Sohn des Constantius und der Helena nach Besiegung des Maxentius und des Licinius, der den Orient beherrschte, bei Adrianopel, (323) die Einheit des Reichs wieder herstellte. Zur Hauptstadt
dieses neuen Reichs erhob er Byzanz, dessen zweiter 330
Gründer er (326) geworden war und das er Neu-Rom nannte, obgleich es ihm zu Ehren immer seinen Namen, Constantinopel, trug. Die Lage der neuen Hauptstadt auf den Grenzen zweier Welttheile,

fast im Mittelpuncte seines ungeheuern Reichs, sein Hafen, die Nähe Persiens und der Gothen, der drohendsten Feinde, und die Festigkeit der Mauern selbst, hatte hieran wohl eben so viel Theil, als sein Haß gegen die Römer, die ihn lächerlich gemacht hatten. Von nun an erhob sich Constantinopel mit reißender Schnelligkeit zu großem Reichthume, Schönheit und Macht. Eine neue Zeit begann. Die alte Ordnung der Staatsverwaltung ward verändert; Constantin ließ Rom seinen Senat, und gründete in seinem orientalischen Reiche eine neue Hierarchie der Beamten. Mit Schaaren von Kleinasiaten bevölkerte er die neue Hauptstadt und vertheilte, wie sonst an die Römer, Getreide unter sie. Eine neue Classeneintheilung, in der das Gesetz des Erbrechts schon nahe anklingt, ward gegründet.

Nach vielen welthistorischen Thaten ergab sich Constantin dem Verbrechen; Er mordete Licinius, ermordete seinen Schwager, seinen Sohn Crispus, ließ Fausta, seine Gattin, erdrosseln und überließ sich einem ausschweifenden, wollüstigen Wandel. Zurückgewiesen von den heidnischen Priestern, erhob er aus Interesse das Christenthum zur Staatsreligion, und ließ noch auf seinem Todtenbette sich taufen; zwei Drittel der Bevölkerung seines Reiches folgten seinem Beispiele. Indeß fingen die Barbaren von der Donau her sich an zu regen. Die Gothen drangen durch Mösien vor; Alarich schlug das Heer des Constantin, und ward er später gleich geschlagen und zurückgetrieben, so fanden doch Colonien der
331 Gothen in Thrazien und Macedonien Aufnahme.
In dem Feldzuge gegen Sapor von Persien starb Constantin den 22. May (337) zu Nicomedien.

Von seinen drei Söhnen und zwei Neffen folgte

ihm Constantin II. der älteste, in der Herrschaft des Orients. Mit seinem Bruder Constans kam es um den Besitz Griechenlands zum Kriege, in dem Constantin unterlag; Constans ward Herr von Constantinopel. Zehn Jahre darauf ward er in Spanien 348
ermordet. Nach ihm blieb Julian im Besitze des
östlichen Kaiserthums. Er erleichterte die Lasten des 361
Volks, versah Constantinopel mit einem neuen Ha- 355
fen und einer großen Büchersammlung, und erhob, von dem Irrthume verleitet, daß alte Institute auch den alten Geist wieder hervorzurufen vermöchten, auf das Zureden athenienfischer Redner, das Ansehen der alten Religion Griechenlands von Neuem. Hierauf zog er, der Liebling der Griechen, gegen Persien, erneuert die Heldenzüge Alexanders, besiegt Sapor bei Maranga, wird jedoch von Tigranes von Armenien verrathen, und stirbt von einem feindlichen Wurfspieße durchbohrt (363). Er vereinigte die Kühnheit Alexanders mit dem Geiste Cäsars, der Weisheit Antonius und den Tugenden Marc Aurels. Er vereinfachte die Verwaltung, reinigte den Palast von einer zahllosen Menge von Schmarotzern (Domestici) und erleichterte durch Ersparnisse die Lasten des Volks. Athen besonders erfreute sich seiner Gunst: die Eleusinischen Geheimnisse wurden unter ihm die Religion des Hofes. Jovianus, den die Christen zu seinem Nachfolger ausriefen, starb noch eher, als er das Heer aus den Wüsten, durch welche der Tigris fließt, hinausgeführt hatte, zu Dadactanus bei Nicäa (364). Der alte Salustius wies den Purpur zum zweiten Male von sich, und das Heer wählte Valentinian, den Sohn des Comes Gratian, der die Tugenden eines Soldaten besaß. Er warf die Verordnungen Julians um, eilte nach

364 Constantinopel, erwählte seinen Bruder Valens zum Mit-Kaiser, und übergab ihm Griechenland und Constantinopel; er selbst residirte in Mailand. Der neue Kaiser Valens eiferte Nero an Grausamkeit, Calligula an Tollheit nach. Sein Feldherr Procop erhob die Fahne des Aufruhrs (365) für die unterdrückten Völker. Er nahm Thrazien ein, verband sich den Gothen, und bezahlte endlich, nach zwei verlornen Schlachten mit seinem Leben den Versuch, der schmachvollen Regierung des feigen Valens ein Ende zu machen (366). Kämpfe gegen die Perser, gegen die Gothen erfüllten den Rest seiner Regierung; Valens siegte durch geschickte Feldherren, und nichtsscheuenden Verrath; er ließ, Para, den Sohn des Tigranes, ermorden. Gegen das Ende seines Lebens schützte der junge Theodosius Macedonien und Griechenland vor den Schwärmen der Gothen. Diese von Hunnen und Alanen gedrängt, flüchteten auf griechischen Boden. Man drückte sie; sie empörten sich unter Fritigeres Anführung. Dieser schlug Lupicinius bei Marcianopel, belagerte Adrianopel (377), wohin ihm Valens, endlich aufgeschreckt, entgegen ging. Unvorsichtig begann er die Schlacht, den 9. August 377; der verwundete Valens ward in einer Bauernhütte von den Gothen
378 verbrannt, sein Heer vernichtet. Mit seinem Tode beginnt ein Zeitraum der Verwirrung und der Gräuel in beiden römischen Reichen, deren erste Ursache in den schlaffen Maaßregeln gegen die Barbaren zu suchen war; die man, nachdem man sie mit römischer Taktik vertraut gemacht hatte, selbstständig werden ließ.

Gratian, der Kaiser des Abendlandes berief Theodosius, den siegreichen Sohn des Besiegers der

Pikten und Numidier auf den Thron des Orients.
Dieser besiegte die Gothen ohne Schlacht, und
machte sie zu Unterthanen des Reichs, sah nach dem
Tode seines Wohlthäters Gratian das Reich des
Abendlandes an Maximius übergehen, unterwarf
die Ostgothen seinem Scepter; rächte Valentinian II.
an Maximius, befleckte sich mit der blutigen Zerstö- 391
rung Salonichis, unterdrückte den Aufstand des
Arbogast und des Eugenius im Occident und starb
zu Mailand (395). Er hatte die letzten Reste des 395
Heidenthums ausgerottet. Zwischen seinen beiden
Söhnen Honorius und Arcadius theilte sich das große
römische Reich für immer in das Reich des Mor-
genlandes und das des Abendlandes. Arcadius bestieg den Thron von Constantinopel.

Culturgeschichte.

In dem langen Zeitraume, dessen politische Geschichte wir so eben kurz skizzirt haben, sank die griechische Cultur von der hohen Stufe, die sie rasch erstiegen hatte, zu einer Barbarei hinab, die dem Abendlande wenig zu beneiden übrig ließ. Zuerst waren es nach dem Verluste der Freiheit, nach dem Untergange des selbstständigen Staatslebens, des durch den Handel beförderten Wohlstandes, nach dem Verluste des kriegerischen Ruhms — die schönen Künste, welche dem Ungeschmack und endlich der Vergessenheit verfielen. Die wenigen Architekten, Sculptoren und Maler, welche Griechenland noch erzog, gingen nach Italien hinüber, da das Vaterland ihnen nichts mehr zu thun gab, und wurden die Lehrer der Römer. Dennoch verdanken wir Griechenland zu einer Zeit, als unter dem Andrange der Barbaren in Rom alle Erinnerung an die Kunst unterging, die Erhaltung einer Tradition von Malerei und Sculptur, an der sich im 12. und 13ten Jahrhunderte, nach Besiegung der Barbarei, ein neues Licht entzünden sollte. Erst seitdem Constantinopel zum Sitze des Reichs emporwuchs, bereicherte sich Griechenland wieder zum Theil mit den Trümmern seiner eignen Kunstschätze, welche die Römer einst hinweggeführt hatten, um sie in Italien den Barbaren zum Raube werden zu lassen.

Etwas besser, als mit den Künsten, stand es mit der Wissenschaft. Während des ersten Theils dieser Periode erhielten sich in Athen und Egypten noch philosophische Schulen, in denen es nicht am Wissen fehlte. In Alexandria entstand zu dieser Zeit die weitverbreitete Schule der Neu-Platoniker, in denen sich ein Nachklang Plotonischer Lehren und Sokratischer Methode erhielt. Unter den Geschichtsschreibern dieser Zeit nehmen Diodorus Siculus, Dio Cassius aus Bithynien, Herodian aus Alexandria, Pausanias aus Cäsarea in Cappadocien, durch seine Kunstgeschichte Griechenlands merkwürdig, der beredte Dionysius von Halicarnassus, Plutarch, dessen Lob die Jahrhunderte entschieden
160 haben, Claudius Ptolemäos aus Ptolemäis, der
nach Geograph, die erste Stelle ein. Ein wissenschaft-
Chr. liches System der Literatur stellte zuerst Athenäus
122- aus Egypten, Diogenes von Laerte über die Grund-
200 ideen der Philosophie, auf. Lukian aus Samosata in Syrien, benutzte den Stoff, den sein Jahrhundert ihm gab, zu lehrreichen und unterhaltenden Satyren; Galenos von Pergamos lehrte zuerst die Arzeneiwissenschaft systematisch.

In dieser Periode war es auch, wo von dem

verachteten Lande Judäa das Licht einer neuen Religion ausging, deren Einfluß bald die ganze Gestalt der Erde verändern sollte. Die Apostel des göttlichen Stifters dieser Religion waren zum Theil Griechen, die sich, wie Paulus von Tarsos in Silicien, ihrer höhern Bildung und ihrer klaren Sprache mit großer und überzeugender Kraft zur Ausbreitung des neuen Religionssystems bedienten. Die Sendschreiben Paulus an die Christengemeinden in Ephes und Korinth sind auch als Denkmahle der Sprache wichtig.

Gegen diese Lehrsätze kämpften, außer den Priestern des alten Cultus, die Philosophen der Neuplatonischen Schule. Wir haben bereits den Zeitpunkt bezeichnet, wo die alte durch die Dichter ausgebildete griechische Volksreligion aufhörte, die Glaubensreligion der gebildeten Griechen zu seyn. Es war dies das Zeitalter des Perciles. Seitdem wurden die Ideen der Philosophen über Weltschöpfung, Weltregierung, Unsterblichkeit, und Zweck des Daseyns immer mehr Eigenthum der höhern Stände des Volks, und niemand zweifelt, daß namentlich in den verschiedenen Mysterien beinahe die Grundsätze gelehrt wurden, welche noch heute unter dem Namen der Naturphilosophie viele Geister vollkommen befriedigen. Seit dem Entstehen der Christusreligion theilten diese Ideen die gebildeten Stände der Griechen etwa in zwei gleich zahlreiche Hälften; zwei Jahrhunderte lang währte der Kampf des alten Religionssystems gegen das neue, das, durch Constantin zur Staatsreligion erhoben, nach einer kurzen Erhebung unter Julian, der durch die Grundsätze der alten stoischen Schule die alte Sitteneinfalt, die alte Größe und Freiheit wieder herbeizuführen wähnte, nun das herrschende Glaubenssystem blieb. Früh hatten die

neuen Religionslehren an Origenes aus Alexandria, an Justinus aus Bithynion, an Cyprianus und andern, eben so gründliche, als scharfsichtige Vertheidiger und Erklärer gefunden. Unter ihrem Einfluß bildete sich seit dem Ausgange des zweiten Jahrhundert, was man die allgemeine (katholische) Kirche nannte, die nun gemeinschaftlich den Andersdenkenden (Häretikern) entgegentrat. Seit Constantin traten die verschiedenen Kirchenhäupter einer Provinz oft zur Einverständniß über gewisse Lehren in eine Versammlung (Conzilium) zusammen, das man dann ein ökumenisches (allgemeines) nannte, wenn mehrere Provinzen daran Theil nahmen. Die erste
331 Versammlung dieser Art fand zu Nicäa statt; hier sollte der große zwischen Arius und Athanasius, zwei Bischöfe von Alexandria, geführte Steit über die Gottheit Christi geschlichtet werden. 318 Bischöfe stimmten mit Athanasius der diese behauptete; 301 mit Arius; seine Anhänger, die Arianer,
323 waren von nun an Gegenstände der Verfolgung. Die Kirchenversammlung zu Constantinopel setzte die Dreiheit der göttlichen Person fest; von da ab entstand eine ketzerische Secte nach der andern.

Es bedarf nicht erst erwähnt zu werden, welchen Einfluß die neue Religion auf die wissenschaftliche Bildung der Griechen ausübte.

Der Geist des Alterthums, dessen Grundzüge Einfachheit und Klarheit gewesen waren, ging in Spitzfindigkeit und mystischem Ausdrucke unter; unter dem sonst so klaren und heiteren griechischen Volke erhoben sich Schwärmer und Enthusiasten aller Art. Der Geist der Dialektik, ein Erbtheil der alten philosophischen Schulen, ward zu einem Quell blutiger Bürgerkriege, unter denen das Reich des Orient — wunderbarer Weise — eilfhundert Jahre bestand. Falsche Auslegungen der Christuslehre zerstörten die gesellige Heiterkeit des griechischen Lebens; der schwere Drang der Zeiten und die allgemeine Verarmung veränderte den Charakter der Völker nicht weniger, als die Vermischung mit den Barbaren. So kam es, daß im dritten Jahrhunderte selbst der Grieche das Andenken an seine ehemalige Größe, an seine alte Freiheit verloren hatte, und in religiösen Streitfragen vertieft, die classischen Geisteserzeugnisse einer besseren Zeit kaum noch kannte. Die Evangelien verdrängten diese.

Dieser Geist der Spitzfindigkeit und der Sophistik ergriff selbst die Gegner der Christusreligion, wie die Schriften der Neuplatoniker, Jamblichius aus Cölesyrien (333), des Nemesius und selbst die Julians, welche uns Cyrillus aus Alexandrien aufbewahrt hat, um sie schwach zu widerlegen, beweisen.

Seit Diocletian, der dem ganzen Reiche das römische Bürgerrecht ertheilte, verlor Griechenland auch seine bis dahin erhaltene eigene Gesetzgebung, welche das fremde römische Recht verdrängte. Die einst so hoch blühende Kunst der Rede wurde jetzt nur noch von einigen christlichen Eiferern, von Johann Chrysostomus aus Antiochien, Libanius zu Constantinopel und später von dem Syrier Theodoretus mit Erfolg geübt.

Der Handel Griechenlands war verfallen, von seiner einst stolzen Seemacht war keine Spur mehr übrig; die Regeln der Kriegskunst waren von der rohen Gewalt der Barbaren verdrängt, deren die Kaiser seit Constantin immer, anfangs mit Römern gemischt, zuletzt in selbstständigen Corps, in ihren Heeren hatten. Die Sitten waren so blutig und roh geworden, daß der Blick sich mit Abscheu von den Details der Geschichte dieser Zeit wegwendet: alle Gesellschaft war zerstört, das Reich der Finsterniß und der Barbarei begann, um erst funfzehn Jahrhunderte später, unter dem Einflusse wiedererwachender Studien des classischen Alterthums, vor dem neu erscheinenden Lichte der Freiheit und der Aufklärung wiederum zu weichen. —

Ende des ersten Bändchens.

Allgemeine

Historische Taschenbibliothek

für

Jedermann.

Funfzehnter Theil.

Geschichte Griechenlands und der Türkei.

Geschichte des byzantinischen Reiches.

Zweites Bändchen.

Dresden
P. G. Hilschersche Buchhandlung.

Geschichte
Griechenlands
und der
Türkei.

Geschichte des byzantinischen Reiches.

Dargestellt
von
Wilhelm von Lüdemann.

Zweites Bändchen.

Dresden
P. G. Hilscher'sche Buchhandlung.
1827.

Einleitung.

Im ersten Bändchen dieser „Geschichte von Griechenland und der Türkei" haben wir die Geschichte von Hellas bis zu dem Moment dargestellt, wo, nachdem Griechenland zur römischen Provinz herabgesunken, das Reich der Cäsaren sich in zwei große Hälften theilte, deren eine den Orient, die andre den Occident umfaßte. Das alte Griechenland, nunmehr den Hauptbestandtheil des orientalischen Römerreiches bildend, folgte den Schicksalen desselben, und diese, bis dahin, wo dies Reich nach elfhundertjährigem Bestande vor dem Schwerte der Osmanen unterging, bilden den Inhalt dieser zweiten Abtheilung der Geschichte Griechenlands und der Türkei. — Wir haben die Geschichte des byzantinischen Reiches in vier, der Zeit nach ungleiche, aber durch nothwendige Bedingungen gegebene, Abschnitte getheilt, deren erster die Zeit der oströmischen Kaiser von der Trennung des Reiches bis auf Zeno den Isaurier, oder den Untergang des abendländischen Kaiserthums; der zweite von hier bis auf die Eroberung Constantinopels durch die Lateiner, der dritte von dieser periodischen Zerstückelung bis auf die Wiedervereinigung des Reiches unter Michael

Paläologus und der vierte endlich die Zeit des zusammensinkenden Reiches bis auf die Eroberung der Hauptstadt durch die Türken umfaßt. —

Die Quellen, in denen die Geschichte dieses fast elfhundert Jahre umfassenden Zeitraums niedergelegt ist, sind die sogenannten byzantinischen Geschichtsschreiber. Vier von diesen uns hinterlassene Werke bilden zusammengenommen eine fast ununterbrochene Erzählung der Schicksale des griechischen Reiches von Constantin dem Großen, bis auf Constantin, den letzten Paläologen. Diese vier Werke
st. sind: a) die Jahrbücher Johann Zonaras (st. 1118)
1118 vom Beginn der Welt bis auf Alexius I. Comnenus
st. Tod; b) Niketas Acominatus Choniates Fortsetzung
1206 dieser Jahrbücher bis auf die lateinische Eroberung
(1204); c) Nikephorus Gregoras Geschichte von
st. 1204 bis 1349, von denen nur die ersten elf Bü-
1359 cher bis 1351, gedruckt sind; d) Laonikus oder Ni-
st. kolaos Chalcondylas, des Atheniensers, Geschichte
1462 der türkischen Sultane (1298 bis 1462) und des
Unterganges des Reiches.

Außer diesen vier einander ergänzenden und fortführenden Geschichtswerken sind noch eine Menge andrer Schriften über einzelne Perioden und Begebenheiten auf uns gekommen, welche keineswegs zu vernachlässigen sind. Zu diesen gehören: 1) Proko-
um pius aus Cäsarea, für die Kriege mit den Persern,
560 Vandalen, Mauren und Gothen, und für die Hof-
geschichte Justinians und der Kaiserin Theodora unentbehrlich; 2) Agathias, werthvoll, wenn er über Justinians Verwaltung spricht. 3) Theophylaktus Simokattus aus Egypten, über die Thaten Kaiser Mauritius bis 604; 4) Nikephorus, Patriarch von Constantinopel, über die Geschichte nach

Mauritius bis 770; 5) Johann Scylices, über den Zeitraum von 811 bis Isaac Comnenus 1057; 6) Anna Comnena, Verfasserin der Alexias, welche hoch über allen gleichzeitigen Geschichtswerken steht, über Alexis I., ihres Vaters Leben, 7) Georg Acropolita, über die Zeit der lateinischen Herrschaft, von 1204 bis 1260; 8) Georg Pachymeres, über Mich. Paläologus bis 1258; 9) Johann Cantacuzenos, der Kaiser, über die Zeit von 1320 bis 1355; 10) Georg Codinus, über Alterthümer, kirchliche und weltliche Aemter und Dienste; 11) Constantin Porphyrogenneta, über das Leben seines Großvaters Basilius, über Staatsverwaltung und über die Provinzen; 12) Johann Dukas, über den Zeitraum von 1341 bis 1462 bedeutend; 13) Anselmus Bandurius, über die Alterthümer Constantinopels, reich an Auszügen verlorner Schriften; 14) Petrus Gillius, für die Topographie der Stadt wichtig; 15) Zosimus, für die Geschichte bis Arcadius bedeutend; 16) Georg Phranzes, Kronik von 1401 bis 1477; Cedrenus, Glykas, Theophanes, Syncellus haben über Hof- und Staatsgebräuche und die Alterthümer der Hauptstadt bedeutende Schriften in unreiner Sprache hinterlassen; ihre Vorzüge ergründet die historische Kritik leicht.

Alle diese Schriftsteller zusammen bilden mit einigen abendländischen Berichten, wie der Villehardouins über die lateinische Einnahme Constantinopels, den Schatz der Geschichtsquellen für das byzantinische Reich: ihren Werth macht weniger Sprache und Darstellungsweise, als der Inhalt aus; Kritik fehlt mehr oder weniger Allen.

Unter den neueren Geschichtswerken über das byzantinische Reich fehlt es an einer alle Ansprüche

1 *

befriedigenden Arbeit. Du Fresne Histoire de Constantinople, Cantemirs Geschichte des türkischen Reichs, Montesquieu, Gibbon, Danville's Schriften, bilden das Bedeutendste, was in dieser Art anzuführen ist. Das Résumé de l'histoire du Bas-Empire von Raffenel ist als Leitfaden nicht ganz zu verwerfen: nur sind die ersten Zeiten zu lang, die letzten zu kurz geschildert. Die vorliegende Arbeit hat zwischen allen diesen Werken hindurch ihren eignen Weg eingeschlagen, der sich nun als ein empfehlenswerther selbst rechtfertigen mag. —

Der bequemeren Uebersicht wegen fügen wir dieser Einleitung eine Tafel der wichtigsten Begebenheiten und ihrer Daten hinzu, die uns für Geschichtswerke, wie dieses, eine unentbehrliche Beilage zu seyn scheint.

Da die Geschichte des griechischen Kaiserreichs fast unmerklich in die Geschichte der Osmanen und der Griechen der neuen Zeit übergeht, so müssen wir natürlich in Absicht der Verknüpfung der Schlußbegebenheiten, der Vorgeschichte der Türken und der Nachgeschichte der einzelnen griechischen Staaten auf das folgende dritte und vierte Bändchen dieses Geschichtsabrisses verweisen. Im Ganzen genommen mußte die Eroberung von Constantinopel durch die Osmanen für die Schlußbegebenheit der in diesem Bande zu erzählenden Geschichte fest gehalten werden.

Tafel der wichtigsten Begebenheiten der byzantinischen Geschichte.

Erste Periode.

Von Arcadius bis auf Zeno, oder Geschichte des oströmischen Reiches im engern Sinne. Von 395—477.

Zweite Periode.

Griechisches Kaiserthum bis zur Eroberung Constantinopels durch die Lateiner. Von 477 — 1204.

Dritte Periode.

Lateinische Kaiser, bis zur Einnahme Constantinopels durch die Griechen. Von 1204—1261.

Vierte Periode.

Letzte Zeit des griechischen Reiches bis zur Einnahme Constantinopels durch die Osmanen. Von 1261 bis 1453.

Geschichte des byzantinischen Reiches.

Allgemeine Uebersicht.

Das Reich, welches Theodosius der Große *) seinem siebenjährigen Sohne Arcadius hinterließ, bestand ziemlich genau aus den Provinzen, welche noch heute das türkische Reich bilden. Thracien, Macedonien, Thessalien, Illyrien, Epirus, der Peloponnes, Creta, Euböa, die ionischen Inseln, die Cycladen, die Krimm (Chersonesus tauricus), Kleinasien mit seinen Inseln und Egypten bildeten die Hauptbestandtheile dieses weiten Reiches.

Im Ganzen genommen waren, trotz der Veränderungen, die Constantin der Große in der Verwaltung vorgenommen hatte, trotz der Umgestaltungen, die eine natürliche Folge der Herrschaft des Christenthumes waren, und trotz der immer entschiedener auftretenden Ministerherrschaft, dennoch die Formen der römischen Verwaltung gesetzlich in Kraft. Präfekten, jetzt unter dem Na-

---

*) Er verdankte diesen Beinamen seinem Eifer für die Ausrottung des Heidenthums und der Arianer.

men von Exarchen und Oberbefehlshabern der Truppen, standen den einzelnen Provinzen (Θέματα und Eparchien) vor; das römische Recht galt in allen den Fällen, wo Herkommen oder Stadtrechte nicht den Vorrang behaupteten; und die römischen Formen der Besteuerung durch Indiktion waren noch im Gange. Alles dies sollte erst unter der Regierung Theodosius II. der Herrschaft der Willkühr, der Lieblinge und der Eunuchen Platz machen.

Die Geschichte dieses Reiches aber ist von nun an wenig mehr, als ein Gewebe von Verrath, Empörungen, Umwälzungen, Mord, Hinterlist, Feigheit und Schwäche. Das Verbrechen siegt. Gift, Schwert und Feuer verleihet dem, der sie am geschicktesten zu gebrauchen weiß, Macht und Ansehen. Der Aberglaube und die Spitzfindigkeit kirchlicher Dispüte nehmen den menschlichen Geist gefangen; nichts Schönes, nichts wahrhaft Großes und Nützliches findet unter den Menschen mehr Eingang; der Bürgerkrieg und endlich die große Umschmelzung und neue Gestaltung der Nationen, welche man die Völkerwanderung nennt, zerstören die letzten Reste der griechischen Kunst, feiner Bildung und antiker Wissenschaft. Eine neue Weltordnung beginnt und an der Spitze derselben steht die Kirche mit ihren Dienern. Elf Jahrhunderte erhielt sich das byzantinische Reich im Kampfe mit dem römischen Stuhle, anfangs siegreich, dann ohnmächtig und seiner Zertrümmerung nahe, hierauf durch die Schwäche seiner Gegner einen Augenblick lang zu neuem Ansehen erhoben, um dann unter dem Schwerte des türkischen Eroberers für immer unterzugehen.

So lange eine Erinnerung an römische Kriegszucht in den Heeren der Kaiser des Orients zu-
450 rückblieb, widerstanden sie den Gothen und Vandalen, und konnten sogar einzelne Trümmer des
weströmischen Reichs, wie Italien, eine Zeitlang
800 zurückerobern. Doch als endlich alle Thatkraft in
dem Jammer theologischer Streitigkeiten zu Grunde
gegangen war, als es so weit kam, daß ein Heerführer vor der Schlacht über die Seelen Thränen
vergoß, die er der Hölle zuzusenden im Begriffe
stand, da theilten Hunnen, Avaren, Ostgothen,
Bulgaren und Russen mit leichter Mühe die zerfallenden Trümmer des Reiches unter sich. Die
Lombarden nahmen Italien, die begeisterte Wuth
der Araber bemächtigte sich Asiens, die Normannen Siziliens, und die Hauptstadt selbst rettete
endlich nur der persönliche Muth eines Leo. Un-
1204 ter den Schwertstreichen der lateinischen Kreuzfahrer erlag das durch so viele Feinde erschöpfte Reich.
Mehr als sechzig Jahre hindurch herrschte auf dem
griechischen Throne der Feudalismus des Occidents
und ein Graf von Flandern verdrängte die Nachfolger Constantins. Nun bildeten sich die Neben-
reiche von Trapezund und Nicäa, bis der Stamm
1261 der Paläologen von Neuem das angestammte Reich
erwarb. Noch zwei Jahrhunderte lang herrschten
nun die Nachfolger des tapferen Michael Paläologus auf dem Throne von Constantinopel, im
steten Kampfe gegen die immer drohender anwach-
senden Horden kriegerischer Türken. An diese geht
nun ein Theil des Reichs nach dem andern ver-
1350 loren, Asien erst, dann der Chersones, hierauf
die Donauprovinzen, und das Reich des griechischen Kaisers beschränkt sich endlich auf das Weich-

bild seiner Hauptstadt. In ihrer Vertheidigung fällt nach heldenmüthigem Kampfe Constantin XIV., der letzte der Kaiser des Orients aus christlichem 1453
Geblüte.

Was an Trümmern von Werken der Kunst und der Wissenschaft, von Schriften des Alterthüms, Statuen und Gemälden den Sturm solcher Jahrhunderte überlebt hat, begleitete die Flüchtlinge nach Italien, um dort die Morgenröthe einer neuen Cultur zu beschleunigen — den Griechen aber blieb die Hoffnung auf eine dereinstige Wiedergeburt. —

Dies ist in wenigen Worten die Skizze der Geschichte des griechischen Kaiserreichs, deren ausführlicherer Schilderung diese Abtheilung der Geschichte Griechenlands überhaupt, gewidmet ist.

Erste Periode.

Oströmische Kaiser. Von Arcadius bis auf Zeno, oder Geschichte des oströmischen Reichs im engern Sinne; von 395 bis 477.

Theodosius der Große hatte das Ansehen des durch Partheiungen zerrissenen Reiches durch Thätigkeit, Mäßigung, Kenntniß seiner Zeit, und Nachgiebigkeit gegen herrschende Vorurtheile wieder hergestellt. In Griechenland hatte er die Gothen unter Fritigern und Athanarich mit Bewunderung seiner Weisheit erfüllt, und sie durch einen mäßigen Subsidientraktat in Naturalien, wogegen sie ihm 40,000 Mann zu seinem Heere gestellten, zum Frieden vermocht; die Strenge der Kriegszucht hatte er nach Möglichkeit wieder hergestellt, den Persern die erbetene Friedensverlän-
388 gerung bewilligt, Maximus im Abendlande geschlagen, die Mörder des jungen Valentinian, Arbogastes und Eugenius, gezüchtigt, die Ordnung im Reiche wieder hergestellt und diesem gegen äußere Feinde Achtung erworben.

Im Innern des Reiches dauerten zwar die moralischen Nachwirkungen des Luxus und verdorbener Hofsitten noch fort, und der Kampf zwischen dem Glauben der Väter und dem neuen Christenthume war noch nicht vollendet. Zwar fehlte es dem Throne an jener moralischen, jener versöhnenden Gewalt, welche die Bürger zu stummer und freiwilliger Unterwerfung vermag; zwar zerriß schon jetzt der unselige Geist der Controverse und die Herrschsucht der Kirche das Band, das die Bürger des Reichs umschlang und ihnen nach außen hin Kräfte lieh — dennoch schwebte noch ein Abglanz alter römischer Kraft über dem Heere, über den Instituten des Reichs, über der Herrschaft dieses Kaisers, so wenig er auch zu dem Beinamen des Großen in den Augen der Geschichte ein Recht erworben haben mag.

Arcadius von 395 bis 408.

Nach Theodosius Tode (395) ergriff Rufinus, der unmündige Liebling dieses Kaisers, die Zügel des oströmischen Reichs. Ihm gegenüber erhob sich Stilicho im Occident, als Minister und Vormund des abendländischen Kaisers Honorius, allmächtig, wie es Rufinus im Reiche des Arcadius war. Die Privatkämpfe der beiden gleich herrschsüchtigen Minister zerrissen das Reich, bis Stilicho endlich Geschick genug hat, den Gegner durch seinen Feldherrn Gainas, in Gegenwart des jungen Kaisers selbst, ermorden zu lassen. Dennoch erreichte er seinen Zweck nur zur Hälfte: der Eunuch Eutropius nahm die erledigte Stelle des Lieblings und Gewalthabers ein. Er hatte die schöne Eudoxia dem jungen Kaiser vermählt und sein Ansehen durch sie befestigt — mit ihm beginnt die Reihe der Eunuchen- und Favoritenregierung.

Während dieser Kämpfe der beiden Minister gegen einander, deren Spielball der ohnmächtige Arcadius blieb, waren die Westgothen in ihren Sitzen an der Donau unruhig geworden. Sie klagten über Verweigerung der Subsidien, erhoben den jungen Balthen Alarich, der zu Constantinopel erzogen war, auf ihren Schildern und riefen ihn zu ihrem Anführer, d. h. zu ihrem Könige, aus. Alarich war durch die Verweigerung des Oberbefehls über die Truppen des Kaisers, den er nachgesucht hatte, gereizt worden. An der Spitze einer zahllosen Horde von Gothen verwüstete er Thrazien, bedrohte Constantinopel und suchte Griechenland mit Feuer und Schwert heim.

Der Hülferuf des Volks führte Stilicho herbei. Dieser war wenigstens — was sein Gegner sich zu sein nicht rühmen konnte — Feldherr.
398 Er landete an der Küste Griechenlands, schlug die Gothen, schloß sie auf der Höhe des Pholoe ein, und zwang sie, sich mit großem Verluste nach dem corinthischen Meerbusen und von hier nach Epirus durchzuschlagen; den Sieger selbst aber verdrängte für diesmal noch die Kabale Rufinus. — Hierauf ward Alarich zum Befehlshaber in Illyrien ernannt, von wo er seine Waffen nach Italien wandte.

Zum zweitenmale von Stilicho bei Pollentia besiegt, stürzte er sich auf Rom; bis ihn, hier abgekauft, Stilicho zum drittenmale in den Schluchten der rhätischen Alpen besiegte. Von da an suchten die Gothen ihre alten Sitze in Illyrien wieder auf; Stilicho aber rettete durch die Nie-

derlage Radagaises, bei Florenz, das abendländi- 406
sche Reich; worauf er zwei Jahre später von seinem undankbaren Herrn seinen Feinden geopfert 408
ward.

Theodosius II. von 408 bis 442.

Um eben diese Zeit hatte Arcadius seinem jungen Sohn Theodosius II., den er an dem persischen Hofe des Jetzdedjar, des Begünstigers der Christen, hatte erziehen lassen, den Thron hinterlassen. Das Reich stand unter der Verwaltung des Anthemius, eines staatsklugen und tapferen Feldherrn; der junge Kaiser selbst blieb lebenslang das Spielwerk der Mönche und Verschnittenen seines Palastes. Anthemius wußte die Einfälle der 414
Westgothen und der Alanen, der Vandalen und anderer germanischen Volksstämme von dem Ostreiche ab, nach Italien hinzulenken, und sicherte gegen die Einbrüche der Hunnen und Sarmaten die Hauptstadt des Reichs durch eine Mauer. Dreimal hatte Alarich unterdessen, von Stilicho nicht mehr zurückgehalten, Rom geplündert, Kaiser ernannt (Attalus) und abgesetzt, und war in Süditalien gestorben. Sein Nachfolger, Adolph, ward Honorius Schwager und Feldherr. Im Oriente regierte nach Anthemius, Pulcheria, die Schwester des Theodosius. Nach Honorius Tode folgte im Occidente ein Usurpator dem andern.
Theodosius sandte den Ardaburius und seinen Sohn 423
Aspar mit einem Heere von Sarmaten und Gothen gegen Johannes, den Gewalthaber in Italien. —

Aspar besiegte den Usurpator durch die Mit-

wirkung seines in Ravenna gefangenen Vaters,
und setzte den jungen Valentinian, unter der Vormundschaft seiner Mutter Placidia, zum Kaiser
425 ein. Eine neue Theilung des Reiches erweiterte
die Grenzen des Orients durch die Hinzufügung
der Provinz Illyrien. Von dieser Theilung an
gingen die römischen Formen der Verwaltung in
dem griechischen Reiche immer mehr und mehr
verloren, und die römische Gesetzgebung ward nach
und nach durch eine eigene Ausbildung des Rechts
verdrängt; der Hof von Byzanz aber ward völlig
monarchisch eingerichtet. Bald darauf ging Afrika
an die Vandalen unter Genserich, welchen der Re-
430 bell Bonifacius dahin einlud, verloren; zwar sendete Theodosius den Aspar mit einer Flotte zu
Hülfe; Bonifacius, zu seiner Pflicht zurückgekehrt,
vertheidigte Hypone, allein von Genserich besiegt
flohen beide nach Europa zurück. Während der
Belagerung von Hypone starb Augustin, Bischof
dieser Stadt, einer der größten Weisen dieser Zeit.

Ohne Ruhm, wie ohne Gefahr, regierte indessen Theodosius im Oriente, die Sorgen der Staatsverwaltung der geschickten Leitung seiner Schwester Pulcheria überlassend. Diese wandte einen drohenden Krieg mit Persien durch Nachgiebigkeit und Unterhandlung ab, ohne jedoch dem gefährlicheren Angriffe der Hunnen durch dieselben Mittel begegnen zu können.

Dieser aus den Berghöhen des Ural und Altai herübergekommene Volksstamm bewohnte die Länder zwischen der Donau und der Theiß, in Oberungarn, Siebenbürgen und der Moldau. Wild, kriegerisch, Menschenopfern ergeben, sonst genügsam und ohne Blutdurst, empfingen die Hunnen

den Tribut von 350 Pfund Gold, welchen Theodosius ihnen jährlich zahlte, und hielten sich ruhig, als Jäger, Hirten und Ackerbauer in ihren Sitzen. Als ihren König erkannten sie Attila, den Sohn Mundzucs, den Nachfolger des Rugilas und seines von ihm getödteten Bruders Bleda. Dieser, von kriegerischem Geiste beseelt, suchte
Anlaß, die Provinzen des Orients mit Krieg zu 442
überziehen. Er verlangte eine Erhöhung des Tributs; der zitternde Hof von Constantinopel schickte, als Gesandten, Priscus, den Geschichtsschreiber, zu ihm nach Margus in Mösien. Attilas Foderungen wurden befriedigt, man verdoppelte den Tribut, bezahlte die den Hunnen entlaufenen Sklaven und gelobte, keine Verbindung mit seinen Feinden einzugehen.

Dieser Vertrag währte, bis Attila durch Bezwingung der Ostgothen, der Gepiden und Sarmaten freie Hand bekam. Begierig ergriff er dann die Auffoderung Genserichs zu einem vereinten Angriffe auf den Orient, beschuldigte, in Ermangelung anderer Vorwände, den Bischof von Margus des Diebstahls an einem auf hunnischem Gebiete vergrabenen Schatze und begann den Krieg. Mösien, Illyrien und Thrazien fühlten zuerst die Schwere seines Angriffs; siebzig Städte wurden ein Opfer der Kriegsflamme, und der Sieger bedrohte Constantinopel selbst. Da erkaufte Theodosius seine Gnade mit Schätzen, welche hingereicht hätten, ganz Asien unter
Waffen zu stellen. Maximin schloß als Gesand- 447
ter einen schimpflichen Frieden, doch der Meuchelmörder Vigilius begleitete die Gesandtschaft in das Lager Attilas. Dieser beschämte den Mörder, ließ

2 *

den Kaiser und seinen Liebling, den Eunuchen
Chrysaphius, durch nach Constantinopel gesendete
Offiziere mißhandeln, und heischte neue Opfer.
Hierauf wandte er seine Waffen gegen das Abend-
451 land, bis die Niederlage bei Chalons seinen Sie-
gen auf dieser Seite ein Ende machte.

Um diese Zeit starb Theodosius II. und hin-
450 terließ den Thron seiner Schwester Pulcheria, welche den Titel der Augusta (Σεβαστή) schon lange
führte. Sie wählte den sechzigjährigen Marcius
(Marcianus) zu ihrem Gatten, der seine Regierung damit anfing, den Hunnen den gelobten Tribut zu verweigern.

Unter dem schwachsinnigen Theodosius hatte der Hof von Byzanz sich völlig orientalisirt. Weiber und Verschnittene herrschten; Grausamkeit und Wollust traten an die Stelle des alten Kriegersinnes; die alten Majestätsgesetze lebten wieder auf: gefangene Heerführer wurden an gelindem Feuer getödtet, oder von zusammengebogenen Baumästen auseinandergerissen, wie Prokopius; selbst der Schein des Rechtes und der Sitte erstarb. Ruhmwürdig ist die unter dieser Regierung verfaßte älteste Sammlung römischer Gesetze (Codex Theodosianus) in eben dem Grade, als die Satzungen der beiden Synoden von Ephesus und der Räubersynode schmachvoll und für das Reich verderblich waren. —

Theodosius selbst brachte sein Leben im Innern üppiger Gemächer unter Beten und Schreibübungen zu, auf die er stolz war; dem Eunuchen Chrysaphius und seiner Schwester Pulcheria die Sorgen der Regierung überlassend. —

21

Marcianus von 450 bis 457.

Marcianus schien eine etwas kräftigere Regierung beginnen zu wollen. Nach Genserichs Verwüstung Roms hatten die gallischen Legionen Avi-
tus zum Kaiser des Occidents ausgerufen; Mar- 453
cian erkannte ihn an; dennoch entsetzte ihn Rici- 456
mir seines kurzen Reichs. Auch seinen Nachfol- 461
ger Majorian duldete der stolze Barbar nur eine Zeit lang auf dem Throne. Unter der Regierung Libius Severus, der nach ihm den Thron einnahm, verheerten die Vandalen Sizilien und Griechenland.

Gegen die Ketzerei des Eutyches ließ Marcianus eine Kirchenversammlung zu Chalcedon halten (450), die durch ihre Festsetzungen zwar nicht minder schmachvoll und verderblich für das Reich war, als jene frühere Ephesische, dem Kaiser jedoch die Lobpreisungen seiner Geistlichkeit und den Rang des Heiligen erwarb. —

Marcian und Pulcheria waren gestorben, nicht 457
ohne von der durch sie bereicherten Geistlichkeit den Heiligen angereiht zu werden. Die Familie Theodosius des Großen erlosch mit ihnen und niemand war, der eine kräftige Hand nach dem Kaiserdiademe ausstreckte. Aspar, der Alane, der angesehenste Mann des Reichs, Patricius und siegreich in Waffen, wie sein Vater, war Arianer, und konnte deshalb, trotz der Liebe des Volkes, den Thron nicht besteigen. Da empfahl er den Thrazier Leo, seinen Procurator (Verwalter), der ihm mit Undank lohnte, zum Kaiser. Leo I. bestieg den Thron, der erste Kaiser, den der Patriarch von Constantinopel krönte. Seit seiner

Zeit blieb die Besetzung des Thrones in zweifelhaften Fällen fast immer ein Vorrecht der Geistlichkeit. —

Leo I. von 457 bis 477.

Leo fing sein Reich damit an, die Verwüstungen der Vandalen durch Waffen und Unterhandlungen abzuwenden. In der letzteren war er glücklich; man lieferte ihm die Kaiserin Eudoxia und ihre jüngste Tochter aus; eine ältere hatte den Sohn Genserichs heirathen müssen, in deren Namen der Vandale Italien verwüstete. Hierauf gab Leo den Römern einen Kaiser in der Person des
467 Anthemius. Gemeinschaftlich mit diesem griff er die Vandalen in ihren eigenen Wohnsitzen an; doch seine Flotte ward bei Bona in Afrika vernichtet, und Heraclius, der Anführer der Landarmee, in die Wüsten Lybiens zurückgedrängt. Dieser unglückliche Feldzug hatte die Kräfte beider Reiche erschöpft, und die Küsten Italiens und Griechenlands wurden von Neuem von der Rache der Vandalen heimgesucht.

Unterdessen war Ricimir des Anthemius überdrüssig und berief den Senator Olybrius auf den
472 Kaiserthron. Siegreich wie immer, schlug er Anthemius, plünderte Rom und starb unter Trium-
474 phen. Glycerius, ein gemeiner Krieger, folgte dem Olybrius im Reiche; der Barbar Gondabald war der Herr des Abendreiches. Als Glycerius dem Scepter entsagte, folgte ihm Julius Nepos, welchem Leo den Purpur verlieh; diesen stürzte Orestes, um seinen Sohn Augustulus mit dem
476 Diademe zu schmücken. Odoacer, der Sohn des

Odoco und Fürst der Heruler, führte die Barbaren gegen ihn, tödtete den Vater in Pavia, zwang
den Sohn zur Entsagung und löste so das Reich
des Occidents auf. Zeno, der Isaurier, hatte 479
unterdessen den Thron Leos, den die Schmeichelei den Großen genannt hat und der sein Leben in
Parteiungen des Hofes und mit theologischen Streitigkeiten hinbrachte, bestiegen. Dieser trat, bedrängt von Parteikämpfen, dem glücklichen Odoacer die Königswürde von Italien ab.

Leo I. war gestorben. Trasialisseus, in den
Bergen Isauriens geboren, hatte sich mit Ariadne,
der Tochter Leos und der Verina, vermählt, und
seinen barbarischen Namen in den des Zeno verwandelt. Sein Sohn, Leo II., ward zum Sebastos und Nachfolger Leo des Großen ernannt.
Als dieser jedoch nach wenigen Monaten starb, ergriff der Vater selbst die Zügel der Regierung, in
der Eigenschaft des Gemahls Ariadnes. Bald
darauf wußte ihn jedoch Verina durch das Ge- 474
rücht, als habe er seinen eigenen Sohn ermordet,
den Bewohnern der Hauptstadt so verhaßt zu machen, daß Zeno vor ihrem Zorne in die Berge
seiner Heimath entfliehen mußte. Verina bekleidete nun ihren Bruder Basiliscus mit dem Purpur; dieser tödtete ihren Liebhaber, und Verina,
erbittert durch diese Verwegenheit, rief jetzt den
verbannten Zeno zurück. Basiliscus war dem
Volke durch seine Vorliebe für die Eutychianer
verhaßt; Zeno, unterstützt von verrätherischen Feldherren, erschien: der Usurpator ward seiner Rache
ausgeliefert und mit seiner ganzen Familie zum 477-
Hungertode verurtheilt. Von da an blieb Zeno, 491

der erste Grieche auf dem Throne des Orients, ungestört im Besitze des Reiches.

Das weströmische Reich war unter den Schwertstreichen der Barbaren untergegangen, der Scepter des oströmischen an einen neuen Herrscherstamm übergegangen, und die Zeiten des eigentlichen byzantinischen Reiches beginnen nun.

Werfen wir, bevor wir die Erzählung dieser neuen Periode beginnen, einen Blick auf die innere Geschichte des Orients zurück, so treten uns unter den großen Verwandlungen, die hier vorgingen, unter den Vermischungen der alten Völkerstämme zu neuen, unter den Veränderungen, welche die Gesetzgebung, die Verwaltung und der Zustand der Provinzen erfuhr, der Einfluß der Kirche und ihrer Glieder zunächst entgegen.

Seit Arius Zeit entstanden auf allen Seiten von der Orthodoxie der ökumenischen Kirche abweichende Sekten. Zu Laodicea in Syrien erhob sich Apollinaris mit seiner Meinung von der Gott-
381 heit Christi zu großem Ansehen. Zwar ward diese
auf einer Kirchenversammlung zu Constantinopel verdammt; allein bald nach ihm nahm der gelehrte Nestorius aus Syrien, später Patriarch zu Constantinopel, einen Theil seiner Ansichten auf, und bestritt namentlich die unbefleckte Empfängniß
428 Mariä. Sein heftigster Gegner war Cyrillus,
Bischof von Alexandrien, dessen Eifer es gelang, die Schriften des Nestorius öffentlich verbrennen und seine Anhänger von aller kirchlichen und bürgerlichen Gemeinschaft ausschließen zu lassen. Der
435 Archimandrit Eutyches versuchte eine vermittelnde
Erklärung, allein auch seine Lehre ward von der Kirchenversammlung zu Chalcedon für ketzerisch er-

klärt. Die Monophysiten, so nannten sich seine 457
Anhänger, wurden bald nicht weniger eifrig, als Nestorianer und Arianer verfolgt, und das politische Ansehen der Kirche stieg unter diesen Parteikämpfen auf den Trümmern der bürgerlichen Verfassung empor. Den ersten Rang behauptete der Metropolit von Constantinopel, der sich seit 450 Patriarch nannte: die Concilien zu Constantinopel (381) und zu Chalcedon (451) setzten den Umfang seiner Vorrechte fest. Neben diesem blühten die Bischöfe von Ephesus, von Corinth, von Jerusalem; der Bischof von Rom rivalisirte noch so wenig mit ihnen, daß er vielmehr oft von dem Patriarchen Constantinopels vor seinen Stuhl citirt wurde, und seine Weihe von ihm empfing.

Unter den verwüstenden Zügen der Gothen, Hunnen, Vandalen und Allemannen verarmten die Provinzen des Reiches. Die blühendsten unter diesen blieben die an Kornerndten reichen Theile des ehemaligen Nordgriechenlands, Macedonien und Thracien, wo unter hundert Städten Adrianopolis, Marcianopolis, Sirmium, Philippopolis und andere zu hoher Blüthe gelangten. Außer diesen bereicherte ein geringer Handel die Küstenstädte Kleinasiens. Das eigentliche Griechenland, der Peloponnes, verfiel seit den Einfällen der Vandalen mehr und mehr. Kaum bestand in Athen noch eine schwache Industrie, die in dieser Periode durch den neuen Zweig des Seidenbaues eine belebende Anregung erhielt.

Von Wissenschaft, außer der theologischen, war, wie von der Kunst, fast die Rede nicht mehr. Eine große Feuersbrunst hatte unter Basiliskus Regierung (476) die Bibliothek von Constantinopel zerstört; niemand dachte an ihre Wiederherstellung. Die wenigen philosophischen Schulen, welche noch bestanden, versanken immer mehr in scholastischen Wortstreit, und Namen, wie die des Athenaeus, des Vaters der Eudoxia, werden immer seltener. Zu einigem Ansehen gelangte dagegen die Jurisprudenz, für die eine hohe Schule zu Berytos in Syrien blühte, und eine Reform der Gesetzgebung vorbereitete. Doch die Kaiser dieser Periode hatten nur Sinn für theologische Streitigkeiten, welche alles Gefühl für das Schöne und Nützliche in Kunst und Wissenschaft verschlangen. Zahllose Klöster entstanden in dieser Zeit, und wer diese bereicherte, wie Pulcheria und ihr Gemahl Marcian, fand Lobredner und ward zum Range der Heiligen erhoben; die reine Lehre Christi aber verlor sich immer mehr aus den Werken der Menschen in Spitzfindigkeiten und Wortkram. So endete diese trostlose Periode mit der Aussicht auf eine noch trostlosere, da immer neue Schwärme von Barbaren auch die letzten Keime der Civilisation in dem einst so hochblühenden Griechenland zu ersticken drohten.

Zweite Periode.

(Sieben hundert vier und achtzig Jahre.)

Griechische Kaiser; von Zeno, dem Isaurier bis auf die Eroberung Constantinopels durch die Lateiner; von 477 bis 1261.

Zeno von 477 bis 493.

Zeno verdankte seinen Sieg über den Anhang des Basiliscus besonders seiner Verbindung mit Theodorich, dem Könige der an den Ufern der Donau zurückgebliebenen Ostgothen. Der dankbare Kaiser ernannte ihn zum Patricius, zum Präfekten von Illyrien, und Theodorich blieb dieser Verbindung so lange treu, bis die Raubgier seiner Horden ihn zwang, seine Waffen gegen das Abendland zu wenden. Zeno gab ihm gern die Erlaubniß, Odoacer, den er nur nothgedrungen als König von Italien
anerkannt hatte, mit Krieg zu überziehen, da Theo- 479
dorich versprach, nur in seinem Namen zu regieren. So brach er 488 von seinen Sitzen an der Donau auf, schlug die Gepiden, Bulgaren und Sarmaten, welche Odoacer gegen ihn aufgeregt hatte, vernichtete
Odoacers Heer bei Aquileja und drang bis Mailand 489
vor. Während der Belagerung von Ravenna er-

kannte ganz Italien seine Herrschaft an; Odoacer mußte sich seinen siegreichen Waffen ergeben: die Ruhe kehrte unter der weisen, menschlichen und gerechten Verwaltung Theodorichs für Italien zurück, das seine Verbindung mit Franken und Burgundern, Westgothen und Vandalen vor weiterer Verwüstung sicherte.

Anastasius von 493 bis 518.

493 Unterdeß war Zeno, nach einem wechselvollen
Leben und nachdem er noch zuletzt den Orient durch
ein verhaßtes Religionsedikt gegen sich aufgebracht
hatte, gestorben; seine Wittwe Ariadne erhob Anastasius,
durch ihre Hand auf den Thron. Trotz der
ununterbrochenen Einfälle der Bulgaren, welche von
der Wolga her, Mösien, Dacien und Thrazien mit
Feuer und Schwert verwüsteten, und gegen die er die
Hauptstadt durch eine große Mauer zu schützen versuchte,
sendete der neue Kaiser dennoch, eifersüchtig auf
die Macht, welche Theodorichs Weisheit sich in Ita-
499 lien gründete, und auf den Beistand, den dieser den
Hunnen in Dazien leistete, wo sein Heer unter Sabinianus
eine schimpfliche Niederlage erlitt, eine
Flotte von 200 Segeln gegen Italien, die Theodorich
502 jedoch mit leichter Mühe zurück trieb. Hierauf
folgte ein Friedensschluß, welcher beiden Reichen
einen Augenblick lang aufzuathmen erlaubte. In
kirchlichen Angelegenheiten hatte auch der mit vielen
löblichen Eigenschaften ausgestattete Anastasius die
Schwachheit, entscheiden zu wollen, was nicht zu
entscheiden ist, und schadete hierdurch seiner sonst
löblichen Verwaltung.

Justinus von 518 bis 527.

Anastasius starb ohne Erben. Amantius, sein 518
Eunuch, warb um den Thron; allein betrogen von Justinus, dem Europalates (Anführer der Leibwache), der die ihm übergebenen Schätze dazu mißbrauchte, sich selbst eine Partei zu werben, mußte er diesem weichen; Amantius ward von seinen eigenen Anhängern ermordet, und der acht und sechzigjährige Justinus, mit dem Zunamen der Alte, von niederer Herkunft und rohen Sitten, ursprünglich ein Hirt aus der Gegend von Sardica in Bulgarien, bestieg den Thron. Er ernannte seinen Neffen Uprauda, den Abkömmling eines germanischen, in Thrazien wohnenden Geschlechts, zum Cäsar. Dieser nahm hierauf den Namen Justinianus an. Proclus, Quästor des Reichs, führte die Staatsgeschäfte mit Weisheit. Justin selbst war ein Spielball der Hofintriguen und der niedrigsten Anschläge. Damit Justinian die verworfene Tochter des Acacius, Theodora, eine sittenlose Schauspielerin, heirathen könne, hob er das entgegenstehende Gesetz auf, und erschreckte ganz Constantinopel mit dieser Erhebung
der schamlosesten Unsittlichkeit. Hierauf erhob er 527
ihren Gemahl selbst zum Sebastos (Mit-Kaiser) und hinterließ ihm bei seinem Tode wenige Monate darauf, das Reich. Auch er hatte versucht, die religiöse Vorstellungsweise seiner Völker einer unverständlichen Formel zu unterwerfen, und dadurch eine für die Orthodoxen in Italien verderbliche Gegenwirkung hervorgebracht, indem die Ostgothen Die-
trichs *), die Arianer, ihre gedrückten Glaubensge- 518
nossen, zu rächen unternahmen.

*) Theodorichs.

Justinianus von 527 bis 565.

Justinian übernahm die Zügel der Regierung in einer verhältnißmäßig günstigen Lage des Reichs. Die langen Kämpfe, Wirkungen der Umgestaltung der Völker, waren beendet; die Barbaren fingen an, überall feste Sitze zu nehmen; die Grenzen des Reichs erfreuten sich einiger Ruhe, und nur die Perser beschäftigten ein geringes Heer in Mesopotamien. Justinian hatte den jungen Thrazier Belisar, seinen Landsmann, den Einfällen König Kobads entgegen gesendet. Dieser ward zwar bei Ni-
529 sibe geschlagen; allein im folgenden Jahre erhob er das Ansehen seiner Waffen durch zwei glänzende Siege. Kobad selbst war gestorben und sein Sohn Cosroes Ano-Schirwan *) ward zum Frieden genöthigt. Mehrere Jahre hindurch genoß das geängstigte Reich nun einer tiefen Ruhe; die Einfälle der Bulgaren und Scythen erstreckten sich nicht über einige Grenzräubereien hinaus. Doch der Kampf der Parteien sollte in der Hauptstadt selbst diese kurze Ruhe bald wieder zerstören.

Von der Zeit her, da römische Kaiser, wie Nero, Commodus, Caracella und Heliogabal, es nicht verschmähten, dem Ruhme der Sänger, Ringer und Wagenlenker in dem Cirkus der beiden Hauptstädte des Reichs nachzujagen, waren die circensischen Spiele zur Leidenschaft des Volks geworden. Parteiungen entstanden aus dieser Leidenschaft, und diese theilten sich nach den Farben ihrer Wagenlenker, in die blauen, grünen, weissen und rothen. Schon oft hatten diese Streitigkeiten Rom und Con-

*) Coshroe (Cyrus) Nuschirwan.

stantinopel mit Blut befleckt, als Justinian durch seine und der verworfenen Theodora Begünstigung der Blauen, und die Unterdrückung der Grünen, welche der Anhang des Anastasius und seiner Familie, nebst allen Heterodoxen und Großen zu Beschützern hatte, zu offenem Kampfe Anlaß gab. Fünf Jahre hindurch füllten die Blauen nun ungestraft die Hauptstadt mit Mord, Plünderung und zügelloser Willkühr, unter wachsender Erbitterung des Volks gegen sie. Eine allgemeine Feuersbrunst verwüstete die Hauptstadt; das schwer gereizte Volk rief den Hypathius, einen Neffen des Anastasius, zum Kaiser aus, und schon war Justinian im Begriff, ihm in feiger Flucht die Hauptstadt des Reichs zu überlassen, als Theodora's Entschlossenheit, und Belisars kräftiger Beistand an der Spitze von drei tausend Veteranen, den Aufruhr unterdrückte. Justinian blieb Sieger; 30,000 Menschen sanken der Rache der Blauen als Opfer, und Hypathius, Pompejus und der ganze Anhang der Anastasier starb auf dem Schaffot. —

Constantinopel war verwüstet; das Volk ward mit Steuern erdrückt, um die Hauptstadt wieder zu erbauen, und einen Krieg gegen die Vandalen zu beginnen, den das ganze Reich verwünschte; Theodora herrschte mit unumschränkter, mit unerträglicher Willkühr; Justinian selbst hatte nur Sinn für Hofangelegenheiten, für Eitelkeiten und falschen Pomp. — Wäre etwas geeignet gewesen, dem Volke diese Leiden vergessen zu machen, so war es
die Sammlung der verworrenen Gesetzgebung in 528-
einen allgemeinen Codex, wie ihn Tribonian, aus 533
Pamphilien, unterstützt von einer Menge rechtskundiger Männer zu Stande brachte. Die von Ha-

drian bis auf Constantin gegebenen Gesetze waren bereits gesammelt; allein seit dieser Zeit hatte sich die Zahl der geltenden Gesetze so gehäuft, daß eine allgemeine Rechtsverwirrung nahe bevorstand. Die Revision derselben war daher eine Wohlthat, welche die Geschichte der Völker dem Kaiser Justinian hoch anzurechnen haben würde, wenn nicht seine und seiner Gemahlin Willkühr diese Redaktion der Gesetzgebung geleitet hätte. Dennoch hat seine Gesetzsammlung sich bis auf unsere Tage in Ansehen erhalten.

Justinian verdankte dem Talente zweier Feldherren den Ruhm einer scheinbar glänzenden Regierung. In Afrika kämpfte der Sohn Genserichs gegen den Usurpator Gelimer. Belisar, der Besieger des Hypathius, ward dem rechtmäßigen Thronerben mit einem kleinen Heere von funfzehn bis zwanzig tausend Mann zu Hülfe gesendet. Er besiegt Gelimer, erobert Carthago, schlägt ihn zum zweiten Male und verfolgt die Trümmer seines Heeres bis in die Numidischen Wüsten. Eine Hofcabale nöthigt ihn hierauf, nach Constantinopel zurück zu eilen. Sein Ruhm, und die mitgebrachte Beute vernichten jedoch die Anschläge seiner Feinde; er ward zum Consul ernannt, und Gelimer erhielt eine Appanage in Galatien. Hierauf verläßt er die Hauptstadt, welche die Ausschweifungen seiner Gemahlin Antonina, der Vertrauten Theodora's, ihm verhaßt machten, von Neuem, und unterwirft durch seine Generale, Salomo und Pharas, die ganze Küste von Afrika, von den Gränzen Lybiens bis an das atlantische Meer.

In Italien hatte indeß Theodat die Erbin des großen Theodorich, Amalasunda, des Thrones, zu dem sie ihn als ihren Gatten erhoben, beraubt.

Justinian kündigte sich als ihren Rächer an und 538
sandte Belisar nach Sicilien, den Italien als seinen
Retter aufnahm. Nachdem er eine Empörung des
Heeres in Afrika glücklich unterdrückt, besiegte er
den Schwiegersohn Theobats, Ebermor, bei Messina,
eroberte Neapel und unterwarf das ganze Küsten-
land bis Rom hin. Theodat ward in Rom ermordet und Vitiges*), der ihm folgte, verlor Rom.
Belisar sandte die Schlüssel der Hauptstadt Italiens, 536
deren Befestigung er herstellte, mit dem gefangenen
Vertheidiger derselben nach Constantinopel. Im
folgenden Jahre bestand er fast ohne Heer eine ein- 538
jährige Belagerung gegen 100,000 Gothen. Narses, der Lieblings-Eunuch Justinians erschien endlich mit einem Hülfscorps, und nun ward Vitiges
zu einem Waffenstillstande genöthigt. Während
der Unterhandlungen unterwarf Belisar ganz West-
italien. Nur die Mißverständnisse zwischen Narses
und Belisar konnten die Sache der Gothen wieder erheben. Sie nehmen Mailand ein; 100,000 Franken und Burgunder eilten zu ihrem Beistande herbei, Belisar besiegte sie, ihr Anführer Theodebert starb
und Vitiges fiel mit Ravenna, seiner Hauptstadt, 539
in die Hände des Siegers; ganz Italien unterwarf
sich ihm, und noch einmal erstreckte sich das Reich des
Orients über diese Wiege der römischen Herrschaft.

Die Eifersucht und der kleinliche Neid Justinians riefen den Sieger zurück. Belisar bestand
neue Prüfungen; er liebte Antonina, deren Wandel er mit Abscheu ansah; sein eigner Stiefsohn
Photius war der Gegenstand ihrer Begierden; doch
die Kaiserin schützte sie und so mußte auch er sie

*) Wittig.

schonen. Unter diesen Umständen betrieb er den Feldzug gegen Cosroes, König von Persien, um nur der verhaßten Hauptstadt zu entgehen. Mesopota-
543 mien, Syrien und Colchis hatten bereits dem siegreichen Schwerte Cosroes erlegen, als Belisar in Assyrien erschien und seine eigne Hauptstadt Ctesiphon bedrohte. Ein würdiger Gegner stand ihm endlich gegenüber, und er würde ihm erlegen haben, hätte nicht Justinians Neid den Helden von Neuem von der Bahn des Sieges abgerufen *). — Von Constantinopel eilte er, mit hoher Selbstüberwindung, nach
546 Italien, wo Totila, der Nachfolger Vitiges, die griechischen Eroberungen von Neuem bedrohte. Mit 1000 Reitern eroberte er Rom zurück; doch ohne Geld, ohne Heer, hatte er den Schmerz, eine Eroberung nach der andern wieder verloren gehen zu sehen, bis ein neuer Befehl ihn nach Constantinpel zurück rief.

Narses folgte ihm im Befehl der italischen Armee, als deren Anführer Germanus, der Neffe des
552 Kaisers, starb. Dieser besiegte Totila in der Schlacht von Rimini und sandte den blutigen Waffenrock des Königs der Gothen nach Constantinopel.

Rom fiel dem Sieger in die Hände und ein zweiter Sieg über Teias (Teja), den Nachfolger Totilas, und über die Deutschen, unter Lothar und
554 Bucelin, und unterwarf ganz Italien zum zweiten Male der griechischen Herrschaft. Narses ward zum Exarchen ernannt und erhob Ravenna zur Hauptstadt seines neuen Reiches.

Während seine Feldherren die Gränzen seines

*) Vergl. über die Geschichte Belisars Le Beau und Ameilhon Geschichte des oströmischen Reichs, wo dieser Zeitraum besonders gut dargestellt ist.

Reiches erweiterten, und seine Regierung mit
Kriegsruhm krönten, verschwendete Justinian das
Vermögen seiner unter der Last der Abgaben erlie-
genden Unterthanen in Schauspielen, nutzlosen
Bauwerken und Festen. Wollüst und der Schmerz
über den Tod seiner Gemahlin beschleunigten sein
Ende. Doch vor seinem Tode sollte der Gründer
seines Ruhms, Belisar, seine graue Stirn noch
einmal mit frischem Lorbeer umringen. Zabergan, Fürst der Bulgaren, verwüstete Macedonien 559
und Thrazien und bedrohte selbst Constantinopel;
da rief die zitternde Hauptstadt den in schmachvoller
Vergessenheit lebenden Helden zu ihrer Rettung auf.
Belisar stellte sich an die Spitze weniger entschlossenen Bürger, und besiegte die überlegene Macht der
Bulgaren durch weise Manöver. Zabergan floh in
Unordnung, und Belisar ward wie gewöhnlich, be- 563
vor er die Früchte seines Sieges sammeln konnte,
abgerufen. Zwei Jahre nachher beschuldigte man
ihn selbst der Theilnahme an dem Complott des
Sergius; trotz seiner siegreichen Vertheidigung wurden seine Güter confiscirt: er selbst erhielt die Frei- 565
heit nur wieder, um wenige Monate darauf durch
seinen Tod alle Wohlgesinnten des Reichs zu betrü-
ben; seine Blendung aber ist eine Fabel des Johann
Tzetzes, aus dem 12. Jahrhunderte.

In einem Zwischenraume von wenigen Monaten 565
folgte ihm Justinian. Sein Andenken begleitete der
Fluch seines Volkes, das er, trotz alles äußern Glan-
zes in einer acht und dreißigjährigen Verwaltung
elend gemacht hatte. Er hinterließ die Provinzen
ausgesogen, den Schatz mit Schulden belastet, die
Angelegenheiten des Reichs in Verwirrung. Seinen Ruhm verdankte er einigen großen Männern,

deren er sich durch Undank unwerth machte. Feig, geizig, grausam, für Bauten und Kleinigkeiten, für Rang und Titelsucht leidenschaftlich, sah er die Leiden seines Volkes ohne Mitgefühl. Ohne Gefühl für Würde und echte Größe warf er sich Schmeichlern und einer Verworfenen hin, bezahlte seine siegreichen Armeen fast niemals, und vergeudete die Kräfte des Reichs für Bauwerke, Klöster und Kirchen. Die Wuth der Parteien, welche die Hauptstadt zerrissen, war sein Werk, und ohne Kraft und Entschlossenheit würde er selbst mehrmals vor ihnen geflohen seyn, hätten nicht Männer von Muth und selbst Weiber seine Feigheit beschämt. Aberglaube und Bigotterie beherrschten ihn. Ketzer und Juden verfolgte er grausam, vernichtete die Samaritaner und verwandelte Palästina in eine Wüste, die bald nachher den Arabern das Vordringen in das Herz des Reichs erleichterte. Unter dieser Regierung ward die Sophienkirche in verdorbenem Geschmack erbaut und die Cultur der Seidenraupe durch Mönche zuerst in Europa einheimisch gemacht. Für die Künste that Justinian nichts; vielmehr schmälerte er trotz seiner Bauwuth die Gehalte der Lehrer und ließ die Kunstschulen in Athen eingehen.

Justin II. von 565 bis 574.

Justinian starb kinderlos; einer seiner sieben Neffen, Justinus, bisher Europalates, ward daher zum Kaiser ausgerufen. Seine Regierung gab Hoffnungen; er fing damit an, den Religionsstreitigkeiten mit Ernst Einhalt zu thun, milderte die strengen und parteiischen Verfügungen seines Oheims in diesem Punkte, bezahlte dessen Schulden und nahm gegen die Barbaren, welche die Grenzen seines Reichs beunruhig-

ten, eine entschlossene Sprache an. Die Gesandten der Awaren, eines mongolischen Volksstammes an den Ufern der Donau, welche den herkömmlichen Tribut zu fodern kamen, entließ er mit einer abschläglichen Antwort voll Selbstgefühls; seine Gemahlin Sophia vereinigte ihre Bemühungen mit den seinigen, dem Elende des Volks nach Möglichkeit abzuhelfen; doch war ihr Einfluß nicht immer gleich nützlich. — Bei so vieler Thätigkeit des Geistes und so kräftigem Willen war es zu bedauern, daß der wohlmeinende Justinus an einer schleichenden Krankheit litt, die seinen Körper lähmte und seine Kraft brach. Unersetzliche Verluste bezeichneten seine kurze Herrschaft. Italien ward von den Lom- 568
barden unter Alboin erobert. Narses, der einzige Mann des Reichs, der diese Provinz zu retten vermocht hätte, war durch die Kaiserin Sophie beleidigt und mit der schimpflichen Mahnung zurück gerufen worden, unter Weibern die Spindel zur Hand zu nehmen. Sein Nachfolger Longinus konnte den von dem beleidigten Narses selbst herbeigerufenen Lombarden nicht widerstehen; dieser aber starb, ehe er wieder gut machen konnte, was seine Rachsucht gefehlt hatte; Ravenna allein blieb dem griechischen Reiche in Italien übrig.

Gegen Persien währte ein verderblicher Krieg fort, und die Awaren, durch die stolze Antwort des Kaisers zum Versuche mit den Waffen gereizt, fielen, mit den Hunnen vereint, von allen Seiten in die nördlichen Provinzen des Reichs ein. 574

Müde eines so unerfreulichen Zepters, von Krankheit gebeugt, und in der innern Verwaltung durch die Verdorbenheit seines Zeitalters gehemmt, entsagte Justinus dem Purpur, und übertrug ihn

dem Chef seiner Leibwache, Tiberius, dem Geliebten seiner Gemahlin, die ihn über die Brüder und Vettern des Kaisers zu erheben wußte, in der Hoffnung,
574 an seiner Hand fort zu herrschen. Wenige Jahre nachher starb Justinus; das Reich verdankte ihm manche Erleichterung, die Aufhebung mancher ungerechten Verordnung seines Vorgängers; doch vermochte er weder die eingegangenen Schulen wieder herzustellen, noch das entwürdigte Consulat zu neuem Ansehen zu erheben. Gegen das Ende seiner Regierung soll er seines Verstandes beraubt gewesen seyn.

Tiberius-Constantin von 574 bis 582.

574 Tiberius bestieg den Thron unter dem Namen Constantin II.; die Hoffnungen der Kaiserin Sophia aber wurden durch das Volk vereitelt, welches den neuen Kaiser nöthigte, seine eigne Gattin Anastasia, zur Kaiserin auszurufen. Hierdurch gereizt, versuchte Sophia jeden Weg, sich zu rächen. Sie rief Justinian, den Sohn des Germanus und Neffen des Justinus, der von einem Zuge gegen die Perser so eben siegreich zurückkehrte, zu einem Complott gegen Tiberius auf. Dieser ward davon unterrichtet und verzieh seinen Feinden; von dem an herrschte er mild und weise; dem Elende des Volkes half er durch Erlaß der rückständigen Steuern zum Theil ab, schreckte die Feinde des Reichs durch Ernst, persönlichen Muth und gewandte Heere, und starb, zu früh für das Reich, nachdem er seine Tochter dem Besieger der Perser, Mauritius vermählt, und diesen mit den Worten zu seinem Nachfolger bezeichnet hatte: „Ich hoffe, die Tugenden meines Adop-

„tivsohnes sollen meinem Andenken ein schönes „Denkmahl errichten."

Mauritius von 582 bis 602. 582

Mauritius war aus Cappadocien gebürtig; er vereinigte ehrwürdige Eigenschaften, Feldherrntalent und Tapferkeit, mit dem bei einem Fürsten unverzeihlichen Laster des Geizes; dennoch segnet die Geschichte sein Regierung, die sich vor allem durch eine strenge Gerechtigkeit und durch Maas in allen Dingen auszeichnete.

Im Verein mit Childebert, König der Franken, suchte er die unter den Lombarden herrschende Anarchie zur Wiedereroberung Italiens zu benutzen: doch Antharis, der Wahlkönig der Lombarden, schlug die Söldner des Kaisers, wie die Horden der Franken. Dennoch blieben in dem Frieden, der bald hierauf zu Stande kam, die nächsten Landschaften um Ravenna bei dem Exarchat. — Um eben diese Zeit erhoben sich zwei Mächte in Italien, deren Ansehen bald die ganze Gestalt des Landes ändern sollte. Auf den Sumpfinseln am Ausflusse des Po war von flüchtigen Bewohnern Aquileja's Venedig gegründet. Durch Handel bereichert, fing dieser bis dahin unbeachtete Freistaat jetzt zuerst an, sich unter den politischen Mächten Italiens bemerklich zu machen.

Eine andere Macht verschiedener Art gründete zu dieser Zeit Gregor I. in Rom. Christliche Tugenden und Staatsweisheit hatten das Ansehen des bischöflichen Stuhls unter ihm so erhoben, daß Gregor sich ungestraft gegen die Anmaßungen des Patriarchen von Constantinopel auflehnen konnte.

Kühn bestritt er ihm den Rang eines allgemeinen Bischofs, erweckte die alte Tradition von dem Märtyrerthum der Apostel Peter und Paul in Rom zu neuem Ansehen, zog durch ihre Reliquien Geld und Pilger herbei, und erhob sich endlich, auf die Liebe des Volks gestützt, zum obersten Bischofe von Italien und dem Occident, in derselben Art, wie der Patriarch von Constantinopel diesen Rang für den Orient in Anspruch nahm. Diese Trennung der Jurisdiction zog die Trennung der Kirchengemeinschaft selbst unmittelbar nach sich, und Gregor ward so zum Gründer der lateinischen Kirche, deren Element von nun an der Kampf gegen die morgenländische Kirchengemeinde ward. —

Gegen seine äußeren Feinde war Mauritius glücklich. Den Eroberungen der Awaren, welche sich unter der vorigen Regierung Sirmium's bemächtigt hatten, setzte er Grenzen, und der zwanzigjährige Krieg mit Persien ging in ein Bündniß zwischen Mauritius und Cosroes II., dem Enkel des Ano-Schirwan, zu gemeinschaftlicher Befehdung des Usurpator Vahram (Behram) über. Ein
591 griechisches Heer führte den entthronten Cosroes 591
in seine Hauptstadt Ktesiphon zurück — der Usurpator verschwand. Ein Bündniß für ewige Zeiten zwischen Mauritius und Cosroes folgte diesem Siege. Die griechischen Heere konnten nun ihre Waffen gegen die Awaren wenden, deren Einfälle in die nördlichen Provinzen des Reichs immer räuberischer und unerträglicher wurden. Mauritius selbst beschloß, was seit Theodosius nicht mehr geschehen war, an der Spitze seiner Armeen gegen die Barbaren zu Felde zu ziehen. Glücklich überwand er die Wehklagen seiner Familie, die Vorstellungen der

um ihn versammelten Geistlichkeit und verließ die Hauptstadt an der Spitze seines Heeres. Allein kaum hatte er einen Tagemarsch zurückgelegt; so trieb ihn ein Traum in seinen Palast zurück. Da- 595
hin war es mit der Kraft der alten Cäsaren, mit dem Heldenmuthe der Römer, der Vaterlandsliebe der Griechen gekommen — und solche Früchte trägt das Reich des Aberglaubens!

Der Bruder des Kaisers, Petrus, führte nun das Heer, doch nur, um im Angesichte des Feindes schimpflich die Flucht zu ergreifen. Commentiolus ward sein Nachfolger; der Ruf seiner Niederlagen am Tigris ging ihm voraus; das Heer wäre unter solcher Führung verloren gewesen, hätte nicht Priscus, sein College, seine Fehler schnell zu verbessern gewußt. Dieser schlug die Awaren in mehreren 600
kühnen Angriffen, und war im Begriffe, sie für immer in die ihnen angewiesenen Grenzen zurück zu weisen, als ihn Mauritius, einer traurigen Politik des Hofes von Byzanz zufolge, schleunig zurück rief. Hierauf währte der Krieg noch eine Zeit lang nichts entscheidend fort; Baian, der Chan der Awaren, wagte sich nicht über das ihm bekannte Terrain hinaus und Constantinopel blieb verschont.

Mauritius brachte jedoch durch Strenge und 602
mehr noch durch Geiz die Truppen gegen sich auf. Das Donauheer war mit seinen Winterquartieren im Lande der Awaren unzufrieden, und von der Unzufriedenheit einer zügellosen Soldateske zur offenen Empörung ist gemeinhin nur ein Schritt. Die Gefangenen bei den Awaren auszulösen verweigerte er, so sagt man, aus Geiz und das so zwiefach gereizte Heer rief Phokas zum Kaiser aus. Dieser rückte gegen Constantinopel an, und Mauritius hatte

niemand zu seinem Schutze. Die Partei der *Grünen* wiegelte die Bevölkerung der Hauptstadt gegen ihn auf. Er floh mit seiner Gemahlin und neun Kindern auf einem kleinen Kahne nach Asien hinüber, von wo er seinen ältesten Sohn, Theodosius, an seinen Bundesgenossen Cosroes um schleunige Hülfe sandte. Er selbst suchte mit seiner Familie im Kloster des heiligen Autonomus bei Chalcedonia Schutz, während Phokas triumphirend in seine Hauptstadt einzog. Hier ward er unter lautem Jubel des Volks gekrönt; Mörder wurden nach Chalcedonia gesandt; der unglückliche Kaiser ward von den Schwellen des Altars hinweggerissen, um, nachdem er vier von
602 seinen Kindern hatte hinrichten sehen, selbst den Tod zu leiden. Noch im letzten Augenblicke seines Lebens trug sein Gerechtigkeitsgefühl einen Triumph über seine Vaterliebe davon: er unterrichtete seine Henker von dem frommen Trug einer Dienerin, die ihr eignes Kind einem seiner Söhne unterschieben wollte. — Das undankbare Volk jubelte über den Tod dieses würdigen Kaisers, dem man außer seinem Geize nichts vorzuwerfen wußte. Doch die blutdürstige Herrschaft des Usurpators sollte bald eine fruchtlose Sehnsucht nach dem edlen Mauritius erwecken. Sein Reich war übrigens das erste wahrhaft griechische des orientalischen Kaiserthums. Bis auf ihn nannten seine Vorgänger sich noch *Römer* und sprachen die Sprache Roms, wenn gleich nur wenige Domestici ihres Pallastes diese verstanden. Unter Tiberius jedoch nannte man den Hof von Constantinopel zum ersten Male den *griechischen*; Mauritius gab seine Verordnungen in griechischer Sprache und ließ die römischen Gesetze in diese

Sprache übertragen, die von nun an die lateinische völlig verdrängte. —

Phokas von 602 bis 610.

Der Usurpator Phokas war, nachdem er die Aufrechthaltung der nicäischen Beschlüsse und des chalcedonischen Lehrbegriffs beschworen hatte, vom Patriarchen zum Kaiser gekrönt worden. Der Tyrann ließ Theodosius auf seiner Flucht nach Persien aufgreifen und auf derselben Stelle hinrichten, wo das Blut seines Vaters und seiner Brüder geflossen war. Sein Blutdurst füllte die Straßen der Hauptstadt mit Mord und Hinrichtungen; die Wittwe Mauritius und ihre letzten drei Kinder folgten den Uebrigen, dann überließ der Tyrann sich allen Lüsten eines Emporkömmlings. Verschwörungen und Complotte folgten einander, das Blut der angesehensten Bürger floß in Strömen; die Wuth des Usurpators verschonte niemand, und schon stand er im Begriff der Mörder seines eigenen Schwiegersohnes, Crispus, zu werden, als der Aufstand des Heraclius, Exarchen von Afrika, das Reich von der blutigen Herrschaft dieses Unmenschen befreite.

Heraclius, selbst zu sehr vom Alter gebeugt, hatte die Führung seiner Waffenmacht seinem Sohne Heraclius und seinem Neffen Niketas anvertraut. Beide kamen dahin überein, daß, wer von ihnen zuerst die Hauptstadt des Feindes erreichen würde, den Thron besteigen sollte. Heraclius, an der Spitze der Flotte, von günstigen Winden unterstützt, erreichte die Propontis, und empfing, ehe er selbst noch Anker geworfen, den von dem empörten Volke in Bande geschlagenen Phokas an Bord seiner Galeere.

„Wirst du besser regieren, als ich?" fragte dieser
den jungen Sieger, der ihm seine Grausamkeiten
610 vorhielt. Hierauf ward er enthauptet.

Heraclius von 610 bis 641.

Bei seinem feierlichen Einzuge in Constantinopel ward Heraclius von der Geistlichkeit, dem Heere,
dem Volke, dem Senate als Kaiser begrüßt; sein
College unterwarf sich dieser Wahl. Der neue Kaiser fand die Sachen des Staats in der höchsten Verwirrung. Der Krieg wüthete auf mehreren Grenzen des Reichs zugleich. Cosroes, der Rächer
Mauritius, hatte Syrien erobert, die Awaren über-
schwemmten Istrien und drangen bis an die thrazische Mauer vor; Heraclius selbst sah sich von allen
611 Seiten gelähmt; Palästina, Egypten, Cappado-
614 zien, Bithynien, die Ufer des Bosporus selbst gingen verloren, und erst als die Mauern der Hauptstadt die Grenzen des Reiches bildeten, trat der in
Weichlichkeit erschlaffte Kaiser aus seinem Pallaste
hervor. Seine Gesandten wurden von Cosroes ermordet; Hungersnoth und ansteckende Krankheiten
bedrängten die Hauptstadt, und der Chan der Awaren versprach nur Neutralität gegen große Geldsum-
men. Mit den Schätzen der Kirchen und der Geistlichkeit warb Heraclius endlich ein großes Heer von
Barbaren, mit ungeheurem Solde einen Haufen
622 Griechen an; seine Flotte säuberte das Meer; und
so schiffte er endlich (622) nach der Küste Asiens
hinüber dem Feinde entgegen, seit langer Zeit der
erste griechische Kaiser an der Spitze seines Heeres.
In Constantinopel blieb der Patriarch, mit den Sorgen der Regierung beauftragt, zurück.

An den Grenzen Syriens und Ciliziens, im alten Lager Alexanders bei Issus, übte er sein Heer
in der Mannszucht und in den Waffen. Erst als
er es hierin hinreichend gewandt sah, zog er gegen
den Feind aus. Er siegte; die Perser räumten
Cappadozien, und er verfolgte den Sieg und vollendete die Bildung seines Heeres, als ein neuer Einfall der Awaren ihn nach Europa zurück rief. Er
überließ den Barbaren Dalmatien und zog von
Neuem gegen den mächtigeren Feind in Asien. Armenien erfuhr jetzt seinen ersten Angriff, und von
den Einwohnern unterstützt, drang er ohne Mühe 625
bis Tauris vor, das Cosroes fliehend im Stiche
ließ. Medien erfuhr im nächsten Jahre das Gewicht seiner Waffen; Cosroes ward von Neuem geschlagen und floh in die Festungen Assyriens. Im 627
nächsten Jahre griff er von hieraus mit drei Heeren
zugleich den Kaiser an; eine Armee unter Sarbar
zog nach Europa, um Constantinopel zu belagern,
während zwei andere die Griechen in Asien einschlos-
sen; die Awaren selbst waren zu einem neuen Angriffe gewonnen und Heraclius Untergang schien gewiß. Sein Muth siegte über alle seine Feinde;
er war der größte Feldherr seiner Zeit, und unter
den Kaisern des byzantinischen Reichs einer der wenigen, die in den Waffen den alten Cäsaren nachahmten. Unterstützt von Türken und Chjaaren
siegte sein Bruder Theodoros in einer großen Schlacht
über die Feldherren Cosroes, der von Sarbar verlassen, seine Macht dem Erliegen nahe sah. Dennoch verwarf er hartnäckig die Friedensanträge des
Kaisers und setzte sein ganzes Glück auf den Aus- 627
gang einer neuen Schlacht, die er abermals verlor.
Hierauf erfuhr er das Schicksal seines Vaters Hor-

muzd, ward des Thrones entsetzt und von seinem eigenen Sohne Siroes des Lebens beraubt. Dieser aber nahm die Friedensvorschläge des Kaisers an, gab die Fahnen und Gefangenen der Griechen heraus und fügte diesen das heilige Kreuz des Erlösers zu, das Ano-Schirwan hundert Jahre früher bei seiner Eroberung Palästina's als Beute weggeführt hatte.

Sieben Jahre unermüdlicher Kämpfe hatten dem Reiche die Achtung seiner Feinde und die vollkommenste Ruhe von Außen wiedererworben.

Heraclius genoß zu Constantinopel der Früchte seines Sieges. Nur ein Feind war zurück geblieben, dessen Macht, aus geringen Anfängen emporwachsend, nach und nach allen Reichen des Orients den Untergang drohte. Es waren die Araber oder Saracenen, denen Syrien bereits zu erliegen anfing. Dieser Volksstamm, bis dahin namenlos und un-
620 gekannt, hatte auf seines Propheten Mohamed Ruf die Waffen ergriffen, in blinder Begeisterung erst seine Gegner im Glauben vertilgt, gegen Cosroes den Beistand Heraclius gesucht, und hierauf von den Bischöfen der orientalischen Kirche gereizt, nach Eroberung von ganz Arabien, die Grenzen des griechischen Reichs mit Krieg überzogen. Mohamed gelobte den Untergang der griechischen Herrschaft und hinterließ seinen Nachfolgern die Sorge, seinen
632 Schwur auszulösen. Abu-Bekr vereinigte die getrennten Stämme der Araber und fiel mit ihnen in Syrien ein; Abu-Obeidah und Kaled, seine Feldherrn, warfen die griechischen Truppen zurück, und der Versuch des Kaisers, Damascus zu retten, kostete ihm ein Heer von 70,000 Mann, das, in zwei großen
633 Schlachten vernichtet, ganz Syrien und Damascus selbst dem Schwerte der Feinde Preis geben mußte.

Während Kaled von dieser Seite die Griechen schreckte, vernichtete Abu-Bekr den schwachen Widerstand der Perser. Nun zog Heraclius selbst an der Spitze eines neuen Heeres ihm entgegen; dreimal wurden die Araber geschlagen, doch ihr nichts achtender Muth stand immer wieder zum Kampfe bereit da, wenn der unermüdliche Heraclius sie ihrem Untergange nahe glaubte. Endlich erlag er selbst der 639
unwiderstehlichen Begeisterung des Feindes; Syrien ging von Neuem verloren und der Kaiser eilte nach Europa zurück, ohne Hoffnung, den Fortschritten des Islam länger widerstehen zu können.

Erschöpft von den Anstrengungen dieser Feldzüge, und der Last der Jahre erliegend, berief er seinen Sohn Constantin III. zum Mit-Kaiser. Doch die schwankende Gesundheit des jungen Sebastos nöthigte ihn bald, diesem in seinem Bruder Heracleonas einen neuen Collegen zu geben. Zwei Jahre 641
darauf starb er, ohne durch das Andenken seiner früheren Siege die Kraftlosigkeit seiner letzten Regierungsjahre vergessen zu machen.

Omar, der Nachfolger des Kaled, hatte in dieser Zeit Jerusalem erobert; er verstattete den Christen freie Religionsübung und ließ ihnen sieben Kirchen. Neben diesen standen Moscheen und Tempel der Juden. Persien, Egypten und die Nordküste von Afrika bildeten das Reich Omar's, des ersten Chalifen — der ganze Orient änderte binnen wenigen Jahren seine Gestalt.

Während dessen beschäftigten Heraclius die Streitigkeiten zwischen den Monophysiten (welche die einfache Natur des Heilands behaupteten) und den Monotheleten, deren Sache der Kaiser verfocht. Diese Unruhen beschleunigten seinen Tod: die Kirche war mit ihm unzufrieden und sein Volk tadelte an ihm, daß er in einem verbotenen Grade verheirathet war; Bischöfe und Eunuchen hatten die Zügel des Staats in ihren Händen, und die letzte kräftige Regierung ging in ein Gewirr von streitenden Religionssecten und Parteiungen unter.

Constantin III. 641.

Constantin III., des Heraclius Sohn, überlebte seinen Vater nur drei Monate lang. Das Volk beschuldigte seine Stiefmutter, Marina, der Giftmischerei. Sie hatte gehofft, im Namen ihres Sohnes, Heracleonas, die Zügel der Regierung für sich zu behalten; allein ein Aufstand der Hauptstadt zwang sie, dieselben an Constans II., den Sohn
641 des Constantin, herauszugeben, während eine zweite Empörung ihr selbst und ihrem Sohne Heracleonas das Leben kostete. Die Zeiten waren von der Art, daß keine Hinrichtung mehr möglich schien, ohne empörende Grausamkeit. Der Kaiserin Marina schnitt man die Zunge ab, ihrem Sohne die Nase; dann überwies man sie dem Elende.

Constans II. von 641 bis 668.

Was die Herrschaft dieses Fürsten auszeichnete, waren die ununterbrochenen Unfälle, die nach einem Augenblicke krampfhafter Anstrengung unter seinem Großvater, das Ostreich bis an den Rand des Unterganges führten. Die Araber und Awaren verheerten die nördlichen und die östlichen Provinzen des Reichs; Afrika, Cyprus und Rhodus gingen an die Araber verloren (663). Gegen die Longobarden

führte er einen eben so unglücklichen, als verwüstenden Krieg, der mehr Kunstschätze in Italien zerstörte, als die Züge Alarichs und Genserichs gethan. Zwölf Tage lang ließ er Rom von seinem Heere plündern, um sodann zu fliehen und dieselben Gräuel in Sicilien und Sardinien auszuüben. Die Schiffe, auf denen die Kunstschätze nach Constantinopel geführt werden sollten, gingen an die Araber verloren. Der Kaiser, dem Volke verhaßt durch die Ermordung seines Bruders Theodoros, und seine monotheletische Heterodoxie, floh endlich vor dem Unwillen seiner 662
Hauptstadt. Athen, Tarent, Rom und Syracus nahmen ihn abwechselnd auf, bis ihn hier einer 668
seiner Diener, den Bruder rächend, im Bade ermordete. Constans hinterließ drei Söhne; der älteste von diesen, Constantin IV., vom Senat und der Hauptstadt anerkannt, besiegte den Gegenkaiser, welchen die Truppen in Sicilien mit dem Purpur bekleidet hatten, und kehrte siegreich nach Byzanz zurück.

Constantin IV. Pogonates *) der Bärtige von 668 bis 685.

Hier sah er sich jedoch durch innere Unruhen genöthigt, den Thron mit seinen beiden Brüdern zu theilen; das in Aberglauben versunkene Volk verlangte auch in der weltlichen Regierung ein Abbild der Dreieinigkeit. Eben diese Unruhen hielten ihn ab, seine Waffen gegen den äußern Feind zu

*) Diesen Beinamen erhielt er, als er sich in dem sicilischen Feldzuge den Bart wachsen ließ.

richten. Die Araber, durch diese Unthätigkeit
670 immer kühner gemacht, berennten, nachdem sie
ganz Afrika unterworfen, Constantinopel selbst
mehrere Male. Zuletzt schlossen sie es völlig von
der Seeseite ein, zu derselben Zeit als andere
672 Haufen von ihnen Sicilien eroberten. Endlich
befreite das von dem Syrier Callinikus erfundene
griechische Feuer, das unter dem Wasser selbst die
feindliche Flotte in Brand steckte, die Hauptstadt
von dieser Einschließung. Die Bulgaren, welche
unter dieser Regierung nun schon Sitze auf dem
rechten Donauufer nahmen, wurden nur durch
Tribute in Schranken gehalten, und die Slawen
(Slawinen) drangen ungestraft in Macedonien
und Thrazien ein.

Gegen das Ende seiner Regierung befreite sich Constantin von seinen jüngern Brüdern, denen er schon einen Versuch, sich seiner zu entledigen, verziehen hatte, und schickte sie mit verstümmelten Nasen ins Exil. Die Verwirrung und die Grausamkeit der Fürsten, das Elend und die Noth des Volks wuchs in diesen trüben Zeiten. Eine ökumenische Versammlung, welche die Monotheleten verdammte und festsetzte, daß Christus zwar einen zwiefachen Willen habe, je-
680 doch nur einem folge, war die wichtigste Ange-
legenheit dieses Kaisers, der ohne Ruhm regierte
und das durch Aufstände und Unruhen der Geistlichkeit beunruhigte Reich sterbend seinem ältesten
685 Sohne Justinian II. übergab.

Justinian II. von 685 bis 695.

Grausamkeit und Laster aller Art haben diesen bekannt gemacht. Seine Unfähigkeit für

Staatsgeschäfte ging so weit, daß er die freien Bewohner des Libanon, die kriegerischen Maroniten, die einzigen Vertheidiger des Reichs gegen die Araber, bekriegte, weil sie die ökumenischen Satzungen nicht ohne Ausnahme anerkennen wollten. Ein blutiger Bürgermord verwüstete unter dieser Regierung Ravenna (691) und die angeordneten Bußen und Fasten (die selbst Säuglinge halten mußten) bevölkerten die verödete Stadt nicht wieder. Zehn Jahr lang trug das Volk dieses unbesonnenen Fürsten Tyrannei, seinen Despotismus, seine Verschwendung und seine Bauwuth, bis ihn endlich ein Aufstand stürzte, in dem Leontius, ein verdienter Feldherr zum
Kaiser ausgerufen ward. Der neue Fürst hatte 695
jedoch Mitleid mit dem Gefallenen; er schonte in ihm den Sohn des Pogonates, dem er sein Glück verdankte, und entließ ihn heimlich — doch mit verstümmelter Nase — nach Cherson in der Krimm.

Leontius von 695 bis 698.

Verbrechen folgen in dieser traurigen Geschichte auf Verbrechen. Leontius, den die Neigung des Volks erhoben, fühlte bald seinen Unbestand. Dasselbe Volk erhob einen andern Liebling, Apsimar, über ihn, stürzte ihn und warf ihn ins Gefängniß.

Tiberius von 698 bis 705 und Justinian bis 711.

Apsimar war Führer der gegen die Araber ausgesandten Flotte, als er zum Kaiser ausgeru-

4*

sen ward. Er bestieg den Thron unter dem Namen Tiberius. Doch nur wenige Jahre erhielt er sich im Besitze desselben. Justinian hatte aus seiner Verbannung her die Bulgaren wider ihn aufgeregt und nahm unter ihrem Beistande Con-
705 stantinopel (705) wieder ein. Allein gleich undankbar gegen die Bulgaren, wie gegen seine Feinde grausam, vergießt er in Strömen das Blut der Bürger, läßt Apsimar und Leontius hinrichten, dem Patriarchen die Augen ausstechen, Großen glühendes Blei in den Mund gießen *), und befiehlt die Verwüstung der Krimm; da empört sich an der Spitze einer Menge Ausgewanderter, die das Elend der Zeiten nach Armenien getrieben hat, Philippicus, der Feldherr. Dieser
711 kehrt nach Constantinopel zurück, bemächtigt sich der Regierung ohne Schwertstreich, und läßt den Tyrannen mit seinem Sohne Tiberius hinrichten. Mit ihnen erlosch das Geschlecht des Heraclius, das den Thron des Ostreiches fast ein Jahrhundert hindurch mit Blut und Mord befleckt hatte.

Philippicus von 711 bis 713.

Philippicus, der Sohn des Vardanes, folgte dem Vorbilde des Justinian; es schien unmöglich, in diesen Zeiten der Verwirrung das rechte Maas zu treffen. Auch ihn stürzt eine Verschwörung,

*) Johannicius, der die Erlaubniß erhielt, seinen letzten Willen mit seinem Blute zu schreiben, schrieb: „Gott schütze vor dem Tyrannen!“ und zerschellte sich den Kopf.

deren Anstifter, sein geheimer Secretair, Artemius, unter dem Namen Anastasius den Thron besteigt. Er selbst ward geblendet ins Elend gesandt. 713

Anastasius von 713 bis 717.

Unter diesem Fürsten bestand Constantinopel vier schwere Belagerungen durch die Araber. Sie verwüsteten die Umgebungen der Hauptstadt und zogen sich dann nach Asien zurück. Die Schwäche Anastasius reizte die Flotte zur Empörung, und diese, unzufrieden mit ihrem Admiral, Johannes, der zugleich Diakonus bei der Metropole war, rief Theodosius III., einen Privatmann zu Adramyttium in Kleinasien, bloß um seines Namens willen, zum Kaiser aus. 716

Theodosius III. von 717 bis 718. 718

Dieser behauptete sich jedoch nur etwa drei Monate lang auf dem schwankenden Throne und überließ denselben, so bald er durfte, dem von der Landmacht erwählten Leo, dem Isaurier, zufrieden, sein Leben in Vergessenheit verbergen zu können.

Leo III., der Isaurier von 718 bis 741.

Nachdem Leo die Aufrechthaltung der Orthodoxie beschworen hatte, ward er ohne Widerstand als Fürst eines Reiches anerkannt, in dem bald das Heer, bald der Pöbel der Hauptstadt, bald die Geistlichkeit, jeder aber auf ungesetzliche Art, über den Thron verfügte.

Der neue Kaiser war kräftig genug, die Parteien mit starker Hand zu zügeln, und fein und staatsklug genug, sich den Zeiten zu fügen, wo der Drang der Umstände dies von ihm erheischte. Dabei war er ein verdienstlicher Krieger und vertrieb die arabische Flotte aus der Propontis, schlug die Bulgaren zurück, an deren Spitze der abgesetzte Anastasius noch einmal erschien, und gab diesem, seinem ehemaligen Freunde, den Tod.

Seine Thätigkeit erregte den Haß der an Herrschaft gewöhnten Geistlichkeit; sie nannte ihn einen Feind Gottes, weil er sich laut gegen den Bilderdienst der Kirche erklärte, der seit dem
726 fünften Jahrhundert der Reinheit der Lehre Christi sichtbaren Abbruch that. Der Patriarch von Constantinopel, wie Gregor III., Bischof von Rom, sahen in seinen Verboten des Bilderdienstes freventliche Eingriffe in ihre Rechte; sie zeihten ihn der Ketzerei, und ihr Fluch füllte das Reich mit Zwiespalt. Leo, hierdurch gereizt, schrieb nach Rom, daß wenn der Papst die Verehrung der Bilder nicht abschaffe, er ihn in Ketten nach Constantinopel führen wolle. Wirklich ließ er auch selbst die Cruzifixe und das Kreuz des Heilandes von der ehernen Palastpforte herunterschlagen. Aufruhr und Verwirrung folgten diesen Schritten. Die Bewohner der Cykladen gingen bis zur offenen Empörung. Leo blieb standhaft, und Blut floß in der Hauptstadt. Endlich fand der Kaiser geneigtere Kirchenhäupter; sein Sieg in der Kirche des Orients war entschieden; allein Gregor, das Haupt der abendländischen Geistlichkeit, nutzte diese Gelegenheit, auch die letzten Reste des Abhängigkeitsverhält-

nisses zu zerstören, die ihm noch dem Patriarchenstuhle von Constantinopel unterordneten. An der Spitze der italischen Fürsten machte er der griechischen Herrschaft in Italien für immer ein Ende, und gründete so die weltliche Macht des päsilichen Stuhles, die siebzig Jahre später durch Carl des großen Belehnung eine feste Basis erhielt.

Sechzig Jahre währte der Kampf, den das Verbot des Bilderdienstes erregt hatte, und der erst unter der folgenden Regierung zur Entscheidung gedieh.

Leo brachte das Reich gegen den äußeren Feind wieder zu einigem Ansehen. Er widerstand den Angriffen der Araber, der Perser, der Egypter, die ihn mit gemeinschaftlichen Kräften in seiner Hauptstadt mit 1800 Schiffen zwei Jahre lang belagerten. Noch einmal zerstörte das griechische Feuer ihre furchtbare Flotte. Kälte und Krankheiten rieben das Heer auf, und nach einer fruchtlosen Belagerung, welche durch Hunger und Pest 300,000 Menschen das Leben gekostet haben soll, zog sich der Feind entmuthigt von den Ufern des Bosporus zurück. Leo, seit langer Zeit der erste Kaiser, starb ruhig in seinem Palaste, die Regierung seinem Sohne Constantin überlassend, der den Beinamen Copronymus, der Unreine, von dem Umstande empfing, daß er das Taufwasser verunreiniget hatte. Solche Dinge erzählt die Geschichte von Fürsten, von denen nichts anderes zu erwähnen ist! —

Constantin V., Copronymus von 741 bis 775.

Constantin übertraf seinen Vater noch an Kraft, Thätigkeit und kriegerischem Talent; um dieser Anlagen willen verzeiht ihm die Geschichte seine übrigen Fehler. Mit großem Glücke drängte er die Araber von der Küste zurück, erfocht in Syrien Siege über sie und nahm Städte ein. Während seiner Abwesenheit brachen jedoch die mit starker Hand unterdrückten Unruhen wegen des Bilderdienstes von Neuem aus. Artavestes, sein Schwager, stellte sich an die Spitze der Bilderverehrer, und bemächtigte sich für einen Augenblick der Zü-
754 gel der Regierung; doch Constantin eilte aus Asien herbei, schlug seinen Gegner und nöthigte ihn zur Uebergabe. Mit unverantwortlicher Härte strafte der Sieger seine Feinde. Er befahl die Aufhebung der Klöster, deren Bewohner seinen Reformen vor allen andern entgegen wirkten, und ließ Bilder und Reliquien ins Meer werfen. So hoffte er den Arabern ihren stärksten Einwurf ge-
774 gen das Christenthum zu benehmen. Hierauf schlug er die Bulgaren in einem glänzenden Siege und legte ihnen die Bedingungen des Friedens auf; das Reich erhob sich, wie unter Heraclius, noch einmal zu augenblicklichem Ansehen, wenn gleich Ravenna und hiermit Italien unter ihm für immer verloren ging. Endlich führte eine schmerzhafte Krankheit, in der die Bilderverehrer
775 den Anfang der Höllenstrafen sahen, diesen kräftigen Kaiser jedoch in die Gruft. Von seinen sechs Söhnen folgte ihm

Leo IV. von 775 bis 780.

Leo war der einzige Sohn Constantins von seiner ersten Gattin; als er seinen Sohn Constantin zum Mitkaiser erheben wollte, empörten sich seine fünf Brüder gegen ihn; doch Leo verzieh ihnen drei Mal. Zum vierten Male ließ er sie verstümmeln und sandte sie mit abgeschnittenen Nasen nach Athen ins Elend. Von seiner Gemahlin schied er sich, weil sie zwei Heiligenbilder in ihrem Schlafgemache verborgen hatte. Diese rächte sich dafür, wie es scheint, durch Gift. Leo starb 780 und hinterließ seinem zehnjährigen Sohne, Constantin **VI.**, den man Porphyrogenneta *) nannte, unter der Vormundschaft seiner Mutter Irene den Thron.

Constantin VI., Porphyrogenneta von 780 bis 797.

Irene, die Athenienserin, vereinigte mit der Schönheit des Körpers alle Laster eines verdorbenen Herzens. Constantin empörte sich noch als Knabe gegen ihre Tyrannei. Sie hatte ihn mit Rotrudis, der Tochter Carls des Großen, verlobt; allein eifersüchtig auf das dadurch wachsende Ansehen ihres Sohnes trennte sie diese Verbindung 788
wieder und vermählte ihn mit Maria, der Armenierin. Eine Empörung brach hierüber aus; die Armee rief Constantin zum selbstständigen Kaiser aus; Irene ward verbannt. Von ihrem Exile
aus wußte sie jedoch durch verstellte Reue den 791

*) Den im Purpur Geborenen.

neuen Kaiser so zu bethören, daß er sie zurückrief. Auf ihre Einflüsterungen mußte er hierauf die Geistlichkeit gegen sich aufbringen, zu deren Vertheidigung Irene ihn verhaften und, aller Gefühle der Natur vergessend, des Augenlichtes be-
797 rauben ließ; worauf er starb.

Irene bis 802.

Gegen den Willen der Großen erhielt sie sich, nur unterstützt von einem derselben, Stavrakios, allein auf dem Throne, das Volk durch Unterhandlungen mit Carl dem Großen und die Aussicht auf eine Vereinigung beider Reiche blendend. Hierüber brach jedoch der Unwille der Großen von Neuem gegen sie aus. Nikephoros, ihr Großschatzmeister, trat an die Spitze der Verschwörung, ließ sie ergreifen und nach Lesbos bringen, wo sie
802 im folgenden Jahre in Elend und Armuth ihr Leben beschloß.

Die Streitigkeiten über die Verehrung der Bilder waren 787 durch die Entscheidung eines Conziliums zu Nicäa ziemlich beigelegt worden. Irene hatte jedoch mit den Klöstern zugleich durch ein Conzilium, das durch seine Unwissenheit merkwürdig war, den Bilderdienst wieder eingeführt, da die hierdurch gewonnene Geistlichkeit ihr als Schutz gegen den Zorn des Volkes und den Unwillen der Großen dienen mußte. So kam es denn auch,
803 daß sie nach ihrem Tode von dem dankbaren Klerus zur Heiligen erhoben wurde, während in den von ihr erregten Unruhen neue Ströme von Blut flossen.

Unter ihrer Regierung waren die Bulgaren,

schon seit 570 Herren von Mösien, zu Besitzern des ganzen Donaugebietes geworden. Slavische Stämme besetzten Illyrien. Ihnen gegenüber räumte man den Anthen die Stadt Turris ein; später nahmen slavische Stämme jedoch selbst in Macedonien Sitze; Dalmatien und Servien gehörte ihnen schon länger. Unter Irene faßten sie selbst in Griechenland und dem Peloponnes festen Fuß, wo ihnen sogar kaiserliche Hausgüter eingeräumt werden mußten. Zu gleicher Zeit erstand das abendländische Kaiserthum, nach dreihundertjährigem Schlummer, in der Person Carls des Großen wieder, und die weltliche Macht des Pap- 800
stes zu Rom ward aus dem Dominium von Rom, dem Exarchat von Ravenna und dem Herzogthume Spoleto (dem Patrimonium Petri) gebildet.

Nikephorus von 802 bis 811.

Der Usurpator entehrte den Purpur durch Feigheit, Grausamkeit und Laster aller Art. Unter ihm brach der Bildersturm, durch Nikephorus unbesonnene Verfolgung angeregt, 810 mit erneuter Wuth aus, und zahllose Opfer fielen abermals in diesem Streite. Die Araber, unter des großen Harun al Raschid Anführung, vertrieben 810
die Griechen von Neuem aus allen ihren asiatischen Besitzungen und ließen sich nur durch einen schweren Tribut von der Berennung der Haupt- 806
stadt selbst abhalten. Rhodos und Syrien fielen ihnen zu.

Gegen Kaiser Carl den Großen rettete Nikephorus den Anstand durch eine Gesandtschaft, welche diesem zu Selz den Titel des römischen Cä-

sars und das abendländische Reich übertrug. —
Glücklicher war Nikephorus gegen die Bulgaren;
811 allein endlich verlor er doch in einer Schlacht gegen sie Reich und Leben. Die Geistlichkeit zeihte
ihn, ihren Gegner, schwerer Laster, während er jedoch keinen andern Tadel, als den der Unbesonnenheit, in Anregung einer schon ausgekämpften
Parteisache, zu verdienen scheint. Sein Sohn
und Nachfolger,

Staurakios bis 812,

in demselben Treffen gegen die Bulgaren schwer
verwundet, legte nach einigen Monaten das Scep-
812 ter in die Hände Michael Rangabes nieder, den
die Armee zum Kaiser begehrte.

Michael I. von 812 bis 813.

Michael, sein Schwager durch seine Schwester Prokopia, die die Zügel der Regierung mit
kräftiger Hand ergriff, beschwor die Aufrechthaltung der Orthodoxie; die Mönche loben daher seine
Gerechtigkeit und seine Milde; nichts desto weniger war Schwäche und Unthätigkeit der Charakter seiner kurzen Regierung. Die Bulgaren setzten ihre Siege fort, und die Armeen, nach einem
kriegerischen Kaiser verlangend, bekleideten ihren
Anführer Leo, den Armenier, mit dem Purpur.
Dieser ließ Michael ruhig in ein Kloster ziehen,
813 wo er seine Tage beschloß.

Leo V., Bardanes von 813 bis 820.

Die Bulgaren belagerten, unter ihrem Könige
Krumnos ihre Siege verfolgend, die Hauptstadt,

welche im Innern von neuen Unruhen über den Bilderdienst zerrissen war. Das Volk, über die Strenge des Kaisers gegen die Mönche erbittert, ermordete ihn in seinem eigenen Palaste *) (das erste Beispiel dieser Art in Constantinopel), und erhob einen seiner Offiziere aus dem Kerker auf
den Thron. Statt des weisen und gerechten Leo 820
bestieg nun ein Patrizier aus Amorium

Michael II., der Stammelnde, von 820 bis 829.

den Thron. Auch diese Regierung erfüllten noch Ikonoklastische Unruhen. Michael kämpfte umsonst gegen den Einfluß der Mönche. Er starb,
den Freunden des Bilderdienstes verhaßt, und sein 829
Sohn

Theophilos, der Unglückliche, von 829 bis 842.

ein Freund der Gerechtigkeit und ein Beschützer der Künste, folgte ihm. Unter seiner Regierung gingen die letzten Reste des Reiches an die Araber verloren, Creta und Sizilien. Der Kaiser unterdrückte die wieder erwachende Verehrung der Bilder, verschönte die Hauptstadt und beschäftigte sich viel mit Poesie und Tonkunst — das ist alles, was die Geschichte von ihm zu sagen weiß. Als er 842 starb, ergriff seine Wittwe, die Kaiserin Theodora, im Namen ihres dreijährigen Sohnes Michael, die Zügel des Staats.

*) Nach Andern in der Kirche bei der Feier des Weihnachtsfestes.

Die Reste alter Literatur, welche sich noch bis hierher erhalten haben mochten, gingen unter diesen stürmischen Regierungen vollends verloren, und der Geschichtensammler Georg konnte, wie der Patriarch Tarasius und der fromme Bischof Theophanes, so für Muster der Gelehrsamkeit gelten. Erst unter den folgenden Regierungen erwachte wieder ein Schein von literärischem Leben.

Michael III. von 842 bis 867.

Unter Theodoras Regierung ward endlich eine allgemeine Gewissensfreiheit und mit ihr der Bil-
842 derdienst von Neuem proklamirt; eine feierliche Kirchenversammlung zu Constantinopel bestätigte ihn mit einer geringfügigen Distinktion von dem früheren Lehrbegriffe, und so endete dieser blutige Streit endlich fast ohne alles Resultat *). Nach
855 dreizehnjähriger Verwaltung legte Theodora freiwillig die Verwaltung in die Hände ihres Sohnes nieder, ein seltenes Beispiel der Mäßigung und der Weisheit in dieser verwirrten Zeit. Grau-
856 samkeit und Verschwendung zeigten sich sogleich als die Grundzüge der neuen Regierung, der das Volk fluchte. Michael, den schmuzigsten Lastern ergeben, vereinigte in sich alles, was die Geschichte von Nero und Heliogabalus erzählt. Bardos, seinen Oheim, einen weisen und Mäßigkeit liebenden Mann, den das Volk zum Kaiser begehrte, ließ er nach langer löblicher Verwaltung ermorden; hierauf berief die Armee in Macedo-

*) Nicht die Heiligen selbst, sondern ihr Beispiel, hieß es, bete man in den Bildern an. —

nien ihren Anführer, den unter den Bulgaren gebornen Basilius zum Throne. Dieser ermordete 867
den Tyrannen, der jedoch das Verdienst hatte, die Wissenschaften beschützt und den gelehrten Bischof Photius zum Patriarchen erhoben zu haben, und ward sein Nachfolger.

Basilius, der Macedonier, von 867 bis 886.

Eine verdienstliche Verwaltung voll Ordnung und Thätigkeit konnte das ihm mangelnde Recht und den Mord seines Vorgängers nicht vergessen machen. Er verbesserte die Gerichtsverfassung und gab das Kaiserrecht (Basiliken); hierdurch sicherte er seinem Geschlechte den Thron. Als Feldherr erndtete er gegen die Araber in Syrien Ruhm. Er starb an einem Sturze vom Pferde, und hinterließ den Thron seinem gelehrten, aber leiden- 886
schaftlichen Sohne,

Leo VI., dem Philosophen, von 886 bis 906.

Die Liebe für die Bücher und den Wortstreit, und der Unterricht des Photius, den er als Kaiser jedoch verfolgte, erwarben ihm seinen Beinamen. Er hatte seinen Bruder Alexander zum Mitkaiser, der freilich wohl nur die Genüsse, nicht die Sorgen der Regierung mit ihm theilen mochte. Die Trennung von seiner dritten Gemahlin verwickelte ihn in Streitigkeiten mit der Geistlichkeit, die ihn in den Bann that; dennoch nahm der kinderlose Kaiser die schöne Zoe zur Beischlä-

ferin und zeugte mit ihr Constantin Porphyrogenneta. Hieraus überließ er, der Händel mit
906 der Kirche und ihrem Patriarchen Nikolas müde, den Thron seinem Bruder

Alexander bis 911,

der sich durch Habsucht und Grausamkeit den Haß des Volkes, durch Wollust und Ausschweifungen
911 aber einen frühen Tod zuzog. Dem Rechte nach folgte ihm sein Neffe

Constantin VIII., Porphyrogenneta; von 911 bis 959.

Die Vormundschaft über den unmündigen Kaiser führte seine Mutter Zoe, der sie endlich Ro-
919 manus Lakopenus, ein durch Kriegsdienste ausgezeichneter Diener, entzog. Fünf und zwanzig Jahre lang verwaltete dieser das Reich mit Klugheit und Würde; Constantin lebte indessen in einem Kloster auf einer Insel der Propontis den Wissenschaften. Endlich rächte sich jedoch die verletzte Moralität an dem Usurpator; seine eigenen
945 Söhne, Stephanos an ihrer Spitze, für deren Glück er meineidig ward, stürzten ihn vom Throne, und wurden hierauf selbst die Opfer ihrer Thorheit. Das Volk aber rief den rechtmäßigen Besitzer des Thrones aus dem Kloster herbei. Con-
948 stantin vermählte sich mit des Lakopenus Tochter Helena, und überließ dieser hierauf die Sorgen des Thrones, um seinen Lieblingsneigungen, dem Trunke, der Musik und den Wissenschaften, leben
959 zu können. Ueber die Lage des Reichs hinterließ

er schätzbare Schriften. Als er starb, bestieg sein Sohn Romanus, schon seit einiger Zeit Mitregent des Reichs, den Thron.

Romanus II. von 949 bis 959.

Das Reich, zu dem ihn vielleicht Giftmischerei erhoben hatte, benutzte er nur zur Befriedigung sinnlicher Lüste. Er hatte nur zwei unmündige Söhne, als auch er vielleicht an Gift, das seine entschlossene Gemahlin Anastasia ihm reichte, starb, und seine Tochter Theophania die Zügel der Regierung ergriff, indem sie ihren Gemahl
Nikephorus Phokas, den Liebling des Heeres, 963
zum Kaiser erklären ließ.

Nikephorus II. von 963 bis 969.

Dieser, schon als Feldherr in Kreta siegreich, 961
schlug als Kaiser die Sarazenen und Bujiden in Kleinasien, Sizilien, Afrika und Syrien, und stellte das Ansehen der griechischen Waffen wieder her. Sein Feldherr, der Armenier Johann Tzemisces (der Kleine), stritt glücklich gegen die Heere
Swatoslaf, des Russen. Später ging Tarsus 969
und Antiochia jedoch wieder verloren, und die durch eine kräftige Regierung gereizte Geistlichkeit entzog dem Kaiser die Liebe des veränderungssüchtigen Volkes. Ein unglücklicher Krieg mit Kaiser Otho I., dessen Veranlassung die Verweigerung der Hand seiner Tochter Theophania für Otho II., römischen König, war, erhöhte die Abneigung des Volkes gegen ihn, und so genügte
eine geringe Veranlassung zu seinem Sturze. Als 969

er daher Tzemisces, der mit seiner Gemahlin Theophania in unerlaubter Verbindung stand, zu entfernen versuchte, ward er erdrosselt. Er war ein gerechter, tapferer und entschlossener Herrscher gewesen. Johann Tzemisces, der Mörder, folgte ihm.

Johann Tzemisces von 969 bis 976.

Eine Bedingung seiner Thronbesteigung war die Trennung von der lasterhaften Theophania; als diese in ein Kloster ging, krönte ihn der Patriarch. Als Herrscher setzte Johann die siegreiche Laufbahn fort, die er als Feldherr begonnen hatte. Er unterwarf die Bulgaren, nahm den Sarazenen Damascus und Berytos, und siegte an der Donau, wie in Mesopotamien, gegen die Russen, wie gegen die Araber. Nachdem er so das kriegerische Ansehen des Reiches von Neuem erhoben, starb er in Asien an Gift, das ihm sein Minister Basilius um seiner Schätze willen bei-
976 brachte. Hierauf wurden in der Hauptstadt die Söhne Romanus II., die Tzemisces schon als Mitregenten erkannt hatte, Basilius und Constantin zu Kaisern ausgerufen.

Basilius II. und Constantin bis 1025.

Basilius herrschte funfzig Jahre lang, erst über Europa, zuletzt über das ganze Reich, tadellos. Er war tapfer, ein Freund der Ordnung und Thätigkeit, ein gewandter Krieger, der die Bulgaren vollends unterjochte. Ein vier Jahre dauernder Bürgerkrieg, von dem Feldherrn Bardas Phokas (987) entzündet, verwüstete das Reich.

Endlich siegte Basilius; Phokas starb im Gefängnisse; Sclerus unterwarf sich. Basilius starb 1018
über den Vorbereitungen zu einem Feldzuge gegen 1025
die Araber in Sizilien. Sein Bruder, der früher die asiatischen Provinzen verwaltet hatte, folgte ihm im Reiche.

Constantin IX. von 1025 bis 1028.

Unfähigkeit, Wollust und Härte aus Schwachheit zeichneten seine Regierung aus; was in zwei kräftigen Regierungen gegründet war, verfiel unter ihm. Sterbend übertrug er das Reich seiner Tochter Zoe und ihrem Gemahle, dem Patrizier Romanus Argyrus, der schon seit 1018 Cäsar oder Mitkaiser war.

Romanus Argyrus bis 1034.

Romanus regierte auf löbliche Art. Im Felde war er jedoch unglücklich und ward, aus Mangel
an Ortskenntniß, von den Arabern bei Aleppo be- 1028
siegt. Unterdessen erwählte Zoe, seine Gemahlin, von der er sich jedoch getrennt hatte, Michael, den Paphlagonier, einen überaus schönen Mann, zu ihrem Liebhaber, worauf es ihr leicht ward, den durch Geiz verhaßten Romanus erst zu vergiften und dann, als er nicht starb (1034), im Bade zu ersticken.

Michael IV. bis 1041.

Michael, der neue Gemahl der Zoe, ward jedoch, kaum im Besitze des Thrones, von Neue

5 *

ergriffen und verließ endlich Gemahlin und Thron, um in einer Klosterzelle Ruhe zu suchen. Er
1041 war an Leib und Geist gleich schwach und entnervt. Zoe erhob nun seinen Schwestersohn

Michael V., Calaphates, bis 1042.

auf den Thron. Dieser, der Sohn eines Schiffskalfaterers, mußte die Kaiserin als Mitregentin
1042 anerkennen, wußte sie jedoch 1042 vom Hofe zu entfernen. Dies genügte dem plünderungssüchtigen Volke, einen Aufstand zu erregen, in dem Michael des Thrones beraubt ward. Er und sein Bruder Constantin wurden geblendet, und Zoe bestieg nun, mit ihrem alten Geliebten, Constantin Monomachus, vermählt, den Thron.

Constantin X., Monomachus, bis 1054.

Constantin war ein Fürst voll edler Gesinnung und Würde. Die sechzigjährige Zoe verstattete ihm, seine treue Geliebte Skleräna bei sich zu behalten. Das Reich genoß unter ihm einer Verwaltung, die den Schein der Ordnung und Würde für sich hatte; sonst widmete er seine
1054 Zeit arglosen Vergnügungen. Zoe war um dieselbe Zeit gestorben, und so folgte ihm denn ihre Schwester Theodora im Reiche.

Theodora bis 1056.

Diese, welche schon früher mit Zoe die Regierung fast ausschließlich geführt, Gesandte em-

pfangen und dem Staate vorgesessen hatte, verwaltete — das erste Beispiel einer weiblichen Regierung — das Reich mit Einsicht und Sachkenntniß. Kaum hatte sie jedoch Michael Strationicus zum Gatten gewählt, als sie starb. Mit
ihr erlosch der Herrscherstamm des Basilius. Nach 1056
ihr erhob eine Faktion des Hofes den als Krieger nicht verwerflichen

Michael VI., Strationicus, bis 1057.

auf den Thron; allein das verworrene Reich war 1056
seinen altersschwachen Schultern zu lastend. Er konnte den Ton ruhiger Würde nicht finden, der dem Emporkömmlinge so schwer wird. Die durch ihn beleidigten Großen stürzten ihn unter Isaac Komnenus, des Oberfeldherrn, Anführung. Michael ward zur Abdankung genöthigt und Isaac 1057
bestieg den Thron.

Isaac, Komnenus, von 1057 bis 1059.

Aus einem italischen Geschlechte entsprossen, dem das Reich schon mehrere ausgezeichnete Feldherren verdankte (wie den Emanuel Komnenus, unter Basil II.), glaubte man in seiner Verwaltung Schutz gegen die wieder heftiger andringenden äußeren Feinde zu finden. Die Russen waren seit 1043 unter diesen die gefährlichsten. Kaum waren sie von der ohnmächtigen Hauptstadt zurückgetrieben, als die Petschenegen, ein wilder, den Türken verwandter Stamm, von der Wolga her durch Thrazien und die Bulgarei vor-

1048 drangen. Sie eroberten Salonichi, und ließen sich endlich einen dreißigjährigen Frieden abkaufen. Isaac selbst vermochte nichts gegen diese Feinde. Zwar suchte er durch weise Sparsamkeit dem erschöpften Volke aufzuhelfen; allein bei den Großen und der Geistlichkeit raubte ihm dies alles Ansehen. So konnte der Patriarch es wagen, ihn der Regierung für unfähig zu erklären und ihn vom Throne in ein Kloster zu senden. Sein
1059 Bruder, Johann Alexis, schlug die gefährliche Krone weise aus, und Isaac, dem man die Wahl seines Nachfolgers verstattet hatte, übertrug sie nun seinem talentvollen Freunde Constantin Dukas, aus einer angesehenen und um das Reich verdienten Familie.

Constantin XI., Dukas, bis 1067.

Unter dieser Regierung erschienen die Türken (Turkomanen), ein aus Hochasien hergekommener Volksstamm, welcher Persien von dem Caliphat erobert hatte, und den Thron des Caliphen, dessen Haustruppen sie bildeten, nach Willkühr besetzte, zuerst an den Küsten des Bosporus. Um dieselbe Zeit ward das Reich von den Einfällen der Russen, deren Großfürstin Olga zu Constantinopel die Taufe empfangen hatte, und deren Enkel Wladimir eine Schwester Kaiser Basil II. zur Gemahlin nahm, befreiet. In ihre Stelle traten jedoch die Ungarn im Norden und die Normannen in Griechenland; — dem geängstigten Reiche sollte, so schien es, keine andere Ruhe werden, als die ein augenblickliches Emporschwingen zur alten Kraft in den Waffen ihm erwarb ein warnendes Beispiel für alle in Schwäche und Weichlichkeit versinkenden Völker!

Acht Jahre lang währte die Herrschaft des gerechten und menschlichen Constantin Dukas; an kriegerischem Geiste fehlte es ihm, und es war ein Glück für das Reich, daß die wilden Uzen, welche aus Nordasien unter ihm die Grenzen des Reichs beunruhigten, sich selbst vernichteten.

Als Constantin starb, hinterließ er seiner Wit- 1067
we Eudoxia die Vormundschaft über seine drei
unmündigen Söhne: Michael, Andronikus und
Constantin, welche gemeinschaftlich den Titel Cäsaren annahmen, während Eudoxias Gemahl,

Romanus, Diogenes, bis 1071.

herrschte. Dieser kämpfte glücklich gegen die Türken, ward jedoch verrathen und fiel in die Hände
des großmüthigen Sultan Alp-Arslan, des Neffen und Nachfolgers Emir Thogrul's. Als er 1071
seine Freiheit wieder erhielt, fand er das Reich
in Verwirrung und Aufruhr. Johann, Constantin IX. Bruder, bemächtigte sich seiner und ließ
ihn blenden.

Michael VIII., Parapinaces, bis 1078.

Dies benutzte Michael VIII., der älteste von den unfähigen Söhnen des Dukas, sich des Thrones zu bemeistern. Er verbannte seine Mutter; doch schon nach einem Jahre rächte Nikephorus Botaniates, von den Türken unterstützt, den verrathenen Kaiser. Michael, mit dem Beinamen

Parapinaces (der Kornmäkler), den Spitzfindigkeiten der Grammatiker ergeben und Unterthan eines verhaßten Eunuchen, sah das Reich sich ge-
1078 gen ihn erheben. Botoniates ward in der Hauptstadt selbst gekrönt und Michael flüchtete in ein Kloster, wo ihm der Rang eines Erzbischofs von Ephesus für den verlorenen Thron Ersatz gewährte.

Nikephorus III., Botoniates, bis 1081.

1081 Zwei Jahre darauf erfuhr der neue Kaiser dasselbe Schicksal von Alexius, Kaiser Isaac Comnenus jüngerem Sohne.

Alexis, Comnenus, von 1081 bis 1118.

Mit diesem bestieg ein neuer Fürstenstamm den entwürdigten Thron und führte eine neue Zeit über das Reich herauf. Die Spuren von Cultur und das Andenken an die alte Literatur, das sich durch die trüben Zeiten des neunten und zehnten Jahrhunderts nicht ohne Mühe erhalten hatte, lebten unter ihm zu neuem Glanze auf. Die Zeit der Kreuzzüge erschien und die Berührung der Griechen mit dem Abendlande, das ihnen bis jetzt ziemlich fremd geblieben war, sollte neuen Ansichten, Verhältnissen und Beziehungen Entstehung geben, welche den Sitten beider Völkerfamilien günstiger, dem Fortbestehen des griechischen Reichs aber ungünstig waren. —

Dies bestand, als Alexius den Thron bestieg, seinem Umfange nach, noch aus den Ländern zwischen der Donau und dem Mittelmeere, zwischen Belgrad und Trapezunt; Thrazien, Macedonien und Griechenland bildete die Hauptmasse seines Landgebietes im Ganzen genommen noch unter der von Constantin dem Großen gegründeten Verwaltung; alles Uebrige war an glückliche Feinde (Türken und Normannen) verloren.

Alexius begann die Reihe der glänzenden Kaiserregierungen der jüngern Comnenen. In einer sieben und dreißigjährigen Verwaltung gab er durch Staatsklugkeit, Festigkeit und Gewandtheit dem Throne eine Stellung, wie er sie seit langer Zeit nicht mehr besessen hatte. Die ersten Jahre seiner Regierung erfüllten Kämpfe mit den seldschukkischen Türken, mit den Normannen; die Mitte derselben die verderbliche Verwirrung der ersten Kreuzzüge; die Früchte dieser Kämpfe und des staatsklugen Benehmens Alexius wurden in dem letzten Drittel seiner Regierung genossen. Im Innern des Reichs stellte er Ruhe und Ordnung her, erhob die Wissenschaften, gab Geschichtsschreibern Entstehung, vergrößerte das Staatsgebiet durch Ephesus, Smyrna, Sardes, Cos und Rhodos, unterstützte Handel und Gewerbe, und erwarb als Schriftsteller Ruhm. Dennoch nannten ihn die Abendländer verstellt, weil er ihren Ränken auszuweichen Geschick genug besaß; die Geistlichen habsüchtig, weil er die Güter der Kirche zum Besten des Staats verwendete, und seine böse Gemahlin schalt ihn heuchlerisch, weil er ihre unmoralischen Lieblinge verbannte. Nachdem er die Kriegszucht wieder hergestellt hatte, erwarb sein Feldherrntalent und die Tapferkeit seines Heeres neuen Ruhm; so gewiß ist es, daß in diesem

Stücke alles von den Eigenschaften des Staatsoberhauptes abhängt.

Alexius Regierung begann mit einem unglücklichen Kriegszuge. Robert Guiscard, Herzog der Normannen in Sicilien, hatte Apulien und Calabrien erobert und griff, um Michael VIII. Sache zu vertheidigen, Epirus an; umsonst trieben ihn die Corfuaner, von den Venezianern unterstützt, zurück; er belagerte Durazzo, als Alexius mit seinem Heere erschien; dieser ward geschlagen und
1081 floh nach Corfu mit den Trümmern seines Heeres. Hierauf eroberte Robert und sein ihm ähnlicher Sohn, Boemund, Epirus und Griechenland; Larissa fiel und Constantinopel selbst zitterte vor ihrem Angriffe, als Robert plötzlich starb. Die Normannen zerstreuten sich und ließen Alexius Zeit, von dieser Seite beruhigt, seine Anstrengungen gegen die Türken zu verdoppeln. Diese hatten Antiochia und Nicäa ohne Widerstand eingenommen und bedrohten Bithynien. Die Nähe der Gefahr bewog Alexius, sich an die Fürsten des Abendlandes um Beistand zu wenden. Diese waren durch die Berichte Peters des Einsiedlers von den Gräueln der Ungläubigen, am Grabe des Heilandes verübt, hierauf schon vorbereitet. Das Haupt der christlichen Kirche, der Papst, einer weisen Politik folgend, unterstützte seine Klagen. Alexius Gesandte fanden beim Concilium von Placentia, bei Urban II. Theilnahme und Versprechungen; die Kirchenver-
1095 sammlung von Clermont in Auvergne entschied den Krieg mit dem Rufe: „Gott will es!" Europa ergriff die Waffen; sechzig tausend Kreuzfahrer, mit dem rothen Tuchkreuz auf der Brust, unter Peter des Einsiedlers Leitung, durchzogen ver-

heerend Ungarn und die Bulgarei. Ihre Zügellosigkeit rief das Land in Waffen gegen sie; sie wurden zerstreut, vernichtet; Peter floh über die 1098
Donau zurück. Zwei neue Heereszüge erfahren dasselbe Loos; die Ebenen der Bulgarei verschlangen binnen wenig Jahren gegen 300,000 Krieger des Abendlandes.

Endlich stellten sich Fürsten und berühmte Krieger an die Spitze dieser Schwärme. Mit etwas besserer Haltung gelangte man nun endlich nach Constantinopel. Die Lage des Kaisers war bedenklich; er, der diese Züge zu seinem Beistande herbeigerufen hatte, sah sich in dem Falle, vor ihnen zittern zu müssen. Schnell eilte er, sie über den Bosporus zu schaffen. Dort empfing sie das Schwert der Türken; in zwei Schlachten wurden sie vernichtet, und Peter traf auf feiger Flucht fast allein in Constantinopel wieder ein.

Die Erfahrung lehrte, bessere Maasregeln zu nehmen. An der Spitze eines neuen Zuges von Kreuzfahrern standen Boemund, Robert Guiscards Sohn, und Ritter mit ihren Vasallen, kein roher Haufe mehr folgte ihm. Alexius brachte es durch gewandte Nachgiebigkeit dahin, daß man ihm die zu machenden Eroberungen versprach, daß man ihm Treue und Huldigung schwur. Um diesen Preis nahm das griechische Heer an dem Zuge Theil. Alles dieses erheischte die Lage des Kaisers, dessen Hauptstadt man schon zu plündern anfing, und der in den Kreuzfahrern drohendere Feinde, als in den Türken selbst erblickte — doch das Abendland nannte seine weisen Vorkehrungen nichts desto weniger Verrätherei.

Die Türken wurden besiegt und ihr Gebiet,

auf das kleine Reich von Iconium eingeschränkt, gab an Alexius eine Menge eroberter Provinzen
1099 heraus. Jerusalem fiel, Godfried von Bouillon ward zu seinem Könige ernannt; Boemund erhielt Antiochia, Baudouin Edessa, Bertrand von St. Gilles Tripoli als Graf. Doch, was vorauszusehen war, geschah; diese Reiche konnten sich ohne immer neu herbeiströmende Kräfte gegen die beständigen Angriffe der Türken nicht halten, und die Orden der Templer und der Hospitaliter waren lange Zeit alles, was ihnen an Hülfe von außen zuströmte. Boemund selbst suchte sein kleines Reich durch Eroberungen zu erweitern; gleichgültig darüber, ob er diese den Türken oder den mit ihm verbündeten Christen abnahm. Er griff das Gebiet des Kaisers an; doch dieser lockte ihn in eine Schlinge, nahm ihn gefangen und gab ihm die Freiheit nur für ein ungeheures Lösegeld zurück. Boemund sann auf Rache; an der Spitze eines Heeres von 40,000 Mann Franken, Italienern und Normannen fiel er in Griechenland ein, belagerte Durazzo, von wo er jedoch, zum Frieden genöthigt, sein Heer nach Tarent führte, wo er starb.

Neue Horden von Kreuzfahrern durchzogen das Reich; doch Alexius fürchtete sie nicht mehr. Seine Macht war durch die Eroberungen in Asien gewachsen; er sah das Reich geehrt und das Wohl seiner Unterthanen gegründet. Dennoch fand er
1118 bei diesen nur geringe Dankbarkeit; erst als er starb, erkannte man, welchen Verlust man an ihm erlitten habe. In seiner eignen Tochter, Anna Comnena, fand er einen seiner Verdienste würdigen Geschichtschreiber: die Ruhe des Reichs erweckte

den Sinn für Wissenschaft und Cultur: Alexius belehnte und ehrte die Gelehrsamkeit mit Würden und Auszeichnungen; er selbst kannte sie.

Den Thron hinterließ er ohne Widerspruch seinem ältesten Sohne.

Johannes I. Comnenus von 1118 bis 1143.

Seine Herrschaft war glänzend und noch glücklicher, als die seines großen Vaters. Er besiegte die Türken, und schreckte die Lateiner; seine Unterthanen gaben ihm den Beinamen Kalos, des Guten. Sein Leben beschrieb der Geschichtsschreiber Cinnamus lobrednerisch, doch interessant; Zonaras, ein anderer Geschichtsschreiber, gereichte seinem Hofe zur Zierde. Unter ihm bildete sich die neugriechische Sprache, und hatte an Sethos den ersten bekannten Poeten. Er starb nach einer fünf 1143
und zwanzigjährigen glücklichen Regierung an einer Verwundung, die er auf der Jagd erhalten hatte, noch lange nachher beweint als einer der Wiederhersteller des griechischen Namens. Ihm folgte sein Sohn.

Manuel Comnenus von 1143 bis 1180.

Die lobrednerische Geschichte seiner Zeit stellt ihn uns als einen Helden aus der Fabelzeit dar. Gewiß ist, daß er von riesenhafter Körperkraft und von großer Gewandtheit im Gebrauche der Waffen war. An kriegerischem Sinne fehlte es ihm bei diesen Eigenschaften nicht; er kämpfte glücklich gegen Ungarn und Normannen und erhob das

Ansehen der griechischen Kriegsmacht durch fränkische Söldner. Gegen die Türken dagegen verlor er durch grobe Fehler eine große Schlacht, und mußte dem normännischen Abenteurer, Roger, Sicilien und die Küsten des Bosporus überlassen; kurz vor seinem Tode ging auch Corfu, Negro-
1146 pont und der Peloponnes an die Normannen verloren; doch die Venezianer sandten ihm Hülfe zur See, und mit dieser vertrieb er die Eroberer glücklich; nur Corfu ward erst unter seinem Nachfolger wieder gewonnen.

Sonst war er der Ueppigkeit ergeben und pflegte, nach den Entbehrungen des Krieges, der Wollust. Der Hauptstadt gab er durch seine verbotene Verbindung mit seiner Nichte, Theodora, ein Aergerniß, wie Andronicus, sein Neffe, durch die mit ihrer Schwester. Bei seinem Tode hinterließ er den Thron seinem einzigen rechtmäßigen Sohne Alexis; allein er versah seine vielen unehelichen Kinder mit reichen Appanagegütern. Unter ihm fing das Lehnswesen des Abendlandes an, in dem griechischen Reiche Eingang zu gewinnen; Manuel richtete mehrere abhängige Fürstenthümer der Art, unter andern Epirus und Corfu, auf und schwächte hierdurch die Kraft des Reichs. Mit den Türken stand er in heimlicher Verbindung und verhinderte dadurch die Einnahme von Iconium, das Kaiser Konrad und König Ludwig VII. belagerte. Seine und seiner Nachfolger Geschichte hinterließ uns Niketas von Chonen, der an seinem Hofe in hohen Würden lebte; er selbst starb als Mönch, nachdem er die Regierung seinem unmündigen Sohne, Alexis II., unter der Vormundschaft seiner Mutter Maria, übergeben.

Alexis II. von 1180 bis 1183.

Maria, die Tochter Raymunds von Antiochia, leitete die Regierung von Günstlingen beherrscht, vom Volke gehaßt, ohne Ruhm, wie ohne Erfolg. Sie vergaß des Reiches und ihres zwölfjährigen Sohnes in den Armen ihres Geliebten. Das Volk empörte sich: Andronikus, ein Enkel Alexius I., ward von ihm nach Constantinopel gerufen. Dieser nahm sich des Staates im Namen Alexis II. an; ließ sich selbst zum Reichsver- 1182
weser ernennen und schickte die Kaiserin ins Gefängniß. Bald darauf ließ er sie jedoch zum Tode 1183
verurtheilen, krönte den jungen Kaiser zum Scheine, vergiftete seine Schwester Maria und nahm, nachdem er auch den Kaiser selbst erdrosselt hatte, die Krone für sich selbst in Anspruch.

Andronikus I. von 1183 bis 1185.

Das Leben dieses Kaisers glich der Dichtung eines Romanschreibers. Er war der Sohn Isaac Comnenus, älteren Bruders des Manuel und unter Johannes dem Guten zum Sebastocrator (Mit-Kaiser) ernannt. Lange war er bei den Türken in Gefangenschaft. Dieser erledigt, kehrte er nach der Hauptstadt zurück, ward durch seine Schönheit der Liebling der Großen, wie des Volks, theilte mit dem wollüstigen Manuel Reich und Freuden, und büßte endlich im Gefängnisse seine heimlichen Verbindungen mit den Ungarn und den Deutschen. Er entfloh seinem Kerker; ging zu den Russen, leistete dem Reiche wichtige Dienste, durch Bewaffnung der Russen gegen die Ungarn,

und ward zurück berufen, um abermals der Liebling des Hofes zu werden. Doch von Neuem von Manuel verfolgt, dessen Schwägerin, Philippa, er verführt hatte, ging er nach Palästina und nahm die schöne Theodora, Wittwe Baldwins von Jerusalem, für sich ein. Mit dieser floh er nach Bagdad, nach Schiraz, nach Erzerum, und ließ sich endlich bei dem Sultan von Nicosia, als Condottiere nieder. Von hieraus plünderte er Trapezunt. Manuel verzieh ihm jedoch, und bestimmte ihm eine Stadt des Pontus zur Wohnung. Von hier aus brach er **1183** auf, um den Sohn Manuels erst zu vertheidigen, dann zu stürzen. Leidenschaftlich, doch nicht ohne Adel der Gesinnung, voller Widersprüche in seinem Charakter, bestieg er den Thron. Diesen zu erhalten opferte er alles — seine Ehre, seine Pflicht, seine Freunde, seine Verwandten. Grausamkeit zog ihm den Haß des Volks zu; und derselbe Pöbel, der ihn erst wie einen Gott geehrt hatte, verabscheute ihn nun. Andronikus wußte es und ließ alle Reiche, alle angesehene Männer seines Hofes verbannen oder hinrichten. Da erhob sich Isaac Angelus, durch die weibliche Linie von dem großen Alexius stammend. Er war der Verfolgung des Tyrannen entflohen, und hatte Cypern und Nicäa eingenommen, während Wilhelm Sicilien Durazzo und von Salonichi wegnahm und Constantinopel bedrohte. Da erschien Isaac in der Hauptstadt, und rief das Volk in der Sophienkirche um Schutz an. Dies erhob ihn und rief ihn wider seinen Willen zum Kaiser aus. Der Tyrann ward das Opfer der Volksrache. Man hieb ihm die rechte Hand ab,
1185 man stieß ihm die Augen aus, und richtete ihn

endlich unter fürchterlichen Martern hin; Isaac hinderte dies nicht und bestieg den blutbefleckten Thron.

Andronikus schloß die Reihe der Kaiser aus dem Hause des Comnenus, welche fast ein Jahrhundert hindurch durch Waffen und die Beförderung der Wissenschaften den byzantischen Thron zu neuem Glanz emporgehoben hatten.

Isaac Angelus von 1185 bis 1203.

Der unfähige Isaac wußte den Bewegungen des Volks, die seiner Erhebung folgten, auf keine Weise Einhalt zu thun: in der Wuth gegen alle Lateiner, die sich seit langer Zeit der Griechen bemächtigt hatte, mordete das Volk, einmal aufgeregt, eine große Menge Fremder, die nirgends Schutz fanden. Unter ihnen war ein Cardinal, der Legat des Papstes. Die Kreuzfahrer unter
Friedrich Barbarossa erfuhren die Wirkungen die- 1189
ses Hasses, der von elenden Religionsstreitigkeiten genährt wurde. Man mordete sie unter Martern, wo man sie als Nachzügler oder als ohnmächtige Feinde antraf. Zu diesen inneren Unruhen kam ein Aufstand der Walachen und Bulgaren, die sich von der griechischen Herrschaft bei diesem Anlaß für immer frei machten; Verwirrung und Empörung erfüllte das ganze Reich; der schwache und lasterhafte Isaac fand nirgend einen Vertheidiger. Cypern ging in Rebellion verloren, und bildete bald einen Theil des Königreichs Jerusalem; die Republik Venedig kündigte ihm, dem Verfolger der lateinischen Pilger, den Krieg an, und nöthigte ihn dadurch zu einem Bündnisse mit den Türken;

denen er in seiner Hauptstadt selbst Moscheen erbauen mußte. Unter diesen Umständen benutzte sein Bruder Alexis den Haß der ganzen Welt gegen ihn, um Isaac vom Throne zu stürzen. Man stach ihm die Augen aus und verurtheilte ihn zu ewiger Gefangenschaft. Allein sein Sohn Alexis floh in die Abendlande und während

Alexis III. von 1195 bis 1203

den Thron bestieg, rief jener den Beistand des Papstes, den Zorn der Fürsten gegen den Usurpator seines väterlichen Thrones auf. Seine Verheißungen erregten die Habgier der Kreuzfahrer, welche Innocenz III. zu einem neuen Zuge nach Jerusalem hatte versammeln lassen. Man beschloß, Alexis Bitten zufolge, auf dem Wege dahin, Constantinopel zu erobern, und dem Schisma des Photius, das aller Ueberredung widerstanden, so durch die Waffen ein Ende zu machen. Zu Anfang des Julius 1203 lagerten 30,000 Kreuzfahrer mit den Venetianern unter den Mauern
1203 Constantinopels. Nach der Einnahme Zaras fiel die Hauptstadt, größtentheils durch das Verdienst Dandolos, des Doges von Venedig, der, obgleich 80 Jahre alt und blind, der Held dieses Kampfes war. Nach zehntägiger Belagerung stürmte er den Hafen und nahm Constantinopel ein; Alexis III. floh mit seinen Schätzen nach dem schwarzen Meere; seine lasterhafte Gemahlin Euphrosyne ward in den Kerker geworfen und der alte Kaiser Isaac ward aus dem Gefängnisse von Neuem auf den Thron erhoben. Doch als er sich weigerte, die Verpflichtungen seines Sohnes Alexis einzulösen

und die Vereinigung der Kirchen zu dekretiren, als der Haß der Griechen gegen die Lateiner in neuen Gräuelthaten ausbrach, da ward der Untergang des Reichs entschieden.

Alexis und Isaac IV. bis 1203.

Alexis, von seinem Vater zur Mitregentschaft berufen, that alles, was in seinen Kräften stand, den Ansprüchen seiner Bundesgenossen zu genügen; allein er gewann dadurch nichts, als den Haß seiner eigenen Unterthanen und die schonungslose Verachtung seiner fränkischen Bundesgenossen Ein unglücklicher Zufall erhöhte die Spannung beider Theile gegen einander und kostete Tausenden das Leben, Alexis und seinem Vater aber den Thron. Die Franken hatten in Alexis Abwesenheit, der gegen die Bulgaren zu Felde lag, in frommem Eifer die von Isaac erbaute Moschee in Brand gesteckt; das Feuer verbreitete sich und verzehrte ein ganzes Quartier der Hauptstadt. Die Griechen fluchten dem Fürsten, der ihnen solche Bundesgenossen zugeführt hatte; eine Verschwörung, an deren Spitze Alexis Murzuffel*) (Murzephalus, mit dicken Augenbraunen) der Schatzmeister des Reichs und ein Nachkomme der Dukas, stand, füllte die Hauptstadt mit Mord und Empörung. Alexis, kaum zurückgekehrt, hob vergeblich seinen Vergleich mit den verhaßten Lateinern auf; er wollte fliehen, allein von den Empörern ergriffen und in den Kerker geworfen, ward er wenige Tage nachher 1203

*) Murtzulph.

unter den Augen des Usurpators ermordet. Dieser bestieg unter dem Namen

Alexis V. von 1203 bis 1204

den Thron. Während dieser Unruhen starb der alte Kaiser Isaac Angelus, vielleicht von der Hand des Murzephalus.

Diese Vorgänge in Constantinopel brachten die Kreuzfahrer gegen Alexis Dukas in Waffen. Angeführt von dem päpstlichen Legaten und von Graf Heinrich von Flandern, bereiteten sie sich, den
17. Tod ihres Bundesgenossen zu rächen und stürmten
Jul. in Verbindung mit Venetianern und Franzosen,
1203 zum zweiten Male die Hauptstadt. Der Widerstand des Usurpators war gering, und im April 1204 nach dreimonatlicher Belagerung, war der größte Theil der Stadt in ihren Händen. Eine Feuersbrunst zerstörte die übrigen Theile derselben; Alexis entfloh; vergebens rief das verzweifelte Volk Theodor Lascaris, den Schwiegersohn Alexis III. zum Kaiser aus; der wüthende Krieger plünderte die Hauptstadt, vernichtete und führte ihre Denkmahle hinweg (die vier Corinthischen Rosse), und ersetzte das griechische Kaiserthum durch ein lateinisches. Die Länder des Reiches wurden zertheilt, und für den Rest Graf Balduin von Flandern und Hennegau zum Kaiser ausgerufen.

Was in dieser Zeit in Constantinopel vorging, ersehen wir am Besten aus dem an den Papst Innocenz III. erstatteten Berichte über diese Vorfälle:

„Durch allzu große Menge, heißt es darin, „fürchteten wir dem heiligen Lande beschwerlich zu

„seyn, und da wir zugleich hörten, daß die Bür„ger von Constantinopel unter ihres rechtmäßigen „Kaisers Herrschaft zurück zu treten wünschten, so „hielten wir für gut, die dortigen Unruhen beizu„legen, um uns so Zufuhr und Beistand für die „Zukunft zu sichern. Wir fanden die Stadt über„aus fest, die Bürger bewaffnet und 60,000 Rei„ter nebst allen Vertheidigungsmitteln darin. Der „unrechtmäßige Kaiser hatte das Volk gegen uns ein„genommen und überredet, wir trachteten seine „Kirche zu unterjochen. Da wir nur auf vierzehn „Tage Lebensmittel hatten; so mußten wir die „Angriffe unausgesetzt wiederholen. Am achten „Tage stürmten wir die Stadt. Indeß der Tyrann „entfloh, setzten wir Alexius IV. auf den Thron „seines Vaters, den wir aus dem Kerker befreiten. „Dieser verhieß uns 200,000 Mark Silber, Pro„viant auf ein Jahr und Beistand im Kriege. Er „bat uns, vor der Stadt zu lagern: bald darauf „ließ er sich jedoch verleiten, uns zu überfallen „und unsre Flotte zu verbrennen. Die Stadt, „aus Furcht vor unsrer Rache, forderte einen an„dern Kaiser. Er sandte Alexius V. (Murzulph) „an die Mißvergnügten. Dieser verrieth ihn, er„mordete den Kaiser und seinen Vater, und ver„schloß uns die Stadt. Es ist, heiliger Vater, „aber im ganzen Occident kein Ort wie Constan„tinopel: hohe, breite aus lauter Quadern errichtete „Mauern stehen da, alle 500 Schritte ein Thurm „von Stein, der einen sechs Stock hohen hölzernen „trägt: zwischen diesen sind Brücken voll Schützen „und Geschoß; doppelte Gräben von großer Breite „halten die Maschinen ab. Oft liefen Brand„schiffe in der Nacht gegen uns aus. Unsre Land-

„macht schreckte den Murzulph, doch er zog es „vor, lieber zu sterben, als sich zu ergeben; den „jungen Kaiser erschlug er mit einer Keule, und „gab vor, er sei gestorben Er errang Vortheile „über uns. Aber endlich gewann das Paradies „und der Pilgrim (Namen von Schiffen), unter „Anführung des Bischofs von Troyes und des „von Soissons festen Fuß. Als die Griechen die „Macht der Franken sich in den Hafen und die „Gassen ergießen sahen, sank ihnen der Muth. „Unfern von uns floh der Kaiser mit allen Schäz„zen; wir mordeten in der Stadt bis in die Nacht. „Zugleich lief das Fußvolk ohne Befehl Sturm, „und nahm die Hauptstadt mit unaufhaltsamer „Wuth ein; da unterwarf sich ganz Constantino„pel. Heiligster Vater, was wir an Gold, Edel„steinen, Silber und Kostbarkeiten gefunden, über„trifft bei weitem alles, was sich in Rom und in „der ganzen Christenheit vorfinden mag. Sechs „venetianische Edle, die Bischöfe von Soissons, „Troyes, Halberstadt und Ptolemais traten mit Ew. „Heiligkeit Legaten zusammen und nach verrichtetem „Hochamt und unter Gebet erwählten sie, mit Rath „und Beistand des großmächtigen Herrn Arrigo Dan„dolo, Dogen von Venedig, Baudouin, Grafen „von Flandern zum Kaiser von Constantinopel. „Es wurde ihm der vierte Theil des Reichs zu„gegeben; das Uebrige haben wir vertheilt. Wir „werden dies schöne Land, voll Getreide, Oel, „Wein, Holz und Weiden, zu behaupten suchen, „und edlen Rittern, die sich mit uns verbinden „wollen, zu Lehen geben. Ew. Heiligkeit aber „bitten wir, wie wir in alten Geschichten gelesen, „daß Dero Vorfahren wohl nach Constantinopel

„zogen, so auch, dasselbe zu thun und hier ein „Conzilium halten zu wollen.“ —

So fiel das griechische Reich, nachdem ihm fast ein hundert Jahre hindurch der Stamm der Comnenen neuen Glanz verliehen hatte, durch die Unfähigkeit ihrer Nachfolger in die Gewalt der Lateiner.

Was sich an alten Einrichtungen aus der Periode römischer Cäsaren noch erhalten hatte, die alte Hofordnung Constantins, die Verwaltungsform des Reichs, ging verloren. Einrichtungen, welche auf diesen Ländern fremden Sitten beruhten, wurden eingeführt, die Feudalverfassung wurde ihnen aufgezwungen, man wollte ihre Sprache, ihre kirchliche Verfassung unterdrücken und daher kam es, daß diese Neuerungen, die sich auf keine Art mit der Denkungsweise des besiegten Volks in Verhältniß setzten, als fremde Fesseln betrachtet, und bei dem ersten günstigen Anlaß mit unglaublicher Leichtigkeit wieder abgeworfen wurden.

Dritte Periode.

(Sieben und funfzig Jahre.)

Lateinische Herrschaft; oder von Eroberung Constantinopels durch die Kreuzfahrer, bis auf die Wiedereinnahme der Hauptstadt durch die Griechen; von 1204 bis 1261.

Balduin, Kaiser, von 1204 bis 1205.

Nachdem die Kreuzfahrer die unermeßliche Beute der Hauptstadt unter sich getheilt hatten, gingen sie an die schwierigere Theilung des Reichs. Ein Oberhaupt desselben schien ihnen nothwendig; allein nach echt abendländischen Grundsätzen sollten von diesem lehensartig eine Menge kleinerer Vasallenstaaten in Abhängigkeit bleiben. Durch einen Ausschuß von sechs fränkischen*) und sechs venetianischen Wahlherren, unter Arrigo Dandolos
1204 und des päpstlichen Legaten Vorsitz ward Baudouin,
im Graf von Flandern, zum Kaiser erwählt und als
Mai. solcher mit großem Beifalle des Volk im Reiche

*) Die Bischöfe von Troyes, Soissons, Halberstadt und Ptolomäis waren darunter.

ausgerufen. Er erhielt außer der Hauptstadt etwa den vierten Theil des Reichsgebiets. Venedig eignete sich die Inseln des griechischen Meeres zu; französische Ritter und Herren theilten die Landschaften des alten Hellas unter sich; Villehardouin, der Geschichtsschreiber dieser Begebenheit, ward Herr von Achaja; Otto de la Roche, ein burgundischer Ritter, Herzog von Athen; Carceri von Verona, Herr von Euböa; Jacob Viaro und Marco Dandolo, Herzöge von Gallipoli, Arrigo Dandolo ward Despot von Romanien; Bonifaz, der Markgraf von Montferrat, König des Orients, den er erst erobern sollte und Fürst von Thessalonich; die Republik Venedig erhielt überdies das Recht, einen Patriarchen zu erwählen und ernannte Thomas Morosini zu dieser Würde.

Wie sehr die Schwäche des an sich ohnmächtigen Reiches durch diese Theilung seiner Kräfte zunahm, bedarf nicht erst erwähnt zu werden. Blutige Fehden im Innern vernichteten den Rest des Ansehens, dessen sich das Reich noch hätte erfreuen können; der Ehrgeiz und die Habgier der Ritter versplitterte seine letzten Kräfte in Bürgerkriegen. Drei Monate nach seiner Thronbesteigung ward Balduin von dem Könige von Thessalonich mit Krieg bedroht und wenig fehlte, daß mitten im Triumphe der Lateiner die Reste des griechischen Kaiserhauses das Reichsscepter wieder ergriffen hätten.

Diese flohen jedoch in die fernen Gegenden des Reichs und erhielten sich hier bei den Händeln der Lateiner als unabhängige Fürsten. Theodor Laskaris, Eidam Kaiser Alexis III., richtete das verlorene Reich in Nicäa mit dem Kaisertitel wieder auf, und funfzig Jahre nach ihm sollte von hieraus die Hauptstadt wieder gewonnen werden. Er beherrschte Bithynien und ganz Vorderasien. Zwei andere Comnenen gründeten, der eine am östlichen Ufer des schwarzen Meeres das Reich Trapezunt (Trebisond), gleichfalls mit dem Kaisernamen; der andere ein Prinz, aus dem Hause Angelus, eine Herrschaft in Akarnanien, Aetolien, Chimera und Albanien, die man das Despotat hieß. Rhodus, Attalea in Kleinasien, Philippopolis, die dritte Stadt des Reichs, Philadelphia, Corinth und Epirus fielen andern glücklichen Eroberern zu; das ganze Reich war zerstückt. Der Papst Innocenz, anfänglich scheinbar erzürnt über diesen kühnen Räuberstreich seines Kreuzheeres, besänftigte sich auf erhaltenen Bericht von der Lage der Sachen und absolvirte die Räuber.

Das zerrissene Reich konnte kaum seinen eigenen streitenden Elementen, wie viel weniger also einem auswärtigen Feinde widerstehen. Sein zwanzig Jahren etwa hatte Johannicius, König der Bulgaren, sein Volk von der griechischen Herrschaft, der es seit Alexis dem ersten gehorchte, wieder frei gemacht. Die gedrückten Bewohner mehrerer griechischer Städte, wie Adrianopel und Demotica, riefen ihn gegen die Tyrannei lateinischer Geistlichen zu Hülfe; Johannicius erschien zu ihrem Beistande, Balduin mit einem Heere zu ihrer Unterwerfung. Er ließ sich durch List besiegen, und verlor in der Schlacht bei Adrianopel die Freiheit und bald darauf selbst das Leben, wie man sagt, auf grausame Weise. Sein Bruder folgte ihm.

Heinrich von 1205 bis 1216.

Dieser widersetzte sich mit Entschlossenheit den Anmaßungen der Kirche, der Herrschsucht der Vasallen, strafte diejenigen, welche ihre Güter verließen, unterhandelte auf ehrenvolle Bedingungen mit dem griechischen Hofe von Nicäa und traf mehrere löbliche Anstalten für die Verwaltung des Reiches. Hierauf starb er, ein kluger und ver- 1216
ständiger Fürst, zu früh für die Wohlfahrt Griechenlands. Nach seinem Tode erwählten die fränkischen Barone den Grafen von Auxerre, Peter von Courtenay, einen Vetter des Königs von Frankreich, zum Kaiser.

Peter von Courtenay von 1216 bis 1217.

Unter diesem sank das Reich immer tiefer; die Staatsverwaltung blieb dem Volke fremd und das Gebiet des Kaiserthums beschränkte sich bald auf den Umfang der festen Mauern Constantinopels.

Theodor Lascaris bildete seine Herrschaft in Nicäa immer weiter aus. Er schloß Bündnisse mit den türkischen Eroberern von Syrien, und setzte sich in eine Verfassung, daß keiner der lateinischen Kaiser ihn anzugreifen wagte. Die beiden übrigen comnenischen Staaten am schwarzen Meere und in Epirus erhielten sich gleichfalls; nur Cypern ging an Richard von England verloren.

Peter hatte selbst nicht das Glück, seine Hauptstadt zu erblicken. Er war in Frankreich, das er in aller Eile mit 150 Rittern verließ, um sich in Rom von Papst Honorius salben zu lassen. Von

hier unternahm er die Reise über das Meer; allein noch auf dieser Reise fiel er in die Hände Theodors, Fürsten von Corfu und Epirus, und
1221 starb in Ketten. Sein zweiter Sohn Robert ward hierauf zum Kaiser ausgerufen, als Philipp, sein älterer Bruder, die Krone ausgeschlagen.

Robert von Courtenay von 1221 bis 1228.

Dieser empfing das Scepter aus der Hand des Patriarchen in der heiligen Sophienkirche. Doch dies Scepter war für ihn freudenlos. Der Zwiespalt seiner Barone, deren einen er durch Entführung seiner Braut schwer gereizt hatte, der Andrang seiner äußern Feinde, unter denen Theodor von Corfu ihm Macedonien und Thessalonich entriß, während Johannes Vataces, der Nachfolger des Lascaris in Nicäa, seine Eroberungen bis an den Bosporus ausdehnte, nöthigte ihn endlich in Rom bei Gregor IX. Hülfe zu suchen. Ohne sie zu finden, ohne Geld und ohne Truppen, kehrte er nach seinem traurigen Reiche zurück, das die feindlichen Flotten so eben hart bedrängten, als er un-
1228 ter Weges in Achaja starb. Baudoin II., der während der Gefangenschaft seines Vaters unter den Bulgaren geboren war, schien den Baronen des Reichs zu jung, um ihm das schwankende Scepter anvertrauen zu können. So wählte man den achtzigjährigen Johann von Brienne, Titularkönig von Jerusalem und Befehlshaber der päpstlichen Trup-
1233 pen, zum Kaiser, unter der Bedingung, daß er dem jungen Baudoin die Hand seiner Tochter und die Thronfolge versichern sollte. —

Johann von Brienne von 1233 bis 1237.

Dieser Fürst führte gegen die Bulgaren und die Griechen von Nicäa durch persönlichen Muth ausgezeichnete Kriege. Er war glücklich genug, seine Feinde zurückzuwerfen. Allein die Erinnerung einer lasterhaft durchlebten Jugend setzte ihn bei allem Kriegerruhme so zu, daß er das Kleid des Franziskanermönchs dem Throne vorzog und diesen nach wenig Jahren mit einer Zelle vertauschte. Dieser Schritt beschleunigte den Verfall des Reichs. Baudoin II., der sich unterdessen in Europa um den Beistand des Abendlandes beworben, und den Papst zur Ausschreibung eines neuen Kreuzzuges bewogen hatte, zog mit einem ansehnlichen Heere durch Deutschland, Ungarn und die Bulgarei herbei, um sich zu Constantinopel krönen zu lassen. Ehe er diese Stadt jedoch erreichen konnte, sah er sich von seinem Heere verlassen und Johannes Vataces die Bulgarei, das 1237
Königreich Thessalonich, Thrazien und alles Land umher erobern. Indessen ward er doch zum Kaiser ausgerufen.

Baudoin II. von 1237 bis 1261.

Bald darauf kehrte er wieder nach Italien zurück, um den Beistand des Papstes von Neuem
anzurufen. Seine Geldnoth war so groß, daß 1243
er einem edlen Venezianer, nach Verpfändung vieler Reliquien, ja selbst, nachdem er die Dornenkrone des Heilands an den König von Frankreich verhandelt, seinen eigenen Sohn Philipp als Pfand

übergeben mußte. Niemand nahm sich seiner Noth an; der Papst selbst strebte nur, den Kaiser in seiner Abhängigkeit zu erhalten; auf den Beistand der übrigen Mächte Europas aber war so wenig zu rechnen, als auf den der Griechen selbst. Die Vasallen des Reichs rissen immer mehr Gewalt an sich, und das von allen Seiten befeindete Kaiserthum sah sich endlich dem unvermeidlichen Untergange Preis gegeben. Umsonst sah der verlassene Kaiser den Kreuzzug Ludwigs IX. bei sich vorüberziehen, niemand erinnerte sich seines Bedürfnisses, und so groß war seine Ohnmacht, daß er selbst nicht mehr drei tausend Mann zum Schutze seiner Hauptstadt zusammenzubringen vermochte.

In dieser Noth war es ein Glück für das lateinische Reich des Orients, daß der kriegerische Johannes Vataces starb. Theodor Laskaris I., der Stifter des Reiches von Nicäa, hatte seine Grenzen durch glückliche Kriege gegen den Sul-
1225 tan von Iconium erweitert. Als er 1225 starb, erbte sein Schwiegersohn Johann Dukas Vastazes (Bastatzes) den Thron. Diesen sehen wir den Hellespont, Macedonien und Thrazien erobern, und nur in den letzten Jahren seines Lebens dem sinkenden Reiche der Lateiner einige
1255 Ruhe verstatten. Als er 1255 starb, folgte ihm Theodor Laskaris II., sein Sohn; der zwar durch Grausamkeit und Laster verhaßt, wenig für die Vergrößerung des Reiches von Nicäa that; allein
1259 doch Durazzo erobern konnte. Er hinterließ 1259 seinem unmündigen Sohne Johann IV., Laskaris, den Thron, unter der Vormundschaft des tapfern Michael Paläologus, seines Oberstallmeisters.

Dieser füllte den Orient mit seinem Waffenruhme. Lange und treue Dienste unter Vataces und Theodor erlaubten ihm, die Vormundschaft über den jungen Kaiser, die der Vater dem Patriarchen Arsenes und dem Günstlinge Georgios Murzalon übertragen hatte, in Anspruch zu nehmen; ein Aufstand, glücklich benutzt, verschaffte ihm dieselbe. Murzalon ward getödtet und Michael zum Verweser des Reichs ernannt. Als solcher erwarb er sich die Liebe des Volkes und des Heeres in solchem Grade, daß beide den jungen Kaiser nöthigten, ihn zum Mitregenten anzuerkennen.

Seine ganze Geisteskraft richtete sich nur auf den einen Zweck, Constantinopel von dem Joche der Lateiner zu befreien. Die Verbindungen, welche er dort unterhielt, die Verlassenheit des Kaisers, dem von seinem Reiche nach und nach nichts mehr, als diese Stadt übrig blieb, machten ihm die Erreichung dieses Zieles leicht. Constantinopel war von allen Großen des Reichs verlassen; Michael Palälogus nahm Galata, die Vorstadt jenseits des Hafens, ein; Baudouin flüchtete zu den Venezianern. Diese, im Kampfe mit ihren Nebenbuhlern, den Genuesern, konnten sich seiner nur schwach annehmen, und Baudouin sah sich bald selbst von seinen letzten Bundesgenossen, den
Venezianern, verlassen. In einer Nacht warf 1261
jetzt Michaels Feldherr, Strategopulos, eine Ab- 25.
theilung seines Heeres, im Einverständnisse mit Juli.
mehreren Großen des fränkischen Reichs und unterstützt von einem gemeinen Manne, Namens Kutrizak, in die unbewehrte Hauptstadt; man stürmte den Palast, und Baudouin floh unter dem Rufe: „Sieg Michael und Johann, den

Kaisern und Herren des Orients!" Auf einer venezianischen Galeere fand er Zuflucht und in
1261 Italien theilnahmlose Aufnahme.

So fiel das Reich der Lateiner in Constantinopel. Umsonst versuchte der entthronte Kaiser Europa für seine Sache in Bewegung zu setzen. Man versprach ihm oder wies ihn zurück; gegen seine Feinde geschah nichts. Unterdessen hatte Michael Paläologus sich in der Sophienkirche nach altem Gebrauche krönen lassen und bestieg nun den neuerrichteten Thron.

Vierte Periode.

(Ein hundert zwei und neunzig Jahre.)

Letzte Zeiten des Reichs.

Von der Wiedereroberung Constantinopels durch die Griechen, bis zum Umsturze des Reichs durch die Türken; von 1261 bis 1453.

Michael Paläologus von 1261 bis 1283.

Der neue Kaiser fing seine Regierung damit an, den rechtmäßigen Erben des Thrones, Johann IV.
1261 Laskaris, von demselben auszuschließen und ihn, des Augenlichtes beraubt, der Vergessenheit zu übergeben. Hierauf schloß er sich eng an die in

Constantinopel zurückgebliebenen Franken an, übergab den Genuesern Galata, das schnell zu einer unabhängigen Handelsstadt emporblühte, und ließ nichts unversucht, die so lange ersehnte Wiedervereinigung der Kirchen zu Stande zu bringen. Diese Schritte machten ihn jedoch dem Volke verhaßt; der römische Hof selbst dankte ihm seine Bemühungen wenig, und so kam es, daß während der Patriarch Arsenes ihn wegen seiner Usurpation des Thrones, des Erbes Johann IV. seines Mündels, in den Bann that, Papst Martin VI. ihn zu gleicher Zeit als Ketzer excommunicirte.

Dennoch fuhr Michael fort, seinem Reiche die wichtigsten Dienste zu leisten. Er bevölkerte die fast ganz verödete Hauptstadt und suchte die in ihr erloschenen Fabrikzweige, vor allen die Seidenfabrikation, wieder in Aufnahme zu bringen, welche so lange eine Quelle des Wohlstandes für sie gewesen war; doch umsonst — die Trägheit des Volks, der Fanatismus der gegen ihn erbitterten Geistlichkeit, die Anfeindungen der Großen standen ihm überall entgegen, und der Seidenhandel war für immer in die Hände der Genueser, der Pisaner und Florentiner übergegangen.

Mit größerem Glücke wandte der Kaiser seine Waffen gegen die großen Vasallen des lateinischen Reichs; Macedonien, Morea und die schönsten Inseln des Archipels fielen ihm wieder zu. Carl von Anjou, der sich nach der Eroberung von Corfu und Epirus zum Einfalle in Griechenland anschickte, hielt er glücklich zurück, indem er Peter von Arragon gegen ihn aufregte; und den Aufstand Procida's in Sicilien, der unter dem Namen der sicilianischen Vesper bekannt ist, begün- 1282 stigte; durch diese Diversion sicherte er Griechenland vor den Waffen Carls von Anjou und seines Sohnes Carl des Lahmen.

Die aufblühende Colonie der Genueser in Galata war unterdeß für Constantinopel selbst zu einer stolzen und gefährlichen Nachbarin geworden. Bald konnte ihr Podesta, als der Kaiser einst über eine Beeinträchtigung Beschwerde führte, sich begnügen, ihm stolz zur Antwort zu geben, „es thue ihm leid, daß Constantinopel so nahe bei Galata liege". Zu gleicher Zeit gingen aber auch die Provinzen in Asien dem größten Theile nach an die Türken verloren. Zwar war das Kaiserthum von Nicäa nun wieder mit dem von Constantinopel vereint; doch erhielt sich das Reich von Trebisund in Unabhängigkeit, und der von Alexis Angelus zu Thessalonich gegründete Staat, der sich unter seinen Nachfolgern noch durch einen Theil von Thessalien vergrößerte, bestand auch wetteifernd mit Constantinopel fort.

Unter Michaels I. Regierung nahm die Wissenschaft einen neuen Aufschwung; es blühten Georgios, der Acropolit, und Gregorios Pachymeres, als Redner, Grammatiker und Geschichtschreiber; und ein schwacher Sinn für Kunst, so weit sie die Darstellung der Heiligen betraf, erwachte wieder.

Nach einer langen und nicht unlöblichen Regierung überließ Michael Palaeologus sterbend den Thron seinem ältesten Sohn, Andronicus, ohne Widerstand, da Johann IV., Laskaris in Vergessen-
1288 heit gestorben war.

Andronikus II. von 1283 bis 1328.

Des jungen Kaisers erste Sorge war es nun,
alle Verbindung mit dem römischen Hofe, die
seinem Vater in der Liebe des Volks so sehr ge-
schadet hatte, zu brechen. Er selbst war in der
strengen Lehre der griechischen Orthodoxie erzogen
und trieb die Religionsscrupel sogar so weit, daß
er seinem eigenen Vater die Ehre des feierlichen
Begräbnisses versagte, weil er nicht im Stande
der Gnade gestorben sei. Diesem Anfange ent-
sprach sein ganzes Reich. Zwar verschaffte ihm
die Ausrottung der lateinischen Ketzerei anfangs
einige Popularität; allein bald fand das Volk
doch an ihm zu tadeln, daß er, anstatt sich um
die Geschäfte der Regierung zu bekümmern, vielmehr dem eitlen Ruhme eines theologischen Strei-
ters für die Reinheit der Kirche nachstrebte. Eine
Handlung der Schwäche mehr, als der Gerechtigkeit war es daher auch zu nennen, daß er den
Erben des geblendeten Johann Laskaris ihr Erb-
folgerecht auf den Kaiserthron abkaufte. Hierauf
nahm er seinen Sohn Michael zum Mitregenten
an; da dieser jedoch 1306 starb, machte sein 1306
Sohn, Andronikus der jüngere, Ansprüche auf die
Mitregierung geltend. Sieben Jahre währte die
dieserhalb geführte Fehde, zwischen dem ältern und
dem jüngern Andronicus, und ging endlich dahin
aus, daß der Großvater seinem gleichnamigen
Enkel den Thron abtrat und sich mit einer schlecht
bezahlten Pension in ein Kloster zurückzog (1328), 1328
wo er vier Jahr nachher (1332) im Elende und 1332
in Armuth starb.

Unter dieser Regierung erfüllten die Händel

7*

mit den muthigen catalonischen Söldnern, welche Roger de Flore anführte, einen großen Theil des griechischen Reiches mit Blut und Plünderung. Diese Räuber, welche das Volk ihrer Gräuelthaten wegen Kakodämones (Teufel) nannte, hatten sich, nachdem sie dem griechischen Reiche unter Michael manchen wichtigen Sieg über die Türken erfochten hatten, auf der Halbinsel Gallipoli festgesetzt, und trotzten hier den vereinten Angriffen der Griechen und der Genueser, von ihrer Festung Gallipoli her Griechenland bis in die Nähe von Constantinopel brandschatzend. Selbst noch, nachdem Roger de Flore heimlich ermordet worden war, setzten sie den ungleichen Kampf muthig fort, brachten selbst das Herzogthum Athen durch ihre Waffen an sich und erhielten sich in dieser Stellung, bis sie hundert Jahre nachher, mit dem griechischen Reiche zugleich, dem osmanischen Sieger erlagen.

Unter diesen innern Kämpfen machten die Türken unbemerkt mit jedem Jahre größere Fortschritte. Einmal im Besitze der Küsten Kleinasiens, wuchs ihre Seemacht gefahrdrohend an, und schon jetzt schien es, daß die Eroberung Constantinopels ganz und völlig in ihrer Willkühr stand. Doch die Politik ihrer Fürsten war eine andere und weisere; die allmälige Eroberung der Provinzen, und zwar der nördlichsten und gefährlichsten zuerst, sollte die Eroberung der Hauptstadt vorbereiten und gewissermaßen zu einem natürlichen Ergebniß der Lage der Dinge machen. So bestand denn das griechische Kaiserthum noch ein Jahrhundert lang, dahinsinkend in Schwäche und Ohnmacht, fort.

Andronikus III. von 1328 bis 1341.

Andronikus, der Enkel, bestieg den Thron seines von ihm verdrängten Großvaters. Der undankbare Andronikus vergaß in Ueppigkeit und Sinnengenuß seines im Elend schmachtenden Großvaters, der drohenden Feinde und der Sorgen des Reichs. Die Vertheidigung des Thrones hatte Johann Cantacuzenos, der tüchtigste Mann des Reiches übernommen. Dieser war nicht unglücklich gegen die Türken, so lange er ihnen persönlich entgegen-
stand; allein als eine Kabale des Hofes ihn aus 1339
dem Felde entfernte, und Andronikus selbst an die Spitze des Heeres trat, ward er bei Nicäa geschlagen, und persönlich von Orchan, dem Sultan, verwundet. Die Türken erlangten nun schnell das verlorne Uebergewicht wieder, um dies von nun an immer dauernder herzustellen. Andronikus sinnlose Verschwendung leerte den Schatz; und entnervte das Reich durch Verarmung; seine
Ausschweifungen zogen ihm einen frühen Tod zu. 1341
Als er starb, hinterließ er seinem neunjährigen Sohne, Johann Paläologus, unter der Vormundschaft seines Freundes Cantacuzenos, den schwankenden Thron.

Johann V. Paläologus von 1341 bis 1345.

Johann Cantacuzenos hatte die ihm von Andronikus angebotene Krone standhaft ausgeschlagen und begnügte sich mit der Reichsverweserschaft im Namen seines unmündigen Kaisers. Er stammte aus einer der angesehensten Familien des

Reichs; allein seine Weisheit, seine Mäßigung und sein kriegerisches Talent selbst gaben ihm noch größern Anspruch auf die höchste Würde im Reiche, als seine Geburt. Bescheidenheit und Uneigennützigkeit bezeichnen seine ganze ruhmvolle Laufbahn, und obgleich er diese nicht ohne Fehler vollbrachte, wie denn die Zeiten von der Art waren, daß wohl niemand ohne Fehler eine politische Stellung im Reiche behaupten konnte, so gebührt ihm doch der Nachruhm eines der größten Männer seiner Zeit unter seinem Volke. Er begann seine Verwaltung mit Siegen, deren Früchte er seinen Generalen überließ und deren Ruhm seine Bescheidenheit ablehnte. Als ihn die Mutter des jungen Kaisers, Anna von Savoyen, und die Verfolgung des Patriarchen, der ihm alles verdankte, für einen Feind des Staats erklären ließ, sah er sich genöthigt, seine siegreichen Waffen gegen sein undankbares Vaterland zu kehren — jedoch nicht ohne lange zu schwanken, ob er es nicht vorziehen sollte, sein Haupt den Feinden auszuliefern. Die Bitten seiner Freunde und das Wohl des Vaterlandes entschieden endlich seinen Entschluß. Er zog nach der Hauptstadt; das dankbare Volk erhob ihn, wider seinen Willen, auf den Thron, aber selbst noch als Mitkaiser des schwachen Johann V., bezeigte er diesem die Achtung und Ergebenheit eines Unterthans.

Johann V. Cantacuzenos und Johann V. Paläologus von 1345 bis 1355.

Doch der junge Kaiser blieb, nach wie vor, das Spielwerk herrschsüchtiger Parteien. Canta-

cuzenos sah sich von Neuem genöthigt, die Hülfe des Sultans der Türken, Orchan, gegen die verderbliche Verbindung anzurufen, an deren Spitze die Kaiserinn Anna stand. Zwar kam auch diesmal eine Einigung zu Stande, und Johann Paläologus reichte der Tochter des Cantacuzenos, Helena, seine Hand; doch sollte auch dieser Friede bald wieder gebrochen werden. Cantacuzenos schränke das wachsende Ansehen der Genueser durch weise Maaßregeln, welche die Venetianer unterstützten, ein. Allein nur allzu bald nöthigte ihn die Verfolgung seiner Feinde wieder auf seine eigene Sicherheit bedacht zu seyn. Johann V. 1355
stand an der Spitze einer Verschwörung, die ihn alles Antheils an der Regierung berauben wollte; Cantacuzenos mußte fliehen und suchte Schutz bei 1359
Orchan. Dieser, dem er seine eigene Tochter Theodora vermählte, sendete seinen Sohn Soliman mit 10,000 Reitern zu seinem Beistande über den Bosporus; die Türken eroberten Sestos, besetzten die Halbinsel Gallipoli, nahmen Adrianopel ein (1360), und faßten Fuß in der Nähe 1360
von Constantinopel. So ward die Verblendung einer verderblichen Partei, die Schwäche eines edlen Kaisers die erste nahe Ursache zu der Einführung der Türken in Europa, zu dem Untergange des Reichs. — Cantacuzenos nöthigte, von Soliman unterstützt, seine Feinde, ihn wieder als Kaiser anzuerkennen, und selbst seinem Sohne, Mattheus, der seinen Sitz zu Adrianopel nahm, Theil an der Regierung zu verstatten. Allein, als er sich dennoch von Neuem zwischen Bürgerkrieg oder Entsagung zu wählen genöthigt sah, verließ er den Thron, um in der Stille des Berges Athos von

einem stürmevollen Leben auszuruhen. Sein Sohn Mattheus ward nach der Niederlage bei Philippi, wo seines Schwagers Orchan Truppen das Beispiel der Flucht gaben, zur Entsagung gezwungen; und der Wüstling Johann V. behauptete sich allein auf dem freudenlosen Throne.

Johann V. Paläologus allein bis 1391.

Unter der sorglosen Regierung dieses Fürsten bemächtigten sich die Türken des ganzen Chersones; Cantacuzenos sah diesen Anwachs ihrer Macht aus seiner Zurückgezogenheit mit an, erkannte sich als den Urheber der für sein Vaterland daraus erwachsenden Uebel, und bereute nur zu spät, seinen Freunden Gehör gegeben und nicht früher dem Reiche entsagt zu haben.

Hier, an dieser Stelle, wo wir die Türken zuerst die europäischen Provinzen des griechischen Reichs überziehen sehen, um sie nicht mehr zu verlassen, ist es an der Zeit, mit einigen Worten nachzuholen, woher sie stammten und was sie so unwiderstehlich machte.

Zu dem großen Stamme scytischer oder tatarischer Völker, welche unter dem Emir Thogrul aus den Gebirgen des Altai und der tatarischen Steppenlande hervorgingen, um dem Reiche der Caliphen ein Ende zu machen und nach und nach Persien, Syrien und Kleinasien zu überschwemmen, gehörten auch die Turkomanen, welche als kriegerische Reiter unter Orthogruls Anführung in die Dienste der Sultane von Iconium traten. Osman, sein Sohn, von dem dieser Stamm den

Namen der Osmanen entlehnte, stürzte den Thron
seines Herrn, bemächtigte sich seiner Länder und 1290
vermehrte diese durch Eroberungen in den Staa- bis
ten der benachbarten Emirs. Nicäa fiel und Brusa 1310
ward die Hauptstadt seines Reichs. Von nun an
war er der gefährlichste Nachbar des griechischen 1339
Kaiserthrons. Sein Stamm, ursprünglich heidni-
schem Gottesdienste ergeben, hatte früh den Islam angenommen, dessen Fanatismus ihn unbe-
siegbar im Angriffe gegen Andersdenkende machte.
Die Turkomanen drangen ihren Glauben den besiegten Völkern in Bithynien und Kleinasien auf,
bildeten aus Christenkindern ein unbezwingliches Fußvolk, da der Türke selbst nur Sinn für den Reiter-
dienst hatte, und drangen unter Amurad I. bis an
die Ufer des Bosporus vor. Die Streitigkeiten
der beiden Kaiser Paläologus und Cantacuzenos führten sie nach Europa hinüber. Von Gallipoli aus
wandten sie ihre siegreichen Waffen, nach Bezwingung
des Chersones, gegen die nördlichen Provinzen des
griechischen Reichs, eroberten Adrianopel, die zweite 1360
Stadt des Reichs, die sie zum Sitze ihrer Herrschaft erhoben und mit Moscheen zierten, nahmen
Servien, die Bulgarei, ganz Romanien in Besitz,
und kamen bald so weit, daß, als Bajazid, nach
dem Siege Amurads bei Crassova (1389), das
Schwert des Sultans umgürtete, Constantinopel
selbst wie eine Insel mitten in osmanischen Provinzen
lag. Johann V. hatte kein Heer ihnen entgegen zu
setzen: er vergaß des vor den Thoren seiner Hauptstadt
trotzenden Feindes, zufrieden, daß ihn der Sultan
von Adrianopel, den er für seinen Oberherrn anerkannte, ungestört seinen Lüsten nachleben ließ.
Seine Unterthanen waren, mehr als jemals, der

Spielball herrschsüchtiger Mönche; theologische Streitigkeiten füllten die Gassen der Hauptstadt mit Blut und Aufruhr, niemand gedachte des Feindes.

Johann erwachte nicht eher aus seiner Betäubung, als bis die türkischen Horden die Vorstädte seiner Hauptstadt plünderten. Nun entschloß er sich, zur Rettung des Reichs, zu einem letzten Versuche. Er verließ Constantinopel, ging nach Rom, versprach dem tugendhaften Urban V. die Herstellung der Kirchengemeinschaft, und empfing von ihm dafür das Versprechen eines Kreuzzuges. Doch auf dem Rückwege ward er in Venedig als Geißel für eine Schuld fest gehalten, welche die Republik von ihm reklamirte. Die Früchte seiner Reise gingen hierüber verloren. Die Griechen, von fanatischen Mönchen geleitet, blieben ihrem Hasse gegen die abendländische Kirche treu, und Europa, in sich selbst uneins, antwortete auf den Hülferuf des Kaisers nicht eher, als bis Bajazids nicht zu sättigender Ehrgeiz es für seine eigene Existenz besorgt machte. Jetzt erschienen endlich 100,000 französische und deutsche Kreuzfahrer zum Beistande Sigismunds, des bedrängten Königs von Ungarn. Doch die Hülfe verschwand so schnell, als sie erschienen war; Bajazid schlug die schlechtgeführten Schaaren in den Ebenen von Nikopolis, und erzwang von dem griechischen Kaiserthrone Huldigungen, die eine Anerkennung der Oberherrlichkeit in sich schlossen.

Das Reich ward auf das Stadtgebiet von Constantinopel eingeschränkt, und selbst hier erhielten die Türken ihren eigenen Cadi; der Kaiser aber zahlte einen jährlichen Tribut von 10,000 Goldstücken. nach Adrianopel.

Unterdessen war Johann Paläologus nach einer langen ruhmlosen Regierung gestorben und hatte seinem zweiten Sohne Manuel den Thron hinterlassen, da Andronikus, der ältere, sich desselben durch eine Empörung, in Verbindung mit Kontuses, dem Sohne Murads, unwürdig gemacht zu haben schien.

Manuel II., Paläologus, von 1391 bis 1425.

Die Regierung dieses schwachen Fürsten führte den Thron seinem Umsturze mit jedem Jahre näher. Schon 1390 hatte Bajazid Larissa und Thessalien erobert; jetzt belagerte er selbst Constantinopel, in dessen Mauern Bürgerkrieg und Verwirrung herrschten. Die Genueser beherrschten von Galata aus den Palast; die Venezianer walteten als Herren im Hafen, und schlugen sich hier mit ihren Nebenbuhlern unter den Augen des Kaisers. Einer ihrer Condottieris, Marco Sanudo, hatte sich zum Herrn des ägeischen Meeres, zum Fürsten des Archipel erhoben; Corfu und die Inseln im ionischen Meere gehorchten der Republik; Creta, Negroponte, Attika, Epirus und Aetolien desgleichen. Das Reich war ohne Einnahme, ohne Heer, ohne andern Schutz, als die hohen und festen Mauern der Hauptstadt. Doch die Bewohner derselben zerrissen sich nichts desto weniger in Parteiungen, und während alles für sie verloren schien, stritten und kämpften sie für den einfachen oder den doppelten Willen in der Natur des Heilandes, das Joch der Türken selbst dem Gedanken einer Aussöhnung mit der lateinischen Kirche vorziehend.

Dennoch bewilligte Bajazid der geängstigten Stadt, welche der Marschall Boucicault vertheidigte, der mit einer kleinen Schaar französischer und deutscher Ritter und etwa 2000 Mann der Niederlage von Nikopolis entronnen war, für diesmal einen Frieden, freilich unter so drückenden Bedingungen, daß ihm schon jetzt ein ehrenvoller Untergang vorzuziehen gewesen wäre. Manuel verließ hierauf seine Hauptstadt, um die Hülfe der europäischen Höfe noch einmal gegen den Sieger anzurufen. Er besuchte Rom, Venedig, Paris, London und fand überall Ehrenbezeigungen in Menge — Hülfe jedoch nirgends. Während seiner Abwesenheit bemächtigte sich sein Neffe Johann, Sohn des geblendeten Andronikus, im Einverständnisse mit Bajazid, der ihm zu diesen Zweck 10,000 Mann Hülfstruppen sandte, des Thrones: den Türken überwies er dankbar ein Quartier der Stadt zur
400 Wohnung, erlaubte ihnen eine Moschee und ihr eigenes Richteramt, und nöthigte Manuel, sich nach Morea zurückzuziehen, und hier auf den freudenlosen Thron zu verzichten.

Unterdessen wurde Bajazid von dem Weltenstürmer Timur Leng von den Ufern des Bosporus nach
369 dem innern Asien abgerufen. Der wilde Stamm der Mongolen war aus seinen Sitzen um Samarkand plötzlich aufgebrochen, hatte die Ufer des Indus und des Euphrat überschwemmt, und verheerte jetzt Syrien und Kleinasien, für die unterdrückten seldschukkischen Emirs die Waffen gegen die Türken ergreifend. Bajazid zog dem drohenden Eroberer

nach Ancyra in Armenien entgegen; hier verlor er
in einer großen Schlacht die Freiheit und den Thron; 1402
doch bestätigte der Sieger seinen Söhnen den Besitz 16.
Natolis (Kleinasiens) und der europäischen Provin- Jun.
zen — Europa lag ihm offen, und nur der Man- 1403
gel an Fahrzeugen hinderte ihn, die schmalen Gewässer des Bosporus zu überschreiten.

Durch den Sieg von Ancyra ward Timur der Retter des griechischen Throns für ein halbes Jahrhundert. Die geringste Anstrengung der Griechen hätte sie im ersten Momente der Bestürzung in der Verwirrung der Parteikämpfe für immer von dem türkischen Joche befreien können; doch unter den in Bürgerzwist und Religionskämpfen verlorenen Faktionen war an keine Einigung zu denken. Manuel benutzte die Verlegenheit des neuen Kaisers Johann VII. nur dazu, selbst nach Constantinopel zu eilen, und den Usurpator zu stürzen. Das neuerungssüchtige Volk empfing ihn mit offenen Armen: man begrüßte ihn als Kaiser; der Usurpator behielt selbst nicht so viel Zeit zu fliehen; er ward ergriffen und in ein Kloster der Insel Lesbos verbannt *).

Die Türken, nach Bajazids Tode innern Spaltungen Preis gegeben, drohten ihre kaum begonnene Herrschaft durch Bürgerkriege zu zerstören, als Manuel, durch die unbesonnenste Theilnahme an diesem Parteikampfe, ihren Angriff von Neuem auf sich zog. Anstatt die Streitenden sich ruhig unter einander selbst aufreiben zu lassen, und durch kräftige Dazwischenkunft den Untergang des wankenden

*) Nach Andern ging er mit dem Kaisertitel nach Thessalonich.

Reichs von Adrianopel zu entscheiden, verleitete ihn die kurzsichtigste Politik, sich des mächtigsten unter den kämpfenden vier Söhnen Bajazids, Mohamed anzunehmen, ihm den Uebergang über den Bosporus auszuliefern, und ihm selbst bei der Eroberung Rumilis (Romaniens) Beistand zu leisten.
1413 So ward Mohamed Alleinherrscher des zerrissenen Reiches, ohne daß er den Griechen, die ihn erhoben hatten, seinen Dank dafür anders als durch Worte bezeigt hätte. Als er starb, ernannte er zwar Maruel selbst zum Vormunde seines Erben, Amurad I., doch der Diwan zu Adrianopel widerrief diese Bestimmung als schimpflich für das türkische Reich. Hierüber kam es zu einem neuen Bürgerkriege unter den Türken und dieser gegen Manuel. Der Kaiser nahm sich Mustaphas, des ältesten Sohnes Bajazids*), der sich in Kleinasien behauptet hatte, an. Als dieser besiegt war, unterstützte der griechische Hof mehrere Prätendenten, welche nach einander unter Mustaphas Namen auftraten, und zog, durch diese nicht genug zu tadelnde Politik die türkischen Waffen, denen zu widerstehen,
422 es ihm doch an allen Mitteln fehlte, von Neuem nach Constantinopel. Im Jahre 1423 lag Amurad II., von unzähligen Schwärmen begeisterter Araber und Syrier unterstützt, in langer Belagerung vor der Hauptstadt. Zweimal hundert tausend Türken bestürmten die Stadt von allen Seiten; die Hülfe, welche Manuel aus dem Abendlande erwartete, blieb aus. Er hatte seine Vei-

*) Ob er es wirklich war, oder diesen Namen nur usurpirte, hat die Geschichte nicht entschieden.

heißungen in Absicht der kirchlichen Unterwerfung schon einmal vergessen, und der römische Hof traute ihm daher nicht wieder. Doch widerstanden die gewaltigen Mauern der Hauptstadt dem türkischen Angriffe so lange, bis andere Umstände den Sultan von der Belagerung abriefen; die Provin- 1424
zen des Reiches duldeten jedoch die Verwüstung der asiatischen Horden. —

Um diese Zeit entsagte Manuel der Krone zu Gunsten seines Sohnes, Johann VI. Paläologus, den er schon früher zum Mitregenten ernannt hatte. Die Sachen des Reichs waren dahin gekommen, daß dieser bei Amurad um die Erlaubniß ansuchen mußte, den Thron seines Vaters besteigen zu dürfen. Der Sultan bewilligte dies Gesuch gegen einen Tribut von 300,000 Asper und gegen die Abtretung einiger bedeutenden Seestädte. Ueber diesen Verhandlungen starb Manuel, nach einer vier und drei- 1428
ßigjährigen trostlosen Regierung. Ihm folgte, von seinen vier Söhnen, Johann auf dem Kaiserthrone; die übrigen gründeten in Thessalonich, in Morea und Epirus unabhängige Despotate, die letzte Kraft des Reichs so durch eine unweise Politik für die Stunde der Gefahr zerstückelnd.

Johann Paläologus von 1425 bis 1448.

So hatte Johann VI. denn ein Reich im Kampfe mit einem übermächtigen Feinde, ohne Heer, ohne Mittel, es zu vertheidigen, und von seinen eigenen Brüdern angefeindet, ererbt. Der falschen Politik seines Vaters folgend, unterstützte auch er einen falschen Mustapha, der, von Amurad bald 1428

unterdrückt, die blutige Rache der Türken über die geängstigten Provinzen des Reichs herbeizog. In dieser Noth war es, wo Johann die Tributpflichtigkeit seines Thrones gegen den Sultan anerkennen und die schon früher geforderten Seestädte wirklich abtreten mußte; unter diesen Bedingungen nur verstattete der Sultan das Fortbestehen des Thrones von Constantinopel. Vergeblich sandte der Kaiser die traurigsten Berichte in die Abendlande. Das deutsche Reich lag im Kriege mit den Hussiten; Polen mit Preußen; das erschöpfte Frankreich mit England; der Papst allein und die italienischen Seestaaten schienen dem Klagerufe Johanns noch einige Aufmerksamkeit zu leihen. Unter diesen Umständen entschloß sich Johann, durch persönliche Nachsuchungen die Hülfe zu beschleunigen, welche er von Rom erwartete. Amurad selbst gewährte ihm die Mittel hiezu. Er verstattete ihm einen Waffenstillstand für Constantinopel und streckte ihm sogar Geld zur Bestreitung der Reisekosten vor. Mit diesem ging Johann nach Italien, und schloß wirklich eine Art von Vergleich mit dem päpstlichen Stuhle ab, in dem er die geistliche Suprematie desselben anerkannte und die Irrthümer seiner Kirche abzuschaffen versprach. In einer Kirchenversammlung zu Florenz, welcher der Kaiser selbst mit dem Patriarchen Joseph und andern Prälaten beiwohnte, wurde hierauf die Vereinigung der griechischen und lateini-
1439 schen Kirche definitiv beschlossen, und derselbe Kaiser, der zuerst die weltliche Suverainetät des Sultans von Adrianopel förmlich anerkannt hatte, erkannte nun auch seine Abhängigkeit von dem geistlichen Forum des päpstlichen Stuhles an; so daß also schon jetzt das griechische Reich, zugleich seiner Provinzen

aller seiner Attribute beraubt, eigentlich nicht mehr als ein Name war. Nachdem man sich auf der Synode zu Florenz unter gegenseitigen brüderlichen Umarmungen getrennt hatte, kehrte Johann nach Constantinopel zurück. Hier empfing ihn der Unwille des Volks über den abgeschlossenen Unterwer- 1440
fungsvertrag und nöthigte ihn, seinen Versprechungen untreu zu werden und die Kirchenspaltung, nach wie vor, fort bestehen zu lassen. Der Haß gegen die Lateiner aber machte sich in lauten Verwünschungen und blutigen Fehden Luft, und während der äußere Feind den Umsturz des Thrones drohte, fluchte das verblendete und von fanatischen Priestern geleitete Volk seinen venetianischen und fränkischen Vertheidigern, und bekriegte sich unter einander mit theologischen Spitzfindigkeiten.

Unterdeß hatte Amurad Thessalonich ohne Ge- 1429
schütz von den Venetianern erobert; belagerte jedoch Belgrad, das sich heldenmüthig vertheidigte, fruchtlos. Ganz Servien und Macedonien war in seinen Händen, und nur in Siebenbürgen leistete 1439
Johann Hunyad, Woiwode dieser Landschaft, so wie in Albanien Georg Castriota (Scanderbeg) seinen Waffen glücklichen Widerstand. Die Eroberungen Hunyads an der Donau und sein Vordringen bis an den Hämus nöthigten die unfähigen Feldherren Amurads (er selbst hatte sich in einem Anfalle von Lebensüberdruß von der Regierung zurück gezogen) nach schweren Verlusten sogar zu einem nachtheiligen Frieden, in dem Ladislas II. von Ungarn das ganze linke Donauufer zurück erhielt. Dennoch entband der Papst den kriegerischen Ungarnkönig von der Pflicht des Eides, und der Krieg begann auf Veranlassung der

Servier und Griechen von Neuem. Eine venetianisch-genuesisch-flanderische Flotte besetzte die Meerenge von Constantinopel, während die Landmacht der Christen bei Varna, am schwarzen Meere, festen Fuß faßte. Hier kam es am 20. Nov. 1444 zu einer großen Schlacht, in der Ladislas selbst das Leben, Hunyad die Freiheit, und die Christen den schon errungenen Sieg wieder verloren. Allgemeine Bestürzung breitete sich von dem Schlachtfelde über ganz Europa, vor allen aber über das nun völlig schutzlose griechische Reich aus. Vergebens kämpfte Scanderbegs *) unüberwindliche Tapferkeit in Albanien gegen Amurad, der die Zügel der Regierung von Neuem kräftig ergriffen hatte, um die Fehler seiner Feldherren wieder gut zu machen; vergeblich stellte sich Hunyad ihm bei Cassova ent-
1448 gegen: er ward geschlagen; vergeblich vertheidigten die Griechen unter Constantin Paläologus die Linien des Isthmus: der Peloponnes fiel in die Hände des Feindes, und von diesem Augenblicke an war Constantinopel die sichere Beute der Türken. Amurad übergab die Regierung, von neuem Ueber-
1450 druße am Leben erfaßt, seinem talentvollen und mit allen guten und bösen Eigenschaften der halbgebildeten Menschennatur reichlich ausgestatteten Sohne, Mohamed II. Dieser, ein Jüngling von feurigem Geiste, Sohn einer Christin, in allen Wissenschaften seiner Zeit, in vielen Sprachen wohlbewandert, Held von Natur, hatte, sobald er das Schwert Osmans umgürtete, keinen andern Gedanken, als den, Constantinopel zu ero-

*) Georg Castriota, der Sohn Johanns, des Despoten von Morea.

dern, und auf den Trümmern des griechischen Thrones das Reich des Halbmondes aufzurichten. Kriegerische Gaben, eine bestechende Großheit und ein eiserner Wille machten ihn zu dem gefährlichsten Feinde, den das griechische Reich noch zu bekämpfen gehabt hatte. Gnädig und gemäßigt gegen den demuthvollen Ueberwundenen, unerbittlich und blutdürstig gegen den tapfern Gegner, war er aller Schonung gegen diesen fremd und achtete, ihm gegenüber, so wenig seine Eide, als das Recht des andern.

Dieser Mann bereitete sich, das Wort des Verderbens über das unglückliche griechische Reich auszusprechen und diesen Gegner hatte der schwache, von seinem Volke wie von seinen Freunden im Abendlande verlassene Johann zu bekämpfen. Seine Waffen waren unbegränzte Unterwerfung, und nur hierdurch gelang es ihm, so lange er selbst den Thron behauptete, das drohende Unwetter von seiner in Parteikampf verlornen Hauptstadt abzuwenden.

Der Zustand Europas um diese Zeit war von 1443
der Art, daß Johann selbst von seiner Lieblingsidee, der Kircheneinigung, nichts mehr hoffen durfte. Italien war durch die Kriege über die Thronfolge in Neapel erschöpft; Frankreich rang noch immer mit England um seine eigene Freiheit; in Spanien lagen Christen und Araber in einem noch unentschiedenen Kampfe; Deutschland hatte unter dem schwachen Friedrich III. die Aufmerksamkeit für die Angelegenheiten des Orients verloren; Hunyad, der tapfere Vorkämpfer Ungarns, war mit innern Feinden, Casimir von Pohlen aber mit vaterländischen Streitigkeiten vollauf beschäftigt. Vergeblich versuchte daher Calixtus III., vom päpst-

8 *

lichen Stuhle herab, einen Kreuzzug zu predigen: die Mittel, welche Europa sonst in Bewegung setzten, waren verbraucht: die Vorspiegelung der Kircheneinigung selbst fand entweder kein Interesse, oder keinen Glauben mehr.

Unterdessen zerrissen die gewöhnlichen inneren Parteien noch das schwache Maas von Kräften, das dem griechischen Reiche noch übrig blieb. Theodor, des Kaisers Bruder, Despot eines Theils von Morea, feindete den kaiserlichen Thron, von dem er sich hintergangen wähnte, offen an, und brach eben von Selembria mit einem kleinen Heere gegen die Hauptstadt auf, als er starb. Gleich darauf folgte ihm sein Bruder, Johann Paläologus selbst, dem ältesten seiner Brüder Constantin, bisher Despoten des Peloponnes, und durch die Vertheidigung der Linien des Isthmus gegen die Türken schon bekannt, den Thron hinterlassend. Zwar machten ihm diesen seine beiden Brüder, Demetrios und Thomas, einen Augenblick lang streitig; allein als er mit seinem kleinen Heere der Hauptstadt nahte, unterwarfen sie sich, und Constantinopel erkannte in ihm seinen Kaiser. Die Brüder erhielten Morea, über dessen Theilung sie jedoch sogleich dergestalt zerfielen, daß
1448 Demetrios zu Amurad flüchtete, um von diesem die Entscheidung seines Streites zu erlangen. Unbegreifliche Verblendung dieser Fürsten der Griechen, welche nicht erkannten, daß dies gerade die Bahn des Verderbens war, die sie einschlugen!

Constantin VIII. Paläologus mit dem Beinamen Dragoses; letzter griechischer Kaiser von 1448 bis 1453.

Mit der Thronbesteigung Constantins schien das Ansehen des griechischen Thrones noch einmal zu neuem Glanze erwachen zu wollen. Es fehlte diesem Fürsten keine der Eigenschaften, von denen man die Rettung des Reichs erwarten konnte, wenn die Umstände ihn begünstigten. Von seiner Tapferkeit und seinem kriegerischen Talente hatte er im Peloponnes gegen Türken und Albanesen bereits genugsame Beweise abgelegt; seine Privattugenden machten ihn der Herrschaft und besserer Zeiten würdig. Allein die Entartung seines Volks hatte einen solchen Grad erreicht, daß sein eigenes Beispiel in dem Gewirre elender Leidenschaften verloren ging.

Constantin fand seine Hauptstadt von Parteiungen zerrissen, Lukas Notaras, den Groß-Logotheten, und Cantacuzenos, an der Spitze der Geschäfte, das Volk in ärgerliche Religionsstreitigkeiten verloren und von verrätherischen Priestern, wie Gennadius, entweder zur Unthätigkeit oder zum Hasse gegen die Lateiner angeführt. Die Umgebungen der Hauptstadt waren im Besitze der Türken; Constantins weise Maaßregeln, die Festungen, welche sie rings umher in den Dardanellen und am Bosporus errichteten, zu zerstören, fanden keinen Eingang; man nöthigte ihn vielmehr, die wenigen Lateiner, welche seine Waffenmacht bildeten, zu verbannen, und während die Türken nichts verabsäumten, sich der Eroberung Constantinopels zu versichern, versäumten die Griechen nichts, die

Hauptstadt für den Augenblick des Angriffes recht
1450 schutzlos und ohnmächtig zu machen. Unterdeß war Mohamed II. zum Sultan der Türken ausgerufen worden, und benutzte, nachdem er mit den Triballiern (Serviern) Frieden geschlossen, den Karaman in Asien besiegt, den Krieg zwischen den Brüdern des Kaisers aber durch Absendung des Thuracan nach dem Peloponnes noch lebhafter entzündet hatte, die erste Gelegenheit, den mit Constantin bestehenden Frieden zu brechen. Eine geringe Veranlassung genügte ihm hierzu. Die Bewohner eines griechischen Dorfes in der Nähe von Constantinopel hatten mit türkischen Söldnern Händel bekommen und einige derselben erschlagen. Mohamed ließ das Dorf in Brand stecken und dem Kaiser erklären, daß er diesen Frevel für eine Kriegserklärung ansähe. Nun ließ er in aller Eile den Bau der beiden Schlösser Rumhissar und Simocopia an der Propontis und dem Bosporus vollenden, warb in Asien und Europa Truppen, entsendete neue Schaaren nach dem Peloponnes, wo die beiden Brüder des Kaisers unterdeß Frieden geschlossen hatten, und rüstete sich zur persönlichen Leitung dieses Feldzuges. Mit Anbruch des Jahres **1453** verließ der Sultan Adrianopel, um seinem Reiche eine neue Hauptstadt zu erobern. Zweimal hundert tausend Türken folgten ihm; dreihundert und achtzehn Schiffe unter des Capudan-Pascha (Oberadmiral) Leitung erfüllten den Golf von Constantinopel; eigene auf Ort und Stelle gegossene Batterien standen unter der Leitung eines Christen, und furchtbare Bombarden, von Mohameds eigner Erfindung, waren bestimmt, die starken Mauern der griechischen Hauptstadt zu erschüttern.

Diesen furchtbaren Zurüstungen zum Trotze, beharrten die Griechen in ihrer unbegreiflichen Gleichgültigkeit. Die mit viermal hundert tausend Seelen bevölkerte Hauptstadt stellte nicht mehr als 5000 Krieger unter die Fahnen ihres heldenmüthigen Kaisers. Ein griechisch-venetianischer Condottiere, Giustiniani mit Namen, führte der bedrängten Hauptstadt 2000 Bewaffnete zu, und mit dieser achtmal geringeren Macht war der edle Constantin zum Kampfe auf Leben und Tod entschlossen. Nachdem er die Anträge des Sultans zur Räumung der Stadt stolz verworfen, rüstete er sich, von seiner Familie und einigen Großen, wie Notaras und Cantacuzenos, muthig unterstützt, zum letzten Kampfe. Die glückliche Lage seiner Hauptstadt, die dem angreifenden Feinde nur eine Seite, welche eine dreifache Mauer, und zwei mächtige Gräben vertheidigten, darbietet, gab ihm den Muth, trotz seiner unverhältnißmäßigen Mittel am Siege nicht zu verzweifeln. Ueberall ließ er eilig Verschanzungen und Thürme aufrichten, ließ den Hafen durch eine große Kette sperren, hinter welcher alle griechischen und venetianischen Fahrzeuge Schutz fanden, und erwartete so den Angriff der Türken.

Diese eröffneten die Laufgräben dem Sanct Romanusthore gegenüber, und gelangten bald, jedoch nicht ohne großen Verlust an den ersten Graben. Mit Faschinen, Werkstücken und den Leichen der todten und verwundeten Krieger füllten sie den Graben und standen nun an der äußeren Mauer. Diese desto wirksamer anzugreifen, hatte Mohamed einen hohen Thurm erbauen lassen, von welchem her man mittelst einer Fallbrücke die feindliche Mauer erstürmen wollte. Mit einem ungeheueren

Aufwande von Kräften ward dieser Thurm dem Graben nahe gebracht und das Zeichen zum Sturme gegeben. Der fanatische Eifer der Stürmenden ward jedoch von den Griechen zurück geschlagen und der Thurm selbst von ihnen in Asche gelegt. Nach diesem Siege erschien auch von der Seeseite her eine längst erwartete Hülfe. Die Genueser, ihr reiches Galata zu retten, durchbrachen mit vier Schiffen den furchtbaren Halbmond der türkischen Flotte und zogen als Sieger in den Hafen ein, während der erzürnte Sultan die Fehler seines Kapudan-Pascha durch hundert Schläge mit einem goldenen Stocke bestrafte.

Dies war der letzte Sieg der christlichen Waffen. Das ungeheuere Belagerungsheer umringte die Stadt nun von allen Seiten immer enger; jenseit des Golfs standen die beutegierigen asiatischen Horden; vor dem Sanct Romanusthore lag der Sultan selbst mit seinen Janitscharen; doch nach dem fruchtlosen Angriffe von dieser Seite, beschloß er, seine Waffen gegen die minder mächtigen Mauern der Stadt (an der Hafenseite) zu richten. Zu diesem Zwecke ließ Sultan Mohamed siebzehn türkische Galeeren von der Meerenge der Propontis aus, zwei Stunden weit auf Walzen, über die Hügel von Pera und Galata hinweg, in den Hafen schaffen, und, von dem so gegründeten Damme her, diese schwächere Seite angreifen. Hierauf verordnete er auf den 29. Mai einen allgemeinen Sturm, und gelobte dem, der der Erste mit den Waffen in der Hand auf der Mauer seyn würde, die Statthalterschaft einer großen Provinz.

Während dessen bereitete sich Constantin, von den Seinigen Abschied nehmend und den Fall sei-

nes Thrones voraussehend, zum Heldentode vor. Seine letzten Worte waren die Leichenrede des griechischen Reichs. Am 29. Mai, vor Tagesanbruche, begannen die Türken den Sturm auf das Sanct Romanusthor. Lange fochten der Kaiser und seine Freunde, lange focht Guistiniani muthig an dieser Stelle. Nach einer leichten Verwundung verließ der letztere seinen Posten auf der äußeren Mauer; sein Beispiel wirkte verderblich auf die Seinigen. Alles stürzt der inneren Mauer zu; in wilder Verwirrung überläuft man einander; der hochherzige Kaiser wird an der Schulter verwundet, und fällt endlich, von den Leichen seiner Freunde umringt, zwischen der äußeren und inneren Mauer des St. Romanusthores, das er so heldenmüthig vertheidigt hatte; im letzten Augenblicke noch bat er Giustiniani, auf seinen Posten zurück zu kehren. Da erstieg ein Türke, Hassan mit Namen, von zwanzig seiner Waffenbrüder unterstützt, einen nur schwach vertheidigten Thurm. Ihr Siegesgeschrei verdoppelt den Eifer der Stürmenden, und bald sind die Griechen auf der ganzen Linie von der Mauer zurück gedrängt. Zu gleicher Zeit erbrach der Feind, von der Flottille im Hafen her, das Hafenthor. Aller Widerstand verschwand, die griechischen Krieger zerstreuten sich in den Gassen
der Stadt; die Verheerung des Sturmes folgte den
ihnen; etwa zwei tausend Bewaffnete waren ge= 29.
fallen, und sechszig tausend waffenfähige Männer Mai
empfingen in der Stadt die Ketten des Siegers. 1453
Nichts malt die Entartung dieses Volkes besser, als dieser Umstand! — Noch hielt sich ein Paläologe, Theodorus, in einem Thurme der Stadt; noch suchte der heldenmüthige Logothete Lukas No=

taras mit den Waffen in der Hand den Hafen zu gewinnen; allein der Erste fand den Tod, der Letztere Gefangenschaft auf seinem Wege. Constantinopel unterwarf sich, die genuesische Pflanzstadt Galata folgte, die prächtige Sophienkirche ward zur Moschee, und der Thron der griechischen Kaiser sank auf immer in Trümmern dahin.

Nicht ohne Theilnahme betrachtet die Geschichte die letzten heldenmüthigen Anstrengungen Constantins des Paläologen; er war eines besseren Schicksals werth. Doch während er selbst an der Spitze der Venetianer, der Genueser und einiger italienischen Haufen unter dem Befehle des päpstlichen Legaten, Cardinal Isodorus, der zum Abschlusse der so lange ersehnten Kircheneinigung zu ihm geeilt war, für sein undankbares Volk kämpfte, fluchte der verblendete Grieche der Hauptstadt ihm und seiner Verbindung mit den Lateinern. Fanatische Mönche und der Verräther Gennadius verleiteten das Volk durch die eitle Hoffnung, ein Todesengel werde den stürmenden Feind in der Stadt selbst vernichten, zur Unthätigkeit. Diesen Todesengel erwartete das Volk in dem Hofe der heiligen Sophienkirche, als der stürmende Türke unter Brand und Gemetzel darin eindrang. Das Volk war für die Knechtschaft reif, der sein Kaiser und einige ihm ähnliche Freunde den Opfertod vorgezogen hatten. —

Viele Griechen entsagten ihrem Glauben, andere, wie Notaras *) und den Protovestiarius Phranzes, richtete das Schwert des Siegers hin, noch

*) Er ward hingerichtet, als er seinen schönen Sohn der Wollust des Sultans verweigerte.

andere flohen; der Sultan bevölkerte die verödete Hauptstadt durch 6000 thrazische und asiatische Familien; den Kopf des heldenmüthigen Constantin ließ er auf die Spitze der Justinianischen Säule aufstecken, den Verräther Gennadius aber bekleidete er mit der neuen Patriarchenwürde; das Reich der Griechen verschwand (im 1123sten Jahre der Erbauung von Constantinopel, am 50sten Tage der Belagerung durch Mohamed II.) auf immer.

Morea und Trapezunt folgten dem Schicksale
der Hauptstadt. Zwar vertheidigte sich ein Paläo-
log mehrere Jahre lang muthig auf einer bei Patras liegenden Insel; zwar leistete Fürst Demetrius,
des Kaisers Bruder, in Misitra einen kurzen Widerstand, und sein Bruder behauptete sich zu Co- 1454
rinth; allein endlich wurden auch sie, mehr einer —
durch den andern, als durch die Türken, besiegt. 1460
Demetrius floh nach Italien; Fürst Thomas ward,
nachdem er sein Land verloren, nach Thrazien verwiesen. Das Reich der Comnener zu Trapezunt
vernichtete Mohamed durch seine bloße Erscheinung
(1461); der Kaiser David Comnenus ward zu Constantinopel, wohin er sich mit einem Jahrgehalte zurückzog, umgebracht. Athen überlieferte (1459)
seine Schlüssel, von seinem Fürsten, einem Florentiner, Acciajoli, verlassen; die Venezianer besetzten
Corfu, Negroponte, Argos und Napoli di Romania in Morea; die Genueser Scio und Mitylene, 1464
kleine griechische Fürsten standen zu Coron und Modon unter venezianischem Schutze: in Albanien behauptete sich Georg Castriota zu Croja, so lange er
lebte, Hunyad rettete Belgrad; die Türken herrschten in der Ebene Griechenlands; in den Gebirgen
behaupteten einige Stämme, wie die Mainotten,

ihre Unabhängigkeit; dieselben Stämme, von denen dereinst die Hoffnung besserer Zeiten hervorgehen sollte, wenn der Druck der Sklaverei das griechische Volk wieder gestählt, die Liebe des uralten Vaterlandes sie wieder erhoben, die Cultur Europens sie durch die Erinnerung an das Alterthum geläutert haben würde.

Culturgeschichte.

Elfhundert Jahre hindurch blieb das byzantinische Reich, während der Umbildung der Völker Europas und der aus dieser hervorgehenden Nacht, der Sitz eines Restes von wissenschaftlicher und künstlerischer Cultur, an der sich zuerst in Italien und Deutschland, später im ganzen übrigen Europa, das Licht einer neuen Cultur entzünden, und die dem Geschmacke einer neuen Welt die Richtung geben sollte. Seitdem Constantin seine neue Hauptstadt am Bosporus zum Sitze des Reichs erhoben hatte, schmückte sich diese mit dem Raube Roms, der Beute des alten Hellas. Prachtvolle Bauten zierten unter seiner Söhne, unter Theodosius und Justinian, Regierung Constantinopel. Wasserleitungen, Amphitheater, ein Forum (Augusteum) Romanum, ein Circus Maximus, der Hippodrom werden uns als kostbare Bauwerke geschildert; die neue Hauptstadt ward, wie Rom, in 14 Regionen getheilt, mit Statuen und Tempeln bereichert, und Justinian wird wegen seiner unmäßigen Baulust sogar mit Recht getadelt. Unter diesem Kaiser ward die Sophienkirche gegründet, das Vorbild zu einem ganz neuen

Style in der Architektur, der, aus Asien entlehnt, 537
bald unter dem Namen des Maurischen in Spanien,
unter dem des Gothischen in Deutschland, Italien
und England die größte Ausbildung erfahren sollte.
Später, nach dem neunten Jahrhunderte, verlor
sich jedoch unter theologischen Streitigkeiten aller
Sinn für edle Werke der Kunst, selbst in diesem un-
edleren Style. Dagegen gelangte die Skulptur und
die Malerei wieder zu einigem Ansehen, als man die
Heiligen in Statuen und Bildern nachzubilden an- 1000
fing. Freilich war alle Freiheit in diesen Nachbil-
dungen verloren: das Nackte mußte sich unter goldenen und mit Schmuck und Perlen beladenen Ge-
wändern verbergen, alle Aktion ging unter; die Ge-
sichtsbildungen selbst, gewöhnlich Nachahmungen
verehrter Priester, verließen die Gesetze der menschlichen Form und die Regeln der Aufstellung in der
Skulptur, die Perspektive, gingen völlig verloren.
Mit dieser Verschlimmerung hielt seit dem sechsten
Jahrhunderte die in den übrigen Künsten, der Stein-
schneidekunst, der Prägekunst und der Musik gleichen Schritt; Verschwendung und Pracht ersetzten
den Geschmack; nur die Mosaik blühte und erhielt einen Rest der alten Malerei aufrecht, die im
elften und zwölften Jahrhunderte durch Schüler griechischer Künstler in Italien zu neuem Leben erwachen sollte. Viel Prachtvolles dieser Art war, nach
Photius und Eusebius Berichten, in Constantinopel zu sehen. Ein goldener Grund und lebhafte
Farben bildeten hier, wie in der Malerei, den höchsten Reiz; dies gab in Italien der Schule Cima-
bues, in Deutschland der altkölnischen die Entstehung.

Wie in der Kunst, so verhielt es sich auch in der Wissenschaft. Der Ungeschmack waltete; indessen blieb ein dankenswerthes Halbdunkel doch hier zurück, zu einer Zeit, als finstre Nacht ganz Europa bedeckte.

Bis auf die Kaiserin Irene erhielt sich in den grammatischen Schulen doch eine Erinnerung an das klassische Alterthum. Die alte Sprache ward noch in gewisser Reinheit geschrieben *); Kirchenväter, wie Basilius, wie Gregor von Nazianz, wie Cyrillus, Augustinus, Photius, erinnerten durch ihre Beredsamkeit an bessere Zeiten; und in den Schulen legte man Aristoteles und die Neuplatoniker, Homer und die Tragiker, Euklid und die Fabeldichter mit Eifer aus. Scholien und Psychagogien (Erläuterungen) wurden verfaßt und manches Werk des Alterthums durch fleißige Mönche erhalten. Zugleich bildete sich durch die religiösen Hymnen, die Homilien, die Heiligengeschichten, ingleichen durch die erotischen Romane des Heliodoros, des Xenophon von Ephesus, und des Chariton eine eigene neue Literatur, und mit ihr eine neue Sprache, die von der alten Schriftsprache in dem Maße abwich, als die classische Literatur sich aus der Erinnerung des Volkes mehr und mehr verlor. Allein unter und nach Irene nahm die Finsterniß immer mehr überhand; die Conzilien dieser Zeit sind ihrer unglaublichen Unwissenheit wegen merkwürdig; auch

*) Bis in die letzten Zeiten des Reichs sprachen die vornehmen Constantinopolitanerinnen reines atheniensisches Griechisch.

der letzte Rest alter Wissenschaft schien verloren gehen zu sollen, und Leute, wie der Patriarch Tarasius, der Geschichtensammler Georg und der Bischof Theophanes konnten nun für Gelehrte gelten. Aus diesem trostlosen Zeitraume sind die wenigen auf uns gekommenen Schriftsteller: 1) Zosimus, der in sechs Büchern die Geschichte der Cäsaren bis auf Honorius beschrieb; 2) Prokopius aus Cäsarea, der Geheimschreiber, Sachwalter und Lehrer der Beredsamkeit zu Byzanz, schrieb die Geschichte der asiatischen Feldzüge Belisars, seines Herrn, und endlich, als er seiner Stelle als **Praefectus urbis** entsetzt ward, eine geheime Hofgeschichte Justinians und Theodoras; 3) Agathias über eben dieses Kaisers Regierung; 4) Theophylaktes Simokattus aus Aegypten über Kaiser Mauritius; 5) Nikephorus aus Constantinopel über die Vorgänge bis 770; 6) Johannes Scylitzes über die Zeiten von Irene bis Isaak Comnenus.

Nach dieser traurigen Periode kehrten unter Irenes Nachfolgern Basilius Macedo, Leo dem Philosophen, Constantin Porphyrogenneta bessere Zeiten wieder; der letztere war selbst ein über die Angelegenheiten seiner Zeit schätzbarer Schriftsteller. Gelehrsamkeit und Kenntniß gelangten unter diesen zu Aemtern und Würden, die Geistlichkeit fing an, die von ihr aufbewahrten Schätze des Alterthums wieder kennen zu lernen, die Rechtswissenschaft erwachte zu neuem Ansehen, bis endlich unter den Comnenen mit den würdiger werdenden Zeiten auch würdigere Geschichtschreiber aller Art erstanden. Jetzt wurde das Buch altindischer Weisheit, **Bidpai**, in

9*

Constantinopel übersetzt, jetzt erhielt die neugebildete Volkssprache (das Neugriechische) durch Simeon Sethos allgemeine Chronik das erste schriftliche Document; jetzt blühten Historiker, wie Cinnamus, der Lobredner Johann des Guten und Manuel I., der tiefe Zonaras und der liebenswürdige Niketas von Chonen; jetzt schrieb Anna, die Tochter des Alexis, selbst ihr über alle Geschichten ihrer Zeit so hoch stehendes Geschichtsbuch Alexias; Michael Psellus seinen geschmacklosen Abriß der Jurisprudenz in heroischen Versen, die seitdem als Nationalvers in die neue Sprache übergingen; Eustatius seine Scholien zum Homer und andere mehr. — Neben diesen, der alten Literatur angehörenden, Werken erhielt um 1150 das neuentstandene Idiom an Theodor Prodromos den ersten Dichter (Satyren). Diese bessere Zeit währte, bis die Lateiner durch die Eroberung der Hauptstadt dem eigenthümlichen Gange der griechischen Bildung ein Ende machten. Mit ihnen waren die feudalistischen Institute des Abendlandes, in Griechenland schon seit dem ersten Kreuzzuge bekannt, gesetzlich und allgemein eingeführt worden. Titel und Aemter wurden nun erblich; das Duell und das Gottesgericht, die Feuerproben, die Turniere, das Ritterwesen und das Lehnsrecht des Abendlandes verdrängten die einheimischen Institute des Rechts, die einheimische Literatur völlig. Eine neue, auf die Fabeln und Sagen des Abendlandes gegründete, Literatur kam in dieser Zeit auf. Es waren zuvörderst Nachahmungen der Erotiker, allein von einer neuen Ansicht der Dinge durchzogen. Heliodor und Achilles Tatius waren die Vorbilder, denen sie nachahmten. —

Aus dieser letzteren Zeit sind in der Wissenschaft fast nur Georg Akropolita und Gregor Pachymeres, zugleich als Staatsmänner und Gelehrte, ausgezeichnet; Kaiser Johann Cantacuzenos aber, Johann Dukas, Leo Diaconus, Codinus, Bandurius der Benediktiner und der Athenienser Nicolaos Chalcondylas gehören der folgenden Periode an.

Als Constantinopel endlich unter dem Schwerte der Türken fiel, waren griechische Flüchtlinge es, die die kostbaren Vermächtnisse der hellenischen Vorwelt in geretteten Schriften dem Abendlande zubrachten, welches das Andenken an sie um diese Zeit fast gänzlich verloren hatte. Zwar hatte schon früher Manuel Chrysolaras in Italien griechische Schriften verstehen gelehrt, und Johannes Argyropulos unterrichtete den Sohn und Enkel Cosmos von Florenz in seiner Sprache; aber diese Kenntniß blieb bis zu der Zeit, wo, nach Zerstörung ihres Vaterlandes, Theodor von Gaza, Johann Lascaris, Constantin Lascaris, Hermonymus, der Lacedämonier, Callistus, der Lehrer Reuchlins, Demetrius Chalkondylas, der den Homer zuerst drucken ließ, und Andere, sie im Abendlande ausbreiteten, fast eine geheime Wissenschaft, welche nun erst zu rechtem Leben und frischem Daseyn erwachte. Diesen Männern verdankte das Abendland die unschätzbare Erhaltung der Reste altgriechischer Literatur und mit ihr die Erinnerung an altgriechische Geistescultur und Größe. —

Die römische Rechtswissenschaft, welche unter den griechischen Kaisern eine ganz eigenthümliche Ausbildung erfahren hatte, und welche diese Zeit durch drei verschiedene Sammlungen, den Codex Theodosius des Großen, die Novellen und Institutionen Justinians und endlich die Basiliken oder das Kaiserrecht Basilius Macedos vermehrt hatte, drang aus dem byzantinischen Reiche mehr oder weniger in das Abendland ein und bildete fast überall in Europa die Grundlage einer neuen systematischen Gesetzgebung.

Die Kriegskunst hatte in dieser Zeit durch die Einführung des Schießpulvers, durch die Erfindung des Belagerungsgeschützes, von dem die Türken vielleicht zuerst in Europa Gebrauch machten und durch das wachsende Ansehen des Fußvolkes, das bei ihnen, wie bei den Römern, bald den Kern der Schlachtordnung bildete, die größten Veränderungen erfahren. Für das byzantinische Reich war der Mangel einer geordneten Kriegsverfassung eine der Hauptursachen des Unterganges, da das Söldnerwesen bei erschöpften Kassen von selbst zerfiel. Hätte das Reich sich auf eine Kriegsverfassung, wie die feudalistische im Abendlande, oder, wie bei den Türken, auf eine allgemeine Waffenpflicht stützen können, so würde es schwerlich den Streichen Beider (1204 und 1453) erlegen haben. Allein nichts dem Aehnliches stützte die morschen Trümmer dieses Reichs. —

Was wir sonst an Künsten und Erfindungen, wie die Cultur der Seide, den Gartenbau, was wir in der Schiffahrt, der Astronomie, der Mathematik, der Erdkunde, der Alterthumswissenschaft dem griechischen Reiche verdanken, übergehen wir hier, der Kürze wegen, mit Stillschweigen, und machen nur im Allgemeinen auf die, unter dem Gewirr theologischer Streitigkeiten hier und da erhaltenen werthvollen kirchlichen Schriften und religiösen Alterthümer aus dieser Zeit, aufmerksam.

Ende des zweiten Bändchens.

Allgemeine

Historische Taschenbibliothek

für

Jedermann.

Funfzehnter Theil.

Geschichte Griechenlands und der Türkei.

Geschichte des osmanischen Reiches, von seinem Ursprunge bis zu dem Frieden von Kainardgé 1774.

Drittes Bändchen.

Dresden
P. G. Hilschersche Buchhandlung.

Geschichte

Griechenlands

und der

Türkei.

Geschichte des osmanischen Reiches, von seinem Ursprunge bis zu dem Frieden von Kainardgé 1774.

Dargestellt
von

Wilhelm von Lüdemann.

Drittes Bändchen.

Dresden
P. G. Hilschersche Buchhandlung.

Vorwort.

Das dritte Bändchen der Geschichte von Griechenland umfaßt, dem für dieselbe festgestellten Plane gemäß, die Geschichte des osmanischen Reiches von seinem Ursprunge bis zu dem Wiedererwachen des griechischen Volkes; das vierte Bändchen führt diese Geschichte, parallel mit der der Griechen, bis auf unsere Tage fort.

Die Quellen der türkischen Geschichte sind nicht an Zahl, wohl aber an Ausbeute gering. Die wichtigsten derselben, außer den schon erwähnten byzantinischen Geschichtsschreibern (besonders Johann Dukas) und Gibbon, dem einzigen klassischen Geschichtsschreiber unter den Neuern, wollen wir hier näher bezeichnen.

Die erste Stelle nehmen 1) die Annales Sultanorum Othmanidarum a Turcis sua lingua scripti von Löwenklau ein. 2) Demetrius Kantemir, Geschichte des osmanischen Reiches (1734); deutsch, Hamburg 1745, der türkische Quellen zum Grunde liegen. 3) Chalcondylas, Hist. de la décadence de l'Emp. Grec et l'établissement de celui des Turcs, übersetzt und fortgesetzt von Vigenère, Paris 1620, ist an Material sehr reich. 4) Phil. Lonicer's Chronic. Turcic., Tom. III., Francf. 1578, besteht größtentheils aus einzelnen Schriften, z. B. über die Schlacht von Varna, die Eroberung Constantinopels. 5) Mignot's Histoire de l'Emp. Ottoman, bis zum Belgrader Frieden; 4 Bände, ist nicht ohne Vorsicht zu gebrauchen. 6) Petis de la Croix: Abrégé chronol. de l'hist. ottomane, Paris 1768, deutsch, von Schulz (1772; ungeachtet mancher Irrthümer doch brauchbarer, als: Knolles türkische Geschichte bis 1686, 2 Bde.) 7) Memorie istoriche de' Monarch. ottom. bis 1644, Bologna 1686; nicht ohne Werth. 8) D'Anvilles Empire Turc, Paris 1772, deutsch, von Büsching (1773); für das geographische Zu- und Abnehmen sehr bedeutend. 9) Mouradgea d'Osson's Tableau général, 2 Bde., Paris 1787 — 90, deutsch, von Beck (1788); ermangelt des historischen Theiles. 10) Cheniers Révolutions de l'Empire ottom., Paris 1789; von zweifelhaftem Werthe.

Außer diesen vorzüglichern Quellen *) beschäftigt sich eine große Anzahl von Werken mit

*) v. Hammer, in dem so eben erschienenen ersten Bande seiner „Geschichte des osmanischen Reiches" zählt auf funfzig türkische Historiker, zum Theil nur ihm zugänglich, her, unter denen die acht Paradiese des Mewlana-Idris, die „Krone der Geschichten" von Seadeddin (Saadudddin), übersetzt von Bratutti; der Dschemali, übersetzt von Gaultier-

einzelnen Perioden und Begebenheiten der türkischen Reichsgeschichte; diese übergehen wir jedoch mit Stillschweigen, eben so wie die Sitten und Länder schildernden Werke Lüdeke's (Beschreibung des türkischen Reiches), **Tott's Mémoires etc., W. Etons Survey of the Turkish Emp., Beaujours Tableau** und viele andere.

Alle diese Werke liegen in größerem oder geringerem Maaße der nachfolgenden Arbeit zum Grunde, in der es nur darauf ankam, den Leser in schneller Folge durch die verschiedenen Abschnitte der türkischen Geschichte hindurchzuführen; ihm zu zeigen, wie aus dem kleinen und kaum 400 Familien starken Lager turkestanischer Familien, im Laufe von zwei Jahr-

---

Spiegel und die chronologischen Arbeiten von Katib Tschelebi „der Hadschi Chalfa" die vorzüglichsten sind. —

hunderten ein Reich erwuchs, dessen Grenzen
hier die Ufer der Donau und Theiß, dort der
Tigris, hier die steyermärkischen Gebirge, dort
die Wasserfälle des Nil, hier der Dnepr, dort
der Indus bildete; ihm die Entstehung des 1200
Reiches von Iconium, des Reiches von Prusa, 1300
des Reiches von Adrianopel; darauf die Ero- 1400
berung von Constantinopel und des ganzen ehe- 1453
maligen Griechenlandes, den Anwachs der türkischen Macht bis zur Belagerung von Wien, 1529
die Blüthe des osmanischen Reiches unter Soliman dem Prächtigen; hierauf den allmäligen
Verfall der Institute, welche die türkische Macht
so schnell gegründet, das Sinken des kriegerischen Ansehens unter schnell auf einander fol- 1574 bis
genden unkriegerischen Regenten; sodann die 1623
augenblickliche Erhebung desselben unter drei
großen Groß-Vezieren, hierauf den noch tiefern 1648 bis
Fall durch ein eigensinniges Stillstehen neben 1675

täglich an Macht und Bildung wachsenden Feinden und das Verschwinden aller Kriegszucht und
alles politischen Volkslebens, durch die kurzsich-
bis tige Gewöhnung der Nation an sklavischen
1700 Gehorsam; sodann die Zeit immer sich erneuern-
der Verluste an Ländern und Kräften, welche
1700 kaum dann und wann von einzelnen Siegen
bis
1750 und Vortheilen unterbrochen werden: endlich
das Hinwelken in theilnahmenlose Lethargie
1774 und das Erwachen des unterjochten Volkes der
Griechen zu neuem Leben — vorzuführen, und
daraus die großen politischen Lehren zu entwik-
keln, an welchen die Geschichte des Aufblühens,
des Blühens und des Verblühens der osmanischen Macht so reich ist. Alles dieses in diesem,
verhältnißmäßig beschränkten, Raume in mög-
lichster Kürze zu leisten, war die Aufgabe,
welche bei dieser Arbeit vorlag.

Die von uns gewählten drei Zeitabschnitte

werden die dreifache Gestalt der türkischen Geschichte ziemlich genau bezeichnen; der letzte Theil derselben, die Zeit einer entschiedenen Lethargie, in der nur noch die Eifersucht der europäischen Mächte unter einander das versunkene Reich zu erhalten vermag, mußte für das vierte Bändchen zurückbleiben, welchem die Aufgabe vorliegt, die Geschichte des griechischen Volkes in unseren Tagen gleichzeitig mit der der hohen Pforte darzustellen. Da wir in jener Abtheilung für die Spezialgeschichte der Griechen in der Kürze bis auf die Eroberung Constantinopels zurückzugehen genöthigt seyn werden, so konnte in dieser Abtheilung dieselbe um so mehr übergangen und aller Raum ausschließlich für die türkische Geschichte vorbehalten werden, obgleich wir die Ansicht derer, welche das griechische Volk von dem Augenblicke an verschwinden lassen, wo die Hauptstadt in die Hände der Türken fiel, gar nicht für die richtige halten. Um gleich hier unsere abweichende Meinung anzudeuten, so geht dieselbe dahin, daß ein griechisches Volk, fast wie ein Staat im Staate, im osmanischen Reiche eigentlich immer fortbestand — daß dieses Volk seine eigenen, von der türkischen Geschichte unabhängigen Entwickelungsperioden durchging und als ein freiheitsuchender Volksstamm, nach dreihundertjährigem Schlummer wieder erstand, sobald seine Entwickelung den Grad der dazu erforderlichen politischen Reife erreicht hatte. —

Die Ausführung und historische Begründung dieser abweichenden Ansicht der Dinge wird, wie gesagt, die Aufgabe des vierten Bändchens dieser Geschichte bilden.

Dresden, im April 1827.

Der Verfasser.

Geschichte des osmanischen Reiches.

Tafel der wichtigsten Begebenheiten.

Erste Periode.

(Neun hundert Jahre.)

Bildung des türkischen Reiches, oder vom Ursprunge der türkischen Macht bis auf die Eroberung Constantinopels; von 550 bis 1453.

Erstes Hervortreten der Turkomanen .	550
Zeiten des arabischen Caliphats und der Emir al Omrahs . . . . . . bis	1000
Reich von Gazna am Indus und Ganges; Seldschuk und Thogrul . . . . 1039—	1063
Die Seldschukiden und ihr Reich . . .	1092
Neue türkische Horden am Sangar; seldschukische Fürsten in Bithynien. . .	1200
Osman in Kleinasien	1299
Orchan, Stifter der Janitscharen, Eroberer von Nikomedien und Nicäa	1339
Reich von Prusa	1360
Eroberung von Gallipoli in Europa . .	1358

Murad I. (Amurad) . . . . . . 1360—1389
Erobert Adrianopel 1361
Unterwirft ganz Kleinasien 1387
Großer Sieg bei Cassova 1389
Bajazid I. (Djilderun der Blitz) bis . . 1402
Unterwirft die Bulgarei, Widdin, Bosnien, die Walachei, Slavonien, berennt Constantinopel und dringt in den Peloponnes ein.
Schlacht bei Nikopolis 1396
Niederlage bei Ancyra (Angora) . . . 1402
Zehnjährige Anarchie und Bürgerkriege bis 1413
Mohamed I. den Thron besteigt bis . . 1421
Murad II. von . . . . 1421—1451
Unglückliche Belagerung von Belgrad; Joh. Hunyad und Georg Castriota . 1439—1444
Sieg bei Varna 1444
Sieg bei Cassova über Hunyad . . . 1448
Mohamed II. von 1451
Erobert Constantinopel 1453

Zweite Periode.

(Einhundert und dreizehn Jahre.)

Blüthe des osmanischen Reiches. Von der Eroberung Constantinopels bis auf Selim II.; von 1453 bis 1566.

Mohameds zwanzigjährige Siege bis . . 1481
Eroberung der Krimm, des Peloponnes, Serbiens, Otrantos, Albaniens . . 1475
Belagerung von Rhodos 1480

Bajazid II. unglückliche Regierung bis . 1512
Selim I. Kriege mit Persien und Egypten; Dynastie der Sophis, Abfall Egyptens; Ursprung der türkischen Seemacht . . 1519
Soliman der Prächtige, von . . 1520—1566
Erobert Belgrad und Rhodos 1522
Kriege in Ungarn; Sieg bei Mohacz . . 1526
Belagerung von Wien 1529
Mosul, Bagdad, Bassora erobert . . 1530
Unglückliche Belagerung von Maltha . . 1565
Belagerung von Sigeth, Solimans Tod . 1566

Dritte Periode.

(Zwei hundert und acht Jahre.)

Zeit des Verfalles, oder von Selim II. bis auf den Frieden von Kutschuk-Kainardgé; von 1566 bis 1774.

Selim II. Versinken des Regentenstammes; Selim regiert von . . . . . 1566—1574
Waffenstillstand mit Deutschland und Persien 1568
Eroberung von Cypern 1572
Schlacht bei den Curzolarischen Inseln; Niederlage bei Lepanto 1571
Verlust von Bagdad; Schach Abbas . . 1585
Friede mit Persien; Verlust von Erivan . 1638
Krieg in Ungarn; zwanzigjähriger Waffenstillstand 1606
Verlängert 1627
Murad III., Sohn Selim II., von 1574—1595

1 *

Mohamed III., sein Sohn, von . 1595—1603
Achmed I., sein Sohn, von . . 1603—1617
Mustapha I., sein Bruder, entthront . . 1618
Osman II., Achmeds Sohn, erdrosselt . 1622
Mustapha I., von Neuem entthront und erdrosselt 1623
Murad IV., Achmed I. Sohn kräftige Regierung, von . . . . 1623—1640
Ibrahim I. erdrosselt 1648
Candianischer Krieg bis 1669
Siebenjährige Anarchie; Mohamed IV. 1648—1687
Mahomed Kiuprili, Groß-Vezier; sein Sohn Achmed Kiuprili; Kriege in Ungarn; Niederlage bei St. Gotthard . . . 1664
Zwanzigjähriger Waffenstillstand; Unterwerfung der Kosaken am Dnepr . . 1678
Unglücklicher Krieg mit Rußland . . . 1680
Verderblicher Zug nach Wien 1683
Niederlagen im Norden; Verlust von Morea 1681
Empörung in Constantinopel 1687
Niederlage bei Mohacz 1687
Mustapha Kiuprili, Groß-Vezier . . . 1689
Soliman II., Mohamed IV. Bruder v. 1687—1691
Sieg bei Nissa, Eroberung von Belgrad . 1691
Achmed II., Kaiser, bis 1695
Mustapha Kiuprili bleibt in der Schlacht bei Salankemen 1691
Mustapha II.; Mohamed IV. Sohn v. 1695—1702
Asow geht verloren 1696
Eugens großer Sieg bei Zentha . . . 1697
Waffenstillstand von Carlowitz 1699
Siebenbürgen, Ragusa, der Peloponnes ge-

Geschichte des osmanischen Reichs.

Einleitung.

Das Reich, dessen Geschichte wir darzustellen unternehmen, erstreckt sich zwischen dem 34° und 68° der Länge und dem 29° bis 68° der Breite über einen Theil der schönsten Provinzen Europas, Asiens und Afrikas, im Ganzen mit 42,000 geograph. Quadratmeilen Flächenraum und 24 Millionen Einwohnern hin. In Europa bilden Rußland, Siebenbürgen, Ungarn und Gallizien die nördliche, Dalmatien, das adriatische und mittelländische Meer die westliche, der Bosporus, das schwarze Meer, der Archipel die östliche, das Mittelmeer mit seinen Inseln die südliche Grenze. Die asiatische Türkei wird im Norden vom schwarzen Meere und dem Caucasus, im Osten von Persien, im Süden von Arabien und dem persischen Meere, im Westen von der Landenge Suez, den Dardanellen, dem Mittelmeere begrenzt; die zweifelhaften Besitzungen in Afrika schließt südwärts die nubische Landschaft, nordwärts das Mittelmeer, westwärts das Land der Raubstaaten, die jedoch in dem Padischah ihren Schutzherrn erkennen, ostwärts das rothe Meer ein.

Die europäische Türkei (Rumeli) zerfällt in:

1) Bosnien, welches die vier Sandjaken Bosnien, Montenegrien, Ertschek und Novi-Basra enthält.
2) Servien.
3) Bulgarien, das die vier Sandjaken von Silistria, Rutschuk, Widdin und Sophia umfaßt.
4) Albanien, zu dem der Sandjak von Scutari (Scodra), Avlona, Delvino und Janiah (Janina) gehört.
5) Rumeli im engeren Sinne, das
   a) Thrazien, den Sandjak von Tchirmen, von Kirk-Klissa, von Viza, von Gallipoli umfaßt.
   b) Macedonien, von dem die Sandjaken von Pristina, von Uscup, von Kustendil, von Seres, von Salonichi, von Monastir, von Ochrida Unterabtheilungen sind.
   c) Griechenland, das in Thessalien (Sandjak von Tricala), Livadien (Sandjak von Negropont, von Lepanto [Enebechte, Naupactus], von Carl Ili) und Morea zerfällt.

Hier in Rumeli zeichnet sich Stambul, die ungeheure Hauptstadt des Reichs am Bosporus, mit einer Million Bewohnern und 5000 Gotteshäusern aus; hier liegt Edrene (Adrianopel), für den Handel günstig; hier blüht der reiche Küstenzug von Silivri, Rodosto und Gallipoli, hier drohen die Dardanellenschlösser, hier liegt Belgrad, hier bereichert Salonik, in dessen Nähe der Athos hervorragt, eine fruchtbare Landschaft; die reiche Jenischehr (Larissa), Athen (Atina), Istifa (Theben) zeichnen hier sich aus, während in Morea von den hundert Städten des alten Peloponnes kaum in Anaboli (Napoli), in Patras, in Tripolizza, in Kordos (Korinth) eine schwache Bevölkerung zurückgeblieben ist, und die Gebirge Mainas, des Olymp, des Parnassus, des Oeta und Acrocenauriens hundert tausend freie griechische Krieger verbergen. Janina ist die reichste Stadt Albaniens; Preveza und Vonizza beherrschen den Meerbusen von Arda.

Die abhängigen Fürstenthümer der Moldau (Bogdan) mit der Hauptstadt Jassy (Jasch) und der Walachey (Eflak) mit der Hauptstadt Bukarescht bilden den Uebergang aus dem christlichen Europa in die Türkei. —

Die Inseln des Archipel, die Cycladen, die Sporeaden, Rhodos, Creta (Kirid), Samothrace (Semadrec), Lemnos (Lemeje), Delos (Ilige), Paros (Bara), Tenedos (Bodja), Lesbos (Medilli), Samos (Susam), Euböa (Egribos), Hydra (Djamlidja) und viele andere trennen die europäische Türkei von Asien.

Die asiatische Türkei zerfällt in:

a) Natoli (Anatolien), wo die einst reiche Brusa (Bursa), Kiutahia, die blühende Ismir (Smyrna), Sciudar (Scutari), der großen Stambul (Constantinopel) gegenüber, Scivas, Tarabosan (Trapezunt) am schwarzen Meere, die Dardanellenschlösser, Cypern mit 100,000 Einwohnern.

b) Soria (Syrien, Scham), wo die große und gewerbreiche Haleb (Aleppo), St. Acre (Ptolemais), am Fuße des Karmel, Damask mit 200,000 Bewohnern, Solima (Jerusalem),

Gaza, das Land der Drusen und der Maroniten.

c) Mesopotamien (Al Dschesira) mit Diarbekr am Tigris und der gewerbreichen Mussul, fruchtbar und heiß.

d) Georgien (Sa Atabego) mit der Hauptstadt Agelzige, gebirgig und rauh.

e) Turkomanien (Irak Arabi) mit Kurdistan und Armenien, wo die große Erzerum, Wan, Schiraz, Bagdad am Tigris mit 100,000 Einwohnern; die alte Basra, der Stapelplatz Asiens, der Sitz der Gewerbe.

In Arabien, dem durch den Kaffeebaum und edle Rosse ausgezeichneten Lande, gehorcht Dschidda und Jambo, nebst einigen Inseln, Mecca und Medina, der hohen Pforte.

Was in Afrika dem türkischen Sultan noch gehorcht, ist, seitdem Egypten fast unabhängig geworden ist, zweifelhaft. Doch bezahlt der Pascha noch jährlich seinen Tribut und nimmt an den Kriegen der Pforte, als Vasall, Theil. Hier bilden das üppige Nilthal mit den Wüsten des inneren Landes scharfe Gegensätze. Tunis und Tripolis erkennen den Sultan als Schutzherrn.

In diesen weiten, schönen und schlecht bevölkerten Ländern, welche das türkische Reich bilden, könnte eine wohlgeordnete und kräftige Regierung ein gewerbthätiges Volk zur höchsten Blüthe des Wohlstandes erheben. Alle Produkte der Erde würden in seinen, nach Lage, Clima und Luftbeschaffenheit mannichfach wechselnden Provinzen trefflich gedeihen: Gebirge und Ebenen, kühle Küsten und heiße Landstriche wechseln auf das Günstigste, und die Meere und Flüsse sind an allen Erzeugnissen reich; allein die Regierung ist in sorgloser Despotie versunken, und das Volk ist unter der willkührlichen Herrschaft roher Paschen unglücklich. Diese regieren die Provinzen mit unbeaufsichtigter Machtvollkommenheit und erkennen nur — und häufig auch ihn nicht — den Divan zu Constantinopel über sich; denjenigen Staatskörper, bei dem gesetzlich die höchste Regierung des Reiches ruht. Denn so unbeschränkt der Sultan auch durch seine Hattischerifs (Mandate) in persönlichen Angelegenheiten regiert, so sind die großen Reichsangelegenheiten, Krieg und Frieden, Bündniß, allgemeine Gesetze und Auflagen doch der Berathung und Genehmigung des Divans unterworfen, und der Padischah selbst hat in diesem, als Präsident, nur eine einzelne Stimme. Diese große Körperschaft besteht aus einer Anzahl hoher Reichsbeamten, die von Rechtswegen darin Sitz und Stimme haben. Der erste unter diesen ist, nächst dem Groß-Vezier, der Mufti, das Oberhaupt des Ulema (des Corps der Geistlichen und Gesetzverständigen). Ohne sein Fetwah (Ausspruch) wird nicht leicht ein Krieg erklärt, ein allgemeines Gesetz gegeben. Außer ihm sitzen im Divan eine Anzahl Effendis, der Scherif, als Oberhaupt der Emirs (Nachkommen des Propheten), der Kapudan-Pascha (Herr der Inseln und des Seewesens), der Aga der Janitscharen, der Stambul-Effendissi (Gouverneur der Hauptstadt), die Kadilaskiers von Rumili und Anatoli (Kriegsrichter), der Kapi-Aga und der Kislar-Aga (die Häupter der schwarzen und weißen Verschnittenen). — Außer diesem höchsten Staatskörper hat jeder der verschiedenen Minister, der Reis-Effendi oder Chef des Auswärtigen, der Defterdar oder Schatzmeister, der Kapudan-Pascha, der Groß-Vezier, der Janitscharen-Aga, seinen eigenen Divan. — Wie der Mufti das Haupt der mosleminischen Geistlichkeit, so ist er auch der oberste Richter des Reichs; die Cadis oder Richter selbst sind Geistliche, und verweisen appellirende Parteien an ihn; der Koran ist sein Gesetzbuch.

Der Patriarch von Constantinopel ist das Haupt der griechischen Geistlichkeit; Cabale und Bestechung, mehr als Gelehrsamkeit und achtenswerthe Eigenschaften, führen zu dieser gefährlichen Würde.

Außer dieser Stelle besetzt die Pforte die Hospodarenämter der Moldau und Walachey mit griechischen Christen; die, wie alle Nicht-Muhamedaner (Rayahs), der Kopfsteuer (dem Karadsch) unterworfen sind. — Ueber jedes Gesetz, aber nicht über die Vorschriften eines strengen Ceremoniels und des Herkommens erhaben, herrscht der Padischah, der Großherr; seine Familie schmachtet in den Kerkern des Serails. Nur die Furcht vor einer ungezügelten Soldateske, welche Jahrhunderte daran gewöhnt haben, sich alles zu erlauben, und vor dem Corps des Ulema, die als die Inhaber der Gesetzes- und Religionskunde in hohem Ansehen bei dem Volke stehen; bisweilen auch die Drohung des Mufti, dessen Vorgänger mehr als einmal durch die Erklärung über den Thron verfügt haben, der Sultan sey kein echter Muselmann — nur diese Furcht setzt seiner Willkühr über Leben und Tod, Vermögen und Freiheit seiner Unterthanen und seiner Diener, deren Erbe er ist, Grenzen. —

Erste Periode.

(Neun hundert Jahre.)

Bildung des türkischen Reichs. Vom Ursprunge der Osmanen bis auf die Eroberung Constantinopels; von 550 bis 1453.

Im Norden des kaukasischen Gebirges, zwischen dem schwarzen und dem kaspischen Meere, und im Osten des Flusses Gihon oder des Oxus, bis hoch hinauf an den Ufern des Irtisch, so weit die Hochebene Asien sich ausdehnt, wohnte von den ältesten Zeiten her bis auf unsere Tage das Volk der Turkomanen, welche Europa mit einem anderen Namen auch Tataren nennt. Durch physischen Charakter, Lebensweise und Sprache unterscheidet es sich, in wie viele Zweige es auch unter sich zerfallen möge, von den nordöstlich von ihm wohnenden mogolischen Stämmen, so wie von allen Völkerschaften, welche im Westen des Caukasus und im Süden des Oxus Wohnsitze haben. Alle Fehler und Tugenden eines kriegerischen Hirtenvolkes, voll Muth und Wandertrieb, zahlreich, mannhaft und zu Roß unermüdlich, sonst stolz und unbändig, träge und gastfrei — dies sind die Grundzüge im Charakter der turkomanischen Volksstämme. —

Bei dem Völkergedränge, welches kurze Zeit
vor Muhamed (um 550) die Nationen in Nord- 550
asien, am Altaj, ergriff, traten diese Stämme zuerst in Berührung mit den Arabern, mit dem byzantinischen Reiche. Doch beschränkten sich die
Wirkungen dieser Bewegung mehr auf den Nor- 580
den Asiens, und wechselten gleich um diese Zeit schon Gesandschaften zwischen dem Hofe der griechischen Kaiser und dem Großchan der türkischen Horden, so lief doch alles nur auf einige gemeinschaftliche Streifereien gegen die Perser hinaus und die Geschichte hat wenig davon aufbewahrt

Doch als der Thron des Caliphen am Tigris
in Schwäche zu versinken anfing; als die Fürsten um
der Gläubigen ihre Leibwache mit turkestanischen 700
Jünglingen, seit Kurzem erst zum Islam bekehrt, zu verstärken sich genöthiget sahen; da ward der Name der Turkomanen *) bald auch mit Furcht und Besorgniß am Euphrat und am Nil genannt. Türkische Söldner bildeten den Kern des Heeres in den ostasiatischen Provinzen des Caliphats. Feldherren und Statthalter entsprangen aus ihren Reihen, und die Landsleute halfen ihrem Führer nicht selten, von dem Caliphen sich unabhängig zu machen. So entstanden allmählig in Egypten, in Syrien türkische Dynastien, unabhängige Fürstenthümer, und der Sitz des Reiches selbst, der Thron

*) Turk-Iman, gläubige Türken, so hießen sie, seitdem Salur (960) mit 2000 Familien den Islam angenommen hatte.

des Caliphen war nicht selten in der Willkühr seiner türkischen Leibwache. Dennoch bildete sich aus
allen diesen Umwälzungen kein dauerndes Reich;
die Eifersucht zerstörte alle diese vergänglichen Fürstenthümer bald wieder, und selbst der Einfluß des
türkischen Emir ol Umerah (Fürsten der Fürsten),
900 des ersten Staatsbeamten des Caliphats, gab keiner
bis dauernden türkischen Dynastie Entstehung. Zwar
1000 hatte sich Taher, ein türkischer Emir, Chorosans,
Jacob Persien, Achmed, Tuluns Sohn, im neunten Jahrhundert, Egyptens bemächtigt; allein erst
mit dem Eindringen neuer turkestanischer Horden
aus dem Nordosten Asiens sollte sich das Schicksal dieses Erdtheils entscheiden. Diese türkischen
Reiche waren wieder untergegangen; der kräftige
Caliph Moktader hatte sogar gegen die Herrschaft
des Emir ol Umerah siegreich gestritten, als To-
grul-Beg, der Enkel des Türken Seldschuk, als
1055 Nomade erwachsen, den durch die Bujiden bedrohten Thron des Caliphen Briemrillah umstürzte.
Die Seldschuken, seine Anhänger, überwältigten die
Bujiden, eroberten Syrien und Kleinasien, entris-
1063 sen dem Sultan von Gazna die östlichen Provinzen des ehemaligen persischen Reiches und waren
bald in ganz Vorderasien der mächtigste Stamm.
Das griechische Reich selbst fühlte diesmal die Erschütterung Asiens mit. Drei siegreiche Fürsten
folgten einander auf dem seldschukischen Thron.
Thogrul hatte in seinem Brudersohne Alp-Arslan einen sieggewohnten Nachfolger, und dessen
1072 Sohn, Maleck-Schach, war in den Waffen noch
bis größer, als beide. So ward das Reich von Iko-
1092 nium gegründet, das sich zwei hundert Jahre hin-

durch gegen den griechischen Kaiser und gegen die Kreuzfahrer blutig, doch glücklich, behauptete.

Endlich ging jedoch die von Malek-Schach gegründete türkische Dynastie im Sturme der Mogolen zu Grunde. Diese erschienen zu derselben Zeit, als der seldschukische Sultan zu Iconium, Ala-Eddin-Kobad, an den Schaaren Orthogruls, des Anführers einer neuen, vom Gihon herübergekommenen turkomanischen Horde, einen willkommenen Bundesgenossen fand. Doch waren seine 25,000 streitbaren Männer gegen die halbe Million vom Altaj hergekommener Mogolen zu schwach. Gajat-Eddin-Cosru, der Sultan, floh vor ihnen, die Türken Ortogruls zerstreuten sich in die Gebirge des Taurus und des trojanischen Ida, wo einst die Isaurier ihre wilde Freiheit behaupteten, und fingen an von den benachbarten Staaten des griechischen Throns, von dem weisen Alexis selbst Cultur und Sitte anzunehmen.

Unterdessen war unter Masud II. und Ala-Eddin-Kawus, dessen Neffen, der seldschukische
Thron zu Ikonium völlig zusammengestürzt, die 1200
Mogolen waren die Herren in ganz Vorderasien, die geretteten Schaaren Orthogruls lagerten, 400 Familien stark, unbemerkt am Sangarflusse; dies war der Anfang einer Macht, die binnen zwei Jahrhunderten sich von den Ufern der Donau bis an die Wasser des Tigris erstrecken und einen großen Theil Europas und Asiens umfassen sollte.

Osman I., bis 1326.

Orthogruls Sohn, Othman (Osman), der dem Stamme der oguzischen Türken den Namen

1290 gab, benutzte das Zurückweichen der mogolischen
Stämme unter Cazan, und die daraus entstehende
Anarchie unter ihnen, um durch Heldenmuth, Religion, Beutelust und Glück begeistert, seine Fahne
über die nächsten Landschaften um den Ida her
auszubreiten. Derwische begleiteten ihn, und begeisterten durch die Aussicht auf das Paradies seine
1299 Krieger zu Heldenthaten. Bald hatte er im innern Bithynien einen kleinen Staat zusammen-
erobert, zu dessen Hauptstadt er *) Brusa, am
1303 Fuße des mysischen Olympus, erhob. Die Ebenen umher lagen wüst; die Gebirgspässe, welche
nach dem Bosporus zuführten, waren durch die
Schwäche des griechischen Thrones durch Geiz und
Nachlässigkeit unbesetzt; kein Widerstand zeigte sich
weit und breit. Durch List und Trug bemächtigte
sich Osman Jahissars **), vertrieb durch seine Waf-
1326 fen die letzten Reste der Mogolen aus Iconium,
Jahr unterwarf die in Bithynien Zurückbleibenden und
der starb, nachdem er das neue Reich so auf einem
Hed- nicht verächtlichen Grunde aufgeführt hatte (1326),
gira. seinem Sohne Orchan die Zügel einer gefürchteten
726 Gewalt hinterlassend.

Orchan I., von 1326 bis 1360.

Dieser nahm mit dem Reiche zugleich den Titel eines Sultan an, statt dessen seine Vorfahren sich mit dem der Emirs begnügt hatten; führte eine Hofordnung voll Pomp und Pracht ein und gründete in Brusa eine glänzende mit Moscheen, Bazars und Hans gezierte Residenz. Hierauf un-

*) Oder sein Sohn Orchan (Urchan).

**) Karadjahissar.

terwarf er, groß in den Waffen, wie sein Va- 1327
ter, Nicomedien, besiegte den Kaiser Andronikus bis
bei Nicaea, nahm diese Stadt nach zweijähriger 1339
Belagerung ein, setzte türkische Beamte, Paschas
und Cadis über die eroberten Provinzen, gründete
die militärische Einrichtung seines Heeres, dem er
zuerst aus Armeniern und Christensklaven ein Fuß- 1339
volk schuf (da der echte Türke nur zu Pferde zu
dienen gewohnt war) und setzte sich durch List in 1338
Besitz der letzten seldschukischen Länder, der Provinz Pergamus und der Küsten Kleinasiens. Ganz Vorderasien gehorchte ihm nun; nur hier und da hielt sich noch eine griechische Burg; nur Cilicien gehörte noch zum Theil dem Sultan von Egypten; schmale Striche an den Küsten und die Inseln allein waren alles, was dem griechischen Reiche in Asien blieb, das, in sich durch Bürgerkrieg zerrissen, nicht daran denken durfte, dem türkischen Sieger Widerstand zu leisten. Diesen trennte endlich nur noch das Meer von Europa und der Mangel an Schiffen nur hielt ihn ab, mit seinen Schaaren, was jenseit des Meeres lag, aufzusuchen. Da fuhr Orchans Sohn, der kühne Soliman, bei einem Streifzuge auf drei Flößen, welche Kork und Blasen über dem Wasser erhielten, über die Propontis. Er nahm Sestos 1338
(Hamni) durch Ueberraschung ein, sandte Fahrzeuge und Bootsleute an das andere Ufer hinüber, welche ihm 4000 Türken zuführten, mit denen er Gallipoli einnahm.

In den Besitze dieser bedeutenden Erwerbung sicherte Orchan das Bündniß, das er mit dem Kaiser Cantacuzenos einging. Dieser, von der verwitweten Kaiserin Anna im Mitbesitz des Thrones bedroht, rief Orchans Hülfe an. Der Sultan sandte Hülfsvölker nach Thrazien, welche in sechs Jahren Macedonien und Servien verwüsteten und die eroberten Festungen für sich besetzten. Hierauf vermählte Cantacuzenos, durch Orchans Hülfe siegreich, diesem seine Tochter Theodora zu Silivri feierlichst.

Unterdessen gründete Soliman, troz des mit dem griechischen Reiche geschlossenen Friedens, seine Macht immer fester in Thrazien, das ein Erdbeben verwüstet hatte, durch asiatische Colonien und behauptete sich, troz der Klagen des Kaisers, troz seiner persönlichen Beschwerden bei Orchan, in Gallipoli und Tsympe. Die neuen Kämpfe zwischen Cantacuzenos Sohn, Mattheus, und dem Kaiser Johann Palaeologus unterstützen Solimans Plane; ganz Thrazien fiel in seine Gewalt, und im Jahre 1360 erlag, nach einer neunmonatlichen Belagerung auch Adrianopel seinem Kriegsglücke.
1360 Hier starb er jedoch an den Folgen eines Sturzes vom Pferde, und zwei Monate darauf folgte ihm sein Vater. Er war der erste Sultan, der zu Bursa begraben wurde.

Mit Recht gilt Orchan für den Gründer der osmanischen Macht. Er richtete das Heer auf ein bestimmtes Rekrutirungssystem ein, ließ Münzen prägen, führte den Sold im Heer ein, lehrte die Kunst, Städte zu belagern und Maschinen zu bauen, und verstärkte seine Waffenmacht zuerst durch jung angeworbene und für den Kriegsdienst erzogene Christensklaven, aus denen gemeinhin die größten Männer des neuen Reiches hervorgingen. Seine Politik war weise: meistens zwang er eine Provinz erst zur Bundesgenossenschaft, ehe er ihr sein Joch auferlegte, der Gehorsam folgte so von selbst; kurz, er besaß das Geheimniß eines Staatengründers im vollsten Sinne des Worts. Ihm folgte sein Sohn.

Amurad I. (Murad) von 1360 bis 1389.

Murad I. vollendete, was sein Vater begonnen hatte; die Ausbildung des Heeres, als dasjenige Institut, worauf bis jetzt noch allein die Macht des osmanischen Staates beruhte, ward unter ihm vollendet. Er schuf die Janitscharen aus dem dem Sultan gehörenden Fünftel aller Christensklaven, und gab ihnen Sold, Kleider und Wohnung. Ihre Kinder, im Islam erzogen, bildeten den ersten Stamm dieser neuen Truppe *), die, 10,000 Mann stark, vom Mufti zum Siege für Mohamed eingesegnet, und von Führern befehligt, welche am Hofe des Sultans selbst gebildet waren, bald zu einer unbesiegbaren Heeresmacht anwuchsen. Sie waren die beste, ja die einzige gute Infanterie ihrer Zeit in Europa, und so sind ihre Siege eben so wenig zu bewundern, wie in alter Zeit die der Phalanx Philipps, oder später die der Schweizer es waren. Durch Vertheilung kleiner Lehnsgüter schuf Amurad weiter die Timarioten **), welche dafür zum Kriegsdienst ein Pferd und einen oder mehrere Knechte (Spahis) zu unterhalten hatten. Allen diesen setzte er einen Aga vor, einen der ersten Beam-

*) Das bedeutet der Name Jeni-Djeri.

**) Vom Griechischen τιμή (Ehre, Preis, feudum).

ten seines Reiches und theilte sie in Odas, welche jede ihre Rekruten erzog.

Diese treffliche Einrichtung des Heeres, in der, neben der religiösen Begeisterung, das Geheimniß von der türkischen Macht zu suchen ist, setzte Murad früh in den Stand an Ausbreitung und Befestigung seiner Eroberungen zu denken.
1362 Zunächst verlegte er seine Residenz aus Bursa nach Adrianopel, nach Europa und in die Nähe der zu meist bedrohten Provinzen seines neuen Reiches. Doch mußte er selbst bald nach Asien zurückeilen, um eine Empörung zu dämpfen, in der mehrere Statthalter sich unabhängig zu machen gehofft hatten. Schnell waren sie besiegt, um so mehr, als Kaiser Johann Paläologus dem eiligen Sultan den Weg über die Meerenge einräumte. Auf eben demselben Wege kehrte er sodann zurück, schlug die Servier, nahm Pherä und ehelichte die Tochter des geschlagenen Fürsten Lazarus, den er schonte. Bulgarien ward nun völlig von ihm unterworfen und mit Steuern belegt. Mit dem griechischen Kaiserhofe im Bunde, konnte er seinen Eroberungen in Asien neue Provinzen hinzufügen. Was an unabhängigen Emirs dort noch vorhanden war, unterwarf er durch List, Bündniß oder Waffengewalt. Er besiegte Tscherman (Karaman) Oglu in Cilizien,
1381 und gewann durch die Vermählung seiner Tochter mit seinem Sohne Bajazid ganz Phrygien, Kutaje, Agrigos und Tuschanlik. Ja, Hamid-Oglu,
1387 der Emir von Amihda, unterwarf sich ihm, als dem Gesandten Gottes (so hatte Murad sich zubenannt) freiwillig.

In Europa wurden die kleinen Fürsten, zwi-

schen Ungarn und dem griechischen Reiche, einer nach dem andern leicht bezwungen. Zwei Mal hatte Murad jedoch mit inneren Empörungen zu kämpfen, die er indeß glücklich genug unterdrückte. An der Spitze der ersten stand sein eigener Sohn Kontuses *), im Vereine mit Andronikus, dem Sohne Kaiser Johanns. Diese beiden jungen Helden hatten gemeinschaftlich über die Servier, Siebenbürger und Walachen bei Zermend einen
Sieg erkämpft, während Johann und Murad in 1387
Asien abwesend waren. Der Sieg reizte sie zur Empörung, sie trachteten gemeinschaftlich nach den Thronen ihrer Väter. Allein von ihren Heeren verlassen, sahen sie sich beide bald genöthigt, sich dem erzürnten Sultan in Demotica zu ergeben. Dieser ließ seinen eigenen Sohn blenden und sandte Andronikus zur Bestrafung an seinen Vater; hier kam der Jüngling mit dem Verluste eines Auges davon. Doch Manuel, sein zweiter Sohn, dem Joh. Paläologus nun den Thron überließ, mußte Thessalonich an den hierdurch beleidigten Sultan heraus
geben, und diesem Tribut und Gehorsam geloben. 1389

Wenige Jahre nachher war endlich einmal eine Verbindung unter den kleineren Fürsten des östlichen Europas gegen die Eroberungen der Osmanen zu Stande gekommen, und Lazarus, Fürst der Servier, führte die vereinten Walachen, Ungaren und Albaneser in den Kampf. Murad, dem sein Feldherr Karad-Emir trefflich vorgearbeitet hatte, nahm die Schlacht an und siegte nicht ohne Mühe bei Cassova in einem entschei-

*) Türkische Historiker nennen ihn Saudschi. S. v. Hammer I. S. 190.

denden Kampfe über die Verbündeten. Nach errungenem Siege ward er jedoch von einem verwundeten Servier, auf dem Schlachtfelde umhergehend, ermordet und starb, wenige Stunden nach beendigter Schlacht.

Murad war durch Strenge und Gerechtigkeit der Schrecken seiner Feinde und seiner Freunde. Er war fromm, sorgsam und unermüdlich thätig für das, was er für das Beste seines Volkes hielt; wohlthätig und gütig gegen Jedermann, hinterließ er den Ruhm eines glücklichen Feldherren, eines gerechten Herrschers und des Stifters vieler Schulen (Medras), Hospitäler (Imarets) und milden Anstalten. Sein Leichnam ward nach Bursa in das Grabgewölbe seiner Vorfahren geschafft; über ihm ließ Bajazid eine prächtige Turbe (Grabmahl) errichten. Nach ihm bestieg sein Sohn,

Bajazid I., von 1389 bis 1403

den Thron. Die Geschichte hat diesem Fürsten, von seiner großen Thätigkeit und schnellen Kriegsführung erstaunt, den Beinamen Djilderim oder der Blitz gegeben. Kaum hatte er, von dem Heere zum Kaiser ausgerufen, den Aufstand seines Bruders Jacob Tschelebi mit seinem Tode bestraft *), und den Despoten Lazarus den Manen seines Vaters geopfert, als er sich unter dem Vorwande des ausgebliebenen Tributs, der Staaten seines Schwiegervaters Tscherman-Oglu bemäch-

*) Seit dieser Zeit wurde der Brudermord Reichsgesetz bei jeder Thronbesteigung. S. von Hammer I, 216.

tigte. Hierauf schlug er Stephan, Fürsten der
Moldauer, bei Rasbor am Sireth, bezwang sodann Caramanien, das er mit Blitzesschnelle eroberte, besiegte Caraman-Oglu, den Emir des Landes bei Kutaje, überzog Armenien, nahm einen
Theil des Landes ein, und vereinigte Erzerum mit 1393
seinem Reiche. Hierauf kehrt er im Fluge nach
Europa zurück, erobert das noch übrige Servien,
Silistria, Nikopolis, Widdin, läßt Bosnien und
Slavonien durch seine Heerführer in Besitz nehmen,
und sendet andere nach Griechenland, während er
selbst sich anschickt, Constantinopel durch Hunger
zur Uebergabe ohne Schwertstreich zu vermögen. 1391

Da sah König Sigismund von Ungarn end-
lich ein, daß er nur sich selbst rette, wenn er Constantinopel erhalte und brachte eine Coalition zusammen, an deren Spitze er dem osmanischen
Sieger entgegen trat. Zehn tausend Franzosen
unter Johann von Burgund, Enguerrand von
Coucy, eben so viel Deutsche und Engländer, Ungarn und Böhmen folgten ihm zur Schlacht. 1396
Doch der Sieg von Nikopolis zertrümmerte schnell den
die Hoffnungen der christlichen Mächte. Ungarn 26.
und das griechische Reich, ja Deutschland selbst Sept
schien von nun an dem Osmanen offen zu liegen; Sigismund war allein entflohen; von den hundert tausend Mann, die ihm gefolgt waren, retteten
sich nur einige Trümmer in die Gebirge; die Blüthe
des europäischen Adels war gefallen, nur wenige entkamen nach Constantinopel und Griechenland.

Hier zitterte der Kaiser, zugleich von seinem
Neffen Johann, dem Sohne seines älteren Bruders, des halbgeblendeten Andronikus, und von einem siegreichen Feinde, der mit ihm im Bunde

war, bedroht. Bajazid begnügte sich jedoch, dem Feinde des Kaisers 10,000 Osmanen zu Hülfe zu senden, um mit ihnen Constantinopel einzunehmen, und es ihm sodann abzutreten. Von diesen ward die Hauptstadt belagert, aller Zufuhr beraubt, allen Schrecknissen des Hungers und epidemischer Krankheiten hingegeben, während Bajazid selbst Griechenland seinen Waffen unter-
1397 warf, und seine Städte besetzte. Manuel entwich nach dem Abendlande. Johann ward seines Oheims Nachfolger; allein an der Erfüllung seines Versprechens, die Hauptstadt dem Sultane zu übergeben, hinderte ihn einerseits die Weigerung seines Volkes, andererseits machte das Auftreten Timur-Lengs in Asien es ihm möglich, den Sultan hinzuhalten.

Die Mogolen unter Timur, dem Nachkommen Dgengis-Chans und Statthalters im Lande Djagatai, der zu Samarkand einen in ganz Asien gefürchteten Thron seit 1369 aufgerichtet hatte, erschienen nämlich auf den Hülferuf der in Kleinasien unterdrückten Emirs in ungeheueren Schwärmen in Syrien und Georgien, und drohten der Herrschaft der Osmanen in Asien mit schleunigem Untergange. Von hier aus gebot der Chan in stolzem Tone dem Sultan die Herstellung des Emir von Arsenjan, und erinnerte ihn an die Vorschriften des Gesetzes Mohameds und der Gerechtigkeit. Bajazid verkündete ihm Krieg und während er sich noch rüstete, überschwemmte Timur Kleinasien, vernichtete bei Sivas ein türkisches Heer unter Mehemed, Bajazids Vezier, und schien sich dann gegen Egypten wenden zu wollen, als Bajazid nach Besiegung des Emir von Arsenjan, ihm nach Se-

baste entgegenkam. Im Jahre 1402 (804 d. Heg.) 1402
trafen die beiden Heere bei Ancyra (Angora) zusammen. Timur stand 800,000 Mann stark in
vortheilhafter Stellung verschanzt; Bajazid an
Sieg gewöhnt, griff ihn mit einem viel schwäche-
ren und von Durst und Anstrengung erschöpften
Heere an. Eine der blutigsten Schlachten, deren
die Geschichte gedenkt, wurde hier geschlagen. Die
Elephanten der Mogolen und ihre überwiegende
Macht, welche von acht Söhnen und Enkeln Ti-
murs geführt wurde, errang ihnen den Sieg;
Bajazid sah von der Höhe herab, auf der er die
Schlacht überblickte, seinen ältesten Sohn Musta-
pha fallen, ordnete den Rückzug, ward auf dem
Hügel umringt und unter einem übergeworfenen
Teppich nach verzweifelter Gegenwehr gefangen;
hierauf auf ein kleines Pferd gesetzt und vor den
Sieger geführt. Dieser empfing ihn beim Schach-
spiele leutselig. Zwei seiner Söhne hatten sich vom
Schlachtfelde gerettet. Alle türkische Besitzungen
in Asien, Nicomedien, Bursa, Nicäa fielen dem
Sieger zu; nie vergaß dieser der Mäßigung gegen
seinen Gefangenen. Es ist eine Fabel, daß er ihn
in einen eisernen Käfig habe sperren lassen; er
hielt ihn vielmehr wie einen geehrten Gast, gab
ihm Feste, und belehnte ihn sogar, nachdem er
die unterdrückten Emirs, den Sohn des Karaman
und den Erben der Tscherman-Oglu wieder hergestellt hatte, von Neuem mit Natolien. Den- Mrz.
noch tödtete der Kummer den besiegten Sultan; 1403
er starb zu Akšher in der Gefangenschaft; Timur
sendete seinen Leichnam nach Bursa in die Gruft 1403
seiner Väter.

Bajazid hinterließ den glänzenden Ruhm eines

Kriegers, wie den stilleren eines frommen und wohlthätigen Fürsten. Er zierte die Städte seines Reiches mit Moscheen und nützlichen Stiftungen, gründete Städte (Guizelhissar am Bosporus) und war ein Freund der Pracht.

Nach seinem Tode folgten zehn Jahre wilder Bürgerkriege und Parteikämpfe unter seinem Volke. Von seinen Söhnen hatte sich Soliman der Schätze seines Vaters bemeistert und eilte mit den Resten des geschlagenen Heeres und Ali, seinem Pascha, nach Constantinopel, um bei Manuel, seinem Verbündeten, Hülfe zu suchen. Dieser, von dem wankelmüthigen Volk aufs Neue zum Kaiser erhoben, willigte, statt diesen Moment zur Vernichtung seines Erbfeindes zu benutzen, in eine Theilung mit ihm, bestätigte Soliman im Besitze Thraziens, und nahm nur Thessalonich, Macedonien und die Ufer des Bosporus zurück, die er seinem Neffen überwies. Soliman ging nach Adrianopel und ward hier von Heer und Volk als Nachfolger Bajazids anerkannt.

Soliman I. von 1402 bis 1406.

Im Besitze des neuen Thrones überließ er sich nun der wildesten Ausschweifung, antwortete dem milden Chan der Mogolen, der ihm den Tod seines Vaters meldete, trotzig, und bewog ihn dadurch, seinen Bruder Musa, statt seiner mit dem Reiche zu belehnen, und Mohamed, dem jüngsten Sohne Bajazids, Amasien zu übertragen. Soliman eilte diesem mit einem Heere entgegen, und nahm wirklich Bursa ein; doch Musa war unterdeß nach Europa übergegangen, und hatte sich in

den Besitz von Adrianopel gesetzt. Dies weckte den zu Bursa in Ausschweifung verlorenen Soliman endlich aus seiner Unthätigkeit; er überschritt den Bosporus von Neuem, und nöthigte den schwachen Musa, in der Walachei Hülfe zu suchen. Doch hier verließ ihn das Glück. Sein Wandel war allen echten Muselmännern ein Gräuel; seine Offiziere verließen ihn, selbst Ali, sein Groß-Vezier, trat mit Musa in Verbindung; das Volk erhob sich gegen ihn, und von Allen verlassen, floh der Sultan endlich zu seinem Bundesgenossen, dem griechischen Kaiser. Auf dieser Flucht ward er jedoch erkannt, überfallen und nach tapferer Gegenwehr getödtet. Musa, der nach 1406
ihm zum Kaiser ausgerufen ward, strafte die Mörder und ehrte das Andenken des Bruders — hierauf bestieg er den Thron.

Musa, von 1406 bis 1413.

Musas erste Sorge war, das an den griechischen Kaiserstuhl verlorne Landgebiet zurück zu gewinnen. Servien war dem schwachen Widerstande Sigismunds bei Semendria bald abgerungen; hierauf ging er nach Morea, und überließ sich dann nach mehreren unbedeutenden Vortheilen den Schwelgereien des Palastes von Adrianopel.

Unterdessen hatte sein Bruder Mohamed in Asien 1410
fast das ganze Reich seines Vaters wieder zusammen erobert und den Ruf eines tapferen Kriegsfürsten erlangt. Auf die dringenden Bitten Manuels und die Anträge des Divans selbst, erschien er endlich in Europa, in der Absicht, den Tod Solimans an seinem Bruder zu rächen. Berrakbeg

und Sinan=Bey, die Vertrauten Musas, fielen ihm zu; der griechische Kaiser sandte Galeeren zur Hülfe; so ward es dem thätigen Mohamed leicht, den schwachen Widerstand Musas zu überwältigen. Sein kleines Heer ward geschlagen, er selbst
1413 bis in einen Sumpf verfolgt, wo er getödtet ward, und Mohamed zog als Sieger in Adrianopel ein.

Mohamed I., von 1413 bis 1421.

Mohamed, den die türkischen Geschichtsschreiber, mit Uebergehung Solimans und Musas, den fünften Sultan nennen, stellte durch seine eigene Sanftmuth und Milde und die Weisheit seines Vezirs Bajazid die Ruhe und Ordnung im Reiche wieder her. Niemand hinderte ihn daran: sein thätigster Gegner, Sigismund von Ungarn, lag im Kerker, wo ihn die Großen des Reichs festhielten, und auf den Hülferuf des schismatischen Kaisers zu Constantinopel achtete niemand. Diesen beschwichtigte er durch die Rückgabe Thessalonichs, bezeigte den bulgarischen und walachischen Fürsten, die ihm Tribut brachten, Milde, unterdrückte den Aufstand Karaman=Oglus in Asien mit Kraft, vereinigte das Land des Fürsten von Castamoni wieder mit dem Reiche, unterwarf Sineid, den verrätherischen Pascha von Smyrna und Ephesus, und empfing von den griechischen Fürsten von Karien, Lesbos, Chios und Phrygien
1416 Huldigung und Tribut. Hierauf verwickelten ihn Seeräubereien in Krieg mit Venedig. Loredan schlug die Galeeren des Sultan in der Meerenge, und behauptete die Herrschaft des Meeres, ohne jedoch gegen die Küsten etwas zu unternehmen.

Zu gleicher Zeit füllte Pericligia, ein griechischer Mönch, die Küsten Kleinasiens und den Archipel mit Aufruhr — das Volk fiel über die Türken her und ermordete deren viele. Mehrere Paschas wurden von dem fanatischen Schwärmer geschlagen, bis endlich der Vezier Bajazid mit sechzig tausend Mann dem Blutvergießen ein Ende machte; Pericligia wurde zu Ephesus hingerichtet.

Bald nachher stellte Sineid, jetzt Pascha von Nikopolis, einen falschen Mustapha (den in der Schlacht von Ancyra gebliebenen ältesten Sohn Bajazids) ins Feld, der in Thessalien bald großen Anhang erhielt und, nachdem Mohamed diesen 1419
zerstreut hatte, in Constantinopel selbst Aufnahme fand. Ein Vergleich kam zu Stande, dem zufolge Manuel sich anheischig machte, Mustapha und seinen Beschützer Sineid auf Lemnos in sicherer Verwahrung zu halten. Auf einem neuen Feldzuge gegen die Walachen, die diese Unruhen zur Verweigerung des Tributs benutzt hatten, starb Mohamed, 47 Jahre alt, zu Adrianopel. Er hatte seinen ältesten Sohn Murad II. zu seinem Nachfolger ernannt, und die jüngeren Kinder dem Schutze des griechischen Kaisers übergeben.

Mohameds gerechte und milde Regierung machte sein Andenken den Osmanen theuer. Ein und vierzig Tage lang hielt man seinen Tod dem Volke verborgen, um Murad, welcher Statthalter in Amasien war, Zeit zu geben, die Zügel der Regierung zu ergreifen; hierauf schaffte man ihn nach Brusa.

Murad II., von 1421 bis 1451.

Dieser würdige Fürst erhob den Glanz des osmanischen Reiches, gab den Janitscharen ihren alten Ruhm wieder, und regierte weise und gemäßigt wie sein Vater, den er an philosophischer Geistesbildung sowohl, wie an Kraft im Felde übertraf. Ueber die Güter des Lebens urtheilte er richtig, und legte im Gefühl ihrer Nichtigkeit die Regierung zweimal nieder, um sie nur im Augenblicke der Gefahr zur Rettung des Reichs wieder zu ergreifen.

Murad war achtzehn Jahre alt, als er das Schwert Osmans *) umgürtete. Bajazid blieb sein Vezier; dieser verweigerte dem griechischen Kaiser die beiden Söhne Mohameds, die dieser der Bestimmung des Vaters gemäß zur Erziehung verlangte. Hierdurch beleidigt, trat Manuel mit Sineid und dem falschen Mustapha hervor, und unterstützte beide mit zehn Galeeren unter Demetrius Laskaris. Gallipoli und der Chersones (Hexamilon) erkannten ihn an; Bajazid eilte mit dreißig tausend Mann herbei; doch von seinem Heere verlassen, muß er sich dem falschen Mustapha ergeben, der ihn auf Sineids Verlangen tödten läßt. Hierauf zerfielen die Bundesgenossen jedoch unter sich. Der undankbare Mustapha verweigerte den Griechen Gallipoli, und Manuel verband sich nun mit Murad gegen ihn; auch Sineid verließ ihn,

*) Diese Feierlichkeit, welche jetzt in der Moschee Ejubs in Constantinopel Statt findet, vertritt bei den türkischen Sultanen die Stelle der Krönung.

durch das Anerbieten des Paschaliks von Smyrna gewonnen, und von dem Heere wie von seinen Freunden verlassen, floh er erst zu einem Derwisch in der Gegend von Bursa und von da nach Lampsakus. Auf genuesischen Schiffen folgte ihm Murad, nahm ihn endlich gefangen und ließ 1422
ihn zu Adrianopel öffentlich hinrichten. Hierauf zog er gegen den Kaiser, der ihn verrathen hatte. Macedonien, Thessalien und Thrazien wurden ver- 1423
wüstet, und Constantinopel zitterte; da erweckte Manuel dem Sultan einen neuen Gegner in einem andern Mustapha, dem jüngsten seiner Brüder, in Asien. Murad zog ihm entgegen, zerstreute die Aufrührer; Elias, das Haupt der Partei, ward geschlagen, getödtet, die unmündigen 1424
Brüder des Sultans wurden erdrosselt. Drei neue Provinzen, das Land Ipsala in Europa, Sinope und Ephesus in Kleinasien, erweiterten die Grenzen des Reiches; mit Griechenland ward unter Johann, dem Neffen Manuels, Friede, gegen Abtretung von Thessalonich, das jedoch den Schutz der Venetianer dagegen anrief. Hamsa Murads Vezier, belagerte den von den Venetianern tapfer vertheidigten Ort; endlich erlag er dem persönlichen Angriffe des Sultans. Die Venetianer baten um Frieden und die Städte Achajas und Aetoliens empfingen türkische Besatzungen. Zwölf Jahre lang erfüllten hierauf Kriege mit Servien und den verschiedenen Despoten Albaniens die Regierung Murads. Der vertriebene Fürst von Servien floh endlich zu Wladislaf von Polen und Ungarn, dem er Belgrad abtrat, für den Fall, daß er Murad daraus zu verdrängen vermöchte. Hunyad, Woiwod von Siebenbürgen,

nahm diese Stadt nach sechsmonatlicher Belagerung ein, und die Ungarn herrschten von nun ab an der Donau. Murad sah sich zur Eingehung eines Waffenstillstandes auf zehn Jahre genöthigt, in dem die Donau als Grenze festgestellt wurde. — Da brachte Caraman=Oglu aus Asien eine neue Verbindung gegen Murad zusammen. Ungarn, Venedig, Burgund, Polen, der Papst Eugen IV. verbanden sich mit Caraman; der Legat Cesarini spricht Wladislaf von seinem Eide frei, und der Krieg beginnt von Neuem. Murad, der gerade in Magnesia beschaulicher Ruhe, von der Regierung entfernt, pflegte, eilte auf den Ruf des Krieges herbei, ging, trotz der feindlichen Flotten mit 100,000 Mann über den Bosporus, und vereinigte sich mit Ali, seinem Beglerbeg, in Europa. Sein Heer war 1439 vor Belgrad von Hunyad vernichtet worden; er hatte eine schwere Niederlage an den Christen zu rächen, die den Vergleich mit ihm ohne rechtsgültige Ursache brachen, und gegen die Murad die Rache des Himmels anrufen konnte. Die Verbündeten waren unterdessen die Küsten des schwarzen Meeres hinab nach Varna gezogen; Hunyad, Cesarini, die Bischöfe von Gran und Wardein und einige polnische Ritter und Herren führten das Heer; dieser ordnungslose Haufe konnte den wohlgeübten Cohorten der Janitscharen nicht widerstehen. Dennoch errang Hunyad im Anfange der Schlacht Vortheile; allein als wider seinen Rath der junge König selbst in die Reihen der Feinde einbrach, ging die Hoffnung des Sieges schnell verloren. Wladislaf fiel; sein Haupt auf einen hohen Spieß gesteckt, scheuchte die Seinigen in die Flucht, die beiden Bischöfe blieben; das Blutbad währte bis in die Nacht — der Sieg Murads war vollkommen, und der Sultan ließ von den Schädeln der Erschlagenen Siegstrophäen errichten.

Gleich nach errungenem Siege ergriff ihn jedoch neuer Ueberdruß am Leben. In Adrianopel ließ er Mohamed, seinen Sohn, zum Kaiser ausrufen und begab sich von Neuem in seine Einsamkeit von Magnesia, ohne den Sieg weiter zu verfolgen. Doch nöthigte ihn bald darauf ein Aufstand der Janitscharen, welche Mohameds Jugend zu ungestrafter Ausübung von Frevel und Unordnung mißbrauchten, die Zügel der Regierung von Neuem zu ergreifen. Murad erschien, unterdrückte die Empörer und sandte Mohamed nach Asien, bis der Jüngling für den Thron gereift seyn würde. —

Während dieser Vorgänge hatten die griechischen Despoten in Morea das Joch der Türken, zum Theil mit Glück, abzuwerfen versucht. Constantin Paläologus, Despot von Morea, leistete am Heramilon 120,000 Türken lange Widerstand; 1446
endlich sah er sich jedoch zum Frieden und zur Rückgabe des Eroberten (Korinth) genöthigt. — Kaum war indessen die Ruhe im Peloponnes wieder hergestellt, so erhob ein anderer Feind der Osmanen seine lange vom Glück begleitete Fahne. Dies war Georg Kastriota, Fürst der Triballier (von Epirus), den die Türken seiner Tapferkeit wegen Scanderbeg (Alexander) nennen. Der junge Georg war mit seinen Brüdern als Geißel am Hoflager Murads, als sein Vater Johann, tributpflichtiger Fürst von Epirus, starb. Murad, anstatt dem Sohne das Reich seines

1439 Vaters zu übertragen, sandte einen Pascha nach
Kroja, seiner Hauptstadt: doch Scanderbeg benutzte die Abwesenheit des Sultans, erzwang von
dem Reis-Effendi einen Befehl, ihm sein väter-
liches Erbe auszuliefern, und warf sich mit diesem
in die Gebirge Albaniens, wo er bald einen so
starken Anhang fand, daß er Kroja erobern konnte.
1443 Die Venetianer sandten Geld: Scanderbeg stand
bis mit 10,000 Albanesern, tapfer wie er, siegreich
1448 gegen 100,000 Türken. Umsonst belagerte Murad Sfetigrad, umsonst schaffte er Artillerie in un-
zugängliche Gebirge, umsonst berennten seine Paschas Dibra; jedes Erscheinen Scanderbegs war
vom Siege begleitet, während Graf Uruena seine
Hauptstadt vertheidigte. Die Türken mußten,
nachdem sie durch Unwetter und Krankheiten bis
auf den achten Theil ihrer Stärke zusammengeschmolzen waren, die Belagerung Krojas aufgeben und das Gebirge dem Sieger überlassen.

Dennoch mußte Constantin Paläologus (Dra-
1448 goses), als er den griechischen Kaiserstuhl bestieg,
die Einwilligung Murads dazu durch Gesandte
nachsuchen; das Reich bestand nur noch dem Namen nach. Selbstständiger traten die Ungarn auf.
Der tapfere Hunyad war zum Verweser des Reiches
ernannt worden; er hatte die Niederlage von Varna
zu rächen. Im Frühjahre 1448 brach er im
Einverständnisse mit Scanderbeg in das türkische
Gebiet ein, und lagerte mit 47,000 Mann auf
dem Felde von Kassova (Kaschau), wo Murad I.
1451 den Tod gefunden hatte; hier kam es zur Schlacht.
Drei Tage lang währte der Kampf; mehr als
20,000 Türken blieben auf dem Schlachtfelde;
allein der Sieg blieb ihnen; Hunyad zog sich mit

einem Drittel der Seinigen hinter die Donau zurück. Murad, der Sieger, ging krank nach Adrianopel, wo er während der Vermählungsfeierlichkeiten seines Sohnes Mohamed, 49 Jahre alt, starb. Während einer dreißigjährigen Regierung hatte er den osmanischen Thron auf festeren Säulen gegründet, als irgend einer seiner Vorfahren. Constantinopel nahm er nicht, da er von Eroberungsbegierde überhaupt nicht beherrscht war; allein er brachte das griechische Reich zum bloßen Schattenleben herab. Er war ein Freund des Vergnügens und in späteren Jahren selbst der Weichlichkeit; doch glich ihm auch wiederum in den Waffen kaum einer seiner Zeitgenossen an Kraft und Talent.

Mohamed II., von 1451 bis 1481.

Kaum war Murad zu Bursa bei seinen Vätern beigesetzt, als Mohamed in Adrianopel erschien, seinen unmündigen Bruder, und hierauf dessen Mörder erwürgen ließ, seine Mutter zu ihrem Vater nach Servien zurückschickte, mit allen tributpflichtigen Fürsten seiner Nachbarschaft Bündnisse erneuerte, den aufrührerischen Caraman demüthigte und sich zum Kriege gegen den letzten griechischen Kaiser rüstete. Zu diesem Zwecke vermehrt er sein schweres Geschütz und vollendet das zweite Dardanellenschloß, den Griechen von Constantinopel so alle Zufuhr abschneidend. Die Klagen Constantins über Verletzung der Traktaten beantwortet er mit dem Stolze des Uebermächtigen, schließt die geängstigte Hauptstadt immer 1452
enger ein und verwüstet, den demüthigen Bitten

3*

des Kaisers zum Trotze, ihre Felder. Constantin sendet umsonst an den Papst (Nicolaus V.) um Hülfe; der verblendete Grieche will nichts von der Kircheneinigung hören, die die Bedingung des abendländischen Beistandes ist. Zwar erschien der Kardinal Isidorus, als Legat, in Constantinopel; allein fanatische Mönche hinderten den Abschluß einer Einigung, durch Geschrei und Aufruhr.

Unterdessen hatte sich Mohamed Moreas bemächtigt, wo die beiden Brüder des Kaisers im Kampfe lagen, und begann nun, nachdem er auf eine geringe Veranlassung hin den Frieden aufgekündigt hatte, die Belagerung Constantinopels
1453 selbst. Im Frühjahre 1453 führte er in Person 250,000 Osmanen zur Eroberung einer neuen Hauptstadt an die Ufer des Bosporus.

Fast drei Monate hindurch währte die Bela-
am 28. und 29. Mai. gerung in der am Schlusse des vorigen Bandes dieser Geschichte *) geschilderten Art. Am ein und funfzigsten Tage ward die Stadt gestürmt, der Kaiser getödtet, seine Freunde ermordet oder hingerichtet und die Hauptstadt des griechischen Reiches der Plünderung des osmanischen Kriegers Preis gegeben. Dux Lukas Notaras ward mit den Seinigen hingerichtet, als er seinen schönen Sohn den Wünschen des Siegers versagte; mit Mühe rettete sich der Kardinal Isidorus; 60,000 Männer wurden in die Sklaverei verkauft, die Tempel der Christen wurden zu Djamies (Moscheen); Mohamed feierte das Dankopfer in der Sophien-

*) Siehe das zweite Bändchen.

kirche, deren Patriarchenstuhl ein Imam bestieg. Hierauf bezog er den kaiserlichen Palast, vor dem der Kopf Constantins aufgesteckt ward.

Zweite Periode.

(Ein hundert und dreizehn Jahre.)

Blüthe der osmanischen Macht. Von der Eroberung Constantinopels bis auf Selim II.; von 1453 bis 1566.

Mohamed II., bis 1481.

Galata ergab sich Mahomed am fünften Tage nach seinem Einzuge in die Hauptstadt. Er ließ den Zurückgebliebenen ihre Güter, zog 10,000 thrazische Familien nach dem verödeten Constantinopel und kehrte dann im Triumphe nach Adrianopel zurück. Binnen zwei Jahren unterwarf 1455
Omar nun Morea; Athen, noch immer ein selbstständiges Fürstenthum, gehörte mit Delphi, Megara, Stiva (Theben) dem Fürsten Mauritius Acciajoli; diesem bestritt Palmasio, ein venetianischer Nobile, der seine Gemahlin liebte, diesen Besitz. Mahomed nahm den kleinen Staat für sich ein. Hierauf gab er den Griechen in Gen= 1459
nadius einen Patriarchen, den er selbst mit Ring und Stab belehnte, und ordnete das Reich. —
In Trapezunt herrschte David Komnenus mit dem 1461

Kaisertitel, den er dem rechtmäßigen Erben entrissen hatte. Mahomed erschien vorgeblich, um gegen Usum-Hassan, König von Persien, zu ziehen, besetzte die Provinzen des ohnmächtigen Kaiserthums, Cappadocien, Paphlagonien und zog am zehnten Tage seines Erscheinens ohne Widerstand in Trapezunt ein. David und seine Söhne folgten dem Sieger nach Constantinopel, wo der Kaiser, unter dem Vorgeben einer versuchten Empörung, mit acht seiner Kinder hingerichtet ward.
1463 Hierauf entrissen die Türken dem Fürsten Gattilusio die Insel Lesbos, welche eine kleine Anzahl Rhodiser tapfer vertheidigte, durch Verrath: der Fürst und der Verräther, sein Bruder, wurden
1464 auf gleiche Weise erdrosselt. Nun richtete der Sultan seine Waffen gegen das so lange selbstständige Caramanien, das er mit leichter Mühe einnahm.

Unterdessen hatte jedoch Scanderbeg von Neuem die Waffen gegen seinen Erbfeind ergriffen; mit 8000 Mann fiel er aus seinen Gebirgen her in Macedonien ein. Drei Jahre lang schlug er alle gegen ihn gesandten Feldherren Mahomeds, bis dieser endlich selbst an der Spitze eines Heeres von 150,000 Mann gegen ihn heranzog. Libani belagerte Kroja fruchtlos; das Unternehmen endete, wie die früheren, mit dem schimpflichen Abzuge der Osmanen. Von dem an blieb Scanderbeg von den Angriffen der Türken frei — meuchelmörderische Plane auf ihn mißglückten und er starb endlich 1467 zu Lissa, als er so eben mit den Venetianern ein neues Bündniß gegen die Osmanen schloß. Die Republik übernahm die Vormundschaft über seinen unmündigen Sohn.

Außer Scanderbeg fand Mahomed nur an Johann Hunyad einen seines Kriegsglücks würdigen Gegner. Papst Calixtus III. hatte im Jahre 1456 endlich ein Bündniß gegen den Sultan zusammengebracht, an dem der König von Ungarn, Matthias Corvin, Arragonien, Burgund, Venedig, Genua, Italien und die Rhodiser Theil nahmen. Während man jedoch noch mit Frankreich unterhandelte, rückte Mohamed mit 150,000 M. vor Belgrad, das er zu Wasser, wie zu Lande, angriff. Hunyad schlug, von Ofen die Donau herabschiffend, zuerst die türkische Flottille, und warf sich in die hart bedrängte Stadt. Umsonst führte Mohamed die Seinigen zum Sturme an; er ward verwundet; seine Feldherren blieben neben ihm; mit Thränen des Zornes im Auge gab er den Befehl zum Abzuge; Hunyades aber, der Held Ungarns, starb an eben diesem Tage an seinen Wunden. In Constantinopel zurückgekehrt, gründete der Sultan den Palast des alten Serai's, und entschädigte sich durch die Unterwerfung Moreas für den bei Belgrad verlorenen Sieg.

im Jahr 1456

1458

Die Malthefer hatten im vierzehnten Jahrhunderte unter ihrem Großmeister Villaret die Insel Rhodos erobert, von wo aus sie den Osmanen theils den Besitz der Inseln streitig machten, theils die Küsten Kleinasiens zu brandschatzen pflegten. Mohamed forderte sie zur Unterwerfung auf; doch Johann von Lastik, der damalige Großmeister, antwortete ihm stolz: sie dankten nur Gott und ihrem Degen den Besitz des Landes, und mit beiden würden sie es zu behaupten wissen. Hierauf entbrannte der Sultan in Zorn und sendete dreißig Galeeren zum Angriffe auf Rhodos ab; allein seine Flotte ward geschlagen und die neue

Coalition, welche Pius II. 1463 zu Mantua gegen ihn zusammenbrachte, verstattete ihm für jetzt
1465 nicht, an die Wiederholung dieses Angriffes zu denken.

Nach der Bezwingung Moreas, Trapezunts und Caramaniens, nach Zerstörung der neuen Coalition im Norden (1463) ging Mohamed ernstlich an die Eroberung der griechischen Inseln. Er begann mit Negropont. Hundert Segel stark und an der Spitze von 140,000 Mann erschien Mohamed an der Brücke, welche Negropont mit Livadien verbindet. Die rhodiser und venetianische Flotte unter Kanale und Cardone vertheidigten diese. Mohamed nöthigte sie zum Rückzuge, nahm Chal-
1469 cis unter Grausamkeiten ein, und entriß die ganze Insel den Venetianern.

Unterdessen überzog Usum-Hassan, der Beherrscher von Persien, im Bunde mit Venedig und den Rhodisern, Caramanien und die türkischen Provinzen mit Krieg. Mustapha Mahomed widerstand ihm, bis der Sultan selbst herbei kam und
1470 die Ruhe herstellte. Sein Vezier Achmed eroberte
1473 indessen einen Theil der Krimm mit Kaffa, und machte diese Provinz dem Sultan tributpflichtig. Hierauf unterwarf Mohamed einen großen Theil Albaniens mit Scutari, das die Venetianer für Scanderbegs Sohn nur schwach vertheidigten und
1478 öffnete sich so den Weg nach Italien, wo er we-
1481 nige Jahre darauf (1481) sogar Otranto selbst einnehmen lassen konnte. — Rhodus erfuhr hiernächst einen neuen Angriff; allein Peter D'Aubuisson schlug den abtrünnigen Palaeologus muthig zurück: alle Versuche der Türken durch List, Verrath oder Gewalt der Waffen einzudringen, blie-

ben in dieser merkwürdigen Belagerung fruchtlos; die Ritter wiesen ihre Vergleichsvorschläge stolz zurück, und nachdem auf beiden Seiten fast übermenschliche Kräfte in Bewegung gesetzt waren, ward der Pascha Palaeologus, nach 3monatlichem Blutvergießen, zum Rückzuge genöthigt. Mohamed dachte sich für diesen Verlust durch neue Erwerbungen in Asien zu entschädigen und zog an der Spitze eines großen Heeres gegen Persien, als er zu Nicaea, 51 Jahre alt, starb.

Mohamed war bei hoher Geistesbildung, die auch an den Uebersetzungen des classischen Alterthums und an Malerei Geschmack fand, der Sklav der Leidenschaften — ihm fehlte vor Allem — Maaß und die philosophische Selbstbeherrschung seines Vaters. So war er nicht selten grausam *), blutdürstig, groß im Kriege, schwierig im Verzeihen, rachsüchtig und zu Ausschweifungen geneigt. Er gab in einer dreißigjährigen siegreichen Regierung dem Reiche der Osmanen fast seine jetzige Gestalt und verschönte Constantinopel durch zahlreiche Bauwerke.

Bajazid II., von 1481 bis 1512.

Bevor der schwache und abergläubige Bajazid den Thron der Osmanen bestieg, unternahm er eine Wallfahrt nach Mecca und gewährte seinem jüngeren Bruder Schem (Zizime), der auf die

---

*) Die Erzählung von der schönen Irene, die er in Gegenwart seines Hofes niedergemacht haben soll, als man ihm seine Liebe zu ihr vorwarf, ist nicht beglaubigt.

Hälfte des Reichs Anspruch machte, dadurch Zeit, sich in Verbindung mit Caraman-Oglu zum Kampf zu rüsten.

Indessen von Achmed, Bajazids verdienstvollem und tugendhaften Vezier, bei Bursa geschlagen, floh Schem erst zu den Rhodisern, die ihn jedoch nach Frankreich sendeten, wo ihn Carl VIII., als er sich weigerte Christ zu werden, endlich dem Papste Innocenz VIII. auslieferte. Alexander Borgia, sein Nachfolger, ließ sich für die Gefangenhaltung des unglücklichen Prinzen in der Engelsburg jährlich 40,000 Ducaten zahlen: hier starb er nach der Einnahme Roms durch die Franzosen an Gift.

Mannichfache Kriege, doch fast alle unglücklich, beunruhigten die neun und dreißigjährige Regierung Bajazids. Sein Undank gegen den trefflichen Achmed erregte zwei Aufstände der Janitscharen gegen ihn, die er nur durch Erniederung und endlich durch heimliche Hinrichtung des tugendhaften Mannes unterdrücken konnte.

Der Aufstand Schems und Caramans hatte die endliche Vereinigung dieser Provinz mit dem Reiche zur Folge: die Streitigkeiten mit den Rhodisern wurden durch einen Vergleich ausgeglichen, in dem der Sultan den Ersatz der Kriegsschäden übernahm; und die erneuten Aufstände der Janitscharen veranlaßten den Krieg mit Egypten. Hier herrschten, nach Verdrängung der Nachfolger Saladins und dem Tode Sultan Malek el Moattams (1250), die aus Kaukasien entsprungenen Mameluken, aus dem Geschlechte Ibeks, sonst die Leibwache der Sultane von Egypten. Ihre Reichthümer und ihr Ansehen hatten schon lange die Ei-

fersucht der osmanischen Sultane rege gemacht;
Bajazid benutzte als Herr von Caramanien die Veranlassung geringer Grenzstreitigkeiten, um den Mameluken den Krieg zu erklären. Auf dem Schlachtfelde Alexanders, am Berge Aman, ward er jedoch von einem minder zahlreichen Heere, als das
seine, kurz hintereinander zweimal geschlagen und
sah sein Heer, mit Verlust alles Kriegsmaterials,
übel zugerichtet nach Vorderasien fliehen. Die Mameluken verfolgten ihre Siege jedoch nicht weiter 1489
und ließen sich durch Abtretung einiger caramani-
schen Orte gern zum Frieden bewegen. 1493

Gegen Matthias von Ungarn war Bajazid jedoch weniger unglücklich: er nahm vielmehr einen Theil von Kroatien ein und behauptete diesen glücklich.

Handelsstreitigkeiten veranlaßten einen Krieg
mit Venedig; die Republik hatte ihren großen Ad- 1500
miral Loredan verloren und sein Nachfolger Gri-
mani ward im Meerbusen von Lepanto geschlagen, seine Flotte ward ein Raub der Flammen;
Modon und Koron im Peloponnes, die er hatte
entsetzen wollen, fielen in die Gewalt der Türken;
Friaul ward von ihnen verwüstet und selbst Durazzo eingenommen. In dieser Noth stellte Gon-
salvo von Cordova, welchen Ferdinand der Ka- 1501
tholische den bedrängten Venezianern zu Hülfe sendete, die Sachen derselben wieder her: er schlug
mit dreißig Segeln die Türken, nahm ihnen zwanzig Galeeren, Aegina und Cephalonia wieder ab,
und nöthigte sie zum Frieden, der den alten Zustand der Dinge von Neuem herstellte und den
die Venezianer noch glücklich genug mit der Abtretung einiger Plätze in Albanien erkauften.

Innere Unruhen, durch die Predigten eines

fanatischen Derwisch, Scheid-Anguli, veranlaßt,
erfüllten die Provinzen in Asien mit Blut; die
Anhänger des Derwisch schlugen den Bruder des
Sultan, Korkut in Natolien; einer derselben versuchte selbst Meuchelmord an Bajazid und verwundete ihn in seinem Serail. Erst Alis, des
Groß-Veziers, Erscheinen konnte den Unordnun-
1510 gen in Asien ein Ende machen; der Derwisch floh
zu König Ismael nach Persien, und entzündete
hier den Haß, der Perser und Türken von dem
ab bis auf unsere Tage blutig trennt.

Bajazid, aus Schwäche grausam, ließ zwei
seiner Söhne erdrosseln, weil sie sich unabhängig
zu machen drohten; hierauf versuchte er, von
Gichtschmerzen gefoltert, die Regierung zu Gunsten seines ältesten Sohnes Achmed niederzulegen;
allein die übermüthigen Janitscharen widersetzten
1511 sich diesem Entschlusse und verlangten Selim, seinen jüngsten Sohn, den Pascha von Trapezunt,
zum Kaiser. Dieser, ein Sklav ungeregelter Ehr-
sucht, rückte gegen seinen Vater ins Feld, ward
jedoch von diesem bei Tchorlo geschlagen und floh
nach Varna: allein in Constantinopel nöthigte das
Volk den Sieger dennoch, seinem Plane zur Abdankung zu entsagen. Die hieraus entstandenen
1512 Reibungen benutzte Selim zu einem zweiten Versuche an der Spitze der europäischen Truppen; die
Janitscharen fielen ihm zu und der verlassene Bajazid legte die Gewalt in seine Hände nieder. Auf
der Reise nach Demotica, wohin er sich zurückziehen wollte, ward er, auf Anstiften des heuchleri-
schen Sohnes, von einem jüdischen Arzte mit Gift
aus dem Wege geräumt, worauf ihn Selim mit
großer Pracht in Constantinopel beisetzen ließ.

Bajazid gilt bei den Historikern für einen Begünstiger der Wissenschaften; doch beschränkte sich seine Liebe für diese wohl auf eine scheue Vorliebe für Astrologie und Wahrsagerei. Sein Hauptfehler war, bei militärischem Geiste, den er vom Vater ererbte, Schwäche, und Grausamkeit aus Schwäche. Die in dem großen Erdbeben von 1509 eingestürzten Mauern der Hauptstadt stellte er wieder her und sühnte seine Liebe zum Trunke gern durch Erbauung von Moscheen und Hospitälern.

Selim I. *), von 1512 bis 1519.

Grausamkeit und Wildheit waren der Charakter dieser Regierung. Nachdem er seinen Bruder Achmed zum Aufstande genöthigt, schlug er ihn in Natolien mit zehnfach überlegenen Kräften und ließ ihn auf dem Schlachtfelde erdrosseln; seinen zweiten Bruder Korkut ereilte dasselbe Schicksal, und als Achmeds Kinder nach Persien zu entfliehen Gelegenheit fanden, verfolgte seine Blutgier
sie auch dahin, und verwickelte ihn in einen Krieg 1513
mit Ismael, dem Könige Persiens, aus dem neuen Herrscherstamme der Sofi. Zweimal hundert dreißig tausend Mann führte er nun, nachdem er die
europäischen Fürsten durch Traktate geblendet, ge- 1514
gen Persien, verlor die Hälfte seines Heeres in den Wüsten an Krankheit und Hunger, und opferte die Uebrigen in der Schlacht von Tauris durch Eigensinn auf. Dennoch blieb ihm der Sieg durch die Mannszucht der Janitscharen, denen in

*) Mit dem Beinamen Yakuz, der Wilde.

dieser Zeit keine andere Truppe gewachsen war.
515 Armenien ward verwüstet; allein der Einfall in
Persien durch den Widerstand seines erschöpften
Heeres verhindert. Im folgenden Jahre erobert
der Sultan mit erneueten Kräften Armenien, als
die Weigerung des Heeres ihn zum zweitenmale
von den Grenzen Persiens umzukehren nöthigt.
516 Erst in Constantinopel strafte er die Anstifter dieses Widerstandes. Hierauf unterwarf sich ihm
Diarbekr (Mesopotamien), des Jochs der unduldsamen Schiiten (Perser) überdrüßig; und Selim
517 schützte die neue Provinz gegen Kara-Chan, den
Schah von Persien. Kaum sicherte jedoch der
Unwille des gesammten Divans die Christen vor
seiner Verfolgungswuth — er hatte ihre Ausrottung befohlen, und nur durch List war dieser Befehl zu hintertreiben.

Hierauf erfuhr Egypten, ein wie gefährlicher
Nachbar ein ruheloser Alleinherrscher sey, der die
Unthätigkeit seiner Soldateske fürchten mußte.
Gauri, Sultan der Mameluken, hatte einen von
Achmeds Söhnen Aufnahme gewährt, und dies
genügte dem wilden Selim, ihm den Krieg zu
erklären. Ueberdies war Gauri im Bunde mit
Persien, und Selim hatte zwei Niederlagen der
Osmanen an ihm zu rächen. Mit 150,000 M.
ging er daher der Landenge von Suez zu, als
sich Gauri ihm bei Aleppo entgegenstellte. Treulosigkeit entschied die Schlacht; der dreimal schwächere Gauri ward, troß eines übermenschlichen Mu-
518 thes im Kampfe, geschlagen, Syrien ward erobert
und unterworfen, Gaza nach einem zweiten Siege
durch Sinan-Pascha erobert, und Egypten selbst
nun von den Türken überschwemmt. Durch die

Schlacht von Ridanie bei Cairo endlich wird die letzte Macht der tapferen Mameluken gebrochen; Sinan-Pascha bleibt und Selim opfert ihm unmenschlich die Gefangenen und Verwundeten. Hierauf nimmt er Cairo selbst nach verzweifelter Gegenwehr, die jedes Haus zu einer Schanze machte,
ein; fängt Tumam-Bey, den Nachfolger des 1519
Gauri, läßt ihn mit 40,000 Mameluken in seiner verwüsteten Hauptstadt aufhenken, und macht nach diesem Blutbade ganz Egypten zur türkischen Provinz. Darauf kehrt er mit dem gefangenen Kaliphen (dem Haupte seiner Religion) im Triumphe nach Constantinopel zurück, wo er den erschöpften Schatz durch Hinrichtungen füllt, um seinem Gelübde, der Ausrottung des Stammes der Sofi, durch einen neuen Feldzug zu genügen. Doch über den Vorbereitungen zu diesem Kriege
überraschte ihn der Tod. Er starb zu Adriano- 1519
pel, 54 Jahre alt, und hinterließ den Ruf eines wilden, fühllosen Herrschers, eines glücklichen Kriegers, eines unerbittlichen Feindes, den eine unersättliche Herrschsucht und Eroberungslust verzehrte, und der, während er die Grenzen seines Reiches erweiterte, die alten Provinzen desselben durch Kriege entvölkerte.

Das Reich der Osmanen verdankt ihm den Schrecken, den sein Name lange Zeit hindurch allen seinen Nachbarn einflößte, und die ersten Anfänge einer türkischen Seemacht, welche jedoch unter der folgenden Regierung erst ihre volle Ausbildung gewinnen sollte. — Die Macht der Janitscharen war durch seine Kriege, nicht ohne Absicht, von ihm von 40,000 bis auf 12,000 M. heruntergebracht — um so leichter bändigte er nun diese allzumächtige Soldateske. — Ihm folgte sein Sohn

Soliman I. (II.), von 1519 (20) bis 1566.

Soliman I. des Prächtigen oder, wie die Türken ihn nennen, El Kanuni, des Gesetzgebers Regierung ist die glänzendste in der ganzen osmanischen Geschichte.

Handlungen der Gerechtigkeit begleiteten den dreißigjährigen Soliman auf den Thron seines Vaters. Er gab die durch Selim eingezogenen Güter an die Beraubten zurück, dämpfte sodann den Aufruhr Gasil-Beys, eines der mamelukischen Verräther, die Selim Egypten überliefert hatten,
520 mit der gegen Persien bestimmten Armee, und eilt hierauf, von dem kriegerischen Geiste seiner Ahnen getrieben, nach Ungarn, dessen Besitz ihm wichtiger war, als die Eroberung des fernen Persien. Zwei Flotten beherrschten den Archipel und versorgten die Landarmee vom schwarzen Meere aus, und 60,000 Mann unter Ferhad-Pascha sicherten Asien.

Europa, von Religionshändeln zerrissen, schien den kriegsgeübten und von dem mächtigen Willen eines Fürsten, wie Soliman war, beherrschten Osmanen keinen Widerstand entgegensetzen zu können. Seine Gesandten waren in Ungarn beschimpft worden; dies genügte dem kriegverlangenden Sultan zum feindlichen Einfalle in das ungarische Gebiet. Belgrad, der Schlüssel Ungarns, fiel nach einer kurzen Belagerung in die Gewalt Mustaphas Kirlu's, seines Veziers; die ganze Umgegend folgte.

Nach diesem Siege wandte Soliman jedoch, durch die innere Zwietracht der Ritter dazu aufgefordert, und von dem Großprior von Castilien, Damaral, heimlich unterstützt, seine Waffen gegen das verhaßte Rhodos. Villiers l'Isle Adam war zum Großmeister des Ordens gewählt worden, den er in der Anarchie fand. Soliman nahte sich ihm mit verstellten Friedensanträgen, die bald in eine Kriegserklärung ausgingen. Vier hundert Schiffe und 200,000 Osmanen zogen gegen die verhaßte Insel, die den Türken schon einmal 20,000 M. und eine Flotte gekostet hatte. Sechs tausend Ritter stellten sich diesem furchtbaren Angriff entgegen; keine der europäischen Mächte antwortete auf ihren Hülferuf; Venedig unterstützte sogar den Feind; Frankreich sandte einige Freiwillige und Verräther gingen aus dem Schooße des Ordens selbst hervor. Dennoch leisteten die heldenmüthigen Johanniter sechs Monate lang unter übermenschlichen Anstrengungen Widerstand; ein Sturm Peri-Paschas ward siegreich abgeschlagen
und erst als Soliman in Person vor Rhodos 1522
erschien, neigte sich den Türken der Sieg zu. Heldenmüthig wurde jede einzelne der fünf Citadellen von Rhodos vertheidigt; Soliman zürnte, wechselte, strafte seine Feldherren umsonst, Rhodos widerstand noch immer, da entschied der Verrath Damarals den Kampf. Mit erneuter Wuth stürmten die Osmanen, die beiden Erzbischöfe bestanden auf der Uebergabe der Insel und so
willigte der tapfere Großmeister in die Capitula- 26.
tion, die ihm mit allen Einwohnern und Rittern Dec.
sicher abzuziehen erlaubte. Der Insel selbst ver- 1522
stattete Soliman, als milder Sieger, Abgabenfrei-

heit, Schonung des Eigenthums und der Kirchen; dem Großmeister aber bewies er eine unter Osmanen seltene Anerkennung; viertausend Rhodier
1523 verließen mit ihm die Insel. —

Bei seiner Rückkehr nach Constantinopel gab er die Verordnungen in Polizeiangelegenheiten und über die Miliz, welche ihm den Namen des Gesetzgebers erwarben. Strenge und Gerechtigkeit war des gebieterischen, aber edlen jungen Fürsten Streben; ein Aufstand der Janitscharen, den der vor Rhodos hart behandelte Mustapha-Kirlu
1524 veranlaßte, ward schnell unterdrückt; zwei Jahre
und vergingen unter Sorgen für die innere Organisa-
1525 tion seines Reiches, da trat Soliman nach Beendigung dieser Angelegenheiten von Neuem als Eroberer aus seinem Palaste hervor. Zwar fehlte es auch ihm, im Ganzen genommen an einem großartigen Ziele bei seinem Streben, und kein umfassender Plan tritt aus dem Gewirr seiner Unternehmungen klar hervor; dennoch erwarben seine Kriegsthaten ihm den Ruf des mächtigsten Kriegers seiner Zeit, und des glänzendsten unter den Fürsten der Osmanen.

1521 Schon im Jahre 1521 hatten die inneren Unruhen in Ungarn ihm Gelegenheit gegeben, sich Belgrads zu bemächtigen. Jetzt gab eine Mißhandlung seiner Gesandten durch das Volk ihm Veranlassung, mit 200,000 Mann gegen die un-
1526 garischen Grenzen vorzurücken. König Ludwig II. hielt Landtag zu Tolves, als ihn diese Nachricht erreichte, und während er sich zum Kampfe rüstete, nahm Soliman Peterwardein, nach dem Verluste Belgrads, der Schlüssel von Ungarn und Deutschland, Ozek, Saljuk, Vesten, die zum Theil

in den Händen verrätherischer Großen waren.
Zwietracht unter den Anführern seines kaum
25,000 Mann starken Heeres hinderte Ludwig
lange, dem Feinde entgegen zu gehen. Endlich
traf er jedoch bei Mohacz auf Soliman; der Bi- 1526
schof von Comorn führte die Ungarn, und sein
übereilter Angriff verwirrte die Schlachtordnung;
er selber blieb, der Leichnam des Königs ward im
unter den Leichen seiner Leibwache gefunden, das Aug.
Heer zerstreute sich voll Schrecken und Bestürzung: bis nach Buda (Pesth) stand den Osmanen der Weg offen. Nie war ein glänzenderer, nie ein leichterer Sieg von ihnen erfochten worden: ganz Ungarn mit der Hauptstadt ergab sich; Pesth selbst nahm den Sieger freiwillig auf; hundert tausend Ungarn wurden in die Sklaverei verkauft; darauf aber kehrte der Sultan, ohne es einmal der Mühe werth zu halten, die Festungen zu besetzen, nach Adrianopel zurück, als ein Aufstand in den asiatischen Provinzen ihm die Annäherung an dieselben wünschenswerth machte. In Constantinopel vermählte er seinen verdienstvollen Vezier 1527
Ibrahim (sonst ein gemeiner Janitschar) mit seiner Schwester.

Unterdessen warf in Asien ein Haufen Schwärmer, von einem Derwisch angeführt, ein Heer Solimans nach dem andern zurück, schlug den tapfern Peri-Pascha, und nöthigte endlich Soliman selbst, zur Herstellung der Ruhe nach Asien zu kommen. Dieser besiegte die Schwärmer bei Cäsarea und stellte den Gehorsam wieder her.

Von diesem Zuge kaum zurückgekehrt, hörte der 1528
Sultan von den Fortschritten, welche Johann Zapolya, Woiwode von Siebenbürgen, an der Spitze

von 30,000 Mann in Ungarn machte, wo er sich durch Geld den Ruf zum Throne selbst zu erkaufen wußte. Der Ernennung Zapolyas zum Könige widersetzte sich jedoch Stephan Batory, Starost und Palatin von Ungarn, und berief Ferdinand von Oestreich zur ungarischen Thronfolge; diesen wählte ein Reichstag zu Preßburg und dies genügte dem Sultan, sich für Zapo-
1529 lya zu erklären, und als dessen Verbündeter im Jahre 1529, an der Spitze von 200,000 Mann, in Ungarn einzurücken. Ohne Widerstand drang er bis Buda, eroberte Komorn, Novigrad, Owar, und führte Zapolya in sein verödetes Reich ein. Hierauf setzte er seinen Zug gegen die Grenzen
Spt. Deutschlands fort. Am 13. September gelangte
1529 er so zu den Thoren Wiens, wo Philipp, Pfalzgraf bei Rhein, ein unerschrockener Feldherr, befehligte. Sechs Meilen in der Runde dehnten sich die türkischen Gezelte aus; einen Monat lang berennten die Türken die Schanzen und Wälle der Hauptstadt; 40,000 der Ihrigen raffte das Feuer der kriegsgeübten Besatzung dahin, da nöthigte die Verwüstung des Landes die Osmanen zum Abzuge, bei dem sich Soliman das Ansehen gab, als begnadige er die Kaiserstadt. Hierauf krönte er Zapolya zu Buda als König, nöthigte den Bogdan, Fürsten der Moldau, zur Unterwerfung und kehrte nach seiner Hauptstadt zurück, durch prächtige Feste das Volk zu gewinnen.

Innere Regierungsangelegenheiten und ein kleiner Krieg gegen die Johanniter, welche sich jetzt auf Malta festgesetzt hatten, durch Corsaren, beschäftigten Soliman hierauf zwei Jahre hindurch.

Unterdessen war Friedrich von Oestreich gegen 1531
Zapolya glücklich gewesen; allein Solimans Erscheinen in Ungarn stellte das Gleichgewicht schnell wieder her, das der Sultan wünschte. Zwei
Jahre später verglichen sich die beiden Könige 1533
von Ungarn; Zapolya blieb für seine Lebenszeit im Besitze des Eroberten, und behielt seinen Erben nur Siebenbürgen vor; Soliman trat dem Vergleiche bei und erhielt dafür Koron, das Karls V. Admiral, Doria, erobert hatte, zurück. — Der Groß-Vezier Ibrahim, wie man sagt, durch östreichisches Geld gewonnen, und die Italienerin Roxolane, die Verbündete Franz I. von Frankreich und Geliebte Solimans, kämpften indeß im Inneren des Serails darüber, wohin die türkischen Waffen zu richten wären. Endlich siegte Ibrahim und der Krieg gegen Persien ward beschlossen. Der Vezier nahm, von Verräthern unterstützt, Tauris. Auf dem persischen Throne saß Thamas, Ismaels Sohn; dieser rückt, während die Türken sich seiner Hauptstadt nahen, 1534
wieder gegen Tauris vor, und so geschah es, daß, als Soliman sich zu Bagdad krönen ließ, fast das ganze Land umher wieder in der Gewalt der
Perser war, von denen er im folgenden Jahre 1535
schwere Verluste erfuhr. Diese kosteten dem treuen Ibrahim das Leben.

Unterdessen hatten des Sultan Corsaren, Uruk, der Rothbart (Barbarossa), und Chaireddin, ihm, nach Vertreibung der maurischen Herrscher, die Nordküste Afrikas, Algier und Tunis unterworfen, und gegen Karls V. und der Malteser Angriffe behauptet, welche als Herren von Tripolis diese
Nachbarschaft nicht dulden konnten. Im folgen- 1536

den Jahre verlor Barbarossa jedoch Tunis an Hassan, den Karl V. unter spanischer Hoheit wieder einsetzte und Chaireddin hatte Mühe, sich im Besitze von Algier und Tripolis, das er unterdessen erobert hatte, zu behaupten.

Soliman entschädigte sich für Tunis an den
Eroberungen, die er im Archipel den Venetianern
1537 abgewann; Scios, Pathmos, Stampalia, Paros
und andere Inseln fielen ihm zu; und diese Verluste nöthigten, bei der Unthätigkeit Dorias, die
Venetianer auch bald zum Frieden auf Solimans
Bedingungen. — Während Pest und Feuersbrünste
Constantinopel verödeten, eroberte Soliman einen
Theil des glücklichen Arabiens (Camboye) von den
1538 Portugiesen, welche den Persern Beistand geleistet
bis hatten; Aden und das ganze Land Yemen ward
1539 eine Provinz des osmanischen Reichs.

Während so Solimans Waffen am persischen
Meerbusen siegreich waren, Barbarossa seine Macht
im Archipel gründete, Algier gegen die Angriffe
1541 des deutschen Kaisers abermals glücklich vertheidigte, und die Venetianer nach dem Siege von
Preveza zur Abtretung von Malvasia und Napoli
noch außer den 14 Inseln zwang, riefen neue Unruhen in Ungarn den siegreichen Sultan nach die-
1541 sem Lande. —

Joh. Zapolya war gestorben; sein Sohn Stephan, zum König gekrönt, residirte zu Buda, das die Oestreicher belagerten; Mohamed, Pascha von Belgrad, war ihm zu Hülfe geeilt und hatte den Feind geschlagen. Als Soliman selbst erschien, mußte sich Stephan mit der Würde eines Woiwoden von Siebenbürgen zurückziehen, Ungarn aber ward zur türkischen Provinz. Das

Heer, welches Joachim von Brandenburg gegen 1542
die Türken führte, rieb sich binnen Kurzem selbst
auf, während die Eroberungen Carls in Afrika
völlig verloren gingen.

Unterdessen hatte Franz I. durch Paulin ein
neues Bündniß mit Soliman geschlossen, und 1543
eine Flotte unter Barbarossa landete zu Marseille.
Türken und Franzosen belagern Nizza vergeblich,
und ein fünfjähriger Waffenstillstand, den Soli=
man nun mit dem Kaiser, der dafür jährlich
30,000 Duc. Tribut zahlte, einging, war eben
so sehr Folge des plötzlichen Verlustes seines liebsten
Sohnes, als dieses verunglückten Feldzuges.
Kurz darauf starb Barbarossa; Solimans Kriegs= 1544
und Thatendurst war gestillt; er baute das durch 1545
Feuersbrünste zerstörte Constantinopel wieder auf
und vermählte sich, gegen die Sitte seines Hau=
ses, mit der verschlagenen Italienerin Roxolane.

Die Waffenruhe der Janitscharen drohte ge=
fährlich zu werden, als der Streit zwischen den
beiden Beherrschern von Persien, Thamas und
Alkazic=Mirza, einen neuen Krieg mit diesem Reiche
entzündete. Roxolane betrieb ihn, und Soliman
führte sein Heer nach Persien. Allein der Feld=
zug war unglücklich; Thamas vermied die Schlacht, 1547
Krankheiten und Ueberfälle vernichteten das osma= und
nische Heer, und vereitelten Solimans Anstren= 1548
gungen.

In Ungarn herrschte Verwirrung; Stephan
hatte seinen Ansprüchen, zu Gunsten des Kaisers,
entsagt, Soliman eilte herbei, ihn dafür zu stra=
fen; doch sein Beglerbeg mußte die Belagerung
von Temeswar aufgeben, das er erst spät wieder=
gewann. Von nun an verwirrt sich der Faden

der Begebenheiten in einem Gewebe unzusammenhängender Unternehmungen.

Dragut, der Nachfolger Barbarossas, verwüstete Sizilien, während Afrika an die Malteser
1549 und den Kaiser verloren geht. Hierauf wird Tri-
und polis und Malta von den Türken belagert. Zwei
1550 Mal capitulirt Malta, ohne sich zu ergeben, während Tripolis von der Hand des Diwan Pascha einen Herrn erhält. Unterdessen nehmen häusliche Zwistigkeiten, Aufstände seiner Söhne, und die Bemühungen Roxolanens, ihrem Sohne Ba-
1552 jazid die Thronfolge zu sichern, die Sorge Soli-
bis
1554 mans in Anspruch. Als er zuerst wieder von auswärtigen Angelegenheiten Kunde nahm, rief Isabella, Stephan Zapolyas Mutter, seinen Beistand für ihren Sohn an. Soliman foderte Siebenbürgen für sie, und er erlangte, was er be-
1557 gehrte, in einem Waffenstillstande, der 1557 zu Stande kam. — Der Tod der Roxolane warf
1558 ihren Sohn Bajazid in offene Empörung; allein er ward bei Ikonium geschlagen und floh nach Persien, wo er elenden Tod fand, als ihn der
1559 Sofi für Geld an seinen Vater verrieth.

Unterdessen hatte Dragut den Kampf gegen Spanien und den Kaiser fortgesetzt, die Küsten Afrikas von Neuem besetzt und Oran belagert; hier wurden sie jedoch von den Spaniern geschlagen und zwei Jahre lang ruhten nun die Waffen auf dieser Seite. Die Dienste, welche die Malteser bei der Einnahme von Velez den Spaniern leisteten, riefen Soliman die Belagerung von Malta ins Gedächtniß zurück; ihre Corsaren hatten selbst die Schiffe der Sultaninnen nicht verschont, und
1565 dies entschied einen neuen Angriff gegen sie.

Vergeblich widerstand der Divan: der Wille des alten Sultans siegte über seine bessern Rathschläge. Ein hundert neun und funfzig Ruderschiffe und 40,000 Mann Landtruppen, unter dem Oberbefehle Pialis, des Sultans Liebling, und Draguts und Mustaphas Leitung, erschienen im Mai 1565 vor der Insel. Sechs Tage nach Ankunft der Flotte, den 24. Mai, ward das Schloß St. Elmo gestürmt; La Vallette, der heldenmüthige Großmeister des Ordens, hatte mit Ungehorsam und Bedenklichkeiten, Neid und Anfeindung unter den Rittern zu kämpfen; dennoch hielt sich St. Elmo, in Hoffnung auf die Hülfsflotte, welche aus Sizilien erscheinen sollte. Allein auch den Türken führte Dragut Verstärkung zu. Die Ritter in St. Elmo begehren zu capituliren; doch La Vallettes Standhaftigkeit siegt, und St. Elmo fällt nach tapferer Gegenwehr durch Sturm; allein vom Fort La Sangle wird der Dey von Algier, Barbarossas kecker Sohn, mit unermeßlichem Verluste zurückgeschlagen. Dennoch hatte die Noth der Ritter den höchsten Grad erreicht, als die sizilische Hülfsflotte endlich erschien. Kaum hatte diese nun 7000 Mann gelandet, als die Türken die Flucht nahmen und, troß eines zweiten Angriffs, bis in ihre Schiffe verfolgt wurden. So kehrte die stolze Expedition, bis auf ein Drittel ihrer Stärke zusammengeschmolzen, nach Constantinopel heim, wo Soliman selbst sich vor Scham den Blicken seines Volks lange entzog.

Vergeblich versuchte er durch strenge Gesetze über die Beobachtung religiöser Vorschriften die Neigung der Osmanen wieder zu gewinnen, umsonst kündigte er selbst dem Kaiser Maximilian

von Neuem den Krieg an, als dieser sich weigerte, seinen Schützling Zapolya als Eidam anzunehmen; umsonst sandte er seinem Statthalter in Buda ein großes Hülfsheer zu; die Türken ver-
1566 loren Festungen und Feld an Graf Salm, und belagerten Sigeth, das Graf Zriny heldenmüthig vertheidigte, vergeblich. Im Triumph zog der alte Sultan seinen geschlagenen Truppen selbst zu Hülfe; nie hatte Soliman so viel Pracht zur Schau gestellt, als bei diesem Feldzuge; so lagerte er vor Sigeth. Allein der Muth der Belagerten machte alle Anstrengungen der Türken zu nichte. Nach einem abgeschlagenen Sturme traf ihn endlich ein durch heftige Gemüthsbewegung veranlaßter Tod. Mehemed, der Vezier, hielt
30. Aug. 1566 diesen verborgen, bis Sigeth in einem neuen Sturme mit allen seinen Vertheidigern gefallen war.

Soliman, der größte der osmanischen Sultane, starb 76 Jahre alt; sein Volk segnet noch heute seine Herrschaft. Der Saame der Tugend und der Seelengröße war in seinem Herzen; zwar war er nicht frei von kleinlicher Eifersucht, von Jähzorn, von Härte und von Schwäche; allein diese Fehler kamen mehr auf Rechnung seiner Geburt, als seiner selbst. Er war ein Freund der Gerechtigkeit, der Thätigkeit und der Ordnung; er liebte die Ehre und achtete den tapfern Feind; nie übte er Betrug, nie nutzlose Grausamkeit, wie seine Vorgänger pflegten.

Solimans Tod beschließt die Periode der Blüthe des osmanischen Herrscherstammes. Der Contrast zwischen ihm und seinen Vorgängern — mit seinen Nachfolgern, ist auffallend. Von Osman bis auf ihn hatten, zwei und ein halbes

Jahrhundert hindurch, zwölf Sultane über die Osmanen regiert, alle mehr oder weniger kriegerisch, alle tapfer, alle siegreich. Nach ihm — durch denselben Zeitraum — haben achtzehn regiert, unter denen nur zwei Feldherren und nicht einer siegreich war. Die bis auf ihn im Ganzen genommen waltende Einfachheit in der Hofordnung, in der Verwaltung ging in Schwelgerei, Luxus und Weichlichkeit unter; die in der Regentenfamilie herrschende Aufklärung in Fanatismus und Unwissenheit, da die jüngern Sprossen derselben ihre Jugend im Kerker und ohne Erziehung zubrachten. —

So wie im Regentenstamme, so begann auch in der Nation selbst ein Stillstand fühlbar zu werden, anstatt des Fortschreitens in Cultur und Sitte, das bis jetzt unverkennbar gewesen war. Das Volk der Osmanen hatte den höchsten Grad seiner Bildung erreicht, den es seinen Anlagen nach erreichen konnte, sobald es aufhörte, ein eroberndes zu seyn; seine eingeborne Neigung zu Unthätigkeit, zum Beschaulichen, machte es jeder andern Ausbildung, als der auf der Bahn der Waffen und des Sieges unfähig. Nach diesem versank es in Ruhe und Schwäche; denn nur durch die Berührung mit andern Völkern konnten die Osmanen weiter kommen, da es ihnen untereinander selbst an derjenigen Reibung, aus welcher im Abendlande der Funken der Kultur und die Volksbildung hervorsprüht, gänzlich fehlt.

Dritte Periode.

(Zwei hundert und acht Jahre.)

Zeit des Verfalls, oder von Selim II. bis zu dem Frieden von Kutschuk-Kainardge, von 1566 bis 1774.

Selim II. von 1566 bis 1574.

Der Sohn Roxolane's, Selim II., eilte nach Constantinopel, und gürtete dort das Schwert Osmans um; kaum hatte er den Leichnam seines Vaters in der ihm bestimmten prächtigen Turba beigesetzt, so zeigte ein Aufruhr der Janitscharen, theils, daß man die kriegerischen Talente Selims wenig fürchte, theils, zu welcher Herrschaft über seinen Herrn dieses Corps nun schon angewachsen sey. Selim mußte zum ersten Male seinen Gehorsam erkaufen, und das Verderbliche dieses Schrittes sollte sich bald an allen seinen Nachfolgern rächen. Selim, in Weichlichkeit erwachsen, eilte nur, des verhaßten Krieges in Ungarn los zu werden. Ihn leitete nicht, wie seinen Vater, die Rücksicht der Nationalehre und der Fürstenwürde. Er gab den Schützling seines Vaters, Zapolya, Preis, und leicht kam
1567 es so zu einem achtjährigen Waffenstillstande mit

dem Kaiser, dessen Basis der für die Osmanen nachtheilige Status quo war. Zapolya entsagte für das Fürstenthum Siebenbürgen allen Ansprüchen auf die ungarische Krone. An der schnellen Abschließung dieses Vertrages hatte die Kriegsscheu des schwelgerischen Selim wohl eben so viel Theil, als ein in Arabien durch einen fanatischen Schwärmer abermals erregter Aufstand, der jedoch durch Osd-Emir glücklich unterdrückt wurde, ehe die Gefahr 1568
überhand nahm. Die unruhigen Janitscharen zu beschäftigen — vielleicht auch nur um des schönen Cyperweines willen — ward der Krieg gegen Venedig, dem die Witwe des letzten Königs von Cypern, aus dem Hause Cornaro, diese Insel vermacht hatte, beschlossen. Die Veranlassung dazu ward bald gefunden; man forderte Cypern als ein losgerissenes Pertinenzstück von Egypten zurück; Venedig verweigerte die Rückgabe und der Krieg begann, nachdem die Venetianer an Spanien und 1569
dem Papst Bundesgenossen gefunden hatten. Zwei hundert Segel und 80,000 Mann Landtruppen verließen die Dardanellen unter Mustaphas und Pialis, des Kapudan-Pascha, Anführung, nahmen, nicht ohne Unterstützung von Seiten der Inselbewohner, das flache Land in Besitz, eroberten 1570
Nikosia nach einer kurzen Belagerung, während die venetianische Flotte unter Doria, von der Pest zurückgehalten, müßig vor Candia lag, und sich endlich ganz trennte, weil man über das, was geschehen sollte, nicht einig werden konnte. Nikosia ward verwüstet und alle Gefangenen und Einwohner, 15,000 an der Zahl, Dandolo, der Gouverneur, unter ihnen, ermordet. Hierauf schickte man sich an, Famagosta, die Hauptstadt der Insel, zu

belagern; hier vertheidigte sich Bragadin jedoch auf das Tapferste. Unterdessen war das lose Bündniß zwischen dem Papst Pius V., Spanien und Venedig durch Colonnas Bemühungen wieder enger gezo-
1571 gen; man beschloß die Ausrüstung der größten Flotte, welche die christlichen Mächte noch jemals gegen den Glaubensfeind versammelt hatten, und untergab sie dem Oberbefehle Don Juan de Austrias, dem natürlichen Bruder Philipp II. von Spanien, unter welchem der erfahrne Colonna befehligte. Dreihundert große Schiffe folgten diesen Anführern, die Flottillen von Malta, Toscana und Savoyen ungerechnet.

Unterdessen hatte Mustapha sich nach dem Blutbade von Nikosia mit der Einschließung von Famagosta begnügt, da ein unerhört strenger Winter alle Belagerungsarbeiten nutzlos machte. Mit dem Frühjahre 1571 erschienen jedoch 20,000 M. frischer Truppen aus der durch eine schwere Feuersbrunst verwüsteten Hauptstadt auf Cypern, und nun begann die Belagerung von Famagosta mit erneutem Eifer.

Bragadin vertheidigte sich mit verzweifeltem Muthe; allein das Wehgeschrei der Bewohner, der Mangel an Kriegsbedürfnissen aller Art, und die immer noch zögernde Hülfe aus Italien, nöthigten ihn doch endlich zur Capitulation. Mit unerhör-
Aug. ter Grausamkeit brach Mustapha die Bedingungen
1571 der Uebergabe, ließ den tapfern Bragadin lebendig schinden, alle seine edeln Waffenbrüder ermorden, und zog dann höhnend im Triumph nach Constantinopel zurück. Hier ward er jedoch, so wie Piali, von dem eifersüchtigen Groß-Vezier Mehemed entsetzt.

Nach diesem blutigen Untergange Cyperns verließ endlich die verbündete Flotte den Hafen von Messina, zu derselben Zeit, als die türkische Seemacht, 300 Segel stark, von der Küste von Lepanto abstieß. Was den Venetianern in Morea gehörte, war von ihr verwüstet worden, und ruhig erwartete nun Ali, der neue Kapudan-Pascha, den Feind in dem engen Meerbusen von Lepanto. Hier 7.
trafen die beiden Flotten in einer der fürchterlichsten Oct.
Seeschlachten zusammen, welche je geliefert waren. 1572
Mit unerhörter Wuth kämpfte man gegen einander; die beiden Admiralschiffe selbst enterten einander. Ali blieb; sein Kopf auf dem Hauptmaste des feindlichen Hauptschiffes schreckte die Türken; allgemeine Verwirrung, ein panischer Schrecken ergriff die Türken; man dachte an keine Gegenwehr mehr. Nicht weniger als 161 feindliche Schiffe wurden genommen; 30,000 Osmanen fielen in Sklaverei; die ganze türkische Seemacht war durch diesen einzigen Tag vernichtet. — Schrecken und Bestürzung ergriff den Divan, das Serail, die Hauptstadt, als sie die Nachricht von dieser Niederlage erreichte. Nie war das Reich in größerer Gefahr gewesen, als in diesem Augenblicke; doch die Verbündeten schienen nur den S i e g, nicht die F r ü c h t e des Sieges im Auge gehabt zu haben, und während Constantinopel zitterte, verloren sie 14 Tage mit Theilung der Beute und trennten sich endlich in Feindschaft über dieselbe. So ging, während Selim bestürzt seinen Hof nach Adrianopel verlegte, Doria mit seinen Galeeren nach Messina, Don Juan nach Neapel zurück. So blieb Veniero, der Admiral der Republik, dem man den großen Sieg von Lepanto besonders dankte, Herr des Meeres;

doch während er mit geringfügigen Eroberungen die Zeit verlor, stellte Mehemed die zerstörte Flotte
1573 wieder her, und sechs Monate nach dem Unglücke von Lepanto erschienen von Neuem 200 türkische Schiffe unter Uliccioli im Archipel. Unterdeß hatte jedoch auch Gregor XIII. die Verbündeten wieder zusammen gebracht, und die beiden Flotten beobachteten sich vor Cerigo, ohne etwas gegen einander zu unternehmen, und als die Spanier die Verbündeten von Neuem verließen, suchte die Republik, von diesem Kriege erschöpft, bei der Pforte *) den Frieden nach. Dieser kam nun schnell zu Stande; die alten Grenzen wurden hergestellt; Cypern blieb bei der Pforte und Venedig zahlte 300,000 Ducaten.
1574 Nun ward selbst Tunis, das Don Juan kürzlich erobert hatte, leicht wieder gewonnen und zu einer Art von Republik unter Hoheit des Sultans umgeschaffen; ja man konnte sogar an einen neuen Angriff auf Malta denken.

Stephan Batory, Zapolya's Nachfolger in Siebenbürgen, leistete Huldigung; der Bogdan der Walachei, Iwan, der zum Islam übergetreten war, ward gegen einen doppelten Tribut, wider den Willen des Volks, zum Woiwoden eingesetzt, später jedoch ermordet, und nun sein Bruder Peter installirt.

Trotz aller dieser Vorgänge verließ Selim selbst nur selten seinen Harem. Er starb vielmehr in diesem, wie er darin gelebt hatte, sorglos dem Trunk,

*) So nennt man das türkische Kabinet, von dem unter Mehamed II. erbauten hohen Thore (Baba Hamoun), das in den ersten Hof des Serails führt.

der Völlerei, der Wollust ergeben, im 53sten Jahre Dec.
seines Lebens. Sein Vezier, Mehemed, konnte 1579
den Tod dieses Fürsten, der die Zügel der Regierung niemals in Händen gehabt hatte, dem Volke leicht so lange verborgen halten, als er es seinem Interesse für angemessen hielt, das heißt, bis Murad III., der Thronerbe, aus Amasia, wo er residirte, in der Hauptstadt eintreffen konnte.

Murad III., von 1574 bis 1595.

Selim II. Sohn, Murad III, bestieg den Thron, auf dem er sich sofort durch die Ermordung seiner 5 Brüder befestigen zu müssen glaubte. Hierauf überließ er die Sorgen der Regierung seinem Groß-Vezier und einem Liebling Ferhad, der früher Koch einer Janitscharen-Oda gewesen war. Der Liebe und dem Fanatismus ergeben, überließ er den Krieg gegen Persien, an dem er eine alte Schmach zu rächen hatte, seinem Vezier Mustapha. Dieser, an der Spitze eines Heeres von 150,000 Mann anfangs
glücklich, ward jedoch von Schah Abbas dem Gro- 1567
ßen in Schirwan überwunden, und als er nach Con- 1577
stantinopel, fast allein von seinem Heere, zurückkehrte, zum gemeinen Janitscharen degradirt. Auch 1578
in den folgenden Feldzügen folgte das Unglück den und
türkischen Fahnen: ihr Verbündeter, der Tartaren- 1579
chan Abdul-Scherai, ward gefangen und ermordet. Dies reizte zur Fortsetzung dieses unglücklichen Krieges. Kostete er doch Murad nichts weiter, als Menschen, deren Werth er nicht kannte, und Geld, das er in seinem Schatze vollauf fand! Doch vergeblich wechselte er die Anführer, vergeblich folgte dem Osman Achmed, diesem Ferhad, diesem Siaus,

diesem Ibrahim; vergeblich ward der würdige Groß-Vezier Sinan entsetzt; das Glück der Waffen wollte
1581 nicht wieder kehren. In jedem Jahr wurden die
bis Türken geschlagen. Unordnung in den Finanzen
1584 waren die Folgen dieses erschöpfenden Krieges; Schah Abbas entriß dem Reiche Georgien, Armenien und Dgesira; Veruntreuungen und Empörungen kamen hinzu — Alles im Reiche war Willkühr, Tyrannei und Trauer. Cabalen im Serail regierten; Murad überließ sich sorglos gewohnten Ausschweifungen, und in dieser Lage der Sache schien es der Untergang des Throns zu seyn, als Rudolph von Deutschland die Foderung des Tributs für Ungarn mit einer Kriegserklärung beantwortete. Nun
1593 ward schleunigst mit Persien Friede geschlossen und Siaus nach Ungarn gesandt. Dieser verwüstet das Land, berennt und nimmt Raab durch Treulosigkeit des Gouverneurs, Grafen Haddik, mit einem Verluste von 22,000 M. und belagert Komorn; doch als Sigismund Batory, Woiwod von Siebenbürgen, die Sache der Türken verließ, wuchs die Gefahr so an, daß der feige Murad sich endlich selbst an die Spitze des
1594 Heeres stellte. Allein kaum bis Adrianopel gelangt, erschreckt ihn ein Ungewitter bei der Musterung der Truppen, und er kehrt eilig in seinen Harem nach Constantinopel zurück.

Die Zeiten der letzten byzantinischen Kaiser schienen sich zu wiederholen. Murad, entnervt von Ausschweifungen, erlag bald darauf, im Januar 1595, einem auszehrenden Fieber. Seine Regierung hinterließ kein anderes Andenken, als das an die zahllosen Menschenopfer, die der persische Krieg gekostet hatte, an die Niederlagen seiner Generale und an die Empörungen (zehn dergleichen werden von der Geschichte aufgezählt), welche sein Reich beunruhigten. Unbeständigkeit (zweimal war sein Liebling Ferhad, dreimal Siaus, Großvezier) und Schwanken bilden den Charakter dieser Regierung; Aberglaube und Fühllosigkeit, Eifersucht und Feigheit waren die herrschenden Eigenschaften dieses Sultans.

Mohamed III von 1595 bis 1603.

Der Sohn der Venetianerin Baffo, Mohamed, bisher Pascha zu Magnesia, bestieg den Thron seines verhaßten Vaters. Der grausame Erbe ließ neunzehn Brüder (größtentheils Säuglinge) ermorden, und fünf schwangere Frauen seines Vaters ertränken — dies war die Morgenröthe einer blutdürstigen und gehässigen Regierung.

Die Hauptstadt fand Mohamed bei seiner Ankunft schwierig und in Verwirrung; eine Theuerung nöthigte ihn, die Schätze seines Vaters unter das Volk zu vertheilen. Wo die Industrie schläft und wo eine an Largitionen gewöhnte Soldateske die höchste Staatsmacht bildet, da sind solche Mittel nöthig, dem gänzlichen Verderben vorzubeugen. In der Moldau und Walachei wüthete ein verheerender Krieg: Stephan Batory und der Graf Mansfeld standen den Türken in Ober- und Nieder-Ungarn siegreich gegenüber; Sinan war in zwei Treffen, an der Alutha und bei Gran, geschlagen und 1596
mußte dem Feinde Lippa und Tergowischt überlassen; die Woiwoden der Moldau und Walachei folgten dem Beispiele Batory's, und nun ward auch der Pascha von Buda geschlagen, Gran und Vicegrad erobert. Umsonst ward Siaus entsetzt; Fer-

5 *

had, sein Nachfolger, zum dritten Male Groß-Vezier,
1596 ward nichts desto weniger in Ungarn besiegt. Mohamed ließ ihn erdrosseln und stellte sich selbst an die Spitze des Heeres, das unter ihm der neue Groß-
1597 Vezier, Ali-Hassan, befehligte.

Ein hundert und funfzig tausend Mann zogen mit ihm den drei Woiwoden entgegen; der Sultan
Sept selbst belagerte Agria (Erlau), das der tapfere Terzky vertheidigte. Die aufrührerische Besatzung lieferte ihn den Türken aus, und die Festung fiel in ihre Hände. Zu derselben Zeit erschien jedoch auch der Erzherzog Mathias zum Entsatz vor Agria. Es kam zur Schlacht; Mohamed ward geschlagen und floh nach Agria zurück. Allein in dem Augenblicke des Sieges veranlaßte die Beute des türkischen Lagers eine solche Verwirrung unter den Truppen des Erzherzogs, daß sie von der Nachhut der Türken in einzelnen Haufen geschlagen und des Siegs beraubt wurden; 12,000 Mann, unter ihnen zwei Generale und zwei Prinzen von Geblüt, waren geblieben, und der Erzherzog sah sich nun mit den Trümmern seines Heeres zum Rückzuge genöthigt. Mohamed, des Krieges überdrüssig, eilte jedoch nach seiner Hauptstadt zurück, welche die Pest verwüstete. Hierauf unterwarf sich der Fürst der Moldau von Neuem der Pforte, während Batory seiner Verbindung mit dem Kaiser treu blieb, bis er diesem endlich sein Fürstenthum selbst abtrat. Hierdurch wuchs
1598 die Macht des Kaisers in Ungarn von Neuem; der Krieg währte noch eine Zeit lang matt und schläfrig fort; der Erzherzog nahm Raab durch Ueberfall, eroberte Palotta und Vesprim, und endlich nahm
Sept Palfy auch Ofen, wo er 7000 Christensklaven die Freiheit wiedergab. Italienische und spanische

Hülfstruppen verstärkten täglich das Heer des Kaisers, und die Türken wichen überall im offenen
Felde vor ihm. Im Jahre 1600 ward Hassan von
Neuem geschlagen, verlor Stuhlweißenburg, das der 1601
Pascha jedoch im folgenden Jahre im Sturm zurück
eroberte. So schwankte das Kriegsglück im Ganzen 1602
genommen ziemlich unentschieden zwischen beiden
Heeren in Ungarn, während in den asiatischen Provinzen das Feuer des Aufruhrs hell empor loderte.
Schirvan, Pascha von Caramanien, hatte die Fahne
der Empörung erhoben, und die Spahis setzten
durch Aufruhr die Hauptstadt selbst und das Serail
in Schrecken. Die Häupter der schwarzen und
weißen Verschnittenen mußten erdrosselt, der Mufti
entsetzt, der Groß-Vezir aus Asien zurückgerufen 1599
werden; dennoch kam es zwischen Spahis und Janitscharen zu blutigen Kämpfen, denen zahlreiche
Hinrichtungen folgten.

Die Ruhe wieder herzustellen, gab es nur ein
Mittel — den Krieg. Die Fehde mit den Persern
dauerte fort; diese hatten sie durch einen Angriff
auf Schirwan von Neuem begonnen; der neue Groß-
Vezier, Ali-Hassan, ergriff daher diese Gelegenheit,
sämmtliche Spahis, seine Gegner, nach Asien zu
schicken; dennoch ward er im folgenden Jahre ge- 1601
stürzt und des Schutzes der Janitscharen ungeach- 1602
tet erdrosselt. Djerra, sein Nachfolger, zog nun
selbst nach Asien, wo die Rebellen sogar Bursa
schon eingenommen hatten, während er zugleich dem
von den Oestreichern hart bedrängten Mohamed
Hülfe sendete. Seiner Thätigkeit gelang es, die 1603
rebellischen Pascha's zu zerstreuen, und in Ungarn
durch die Wiedereinnahme von Stuhlweißenburg das
Gleichgewicht herzustellen. Doch um eben diese Dec.

1603 Jetzt starb Mohamed, nachdem er noch seinen ältesten Sohn und dessen ehrsüchtige Mutter Fatme hatte ermorden lassen, an der Pest, die gemeinschaftlich mit einer Hungersnoth die Hauptstadt verheerte.

Er ward 37 Jahre alt; das Volk hatte durch Unfälle, Niederlagen, Empörungen und Hinrichtungen seine Unfähigkeit für den Thron kennen gelernt. Doch die nächstfolgenden Regierungen sollten die Leiden der seinigen noch vergessen machen.

Achmed I., von 1603 bis 1617.

Mohamed hatte nur zwei Söhne hinterlassen; den wilden Schwächling Achmed und Mustapha, dem der 15jährige Thronerbe das Leben ließ. Seine Mutter und seine Gemahlin wußte er von den Reichsgeschäften entfernt zu halten und an Murad, Pascha von Cairo, einen würdigen und geschickten
1604 Diener zu wählen, der auch den Aufstand der aufrührerischen Paschen in Asien kräftig erdrückte und die Niederlagen des Capudan-Pascha Ciali strafte; dennoch war seine Regierung nur ein Gewebe von Empörungen, Cabalen, Niederlagen und schwachen Maßregeln gegen äußere und innere Feinde; kurz die Zeiten waren wieder ganz so schlecht, der Thron ganz so ohnmächtig geworden, wie sie unter den Paläologen waren.

Unter solchen Umständen war es wenigstens noch ein Glück, daß Achmed mit den Schätzen seiner Mutter den Gehorsam der Janitscharen erkaufen konnte, und in Wollust und Prunk die Sorgen einer solchen Regierung vergaß. Die berühmte Achmed-Moschee am Platze des Atmeidan verdankt ihm ihre Entstehung.

Die inneren Unruhen des Reichs führten den Wunsch nach äußerem Frieden herbei; Herrschern, wie Achmed, ist jeder Krieg unbequem; egoistische Rücksichten, nicht politische Gesinnung sind es, die sie den Frieden wünschen lassen. Derselbe Wunsch lebte auch in Kaiser Rudolph, der mit den Glaubensspaltungen in seinem Reiche zu viel zu thun hatte, als daß er die Schwäche der Osmanen zu Siegen über sie hätte benutzen können. So kam es denn zwischen dem Kaiser, den ungarischen Reichsständen und dem Woiwoden von Siebenbürgen Botschkai am
2. Jun. 1606 zu einem Vergleiche, in dem der Kai- 1606
ser die ungarischen Freiheiten sowohl, wie den Woiwoden anerkannte. Der letztere vermittelte nun auch den Frieden mit der Pforte, der zu Komorn noch in demselben Jahre zum Abschluße kam. In diesem ward die Kaiserwürde des Sultans anerkannt, Gran und die zuletzt gemachten Eroberungen der Türken, Pesth, Kaschau und Stuhlweißenburg, wurden wieder herausgegeben; nur Erlau und Raab blieben ihnen, als nördliche Grenzorte; eine Austrägal-Instanz von vier Commissarien ward für alle Streitigkeiten festgestellt und eine zwanzigjährige Dauer diesem Vertrage vorbestimmt. Auch mit Frankreich wurden nun alle Zwistigkeiten von der vorigen Regierung her ausgeglichen und eine Art von Allianz verabredet, wie sie unter Franz I. Statt gefunden hatte. — Hierauf beschäftigte eine neue
Empörung in der unruhigsten Provinz des Reichs, 1607
Caramanien, die Waffen des Groß-Vezirs Murad. Dieser schlug die Schwärmer, welche 40,000 Mann stark bei Erzerum lagerten, und trieb die Trümmer ihres Heeres nach Persien; Kalendar, ihr Anführer, der sich zum Pascha von Aleppo und Herrn von

Syrien erhoben, ward zur Ergebung verleitet und
1608 in Constantinopel erdrosselt. Die übrigen Rebellenchefs, Bulad, Massi und Jussuf, wurden jetzt leicht in Caramanien selbst bezwungen, und dieser schnelle Erfolg erlaubte nun auch einen neuen Feldzug gegen Persien; allein schon war es dahin gekommen, daß Murad, dem Befehle der hohen Pforte zuwider, mit seinem Heere nach Scutari umkehren konnte, als ihm die Cabalen seiner Feinde in der Hauptstadt ge-
1609 fährlich zu werden drohten. Nach Besiegung dieser Feinde (der Capudan-Pascha stand an ihrer Spitze) und nach gänzlicher Vertilgung der Aufrührer Massi und Jussuf (Bulad war bereits hingerichtet) nahm nun der Krieg gegen Persien einen ernsthafteren
1610 Charakter an. Die Wiedereroberung Bagdads mit einem 200,000 Mann starken Heere war das Hauptziel dieses Feldzuges. Allein der Groß-Vezir war diesem Kriege abgeneigt, und that, nachdem er einmal in Diarbekr war, wenig mehr. Hier
1611 starb er 89 Jahre alt, der verdienstvollste Mann seiner Zeit im Reiche der Osmanen. Sein Nachfolger, Nasuf-Pascha, blieb vor Tauris den Persern unthätig gegenüber stehen, und kehrte endlich, nachdem er eine Art von Waffenstillstand geschlossen, eilig nach Stambul zurück. Schirwan blieb auf diese Art bei Persien gegen einen Tribut von 200 Last Seide jährlich; den Sunniten ward freie Religionsübung bewilligt und ihnen eigne Cadi's bestellt. Von dieser Zeit an genoß das Reich — was eigentlich noch nie der Fall gewesen war, eines allgemeinen Friedens. Aber freilich ward eben diese Ruhe in einem Reiche, das wesentlich auf Eroberung und einen kriegerischen Fürsten gegründet war, zum Verderben. Fast nothwendig war dieselbe nämlich

von inneren Unruhen und Empörungen begleitet, und wie sollten Fürsten, wie Soliman's Nachfolger, der übermüthigen Soldateske der Janitscharen widerstehen? Wie sollten die durch Wöllust abgestumpften Jünglinge, die nur ihren Harem und das Innere des Serails kannten, wie sollten diese selbst einem kräftigen und gewandten Vezier etwas anders, als ein Spielwerk seyn, das er bei Gelegenheit wechselte und wegwarf! Die Parteisucht aber fand, trotz aller heimlichen Hinrichtungen in der Herrscherfamilie, doch wohl immer noch einen Sprößling, den sie mit dem Namen und dem äußern Pomp des Kaiserthums bekleiden konnte, und der alsdann alle Willkührlichkeiten und Ausschweifungen mit seinem Namen beschönigen mußte. In diesem innern Spiele der Cabale und Parteiungen kam es endlich selbst dahin, daß der schwache Fürst auf dem Throne selbst zum Opfer ersehen ward, und zwei Sultane hinter einander tödtete nun die verhängnißvolle Schnur, mit der sie sich so leicht ihrer Diener zu entledigen pflegten.

Nach dieser Abschweifung, zu welcher uns das wachsende Verderben des Reichs nöthigte, kehren wir zu der Regierungsgeschichte Achmed's I. zurück. Die nächsten Jahre derselben waren an Ereignissen ganz leer. Dem allgemeinen Frieden zu Ehren begann Achmed den Bau seiner prächtigen Moschee, 1612
empfing Gesandtschaften vom Kaiser Matthias, welche den Vergleich zu Komorn verlängerten, schloß Handelsverträge mit den Holländern, die den Tabak in seinem Reiche einführten, dessen unmäßiger Gebrauch bald, als der Mufti ihn zu verbieten Miene machte, die Hauptstadt von Neuem dem Bürgerkriege Preis gegeben hätte. Nasuf, der

neue Groß-Vezier, aus dem Sklavenstande zu der ersten Würde des Reichs empor gestiegen, regierte den Staat und ward der Schwager seines Herrn. Allein ein grober Betrug, mit dem er, seine Wichtigkeit zu zeigen, diesen hintergehen wollte, ward die Ursache seines Sturzes; seine Feinde verriethen seine Einverständnisse mit den Ministern des Sofi, seine falschen Aufzüge von verkleideten Gefangenen
1613 und Prisen, und er ward erdrosselt. Mehemed, der Capudan-Pascha, ward sein Nachfolger, und, wie Nasuf, Schwager seines Herrn. Die Pest verwüstete die Hauptstadt, das Volk klagte den Sultan deshalb an, und fanatische Derwische reizten seinen Zorn. Einer von diesen verwundete Achmed sogar bei einem Aufzuge mit einem Steine, und büßte diesen Versuch, das Reich von einem unfähigen Fürsten zu befreien, mit seinem Leben. Um diese Zeit wurde die Hauptstadt auch einmal von einer ihrer Plagen, den Hunden, befreit, die man sammt und sonders auf eine wüste Insel verwies, da der Mufti sie zu tödten untersagte. Solche Sorgen beschäftigten den Diwan in den Zeiten des Friedens. — Hierauf ward die äußere Ruhe auf einen Augenblick gestört. Der Woiwod der Moldau, Constantin, verweigerte den Tribut, zu dem sein Vorgänger sich anheischig gemacht hatte, und Achmed belehnte nun mit der hierdurch zurückgefallenen Provinz
1614 Tomsa, einen Polen. Funfzig tausend Osmanen rückten in die Moldau ein, schlugen Constantin und seinen Schwager Koreßky, der gefangen ward, und erhoben Tomsa zum Fürsten der Moldau. Um dieselbe Zeit entsetzten die Stände von Siebenbürgen ihren Fürsten Gabriel Batory, der sich nach Botschkai's Tode die Herrschaft zuzueignen und dadurch zu

erhalten gewußt hatte, daß er den Kaiser als seinen Lehnsherrn anerkannte, und wählten Betlem Gabor, einen der Ihrigen, zum Woiwoden. Dieser rief, um sich gegen den Angriff des Hauses Oestreich zu sichern, den Schutz der hohen Pforte an; dieser ward zugesagt, und der Kaiser von der Rückkehr Siebenbürgens unter die Oberhoheit der Pforte durch einen türkischen Gesandten in Kenntniß gesetzt. Von beiden Seiten rückten hierauf Truppen gegen einander; Batory ward jedoch in einem unbedeutenden Treffen getödtet, und Betlem Gabor nun zu Wardein feierlich mit seinem neuen Fürstenthume belehnt; der Friede zwischen den beiden Kaiserhöfen aber von Neuem bestätigt.

Auf einer andern Seite ward jedoch in demselben Jahre die Festung Agliman, an der Küste Klein- 1615
asiens, von dem Herzog von Toskana, nach einer hartnäckigen Belagerung, als Schadloshaltung für einige Seeräubereien, erobert, und dies Ereigniß ward von Cosmo von Medici benutzt, im Namen eines angeblich älteren Bruder Achmed's, Jakaja, die asiatischen Provinzen des Reichs mit Verwirrung zu füllen. Im folgenden Jahre verschwand
dies Phantom jedoch wieder und damit auch die 1616
durch ihn veranlaßten Unruhen. Auch der Fürst der Drusen, Fakardin, ward von Cosmo von Medici aufgeregt. Sein Volk, im Besitze eines Theils von Syrien, nennt sich Abkömmlinge der Franken, die Jerusalem eroberten; Fürst Fakardin schlug die Türken zu Lande in eben der Zeit, als die Flotte
Cosmo's sie zur See besiegte, und eroberte Saida. 1616
Zu gleicher Zeit währte der schnell wieder begonnene
Krieg mit Persien unausgesetzt fort; im Jahr 1617 1617
siegten die Perser bei Bassora in einer großen

Schlacht über den Pascha von Damask; allein da sie diesen Sieg, so wenig wie die früheren, zu etwas anderem, als Verwüstungen zu benutzen wußten, so ward man davon in Constantinopel wenig gewahr. Dennoch rüstete sich Achmed selbst zum Feldzuge, als er im November 1617 an der Auszehrung starb. Die Zeit, welche ihm die Wollust übrig ließ, brachte er mit mechanischen Arbeiten zu; der abergläubige Fürst drechselte, einer Vorschrift des Koran zu Folge, Geräthe von Horn und ließ sie für seine Küche verkaufen. — Mehr bedarf es nicht, um den Grad der Regentenbildung anzudeuten, der den Sultanen dieser Zeit eigen war.

Mustapha I., von 1617 bis 1618.

Mustapha, der Bruder des verstorbenen Kaisers, folgte ihm. Er war ein Weichling wie jener, der sich vor den Weibern fürchtete, und nur darin Vergnügen fand, Geld an Unwürdige mit vollen Händen wegzuwerfen. Der Last der Regierung auf keine Art gewachsen, litt sein Eigensinn es jedoch nicht, daß er den Rathschlägen Anderer folgte. So half ihm selbst die glückliche Wahl geschickter Diener nichts; denn er vereitelte ihre Bemühungen durch unverständiges und eigenwilliges Einschreiten beständig. Unterdessen brach der Krieg mit Persien, auf die Weigerung des Sofi, den vertragsmäßigen Tri-
1618 but in Seide zu entrichten, von Neuem aus. Die Entscheidung über Krieg und Frieden lag und liegt noch jetzt, dem Gesetze gemäß, in den Attributen des Divan, bei dessen Berathungen der Padischah selbst nur eine Stimme hat. Indeß wird sie oder des Groß-Veziers Einfluß durch seine übrigen Mittel,

den Willen der Divansbeisitzer zu stimmen, es immer in seiner Gewalt haben, einen vorher beschlossenen Krieg durch den Divan gut heißen zu lassen. So zog Mehemed, trotz der Weigerung des Divans, an der Spitze der Janitscharen nach Asien; allein kaum einige Tagereisen von der Hauptstadt entfernt, nöthigte ihn ein Aufstand des Volks zur schleunigsten Rückkehr. Der Kaimakan (Statthalter) des Groß-Veziers, der Mufti und der Defterdar (Schatzmeister) hatten das Volk durch das Gerücht, als trachte Mustapha seinem Neffen nach dem Leben, während er selbst dem Reiche keinen Erben geben wolle, und als griffe er in toller Verschwendung den nur zu Religionskriegen bestimmten Hasni (Privatschatz) an, aufgewiegelt, das nun mit großem Geschrei Osman, den zwölfjährigen Sohn Achmed's, zum Kaiser begehrte. So vertauschte Mustapha den drei Monat hindurch besessenen Thron mit dem Kerker, und sah seinen Neffen
Osman das Schwert seines Ahnherrn umgürten. 1618

Osman II., von 1618 bis 1622.

Unterdeß trafen die Beschwerden Ludwigs XIII. über die Einkerkerung seines Gesandten, Le Sancy, den man unter der vorigen Regierung der Mitwissenschaft an der Flucht Koretzky's aus den sieben Thürmen beschuldigt und auf diesen Grund verhaftet hatte, bei der Pforte ein. Eine außerordentliche Gesandtschaft, welche nach Paris ging, stellte das gute Vernehmen jedoch leicht wieder her.

Während Mehemed nun seinen Zug nach Persien fortsetzte, bemächtigte sich Viner-Effendi, der 1619
alte Lehrer Osman's, seines unbedingten Ver-

trauens, und schaltete nach Willkühr im Reiche, indeß der Padischah sich die Zeit mit kindischen Spielen vertrieb, oder sich von seinen boshaften Ministern verkleidet in Schenken und Caffeehäusern herumführen ließ, um einer alten Sitte der Kaliphen nachzuahmen, die auf diese Art über die Ausführung ihrer Befehle zu wachen pflegten. Die strenge Bestrafung, die Hinrichtungen, welche der Uebertretung geringfügiger Polizeivorschriften folgte, entzog dem jungen Padischah, in welchem löbliche Eigenschaften schlummerten, die Neigung des Volks, und vielleicht war es eben dies, was seine Leiter, der Kislar-Aga, die Sultanin Valide, seine Großmutter, und Viner-Effendi
1620 begehrten.

Indeß waren die Waffen des Groß-Veziers gegen die Perser glücklich. In zwei blutigen Schlachten brach er die Macht des Feindes, eroberte das verlorne Landgebiet wieder und zwang den Schah, den verweigerten Tribut von Neuem zu geloben. Im Triumph kehrte er nach Stambul zurück, wo er sterbend seinen Kaimakan, Dilawer-Pascha, zu seinem Nachfolger ernennen konnte. Nicht einmal die Wahl seiner Diener, für deren Handlungen er doch verantwortlich war, blieb dem in seiner Allmacht ohnmächtigen Padischah!

Unterdessen hatte man in diesem, trotz seines schlechten Vernehmens mit den Janitscharen, das Verlangen nach Krieg zu entflammen gewußt. Die Gelegenheit dazu fand sich leicht. Betlem Gabor hatte die Verlegenheit des Kaisers zu ei-
1620 nem vortheilhaften Eroberungskriege benutzt, und dieser hatte an Sigismund von Polen einen Bundesgenossen gefunden. Gegen solche Macht

suchte Gabor den Schutz der Pforte, und sein Versprechen, dem Sultan einen fröhlichen Einzug in Wien zu verschaffen, genügte, in dem jungen Fürsten die Ruhmsucht zu entzünden. Jedoch beschloß man, da einmal Krieg seyn sollte, der Traktaten mit Oestreich wegen, den Angriff auf Polen zu richten. Während das Heer zusammengezogen ward, brachte der Sultan die schon ungünstig gestimmten Janitscharen durch die Ermordung seines Bruders Mehemed, den diese laut begünstigten, noch mehr auf; doch der Brudermord sollte sich bald an ihm selbst rächen. An der Spitze von 300,000 Mann der prächtigsten Truppen rückte Osman in die Moldau ein. Das Heer der Polen hatte unterdeß, 100,000 Köpfe 1621
stark, unter Prinz Wladislaw und dem kriegserfahrnen Lubomirsky bei Chotzim eine feste und vortheilhafte Stellung eingenommen. Voll Stolz und Zuversicht griff Osman, persönlich nicht ohne Muth, das Lager an; allein die Standhaftigkeit der Polen trieb ihn mit ungeheurem Verluste zurück. Osman weinte vor Zorn und schmähte die Janitscharen, deren feindselige Gesinnung hierin neue Nahrung fand. Der pohlnische Held verfolgte die Türken nicht; sein Lager blieb seine Festung. Umsonst versuchte Osman, neben demselben vorüber zu dringen; ein Bergschloß hielt ihn auf; und selbst als Lubomirsky starb, selbst als Osman auf diese Nachricht das pohlnische Lager noch dreimal stürmen ließ, mußte sein Ungestüm, blutig zurückgewiesen, dem ruhigen Muthe erfahrner Krieger doch endlich weichen. Es kam zu Unterhandlungen; dem türkischen Stolze begegneten die Polen beim Abschiede mit noch größerem;

doch es war die Zeit, wo dieser Stolz nur noch in Worten sich darthat. Der Groß-Vezier ließ die heimkehrenden pohlnischen Gesandten zurückrufen; man einigte sich über die Kosaken (die Ursache des Krieges); Geschenke wurden gegeben und der Friede hergestellt. Die türkische Armee zog mit einem Verluste von 100,000 Menschen über den
1622 Dniester zurück.

Die Feindschaft zwischen dem Sultan und den Janitscharen war durch diesen Krieg noch gesteigert worden. Laut sprach man davon, der Padischah wolle die Janitscharen aufheben und werbe Truppen in Cairo; zu seiner gewöhnlichen Begleitung gebrauchte er schon seit lange nur Topschis (Artilleristen) und Bostandgis, und das Gerücht, als gehe er damit um, den Sitz des Reichs nach Mecca zu verlegen, erhob endlich den Haß des Volks und der Truppen auf den höchsten Grad. Zugleich hatte Osman sich, gegen den Willen des Mufti, mit einer Enkelin Mohamed III. vermählt; dieser erklärte in einem Fetwa die Verbindung für eine der Hoheit des Thrones zuwiderlaufende Neuerung, und untersagte dem Sultan zugleich die Reise nach Mecca, von der seine Ahnen ein für allemal entbunden seyen. Hierdurch ward der Aufstand der Janitscharen zu einem rechtmäßigen Staatsschritte. Osman ver-
1622 warf die Rathschläge des treuen Aga, beschimpfte in keckem Uebermuthe die Abgesandten des Ulema *), und die Empörung beginnt. Man stürmte das

*) Die Körperschaft der Geistlichen und Rechtsgelehrten.

Haus des Viner-Effendi, des Groß-Veziers Dilawer; an der Spitze der Empörer steht Darud; dieser stürmt das Serail, ermordet, als man ihm seine sechs Opfer verweigert, den Groß-Vezier, öffnet das Gefängniß, wo Mustapha auf einem Strohlager, ein Bild des Elends, lag, und, von der Luft entwöhnt, in Wahnsinn verfiel, als man ihn an Stricken aus dem Kerker herauszog, nöthigt das Ulema, diesen als Kaiser anzuerkennen, und erhebt sich selbst zu seinem Groß-Vezier. Hierauf wird Osman in dieselbe Moschee genöthigt, wo man so eben seinem Oheime huldigt. Es kam zum Streit; der schwache Mustapha warf sich seinem Herrn zu Füßen; allein das Geschrei des Volks nöthigte ihn auf den Thron, und Osman in den Kerker der sieben Thürme. Hier ward er am folgenden Tage von Darud erdrosselt. Seine Oct. 1622
Freunde Viner, Hussein, Dilawer folgten ihm.

Osman war nicht ohne Fähigkeiten, nicht ohne eine gewisse Seelengröße, die ihn vielleicht zu einem löblichen Herrscher erhoben hätten, wäre er nicht in einem Alter unumschränkter Herr eines großen Volkes geworden, wo der Mensch noch nicht gelernt haben kann, sein eigner Gebieter zu seyn. —

Mustapha I., zum zweiten Male Kaiser, von 1622 bis 1623.

Eine vierjährige Gefangenschaft hatte den unfähigen Mustapha des Thrones nicht würdiger gemacht, als er es vorher war; ja es ist noch zu bewundern, wie so völlig nichtige Gestalten, wie dieser Fürst, den Thron bei ihren Dienern, die ihn nach Willkühr besetzten, nicht vielmehr um alles Ansehen bringen konnten. Doch dies ist die Wirkung religiöser und auf den Aberglauben gegründeter Institute. Der Padischah galt bei seinem Volke für den Nachfolger des Kaliphen, und selbst, wenn man ihn ermordete, verehrte man noch die Herrschaft Mohameds und seines Hauses in ihm.

Seinen Wahnsinn verstellte die Mutter Mustapha's unter religiösen Verzückungen, und entzog ihn unter diesem Vorwande den Blicken des Hofes. Doch bald erwachte im Volke die Reue; der neue Groß-Vezir wird als Mörder seines Herrn verfolgt und zur Flucht genöthigt. Hierauf em-
1623 pörten sich der Pascha von Erzerum, der von Diarbekr und Syrien, indem sie laut die Partei des entsetzten Osman (den das Volk noch lebend wähnte) ergriffen. Nun berief die Sultanin Valide den flüchtigen Darud zurück; allein ein Versuch, den Kapudan-Pascha zu stürzen, kostete ihm selbst das Leben. Sein Nachfolger Hussein-Pascha versammelte die Räthe des Divan, welche den Sultan vor sich citiren; sein Wahnsinn zeigte sich, und auf den Bericht des Mufti hierüber, ward nun Murad, Sohn Achmeds, zum Kaiser erwählt. Seiner Weigerung ungeachtet riefen die Janitscharen ihn dafür aus, sperrten die Sultanin Valide in das alte Serai, und umgürteten Murad, nachdem er den Korban *) vorgenommen, mit dem Schwert Osmans; Mustapha aber führte man nach fünfmonatlicher Herrschaft in denselben Ker-

*) Brod- und Fleischvertheilung unter das Volk.

ker zurück, aus dem ihn Darud befreit hatte, und in dem er bald nachher starb.

Murad IV., von 1623 bis 1640.

Der funfzehnjährige Sultan Murad zeigte löbliche Anlagen zur Regierung. Ordnungsliebe und Gerechtigkeit waren Grundzüge seines Charakters; er fing seine Regierung mit einem Akt der Gerechtigkeit an, indem er die gedrückten Unterthanen an dem tyrannischen Pascha von Cairo rächte; zeigte sich zuerst wieder öffentlich, gewann durch Geschicklichkeit in ritterlichen Spielen (Djerid) die Liebe des Volks, durch einen kriegerischen Ton und ein kräftiges Erscheinen die der Truppen und gründete das Ansehen des Herrschers wieder einigermaßen auf persönliche Achtung.

Kaum war der Vertrag mit Polen bestätigt,
so wurde ein Feldzug gegen die Aufrührer in Na- 1624
tolien nöthig. Zugleich drohte die Krimm abzufallen. Der Chan war gestorben; die Tatarn wollten seinen Sohn Mahud, den Murad installirte, nicht anerkennen, sondern verlangten Mehemed, den zweiten Bruder desselben, zum Chan. Murad sandte den Groß-Vezir Hussein gegen den Aufrührer Abassa in Natolien und den Kapudan-Pascha Kalil nach der Krimm. Die Tatarn schlugen ihn; eine leichte Flotte der Kosaken erschien sogar im Bosporus und verbreitete Schrecken und Bestürzung in der entblößten Hauptstadt. Hiermit begnügten diese Räuber sich jedoch, und wagten nicht, den Hafen anzugreifen. Indeß hatte dies doch den Erfolg, daß der Sultan die Wahl der Tatarn bestätigte und seine Flotte zurückrief. Dies

6 *

war um so nothwendiger, als der Aufstand in
Asien drohend anwuchs. Die Drusen, der Pascha
von Erzerum, von Aleppo und von Diarbekr riefen die Perser als Herren von Asien aus, und
ein Aufruhr der Janitscharen in der Hauptstadt
vermehrte die Verlegenheit der Pforte. Doch Murads Entschlossenheit errang den Sieg; er strafte
die Aufrührer in der Hauptstadt, widerstand dem
vierfachen Heere der Perser dadurch, daß er Hafiz-Ali, den verdienstvollen Kaimakan, an die Stelle
des unfähigen Hussein, der sein Heer vor Bagdad
1625 verlor, nach Asien sendete, welcher, indem er mit
den Persern unterhandelt, die rebellischen Paschen
besiegt, Abassa durch Milde gewinnt und die Ruhe
1627 in Asien herstellt. Unterdessen war Schah Abbas
gestorben; sein Enkel, Said Mirza, bestieg den
Thron und widerstand dem neuen Angriffe Hafiz-
1628 Ali's nur schwach.

Murad selbst stellte unterdessen durch Thätigkeit und strenges Selbstregieren die Ordnung in der Verwaltung einigermaßen her. Leider überließ er sich nur zu sehr seiner Liebe für den Wein, und reizte dann durch Grausamkeiten oder unvorsichtige Verbote, wie das des Tabaks war, das Volk. Seinen Trinkgenossen Bekr, den er bei einem Umgange in Tekbil (Verkleidung) kennen gelernt hatte, erhob er in seiner Gunst, und verminderte dadurch die in diesem Reiche so unentbehrliche scheue Achtung der Großen vor dem Throne.

Während dessen war Hafiz-Ali in zwei Feld-
1629 zügen gegen Persien unglücklich gewesen und end-
bis lich vor Bagdad selbst gestorben. Sterbend rieth
1630 er zum Frieden, und Murad folgte diesem Rathe.
1631 Ein Vergleich kam zu Stande, der den Persern

alle ihre Eroberungen ließ, und kraft dessen die Os- bis
manen selbst die Provinz Bagdad räumten. Die 1632
Weigerung der asiatischen Timarioten (Lehnstruppen) zu kämpfen, hatte zum schnellen Abschlusse dieses Friedens besonders viel beigetragen.

Nach diesem Frieden blieben in Asien nur die Drusen noch unter den Waffen. Ihr Fürst Fakardin hatte die Pforte durch einen falschen Uebertritt zum Islam getäuscht, als seine Alliirten besiegt waren, und dadurch sein Land gerettet. Emad, Pascha von Damask, ward gegen ihn gesandt; allein die Drusen, unter Anführung Emir Ali's, vertheidigten ihre Bergschluchten tapfer und siegreich, und 20,000 Osmanen fanden in diesem Kampfe den Tod. Endlich ging dieser damit aus, daß Fakardin, den Reisen in Italien gebildet hatten, nach Constantinopel berufen, und dort von dem Sultan mit Gunstbezeigungen empfangen ward. Später ward er jedoch verrathen und
ermordet. 1634

Unterdessen war mit den Polen eine neue 1633
Fehde ausgebrochen. Diese hatten die Unruhen in Siebenbürgen dazu benutzt, den Vertrag von Chozim in mehreren lästigen Punkten zu brechen. Abassa, der jetzt Pascha von Bosnien war, schlug sie in zwei Treffen bei Chozim und Rineczuy; hierauf ward der Friede wieder hergestellt, in welchem Murad sogar dem Tribut von den Kosaken entsagte, unter der Bedingung, daß Polen sich nie mehr in die siebenbürgischen Angelegenheiten mischen wolle.

Nach Wiederherstellung der Ruhe von dieser Seite beschloß Murad, dem langwierigen Kriege mit Persien, der trotz des letzten Vertrages von Neuem wieder ausgebrochen war, durch einen gro-

ßen Feldzug ein Ende zu machen, in dem er persönlich anführen wollte; sein Heer war voll Muth, seine Kriegskasse gefüllt, und die Vorsicht seines neuen Bezirs Mehemed hatte überall auf seinem Zuge Magazine anlegen lassen. Doch ehe dieser Heereszug beginnen konnte, mußten die ärgerlichen
1634 Händel zwischen der französischen Gesandtschaft und dem Kapudan-Pascha ausgeglichen werden, und als dies geschehen war, drohten neue Unruhen in Siebenbürgen den ganzen Kriegsplan zu hintertreiben. Hier stand der Woiwode Ragotzky mit dem größten Theile der Großen, dem Stephan Betlem und der
1635 türkischen Partei entgegen, bis endlich der Pascha von Ofen dieser Unruhen Herr ward. Ehe Ragotzky den
1636 Sieg von Lippa erringen konnte, der die Pforte nöthigte, ihn als Woiwoden anzuerkennen, war Mu-
1635 rad bereits im Frühjahre mit seinem Heere nach Persien aufgebrochen. Mehr als je geschehen, setzte sich der Sultan Strapazen und Gefahren aus. Sein Zug durch Armenien war ein Segen für das Land; überall stellte er Ordnung und Gerechtigkeit her, bevölkerte die verödeten Provinzen von Neuem, theilte Timars aus, und erwarb sich die Liebe des Volks und des Heeres. Schnell ward Erivan erobert; allein er befleckte den Ruhm dieses Sieges durch den Befehl zur Ermordung seines Bruders Bajazid *), gegen den eine blinde Eifersucht ihn einnahm. Während Murad im Triumphe nach seiner Hauptstadt zurückkehrt, werfen die Tatarn das Joch der Türken durch die Ermordung des Paschas und des Cadi ab, und die Kosaken bemächtigen sich, von Russen und

*) Dies Ereigniß hat Racine den Stoff zu seiner Tragödie dieses Namens gegeben.

Polen begünstigt, Azows am schwarzen Meere. So ging hier mehr verloren, als in Persien gewonnen war, da auch Erivan den Persern wieder in die Hände fiel, und die Armee selbst zum Aufstande sich geneigt zeigte. Schnell ward nun Mehemed dahin 1637
abgeschickt; allein sein Heer wird von der Pest aufgerieben und Mehemed zurückberufen.

Mit den Reichthümern des hingerichteten Pascha von Ofen, der sich von Ragotzky hatte besiegen lassen und mit der Geldstrafe, die Mehemed bezahlen mußte, ward nun ein neues Heer geworben, an dessen Spitze Murad sich abermals in Person stellte. Mit 150,000 Mann zog er von Scutari aus, oft zu Fuße, gegen Bagdad, ging über den 1638
Euphrat, und belagerte, obgleich zurückgehalten durch eine neue Empörung des Heeres aus Schwärmerei, doch endlich diese Stadt. Hier zeigte Murad die Tapferkeit seiner Ahnen, die Kriegserfahrenheit der ersten osmanischen Kaiser. Bagdad fiel; eine 12.
Besatzung von 80,000 Mann ward darin ver- Dec.
nichtet; seit langer Zeit hatte die Pforte keinen 1638
solchen Triumph errungen. Nun kam auf dieser Seite endlich ein dauernder Friede, nach fast funfzigjährigem Kampfe zu Stande, in dem zwar Erivan den Persern blieb, allein doch Bagdad an die Pforte zurückfiel. Dieser Krieg, der den Waffenruhm der Osmanen in Asien herstellte, erwarb dem Sultan den Beinamen Ghazi, des Tapferen. Die Festigkeit seines Willens und das persönliche Ansehen, das ihm seine Körperstärke und seine Geschicklichkeit in den Waffen erwarb, errangen diesem Fürsten eine unumschränktere Macht, als vor ihm einer seiner Vorfahren genossen hatte. Blind gehorchte man seinem Befehle. Dennoch

legte er durch die Neuerungen, welche er bei der Rekrutirung des Corps der Janitscharen zugab, den eigentlichen Grund zu der Ausartung dieser Truppen. Zwar eilte jeder Muselman nach seiner neuen Einrichtung herbei, sich in die Stammlisten des Corps eintragen zu lassen; allein eben dadurch ward die ganze Anstalt zu einer Pensionsanstalt, bei der Kriegszucht und die Uebung im Gebrauche der Waffen sich nun bald völlig verlor, und der Kriegerstand mit dem Bürgerstande in eine für beide gefährliche Ausartung verschmolz.

Indessen riefen die Angelegenheiten in Europa den Padischah aus Asien dringend zurück. Während des Feldzuges von Bagdad hatten sich über die Räubereien der Tuneser und Algierer gefährliche Händel mit den italienischen Mächten, besonders mit Venedig, entsponnen. Der Admiral der Republik, Capello, hatte an den Corsaren von Algier in ihrem eigenen Hafen Rache ge-
1638 nommen und die türkischen Galeeren aus Valona weggeführt. Murad aber hatte sich in der ersten Hitze des Zorns zu dem Befehle verleiten lassen, den Baile von Pera mit allen Venetianern zu ermorden. Die Weisheit der Sultanin Valide und der Lieblinge Bekr und Gumir wußte diesen Befehl jedoch zu vereiteln, und so kam es nach einigem Hin- und Herreden, mittelst einer Entschädigungssumme von 300,000 Ducaten, bald
1639 wieder zu einem Vergleiche mit Venedig, das sich von allen italienischen Mächten verlassen sah. — Murad kehrte unter den Segnungen der asiatischen Provinzen, denen er die Ruhe und eine gerechte Verwaltung wiedergab, triumphirend nach Constantinopel zurück.

Das Reich blühte unter seiner Regierung, die Ruhe, welche seine Kraft dem Reiche im Inneren verschaffte, weckte die Industrie. Nach außen hin war das politische Ansehen der hohen Pforte wieder hergestellt; Ueberfluß herrschte in den Staatskassen, Ordnung in der Verwaltung der Provinzen, Ruhe in der Hauptstadt, Kriegszucht unter den Janitscharen und Spahis.

Nur in der Moldau floß wiederum Blut. Der Sohn des Woiwoden Lupulo von der Moldau war durch Bestechung des Kaimakan zum Woiwoden der Walachei ernannt, obgleich der Fürst dieser Provinz, Mattheus, noch im Besitze derselben, und die Beschuldigung gegen ihn, als stehe er mit Siebenbürgen in einer gefährlichen Verbindung, nichts weniger als erwiesen war. Mattheus vertheidigte sich furchtlos, schlug die Truppen Lupulos, wie die Türken, und dieser Sieg verschaffte ihm Gelegenheit, seine Unschuld bei der Pforte geltend zu machen; der Kaimakan erlitt den verdienten Tod; Mattheus ward in seinem Fürstenthume hergestellt. 1640

Indessen hatte der unmäßige Genuß des Weines die Gesundheit des Sultans untergraben; er starb den 1. März 1640 an einer Wassersucht; nachdem er in einer siebzehnjährigen, ruhmwürdigen Regierung die Achtung der Osmanen vor seinem Stamme, und die des Auslandes vor dem Reiche der Osmanen hergestellt hatte. Die Natur hatte ihm die erste unter den Eigenschaften eines Fürsten, Lust und Liebe zur Thätigkeit und Gefühl für das Beste seines Volkes, mitgetheilt. Er scheute es nicht, sich unter das Volk zu mischen, um seine Klagen zu vernehmen, und seine nächtlichen Verkleidungen stehen noch jetzt unter den Türken in hohem Ansehen. Den Zutritt zu seinem Throne erleichterte er mehr, als einer seiner Vorgänger seit Murad I. So war Murad IV. einer der besten Herrscher der Osmanen, wenngleich freilich auch ihm weder der Sinn für Menschenwürde, noch diejenige Mäßigung und Selbstbeherrschung bekannt war, welche das Abendland von seinen Fürsten fodert.

Ibrahim I., von 1640 bis 1648.

Nach seinem Tode bestieg Ibrahim, sein unfähiger Bruder, der letzte Sprosse des Geschlechtes Osmans, den Thron; Kiosem, seine Mutter, die thätige Sultanin Valide, erleichterte ihm den Schritt aus dem Gefängnisse, worin Murad ihn seine ganze Regierung hindurch verborgen hatte, auf den Thron. Da er als Kaiser begrüßt werden sollte, glaubte der schwachsinnige Sultan *) seine Todesstunde gekommen. Sein hinfälliger Körper entzog ihm früh die Neigung des an die kriegerische Erscheinung Murads IV. gewöhnten Volks; er ward zum Gespötte des Pöbels, und einem Sultan kann nichts Gefährlicheres begegnen, als dieses.

Während Ibrahim in Trägheit und Wollust fortlebte, regierte der Schatten Murads das Reich. Seine Mutte Kiosem, der Groß-Vezier Mustapha und die Freunde des verstorbenen Sultans erhielten die Ordnung in der Verwaltung eine

*) So werden auch die Prinzen des kaiserlichen Hauses genannt.

Zeit lang in dem gewohnten Gange. Zwar hegte Mustapha den Wunsch, durch einen Krieg sein Ansehen über das seiner Mitregenten zu erheben; allein vielfache Unfälle, eine Feuersbrunst, die Stambul verzehrte, und die Furcht, der kränkelnde Ibrahim könne wohl während seiner Abwesenheit sterben, hielten ihn in der Hauptstadt zurück. So begnügte er sich, den neuen Kapudan-Pascha, Ali, zur Belagerung von Azow abzusenden, und den Tod des verstorbenen Kaisers durch die Hinrichtung Gumirs, seines Lieblings und Trinkgenossen zu strafen.

Inzwischen hatte die glänzende Armee des Kapudan-Pascha sich vor Azow aufgerieben, und die Belagerung mußte am Ende aufgehoben werden. Dafür entsetzte der Groß-Vezier den Ka- 1642
pudan-Pascha seiner Stelle und vereinigte diese mit der seinigen. Mit diesen neuen Attributen, die seine Macht über die aller seiner Vorgänger erhoben, verlängerte er den Waffenstillstand mit Oestreich neuerdings auf 20 Jahre, an demselben Tage, als die Geburt eines Prinzen das Reich von der Sorge befreite, das Geschlecht Osmans aussterben uud den Thron an den Chan der Tataren übergehen zu sehen, der für diesen Fall der Erbe des osmanischen Reiches war.

Zu gleicher Zeit ward Azow von den Cosaken, die bei Rußland keine Hülfe finden konnten, freiwillig zerstört und verlassen, und der Pascha von Silistria zog in den verödeten Ort ein. Wenig Jahre genügten, die Stadt unter türkischer Hoheit zu einem der bedeutendsten Seehäfen am schwarzen Meere zu erheben. Ein Schein der Blüthe verbreitete sich, trotz der Schwäche des

Sultans, der seine eigene Mutter, die thätige Valide, zur Feindin hatte, über das Reich; Schiffahrt und Handlung wuchsen; die Traktate mit den auswärtigen Mächten waren, wie sie Murad geschlossen, ohne Ausnahme erneuert worden; das Ansehen Kiosems und Mustaphas, des Groß-Veziers, hielten sich etwa die Waage; eines diente dem Andern zur Aufsicht und zum Correktiv.

1643 Nur in Cypern war Kerar-Pascha des Gehorsams und der jährlichen Absendung ungeheurer Einkünfte überdrüssig. Er behielt diese daher für sich, bestach mit einem Theile derselben die Sultanin Valide, und bewog diese, seine Sache im Diwan zu unterstützen; allein Mustapha fand Mittel, ihn erdrosseln zu lassen, und das eingezogene Vermögen des Strafbaren in seinen Privatschatz auszuschütten. Für diese Beschimpfung ihres Ansehens rächte sich Kiosem durch seinen Tod; Mehemed, Pascha von Damask, wurde sein Nachfolger als Groß-Vezier; Jusef, der Selictar-Aga *), als Kapudan-Pascha. Unter einer
1644 Regierung wie die Ibrahims, hatten die gewöhnlichsten Kabalen des Hofes wichtigen Einfluß auf die Lage der Reichsangelegenheiten. So kam es, daß die Plünderung des reichen Schiffes eines Kislar-Aga, dessen Pflegesohn der Liebling Ibrahims war, durch die Malteser, die Veranlassung zu dem candischen Kriege wurde, der vier und zwanzig Jahre lang das Reich beschäftigte und einer halben Million Menschen das Leben kostete. Die Raubritter waren zu Kalismene auf Candia ans Land gestiegen, und der Diwan beschloß auf

*) Schwertträger des Großherrn.

diesen Grund hin, die Verheerung der Insel und die Vertilgung ihrer Bewohner. Die Venetianer galten dabei für Mitschuldige der Malteser und auf sie, so irrig diese Ansicht auch war, sollte nun der ganze Zorn Ibrahims und seines Divans niederfallen. Unter dem Scheine, als rüste man sich nur gegen Malta, ward die Expedition gegen Candia vollendet, und im Frühjahre 1645 verließ die 1546
Flotte, aus 82 Galeeren, 20 Kriegsschiffen, dreihundert kleinen Schiffen und 74,000 Mann Landtruppen, unter denen 14,000 Janitscharen sich befanden, bestehend, unter des Kapudan-Pascha Jusef Befehl, den Hafen von Stambul zu einer Zeit, als die Republik, diesmal mit beispielloser Kunst hintergangen, von dem gegen sie gerichteten Ueberfalle noch keine Ahnung hatte. Erst als die Flotte, nach einem verheerenden Sturme, dennoch glücklich auf der Höhe von Candia angekommen war, warf man den venetianischen Gesandten in den Kerker der sieben Thürme und erklärte seiner Regierung den Krieg. — Musa-Pascha nahm in kurzer Zeit die Festung Canea und das ganze flache Land der Insel in Besitz und schloß den Gouverneur Cornaro, in Retimo ein. Die türkische Flotte beherrschte das Meer, da kleinliche Eifersucht und Eitelkeit die verbündete Seemacht der Venetianer, des Papstes, Maltas, Genuas und Toskanas am Auslaufen hinderte. Desto glücklicher war der Venetianer Foscolo in Dalmatien; er trieb das einrückende türkische Heer nicht nur aus dieser Provinz zurück, sondern eroberte in demselben Feldzuge auch Novigrad, so 1646
wenig er auch zum Kriege vorbereitet war. Während Jusef-Pascha mit den Siegesnachrichten aus

Candien selbst nach der Hauptstadt eilte und sich mit der vierjährigen Tochter Ibrahims vermählte, ging die Belagerung Retimos auf Candia fort. Ehe diese Festung jedoch fiel, hatte Jusef seine
1647 ehrgeizigen Plane bereits mit dem Leben bezahlt. Ibrahim verlangte in tollem Eigensinne von ihm, daß er mitten im Winter mit einer neuen Flotte auslaufen sollte; zweimal machte Jusef die Gründe geltend, die dieses unmöglich machten; er ward im Kerker erdrosselt, da er lieber sterben, als gehorchen oder um Gnade bitten wollte. Diese Gewaltthat an dem vom Volke geliebten Jusef brachte die Hauptstadt in Aufruhr; Ibrahim mußte nach vielen vergeblichen Hinrichtungen auf eine Zeit lang nach Adrianopel entweichen. Bei dieser Stimmung des Volks und seiner Diener genügte ein sonst geringfügiger Umstand, den unfähigen Padischah des Thrones zu berauben. Er hatte die Tochter des Mufti Regul mit Gewalt entführen und entehrt in das väterliche Haus zurücktragen lassen. Bald stand nun das ganze Corps der Ulema gegen ihn auf; die Janitscharen waren durch nächtliche Hinrichtungen erbittert. Beide Corps gemeinschaftlich beschlossen nach einem förmlichen Prozeß in der Sophien-Moschee auf das Fetwa des Mufti, daß Ibrahim kein Muselman sey, die Absetzung des Padischah. Die tolle Widersetzlichkeit Ibrahims, der die Abgeordneten des Ulema mißhandelte, bewogen selbst seine Mutter, die Valide, seinen Gegnern beizutreten: die Truppen stürmten das Serail und erdrosselten den Groß-Vezier Mehemed; Ibrahim ward in Gegenwart seiner Richter mit Gewalt ergriffen und in den Kerker geschleppt, wo man ihn mit einer alten Sklavin einmauerte.

Allein von hier aus füllte er, während man den siebenjährigen Mohamed zum Padischah ausrief, das ganze Serail dergestalt mit seinem Geschrei um Hülfe und Rache, daß man sich genöthigt sah, den Kerker von Neuem zu erbrechen, und ihn durch Henker, die erst durch Schläge zu ihrer Pflicht gebracht werden mußten, erdrosseln zu lassen. — So starb 17. Aug. 1648
der schwache Ibrahim im ein und dreißigsten Jahre seines Lebens, und hinterließ von seiner neunjährigen schmachvollen Regierung, die den Verfall des osmanischen Reiches vorbereitete, ein lange Zeit verhaßtes Andenken zurück.

Mohamed IV., von 1648 bis 1687.

Hätte in dieser Zeit, welche Europa von einem unseligen dreißigjährigen Bürgerkriege zerrissen sah, auf dem Throne Osmans ein eroberungssüchtiger Fürst, wie Mohamed II., oder nur ein Mann von Kraft und Einsicht, wie Murad IV., gesessen, wer mag bestimmen, was dann aus der europäischen Civilisation, was aus Religion und Freiheit in diesem Erdtheile geworden wäre? So war es denn ein Glück für Europa, daß diese Zeit gerade von den kraft- und willenlosesten Sultanen, von einem verdorbenen und in Ueppigkeit verlorenen Hofe in Constantinopel eingenommen wurde, dessen Fürsten keine Aehnlichkeit mit den Genannten hatten, und deren Groß-Veziere in nichts dem großen Dreiblatte der Kiuprilis glichen. — Mohamed IV., Ibrahims Sohn, war ein Kind auf dem Throne, und diesen hatte er kaum auf den Ruf des Mufti bestiegen, als die Reue über die Hinrichtung Ibrahims bei den Janitscharen und Spahis erwachte, in derselben Art, wie es nach

dem Tode Osmans II. geschehen war. Diese an religiösen Fäden hängende scheue Achtung vor dem Nachfolger Osmans, konnte wohl durch den Zorn einen Augenblick lang bei den Kriegern unterdrückt werden; allein immer erwachte sie hinterher mit desto größerer Kraft. Die reuigen Janitscharen verlangten die Köpfe seiner Mörder, und der Mufti Regul besaß Geschick genug, den Groß-Vezier und die Offiziere der Truppe selbst für die Urheber einer Verschwörung gelten zu lassen, deren Haupt er gewesen war. Er selbst ließ die Schuldigen verhaften und verlangte ihre Bestrafung; sein Fetwa raubte dem Groß-Vezier Murad das Leben. Siaus-Pascha, Vezier des Divan, ward Groß-Vezier: er und der Mufti wußten, in Verbindung mit der neuen Sultanin Valide Turhane, Kiosem von den Reichsgeschäften zu entfernen, doch nicht, ohne daß lange und blutige Unruhen, die den Sieg oft zweifelhaft machten, dieser Veränderung in der Regierung gefolgt wären; endlich ward die alte Valide, welche drei Regierungen hindurch eine Gewalt, wie keine ihrer Vorgängerinnen, behauptet hatte, nachdem ihr auch der letzte Versuch, ihren jüngeren Enkel Soliman, statt Mohameds auf den Thron zu erheben, durch Siaus Verstellung mißglückt war, erdrosselt. Doch genoß Siaus dieses Sieges nicht lange; er ward mit allen seinen Anhängern, dem Aga-Bektasch, dem Kapudan-Pascha, Kara-Tschiaus, und zahllosen Spahis, die seine und der neuen
1650 Sultanin Valide Turhane Partei stützten, von
bis den empörten Janitscharen ermordet. Sieben
1657 Jahre lang waren die Folgen dieser gewaltsamen
Erschütterung aller Grundpfeiler des osmanischen

Reiches fühlbar; sechs Groß-Veziere folgten sich in dieser Zeit und wurden erdrosselt; nochmals rief die geheiligte Fahne Mohameds alle Muselmänner über sieben Jahre zu den Waffen; Spahis und Janitscharen erwürgten sich gegenseitig; eine große Anzahl von Paschas erhebt die Fahne der Empörung in den Provinzen; alle Bande der Regierung werden locker, und das osmanische Reich sinkt so tief, daß die Sultanin Valide, und ihre Mutter, eine katholische Griechin, lange Zeit hindurch die Zügel der Regierung in ihren Händen halten. Raub und Plünderung der Staatskassen war während dieser merkwürdigen Periode an der Tagesordnung; jede Regierungsveränderung raffte, als natürliche Opfer, die hohen Reichsbeamten hin; bei einer derselben wurden zwölf der ersten Würdenträger des Staates hingerichtet, und dieses auf Befehl einer Sklavin, der die Natur weder Geschick zum Regieren, noch sonst ausgezeichnete Eigenschaften verliehen hatte.

Endlich ging aus dieser sturmvollen Anarchie denn doch ein Mann hervor, der die Ruhe des Reiches wieder herzustellen im Stande war. Dieses war der große Mohamed Kiuprili, der Sohn eines französischen Renegaten, der, aus dem niedrigsten Range des Soldatenstandes hervorgegangen, durch die Sultanin Valide Turhane in dem letzten Umsturze der Regierung zum Groß-Vezier war erhoben worden. Dieser Mann stellte die Ruhe der Hauptstadt, durch eine geschickte Entfernung der Spahis, wieder her, die seit dieser Zeit ihren Aufenthalt für immer in den Provinzen erhielten, und hier aus einer aufrührerischen Soldateske bald zu friedlichen Bürgern wurden. —

Während dieser siebenjährigen inneren Kämpfe war der Krieg auf Candia nur schläfrig fortgesetzt worden; in Bosnien waren die Venetianer Sieger geblieben und hatten Sarajo eingenommen; allein Uneinigkeit unter ihren Anführern hinderte sie, auch in Candia das Uebergewicht zu gewinnen. Die Türken erhielten sich vielmehr im Besitze von Canea und Retimo, das sie erobert hatten, trotz dem, daß Hussein-Pascha seit vier Jahren aus der zerrissenen Hauptstadt keine Verstärkung mehr erhalten konnte.

Endlich erschien der neue Kapudan-Pascha, Mulay-Mustapha, mit 17,000 Mann frischer Truppen, und die türkische Landmacht, 40,000 Mann stark, konnte nun an die Eroberung des Restes der Insel selbst denken. Foscolo vertheidigte die Hauptstadt Candia mit einigen Maltesern, und trieb die Türken endlich zu derselben Zeit in ihre Festungen zurück, als Mocenigo, der venetianische Admiral, den Kapudan-Pascha bei Tenedos schlug. Diese Insel und Lemnos waren nun eine leichte Eroberung. Dennoch rüstete der thätige Kiuprili noch in demselben Jahre eine neue Flotte aus, die in einem zweiten Treffen bei den Dardanellen den Venetianern glücklich widerstand und ihren großen Seehelden Mocenigo tödtete; Tenedos und Lemnos
1658 gingen nun schnell wieder verloren. Nach dieser Herstellung des Gleichgewichts zur See dachte Kiuprili auf die Wiedereroberung dessen, was das Reich in Dalmatien und Bosnien verloren hatte. Im Frühjahre 1658 führte er selbst den vierzehnjährigen Großherrn nach Adrianopel und stellte ihn an die Spitze des Heeres. Zugleich bot er jedoch der Republik den Frieden an und glich die Hän-

del mit Frankreich, zu denen die Mißhandlung des französischen Botschafters, de la Haye, Anlaß gegeben hatten, durch eine Gesandtschaft aus. Allein an kräftigeren Maßregeln in Candia hinderte ihn für jetzt der Aufstand des Pascha Ibrahim 1659
von Aleppo, der sogar in einem angeblichen Sohne Murad IV., Namens Bajazid, einem Töpfer aus Nika in Asien, einen Kronprätendenten aufstellte. Da die eingeleiteten Unterhandlungen kein Resultat gaben, sandte Kiuprili die gegen Dalmatien bestimmte Armee nach Asien. Allein zweimal geschlagen, sah er sich genöthigt, dem Empörer selbst entgegen zu gehen, den er nun leicht besiegte, und die Aufrührer strafte. Nach Ibrahims und Bajazids Hinrichtung kehrte die Ruhe in Natolien zurück.

Dennoch hatte dieser innere Krieg nicht allein das Uebergewicht der Venetianer zur See von Neuem entschieden, sondern auch noch in der Person Georg Ragotzkys, des Woiwoden von Siebenbürgen, dem Reiche einen neuen Feind erweckt. 1600
Ragotzky, mit Polen, wo es ihm nicht gelang, zum Thronfolger erwählt zu werden, zerfallen, hatte sich mit Karl Gustav von Schweden zu einem gemeinschaftlichen Angriffe auf Polen verbunden. Kiuprili befahl ihm die Zurückberufung seiner Truppen, um zu dem Bruche des Friedens mit Polen keinen Anlaß zu geben. Die Woiwoden der Moldau und Walachei gehorchten, doch Ragotzky nicht. Er rückte vielmehr in Podolien ein, wo ihn jedoch der Chan der Tatarei auf Befehl der Pforte bei Sendomir schlug. Dieser gebot den Ständen Siebenbürgens hierauf, einen andern Fürsten zu wählen; Franz Redai ward von ihnen zur Woiwodschaft erhoben, worauf

7*

bald der Kampf von allen Seiten ausbrach. Ragotzky warb ein neues Heer, schlug den Pascha von Ofen, der gegen ihn vorrückte und gewann die Stimmen der Siebenbürger von Neuem für sich; Kiuprili aber, der sich eben zu einem Feld-
1661 zuge gegen ihn anschickte, starb zu Adrianopel, sechs und achtzig Jahre alt. Sein Ansehen war von der Art, daß er, was bisher ohne Beispiel war, seinen Sohn Achmed Kiuprili *) zu seinem Nachfolger konnte ernennen lassen. Sanftmuth und Strenge, zu rechter Zeit angewendet und wahres Geschick für die Leitung der verworrenen Regierungsangelegenheiten, machten den neuen Groß-Vezier bald seinem Heere eben so unentbehrlich, als dem Volke angenehm.

Unterdessen hatte Ali, Pascha von Ofen, den Ragotzky bei Wardein geschlagen und getödtet. Kaiser Leopold benutzte die Verlegenheit der Pforte, um gegen die geltenden Traktate Kemini zum
1662 Woiwoden zu ernennen. Diesem gegenüber unterstützten die Türken Michael Abaffi, den von ihnen erwählten Fürsten; Kemini ward besiegt, und der Divan bezeigte nun Lust, Siebenbürgen selbst zur türkischen Provinz zu machen. In dieser Noth nahm Abaffi zu dem Kaiser und Polen seine Zuflucht. Hierüber kam es zwischen diesen Mächten und der Pforte selbst zum Kriege. Unter dem Scheine von Friedensverhandlungen hielt
1663 Kiuprili den Kaiser hin, bis er sich zu Sophia

*) Der Name Kiuprili ist einer von den wenigen, die in der Türkei zu einem wahren Familiennamen geworden sind, dergleichen der Moslemin sonst nicht kennt.

an der Spitze eines mächtigen Heeres sah. Im Frühjahre 1663 brach eines der prachtvollsten Heere, die die Pforte noch je ins Feld gestellt hatte, nach Adrianopel auf. Hier ließ man den in Wollust und Weichlichkeit versunkenen Mohamed zurück und rückte nach Ungarn vor, wo Graf Zrini Klausenburg, Kanitscha und andere Orte unterdessen befestigt hatte. Diese Festungen, und zwanzig tausend Mann unter Montecuculi waren alles, was man 150,000 Osmanen entgegenzusetzen hatte. Dennoch wußte die Weisheit und Kriegserfahrung Montecuculis solche Anstalten zu treffen, daß, als Kiuprili nach langem Zögern im August 1663 an der Donau erschien, Raab, Neuhäusel und Komorn im Vertheidigungszustande waren. Die Türken berennten Neuhäusel. Graf Forgats machte mit 8000 Mann einen Ausfall auf die Belagerer, den er, nach errungenem Siege, mit dem Verluste seiner ganzen Mannschaft bezahlte. Nun ward Neuhäusel selbst belagert, Mähren und Oestreich durch Streifcorps verwüstet, und während der Reichstag zu Regensburg berathschlagte, die Noth des Kaiserhauses aufs Höchste gesteigert. Kiuprili war in und außer dem Reiche siegreich; hier ergab sich nach tapferer Gegenwehr Neuhäusel; dort besiegte sein Glücksstern eine gefährliche Hofkabale, an deren Spitze Asan-Aga, der Liebling des Sultans, stand. Alle Donaufestungen, Levenz, Neutra, Novigrad öffneten im ersten Schrecken ihre Thore; doch vor Scinta mit großem Verluste abgewiesen, nahm der Groß-Vezier seine Winterquartiere an der Donau.

Mit dem Frühjahre 1664 erschien indessen 1664
endlich Hülfe aus Deutschland; 25,000 Mann

unter Graf Hohenlohe, verbanden sich in Steyermark mit dem Streifcorps Zrinis und den Oestreichischen unter Strozzi. Allein Zwiespalt unter den Anführern hemmte alle kräftigen Maßregeln; zwar drangen sie bis Fünfkirchen vor; allein Kanitscha, auf das es eigentlich abgesehen war, ward nicht genommen. Neunzig tausend Osmanen entsetzten den Ort. In dieser Gefahr eilte Montecuculi, sich an die Spitze der Armee zu stellen, die durch 6000 Franzosen und 10,000 päpstliche Söldner unter dem Prinzen von Baden verstärkt worden war, und führte sie an die Raab. Hier kam es in der Nähe des Postens St. Gotthard zu einer blutigen Schlacht, in der der schwer gewonnene Sieg den Oestreichern blieb; 21,000 Osmanen waren geblieben; Kiuprili sah sich zum Rückzuge genöthigt, während man zu Stambul, auf die Veranlassung einer zu frühzeitigen Siegesnachricht, Freudenfeste feierte. Zugleich erwachten des Groß-Veziers Feinde im Serail zu Adrianopel von Neuem; die Woiwoden der Moldau und Walachei verließen ihn und gingen zu den Deutschen über, und die Reste der türkischen Armee sollten eben bei
1. Scinta vernichtet werden, als der Divan Frieden bot.
Aug. Mit unverantwortlicher Uebereilung von Seiten des
1664 Kaisers ward dieser geschlossen; zwar ward Michael Abaffi als Fürst von Siebenbürgen durch die Pforte anerkannt; allein man ließ den Türken selbst Wardein und Neuhäusel, wogegen diese zwei wüste Provinzen Siebenbürgens, Zatmar und Zabolze abtraten. So ging der glückliche Kiuprili am Ende noch als Sieger aus einem Kampfe hervor, in dem er doch erlegen hatte, und die Schwäche des Reiches blieb durch die noch größere Schwäche

des siegreichen Feindes den Augen Europas für jetzt noch verborgen. Dennoch hatte sich die Ueberlegenheit der christlichen Kriegskunst über den türkischen Ungestüm in diesem Kriege zum ersten Male sehr deutlich gezeigt und es war Hoffnung, daß das Beispiel Montecuculis nicht verloren werden würde, wenn nur einmal Einigkeit unter den christlichen Mächten herzustellen war.

Der allmächtige Kiuprili führte, nach Herstellung des Friedens mit Deutschland und nachdem er noch einen vortheilhaften Handelstraktat mit Genua abgeschlossen hatte, seinen ohnmächtigen Herrn nach Constantinopel zurück. Dieser über- 1665
ließ ihm gern die Gewalt, mit allen ihren Sorgen, wenn er ihn nur ungestört jagen und sich mit seinen Lieblingen im Serail vergnügen ließ; unter diesen Bedingungen schenkte er selbst seinen Brüdern das Leben, die er in Adrianopel schon einmal zur Flucht genöthigt hatte.

In Kandia standen indeß die Sachen noch immer auf dem alten Fuße — die Türken herrschten in den Festungen Retimo und Canea; das flache Land war im Besitze der Venetianer. Kiuprili beschloß endlich, dem schläfrigen Kriege durch die Eroberung der Insel ein Ende zu machen, und seine Verwaltung mit der Unterwerfung einer neuen Provinz zu verherrlichen. Doch während der Zurüstungen zu diesem Feldzuge erhob ein schwärmerischer Israelit Sabbatai-Sewi, als Messias, in Palästina die Fahne des Aufruhrs. Man lockte den Schwärmer nach Constantinopel, wo er neue Triumphe errang; er folgte dem Sultan sogar nach Adrianopel; allein selbst als er hier zum Islam übertrat, um sich von dem verhängnißvollen Pfahl

zu retten, währten die Unruhen, welche seine Anhänger in den asiatischen Provinzen erregt hatten, noch eine Zeit lang fort. So geschah, daß das
1667 folgende Jahr 1667 herankam, ehe Kiuprili nach Candia aufbrechen konnte. Dies geschah von Malvasia aus, nachdem die Armee sich zu Theben versammelt hatte. Morosini hatte Candia in Vertheidigungsstand gesetzt, die Malteser und Frankreich sendeten Truppen; die Blüthe des französischen Adels eilte diesem neuen Troja zu Hülfe, das den verzweifeltsten Angriffen noch drittehalb Jahre lang widerstehen sollte. Muthig kämpften Morosini und St. Andrée mit einer kleinen Schaar uneiniger Truppen gegen die immer erneuten Stürme Kiuprilis, selbst als Franzosen und die savoyische Hülfe sie verließen; die Verrätherei Panajotas, eines Griechen, der Morosini zu überzeugen wußte, daß Ludwig XIV. selbst Truppen gegen ihn sende, vermochte die hochherzigen Vertheidiger von Candia, etwa 3000 an der Zahl, endlich zur Annahme einer ehrenvollen Capitulation. Nach einer 29monatlichen Belagerung wurden den Einwohnern, wie den Vertheidigern Candias freier Abzug auf türkischen Schiffen bewilligt: mit gegenseitiger Achtung schied man und Kiuprili fand in dem Schutthaufen, den er mit Verlust von 200,000 Menschen erobert hatte, nur — dreißig Einwohner. Bis 1670 bemühte er sich nun, die verödete Insel durch Colonien aus Asien wieder zu bevölkern und kehrte dann triumphirend nach Stambul heim; Mohamed aber hatte sich dergestalt auf der Jagd verloren, daß man ihn lange suchen mußte, um ihm nur die Nachricht von der Eroberung Candias mittheilen zu können.

Kiuprili unterdrückte mit starker Hand die Reste der feindlichen Gährung zwischen den Janitscharen und den Spahis, und um den Unordnungen, welche nicht selten ihren Ursprung in Trunkenheit hatten, desto gründlicher zu begegnen, ward der Wein von Neuem auf das Schärfste verboten. Hierauf wurden durch einen zweiten Ver- 1670
trag mit Venedig die Grenzen in Dalmatien regulirt. Der Zustand der Dinge im Jahre 1576 wurde dabei als Norm angenommen; Klissa blieb jedoch der Republik. Dennoch verging noch ein 1671
ganzes Jahr, ehe alle Streitigkeiten ausgeglichen waren.

Der Thätigkeit des Groß-Veziers war es gelungen, die Ruhe im Inneren, die Achtung vor der hohen Pforte nach Außen hin wieder herzustellen. Eben dieses vermochte die Kosaken der Ukraine, des drückenden polnischen Joches müde, der Pforte ihre Unterwerfung anzutragen. Ein langer Krieg zwischen ihnen und Sobiesky hatte, trotz ihrer Verbindung mit den Tataren der Krimm, mit einer Niederlage geendet, die sie der polni- 1668
schen Aristokratie von Neuem unterwarf; allein kaum sahen sie ihre Unterdrücker unter sich selbst uneinig, als sie, von ihrem Hettman Dorosensko angeführt, von Neuem die Waffen ergriffen, und zugleich den Schutz der Pforte zu eben der Zeit begehrten, als Kiuprili denselben den ungarischen Empörern, Nadasti, Zrini und Frangipani abschlug. Desto rechtmäßiger erschien ihm die Erwerbung der Ukraine und der Krieg gegen Polen, den der Mufti durch ein Fetwa billigte, „in so fern der König Michael den Kosaken keinen dauernden Frieden bewilligte." Im Früh- 1672

672 jahre 1672 ging Mohamed daher an der Spitze eines 150,000 Mann starken Heeres über den Dniester, durchzog Podolien und belagerte Kaminick, indessen in Polen die Partei Michaels mit der Sobieskys, des Kronfeldherren, einen schweren Kampf bestand. Dennoch schlug der tapfere Sobiesky 100,000 Tataren unter Selim Gherai, ihrem Chan, zu derselben Zeit, als er die dreifach überlegene Armee Michaels durch den bloßen Schrecken seiner Waffen zerstreute. Unterdessen mußte sich jedoch Kaminick, das den Beistand Sobieskys ausgeschlagen hatte und dessen Gouverneur sich mit einem Theile seiner Mannschaft in die Luft sprengte, an die Türken ergeben. Hierauf fiel nicht nur die ganze Ukraine, sondern auch ein großer Theil Polens selbst ihnen zu, und Lemberg ward von dem Pascha von Aleppo belagert. Kiuprilis strenge Mannszucht versorgte das türkische Heer besser, als Flotten und Plünderungen vermochten. Auch Lemberg fiel nach kurzer Belagerung. Michael, von Sobiesky und von den Türken bedrängt, eilte mit der Pforte Frieden zu schließen und dieser ward auf den Grund der Abtretung Podoliens und der Ukraine und eines Tributes von 20,000 Dukaten, im Lager von
672 Buczacz unterzeichnet. Hierauf ging Mohamed
ept mit dem größten Theile seines Heeres über den Dniester zurück; den Seraskier Hussein im festen Lager von Chozim und in Kaminick und Lemberg schwache Besatzungen zurücklassend. Dieser unwürdige Friede entschied das Schicksal Michaels. Der Reichstag verwarf die Ratifikation desselben, erklärte den König für unfähig zur Regierung, und übertrug Sobiesky seine Rache an den Tür-

ken. Dieser besiegte mit 50,000 Polen, Mol- 1.
dauern und Walachen (die Hospodaren waren zu Nov.
ihm übergegangen) den Seraskier bei Chotzim, 1673
und trieb ihn mit Verlust von 20,000 Mann, dem Lager, der Kriegskasse und des Geschützes über den Dniester zurück. Hierauf fiel die Festung von Chotzim und ganz Podolien in seine Hände; allein der Tod Michaels und die Eifersucht der Magnaten hinderte ihn, den Sieg, wie er wünschte, zu benutzen und Kaminiek selbst blieb den Türken; Sobiesky aber behauptete sich zu Brazclau, wo ihn seine Ernennung zum Könige von Polen noch fand. Zwei Jahre lang ruhte der Krieg nun in dieser Gegend, weil andere Regierungssorgen Kiuprilis Thätigkeit in Anspruch nahmen; und ehe er ihn wieder zu seiner Hauptangelegenheit machen konnte, erreichte ihn
der Tod. Sein Nachfolger, Kara-Mustapha, 1675
Kiuprilis Schwager, war der Höhe und Großartigkeit seiner Verwaltung wenig gewachsen. Dennoch wurden in Podolien Vortheile errungen. Ibrahim, der Seraskier, war zwar neuerdings wieder in kleinen Gefechten geschlagen; allein als ihm 200,000 Mann Verstärkung zugesendet wurden, schloß er das kleine, kaum 15,000 Mann 1676
starke Heer der Polen am linken Dniesterufer der- im
gestalt ein, daß nur Sobieskys Ausdauer und Oct.
die Uneinigkeit der türkischen Anführer selbst die Polen retten konnte. Nun kam es denn auch zwischen Sobiesky und der Pforte leicht zum Frieden, in dem Polen den dritten Theil der Ukraine, Kaminiek und Podolien abtrat und die Unabhängigkeit der Kosaken unter türkischer Oberhoheit anerkannte. Doch für die Pforte selbst

ging aus diesem Frieden nur ein neuer Krieg mit Rußland hervor; da die wankelmüthigen Kosaken, von dem Hochmuthe Kara-Mustaphas beleidigt, sich bald darauf dem Schutze Rußlands
1678 unterwarfen. Zwar setzte man dem Hettmanne Dorosensko einen anderen, Georg entgegen; allein Dorosensko schlug erst die Tartaren, worauf Ibrahim-Schaitan selbst den 80,000 Mann starken
1679 Russen und Kosaken erlag. Im folgenden Jahre war Kara-Mustapha selbst an der Spitze von 100,000 Mann nicht glücklicher. Krankheiten und Hunger rieben sein Heer vor Czerin auf, und er führte nur schwache Trümmer desselben nach Thrazien zurück. So kam, als im folgenden Jahre neue Unruhen und Kriege die Aufmerksamkeit des Divans nach dem Abendlande wandten, ein Vergleich zu Stande, in dem die Pforte das ganze Land der Kosaken am Dnieper
1680 den Russen abtrat.

Unterdessen war auch Tripolis, wie Algier, zu einer Republik unter dem Schutze der Pforte
1672 erklärt worden; ein Pascha sollte zu diesem Zwecke dort residiren, doch die Verwaltung selbst dem vom Volke erwählten Dey und seinem Senat (Divan) bleiben. Mit Frankreich wurden die alten Ver-
1673 gleiche aufs Neue bestätigt, als die Gewaltthat gegen den Hafen von Chios durch den Admiral du Quesne schon einen blutigen Krieg zu entzünden drohte, und die Händel zwischen der lateinischen und griechischen Kirche über den Besitz des heiligen Grabes wurden zum Vortheile des türkischen Staatsschatzes beigelegt; ja Kiuperli durfte es wagen, den betrügerischen Defterdar, den Liebling seines Padischah, selbst gegen dessen Willen,

hinrichten zu lassen. Dieser überließ sich, während der Groß-Bezier Kandia unterwarf, Kaminiek eroberte, die Ukraine bezwang, Polen einen Tribut auferlegte, Venedig zum Frieden zwang, eine zügellose Miliz in Zaume hielt, Billigkeit, Gesetzmäßigkeit und Ordnung durch eine funfzehnjährige Verwaltung im Reiche einheimisch machte, der Verschwendung mit den Kräften der Unterthanen Grenzen setzte, und ein ordentliches Steuersystem (den Charadsch) einführte, in gewohnter Sorglosigkeit dem Vergnügen mit verworfenen Lieblingen.

Indessen hatte die Erlaubniß des Boza (Bieres) in der Hauptstadt Unruhen erregt, die Kara-Mustapha, den neuen Groß-Bezier, von der Nothwendigkeit eines auswärtigen Krieges zur Erhaltung seines Ansehens überzeugten.

Eine günstige Gelegenheit hierzu war der Hülferuf der in ihren Freiheiten schwer verletzten Ungarn. Nadasti, Zrini und Frangipani, die Vertheidiger ihres Landes und des Lutherthums, waren auf dem Blutgerüste gestorben; Tökeli, ihr Kampfgenosse, war mit den Waffen in der Hand der Uebermacht erlegen; sein Sohn Emmerich Tökeli kündigte sich laut als den Rächer seines Vaters und seines Vaterlandes an. Ein berühmter Name versammelte die ungarischen Patrioten um ihn; und drei Jahre lang vertheidigte er sich mit einigen Siebenbürgern gegen die östreichische Macht. Sechs Mal schlug er diese, und bedrohte Mähren und Wien, bis man ihn durch einen dreimonatlichen Waffenstillstand und unredliche Versprechungen zu hintergehen Zeit fand. Nun riefen die bedrängten Patrioten die Hülfe der Pforte

von Neuem an. Lange widersetzte sich der Divan auf den Grund des 1665 geschlossenen zwanzigjährigen Waffenstillstandes dem Verlangen Kara
1681 Mustaphas nach Krieg; endlich siegte jedoch der
und Einfluß des Groß-Veziers und der durch ihn ge-
1682 wonnenen Sultanin Valide; doch wurden zuerst
nur 10,000 M. Hülfstruppen bewilligt; 12,000
Tatarn stießen zu ihnen; aber selbst dann dauerten die Unterhandlungen mit Oestreich noch fort.
Allein die Härte der Friedensbedingungen, die man
dem Kaiser vorschrieb (Tökeli sollte Vizekönig seyn
und ein Tribut von einer halben Million Gulden
bezahlt werden), vermochte das Wiener Cabinet
doch endlich, den Krieg vorzuziehen, bei dem man
wenigstens auf den Beistand des Papstes und Sobieskys rechnen konnte, so gefährlich auch die Lage
1683 Oestreichs war. Das Bündniß mit Polen war
schnell geschlossen, sobald man Sobiesky die Erblichkeit seines Thrones verhieß; der Groß-Vezier
vermählte sich mit einer der Töchter seines Herrn
und zog dann mit ihm nach Adrianopel, dem Sam-
melplatze des türkischen Heeres in allen Kriegen
mit dem Abendlande. Zwei Mal hundert zwanzig tausend Mann wurden hier von ihrem Padischah gemustert; vier Fürsten und mehr als zwanzig Paschen führten das prächtige Heer an seinem
Throne vorüber. Hierauf rückte der Zug schwer
und langsam unter Kara Mustaphas Anführung
nach Belgrad vor. Der Kriegsplan der Türken
ging geradezu auf Wien; Tökeli widersetzte sich
demselben anfangs mit Kraft und Glück; allein
nach einer kurzen Einschließung Raabs trug die
Eitelkeit Kara Mustaphas doch den Sieg davon,
und die Armee rückte, mit Zurücklassung aller Fe-

stungen Ungarns, und nach Einschließung Raabs und Preßburgs, 180,000 Mann stark vor Wien. Diesem Heere hatte Carl von Lothringen nicht mehr als 37,000 Mann entgegenzusetzen, mit denen er, auf den Ruf der Gefahr von Gran her, der Hauptstadt zu Hülfe eilte. Acht tausend Mann verstärkten die Besatzung Wiens, welche Graf Stahremberg tapfer und kriegserfahren anführte. Im Julius 1683 begann die Belagerung; bald waren die Außenwerke erobert; allein die Ausfälle Jul.
der tapferen Bürgerschaft, das Beispiel der Stu- 1683
denten lichteten bald die Reihen der Türken, deren ungestümer Eifer hierauf zu erkalten anfing. Ja, als Carl von Lothringen selbst von seinem Lager vor Wien aus, den Prinzen von Baden nach Ungarn entsenden und erst Tökeli, dann seine Bundesgenossen schlagen konnte; da schien, trotz der Gefahr Wiens, das Reich selbst gerettet. Freilich währte es noch sechs Wochen, ehe Sobiesky mit seinem Hülfsheere zum Entsatze der Hauptstadt herbeieilen konnte. Endlich am 5. September traf seine und der Churfürsten von Sachsen und Baiern Hülfsarmee vor Wien ein, und jetzt zählte man im östreichischen Lager zu Tuln 74,000 Mann. Unterdessen wuchs die Noth in Wien, und die Stadt war verloren, wenn Kara Mustapha nicht eigensinnig darauf bestand, sie ohne neue Menschenopfer durch Hunger einnehmen zu wollen. Da stürzte Sobiesky auf dem nächsten Wege geradezu auf den Groß-Vezier, der in unbegreiflicher Verblendung (oder aus Habsucht) noch immer bei seinem Plane, Wien auszuhungern und 12.
nicht durch Sturm zu nehmen, beharrte. Am Sept
12. September kam es vor Wien zur Schlacht, 1683

die man von Seiten der Türken mit der Ermordung sämmtlicher christlichen Gefangenen begann; der Ungestüm der Polen, die Tapferkeit ihres Königs, des wahren Befreiers von Wien, errangen in einem sechsstündigen Kampfe den Sieg. Kara Mustapha ward geschlagen, nie hatte ein türkisches Heer sich schlechter vertheidigt; mit einem Verluste von 50,000 Mann, seines ganzen Lagers, seines Feldgeschützes und seiner Vorräthe floh er nach Ungarn, und führte 90,000 Christen als Sklaven aus Oestreich mit sich hinweg. Doch Wien und Oestreich waren dem undankbaren Leopold gerettet. Nicht eher als vor Raab erholten sich die Türken von ihrem Schrecken; Kara Mustapha benutzte den ersten ruhigen Augenblick, um acht seiner Paschen hinrichten zu lassen, und dann nach Constantinopel zu melden, die Niederlage vor Wien sey im Blute der Schuldigen gerächt worden. Hierauf belagerte er Raab und verstärkte Gran, Neuhäusel und Ofen mit den Trümmern seines Heeres, während der Bostandgi-Baschi, Mustapha, den König von Polen für seine allzuhitzige Verfolgung züchtigte; Sobiesky selbst entging bei diesem Unglücke nur durch die aufopfernde Treue seiner Leute dem Tode. Dafür schlug er jedoch gleich darauf 28,000 Türken bei Barkan dergestalt, daß nur einige Flüchtlinge, welche die Donau durchschwammen, entkamen. Gran selbst und Czestlin ergaben sich ihm nun, und der Groß-Vezier zog sich nach Belgrad in seine Winterquartiere.

Unterdessen wüthete der Divan gegen ihn, und als auch seine Beschützerin, die Sultanin Valide,
1634 starb, ward er wirklich zum Tode verurtheilt; sein

Kopf stellte die Ruhe in dem schwierigen Heere wieder her, doch so, daß niemand sein Nachfolger seyn wollte, und man den Kara-Kiaja-Ibrahim, endlich zur Annahme der höchsten Reichswürde zwingen mußte. Inzwischen wurde die Lage der Pforte mit jedem Tage bedenklicher; die Siege Sobieskys hatten das Uebergewicht der Oestreicher im Felde gesichert, als auch noch Venedig sich zu den Feinden der Pforte gesellte. Die Republik hatte alte Unbilden und eine neue Schmach, die man ihrem Gesandten im Hafen der Hauptstadt angethan, zu rächen; die Gelegenheit, das im letzten Kriege Verlorene wieder zu gewinnen, schien günstig; Kara Mustaphas Nachfolger waren unfähige Staatsdiener, der Schatz erschöpft, das Seewesen in schlechter Verfassung und die Landarmee von übermächtigen Feinden hart bedrängt. Auch fiel wirklich bei dem ersten Angriffe Morosinis, Sancta Maura und Preveza in die Hände der Venetianer; doch rüstete man mit den Schäzzen des hingerichteten Kara Mustaphas ein neues Heer aus, und die beiden Seraskiere Shaitan Ibrahim und Soliman-Pascha rückten gegen die verbündete Armee der Deutschen und Polen vor. Unterdessen hatte Carl von Lothringen Vicegrad und Waizen erobert, und den Kaiser an den Rebellen durch Hinrichtungen gerächt; allein vor Ofen scheiterte sein Glück an der Ausdauer Ibrahims. Nicht minder glücklich war Soliman gegen Sobiesky, den die Verwüstung Podoliens an größe- 1685
ren Unternehmungen hinderte. Auch von den Venetianern, die ganz unerwartet eine Flotte gegen sich sahen, geschah wenig Entscheidendes. Nur in der Hauptstadt selbst erregten Kara Kiajas Ein-

griffe in das Vermögen der Unmündigen bedenkliche Unruhen.

Der folgende Feldzug begann mit der Belagerung von Neuhäusel durch den Herzog von Lothringen, und Ibrahim, der das Verlorene durch einen Angriff auf Wicegrad ersetzen will, wird ge-
1686 schlagen und verliert sein Heer. Novigrad, Tokai und Eperies öffnen dem Herzoge ihre Thore. Nun ließ der Pascha selbst Tökeli, den er zu seiner Rettung des Verraths beschuldigte, in Ketten nach der Hauptstadt führen, wo man ihn in die sieben Thürme einschloß. Dieser Treubruch brachte die Ungarn zur Besinnung: sie übergaben Kaschau an den Herzog und verließen, der Mehrzahl nach, den treulosen Bundesgenossen.

So unglücklich, wie auf dieser Seite, ward nun auch in Dalmatien und Morea gegen die Venetianer gekämpft, welche hier von den Morlaken, dort von den Mainoten unterstützt, überall den Sieg ihren Fahnen folgen sahen. Beide Bergvölker stritten mit aller Glut eines alten Volkshasses gegen die Osmanen. Päpstliche, florentinische und malthesische Galeeren und Freiwillige vermehrten die Streitkräfte ihrer Feinde. Während Michael Paolo mit den Morlaken Dalmatien verheerend durchzieht, schlägt Morosini die Türken bei Koron, erobert Kalamata und vertreibt den Seraskier in eiliger Flucht aus Morea nach Rhodus. Weniger unglücklich fochten die türkischen Heere in Podolien; Cantemir, der Fürst der Moldau, ward durch Geißeln (sein Sohn saß in den sieben Thürmen) zur Ausdauer bei der türkischen Parthei genöthigt, und Sobiesky selbst lag auf dem Krankenlager. Sein Feldherr Jablonowsky aber mußte vor der überlegenen Macht des Seraskier zurückweichen.

Die Nachrichten von dem Verluste ganz Moreas, Ungarns und Dalmatiens versetzten die Hauptstadt in eine dumpfe Gährung, und der Groß-Vezier griff, um seine Unschuld an diesen Unfällen darzuthun, zu seinem gewöhnlichen Mittel, der Hinrichtung seiner Seraskier; so wurde Shaitan Ibrahim, so wurde Kalil, der Kapudan-Pascha, erdrosselt und ihr Gegner, Tökeli, erhielt unter Schmeichelcien seine Freiheit wieder. Nichts desto weniger ward der unfähige Kara-Kiaja doch kurz
darauf von Soliman-Pascha gestürzt, der ihm 1686
nun als Groß-Vezier folgte. Seine Bemühungen für den Frieden wurden jedoch durch die Verheißungen Frankreichs, welches Oestreich, mit diesem Feinde beschäftigt, erhalten wollte, vereitelt, und die Polen forderten zu viel für einen Separatvergleich. Mühsam brachte Tökeli 10,000 Mann zusammen; der Herzog von Lothringen lagerte dagegen mit 90,000 Mann vor Ofen, das nach einer zweimonatlichen Belagerung fiel, ohne daß der Groß-Vezier, der selbst kaum 50,000 Mann zusammengebracht hatte, die zum Theil von französischen Offizieren angeführt wurden, es hindern konnte. Allein hierauf zerstreuten sich nun auch seine Generale; der Prinz von Baden nahm Simonthorn, Koposwar und Fünfkirchen, Caraffa belagerte Segedin; Scherfenberg nahm Siklos und
Essek, und damit endeten die Unternehmungen die- 1686
ses Feldzuges.

Nicht glücklicher war der Seraskier von Morea. Morosini trieb die türkische Flotte in die Dardanellen zurück, nahm Navarin und Napoli

8 *

di Romania ein, während Cornaro den Pascha von Dalmatien zweimal schlug, und von Polen her drang Sobiesky zum zweiten Male in die Moldau ein und verwüstete diese Provinz, trotz der Freundschaftsversicherungen Cantemirs.

So mißlich standen die Angelegenheiten der Pforte nach diesem Feldzuge, daß Soliman nicht nach Constantinopel zurückzukehren wagte, sondern in Belgrad blieb. Dadurch geschah es, daß der Zorn des Volkes sich von ihm ab und auf den Großherrn selber wandte, und als vollends eine unvorsichtige Auflage auch das Corps des Ulema aufbrachte, schien es um Mohameds Thron geschehen. Dennoch begann der neue Feldzug von 1687, und zwar ganz eben so unglücklich, als die vorigen es gewesen waren. Morosini schlug
1687 den Seraskier abermals in Morea, nahm Lepanto, Patras, Misitra, Korinth und Athen ein. Cornaro besiegte den Pascha von Bosnien, belagerte und eroberte Castelnovo, die stärkste Festung des Landes, und die Polen belagerten Kaminiek. Soliman selbst wurde, nachdem er einmal unvorsichtig sein befestigtes Lager von Essek verlassen, auf dem blutigen Schlachtfelde von Mohacz vom Herzog von Lothringen geschlagen, und verlor, außer vier Fünfteln seines Heeres, nun auch ganz Slavonien und Siebenbürgen, das sich jetzt von Neuem dem Kaiser unterwarf. Der Groß-Vezier griff in dieser Noth zu dem herkömmlichen Mittel, seinen Generalen diese Niederlagen Schuld zu geben; allein ehe er ihre Köpfe zu Constantinopel verlangen konnte, empörten sich diese, Sciaus-(Tschausch)-Pascha an der Spitze, gegen ihn und zwangen ihn zur schleunigsten Flucht. Hierauf begehrte

das Heer, im drohenden Anmarsche auf die Hauptstadt, Sciaus zum Groß-Vezier, und der Sultan sah sich genöthigt, diese Wahl der Soldateske zu bestätigen, Soliman aber der Wuth des Volkes und der Armee zu opfern, die man hierauf mit seinen Schätzen zu beschwichtigen suchte. Dennoch setzte die Armee ihren Marsch nach Constantinopel fort; das Ulema nahm ihre Sache als die seinige auf, und als Mohamed, durch Angst und Schwäche verwirrt, nunmehr zum dritten Male seine Brüder zu ermorden versuchte, brach der kaum unterdrückte Unwille des Volkes von Neuem aus. Der Kaimakan Kiuprili, Sohn und Enkel der beiden Groß-Veziere dieses Namens, rettete die Brüder des Sultans, bis die Armee selbst vor den Thoren der Hauptstadt eintraf. Diese begehrte nun laut die Absetzung Mohameds; umsonst vertheidigten ihn der Mufti und der neue Groß-Vezier; der Scherif, als Abgesandter des Ulema, erklärte ihm endlich den Willen des durch den versuchten Brudermord empörten Volkes mit den Worten: „Steige vom Throne, dessen Du nicht würdig bist, und bringe Deine Tage in dem Gefängnisse zu, wo Du Deinen Bruder ermorden lassen wolltest."

Bei diesen Worten ward der schwache Monarch in den Kerker seines Bruders Soliman geführt, wo er nach fünf Jahren starb. 29. Oct. 1687 1692

Die neun und dreißigjährige Regierung Mohameds hatte die ganze Schwäche des osmanischen Reiches kund gethan, und erwiesen, wie hier alles an den persönlichen Eigenschaften eines einzigen Mannes, Sultans oder Groß-Veziers, hänge. Das Institut der Janitscharen war völlig ausgeartet: die Stammlisten dieses Corps und seine Besoldung schwollen seit den neuen Einrichtungen Murads IV. immer mehr an *), während die Streitkraft der Truppe selbst immer schwächer ward. Die Verfassung des Reiches selbst hatte seit Mohamed II., unter dem Einflusse zahlloser Empörungen, wesentliche Veränderungen erfahren. Das Ansehen der Ulema und besonders seines Oberhauptes, des Mufti, war gestiegen, und mit dem Glücke des Ungehorsams im Heere war das Ansehen seiner Führer gefallen. Die Timarioten und Zaims (Lehns-Cavallerie) hatten sich des Krieges immer mehr entwöhnt und stellten kaum noch 10,000 Mann ins Feld; das Fehlende mußte durch eine Soldtruppe (Dschebendgis) ersetzt werden, die dem Schatze zur Last fielen. Diese Vermehrung der Staatsausgaben und die täglich wachsende Verschwendung bei der Pforte (Küche, Stall und Garderobe kosteten jetzt allein jährlich 2971 Beutel zu 900 Gulden) machten neue Auflagen nöthig; das Ulema selbst unterlag jetzt einer Abgabe, und der Karadsch der Ungläubigen wurde auf 1 Million Dukaten erhöht, die gesammte Staatsrevenue aber betrug für den Miri (Staatsschatz) 22½ Millionen Kronen, für den Hazne (Privatschatz) 25 Millionen Dukaten; Confiskationen waren bereits zu einer Hauptrevenue des Staats geworden. Die Armee der hohen Pforte betrug im Kriegsstande nicht mehr als 143,000 waffenfähiger Mannschaft, deren Unterhalt jährlich 13,857

*) Man zählte deren jetzt 100,000 auf den Stammrollen, indessen doch nur selten 20,000 Janitscharen unter den Waffen waren. —

Beutel kostete; die Seemacht führte 60,000 M. an Bord und bestand größtentheils aus griechischen Caravellen (Fregatten zu 36 bis 48 Kanonen); der Dreidecker zu 100 Geschützen waren wenige. An der Spitze der Landmacht stand der Groß-Vezier; unter ihm sein Kaimakan (Lieutenant) und die Seraskier; das gesammte Seewesen stand unter dem Kapudan-Pascha, zugleich Gouverneur und Steuerempfänger der Inseln, der seine Realas (Admirale), Patronas (Vice-Admirale) und Reis oder Capitäne, die seinen Divan bildeten, unter sich hatte. — Den auswärtigen Angelegenheiten stand ein Effendi (Reis-Effendi) mit seinem Divan vor; dem Finanzwesen der Defterdar als Minister, der, außer seinem Divan, in jeder Provinz einem Unterschatzmeister als seinem Organe gebot. Die Gesetzverwaltung war in den Händen der Kadi, für die bürgerlichen Sachen, der Mollahs (Priester) für die geistlichen, der beiden Kadileskiers (Kriegsrichter) für Rumili und Anatoli, für die militärischen Angelegenheiten. Die unbeaufsichtigte Willkühr der Päschas in den Provinzen war das größte Uebel, an dem das Reich litt; ihre Habsucht und ihre Furcht lähmten alle Kräfte des Staats und zerstörten den Wohlstand seiner Unterthanen. Nur einzelne Theile Griechenlands, einzelne Inseln, erfreuten sich größerer Freiheit.

Eine neue Würde war inzwischen durch den Verräther Panajota in einigen griechischen Familien des Fanars einheimisch und fast erblich geworden, die eines Dragomans (Dolmetschers) der Pforte. Diese Dragomans leisteten dem Divan bald solche Dienste, daß man, nach Ausrottung der fürstlichen Familien in der Moldau und Walachey, die neuen Fürsten aus diesen griechischen Familien (sechs bis acht an der Zahl) wählte. Dies war der Ursprung der griechischen Hospodarenwürde. —

Der Divan hatte, bei der Unfähigkeit Ibrahims und Mohameds, eine Menge von Geschäften an sich gezogen, die sonst von dem Großherrn oder seinem Veziere allein entschieden zu werden pflegten. Krieg und Frieden, Bündniß und Waffenstillstand, Auflagen, Ernennung der Paschas, allgemeine Verbote und Gesetze gehörten zu seiner Entscheidung. Außer dem Mufti, als dem Präsidenten des Ulemas, dessen Fetwa bei jeder Kriegserklärung, bei jedem allgemeinen Gesetze besonders eingeholt zu werden pflegte, bestand dieser aus den Vezieren, dem Kislar-Aga, dem Kapi-Aga, dem Aga der Janitscharen, den Kadileskiers, dem Capudan-Pascha, dem Scherif, als Haupt der Emirs und vielen anderen Ulemas und Würdenträgern; der Padischah selbst machte als Vorsitzer desselben gesetzlich nur eine Stimme geltend.

Der Hofstaat bestand aus 500 bis 600 auf Kosten der Pforte erzogenen Pagen (Ischoglans), aus denen die Würden beim Heere und in der Verwaltung besetzt zu werden pflegten; den Trabanten (Baltadgis), der Leibwache (Bostandgis) unter ihrem eigenen Pascha und einer großen Menge von Hofwürden, unter denen der Seliktar-Aga (Adjutant des Sultans, sein Schwertträger), der Tschefradgi-Effendi (Ober-Ceremonienmeister) und andere ausgezeichnet waren. Ein Harem von dreihundert Frauen ersetzte seit Soliman II., dem letzten förmlich vermählten Sultan, die Favoritin.

Welchen Einfluß auf die Angelegenheiten des Staates aber die Mutter des Sultans, die Sultanin Valide, zu gewinnen im Stande sey, haben wir an dem Beispiele der Kiosem, unter der Regierung Mustaphas I., Murads und Ibrahims gesehen. —

Soliman II., von 1687 bis 1691.

Soliman, Mohameds Bruder, der fast vierzig Jahre lang im Kerker geschmachtet, und sich an dem Koran und der Sunna um den Verstand studirt hatte, bestieg wider seinen Willen den Thron, auf dem er sich sofort als ein völlig schwachsinniger, furchtsamer und unfähiger Fürst zeigte. Das Heer, einmal vom Geiste der Empörung ergriffen, gefiel sich in Unordnungen. Sciaus-Pascha, kaum von ihm zum Groß-Vezier erwählt, ward das Opfer seines schwankenden Willens; man verlangte Geld von ihm, das er nicht besaß; sein Palast ward gestürmt, er erlag. Sein Nachfolger hielt sich nur vier Tage. Der Mufti mußte die heilige Fahne durch die Gassen tragen lassen und beim Verluste des Paradieses befehlen, die Schwerter einzustecken. Zugleich ernannte er den reichen Mustapha zum Groß-Vezier, und dieser beschwichtigt den Sturm durch Geld. Hierauf folgte ihm ein Theil des Heeres nach Nikomedien, dessen Pascha die Fahne des Aufruhrs erhoben hatte.

Wie es unter diesen innern Stürmen mit der Vertheidigung der Reichsgrenzen gegen siegreiche Feinde stand, läßt sich leicht erachten. Leopolds Sohn war, Tökeli gegenüber, zum Erbkönig von

Ungarn ernannt; Erlau und Moncatsch, das die Gräfin Tököli heldenmüthig vertheidigte, waren in die Gewalt der Oestreicher gefallen; Illok, Peterwardein, Weißenburg hatten ihre Thore geöffnet, und was das Schlimmste war, Belgrad selbst hatte sich nach einem Verluste von 9000 Mann an den Prinzen von Baden ergeben.

In Morea war, nach Morosinis Erhebung zum Dogen, zwar wenig Erhebliches geschehen, und Negropont mußte sogar wieder aufgegeben werden; allein in Dalmatien war dafür auch beinahe alles verloren. Polen allein war unter allen Feinden der Pforte unthätig geblieben.

Unter solchen Umständen war das Bedürfniß des Friedens dem Divan einleuchtend. Der osmanische Stolz ließ sich zum ersten Male so tief herab, durch seinen Gesandten, den Dragoman Maurocordatos, Friedensanträge zu machen. Allein die östreichischen Forderungen (Slavonien, Croatien, Bosnien, Servien, die Bulgarey, Siebenbürgen, die Moldau, die Walachey, die Krimm, Morea, Negropont und Dalmatien) waren doch zu hart, und der Sultan zog es vor, nachdem er öffentlich Gebete für das Glück seiner Waffen angeordnet hatte, sich selbst an die Spitze seines neuen Heeres zu stellen. Allein zu Sophia, in der Nähe des Feindes, änderte sich abermals sein Entschluß, und er überließ die Vertheidigung seines Reiches, Tököli und dem Seraskier Redschib,
1687 der früher ein glücklicher Straßenräuber gewesen war. Dieser nahm, auf den Rath seines Sterndeuters, bei Passarowitz, an den Ufern der Morawa, die Schlacht an, welche der Prinz von Baden ihm anbot. Redschib erlitt eine große Nie-

derlage, floh nach Nissa zurück und verlor hier in einem zweiten Treffen den Rest seines Heeres. Widdin, Orsowa und Nissa gingen verloren; der Seraskier ward erdrosselt, ohne daß dies verhinderte, daß auch Tökeli von Piccolomini geschlagen und in Nicopolis eingeschlossen wurde. Dennoch schien Oestreich, jetzt von Frankreich hart bedrängt, zum Frieden geneigter, als vor diesem glücklichen Feldzuge.

In Morea hatte die Intoleranz der italienischen Bundesgenossen die Mainoten gegen sie in Waffen gebracht; die Pforte sandte diesen einen Waiwoden, in der Person eines Galeerensclaven, und die Venetianer mußten zufrieden seyn, von diesem Neutralität zu erlangen.

In dieser Lage der Sachen ward der große Mustapha Kiuprili, statt seines unfähigen Vorgängers, zum Groß-Vezier des Reiches ernannt. 1689
Sogleich zeigte sich, was das Beispiel eines großen Mannes, an der Spitze der Gewalt, in diesem Reiche vermöge. Durch Religionseifer fachte er den Muth der Armee von Neuem an, und statt der kaum durch Zwang zu recrutirenden Heere strömten nun bald mehr Freiwillige herbei, als man gebrauchen konnte. Die Ordnung in den Finanzen ward wieder hergestellt, das Zutrauen des Volkes gewonnen, die Bedrückungen der ungläubigen Reichsunterthanen aufgehoben und die großen Einkünfte der Moscheen für die Staatscasse benutzt, ohne daß irgend ein Muselmann etwas dagegen einzuwenden hatte. Nun verschwand die Muthlosigkeit aus dem Divan; im Lager, wie in den Staatscassen, herrschte Ueberfluß, und als der neue Groß-Vezier mit kaum hundert tausend

Mann nunmehr im Felde erschien, änderte sich, wie durch Zauber, plötzlich die ganze Lage der Sachen. Kiuprili siegt bei Nissa über die Deutschen, erobert Widdin und Semendria, Lippa, Orsowa und ganz Siebenbürgen wieder, schlägt bei Essek den General Veterani, nimmt Belgrad mit
Oct. Sturm und eilt dann nach Siebenbürgen zurück,
1690 um Ludwig von Baden, dem Tökeli nicht hatte widerstehen können, entgegen zu treten. Ein so auffallendes Glück gab dem türkischen Heere seinen Muth wieder; und der Gewinn des Feldzuges von 1690 blieb bedeutend, ungeachtet die Venetianer in Morea, Malvasia nahmen, eine türkische Flotte bei Mitylene schlugen, und in Albanien und Dalmatien Festungen einnahmen. Ja, als hierauf mitten im Winter (1691) durch den Seraskier Kapelan-Ali auch Valona und Canina eingenommen wurden, schien auch hier das Gleichgewicht wieder hergestellt.

Unterdessen erregte die Regierungsunfähigkeit Solimans bei den Großen des Reichs den Wunsch einer Thronveränderung. Allein als man eben davon sprach, Mohamed IV. wieder aus seinem Kerker hervorzuziehen, starb Soliman, nach einer Regierung von 3 Jahren und 9 Monaten, an der Wassersucht.

Er hatte geherrscht, wie dies von einem Fürsten zu erwarten war, der von seinem sechsten bis zu seinem sechs und vierzigsten Jahre über reli-
1691 giösen Studien im Kerker zugebracht hatte. Der Moslemin aber schrieb seiner Andacht Wunder zu. Ohne Mühe setzte Kiuprili Achmed II., Solimans Bruder, auf den Thron.

Achmed II., von 1691 bis 1695.

Achmed war zum Selbstregieren eben so unfähig, als seine beiden Vorgänger. Es war ein Glück für das Reich, daß er Kiuprili besaß, und Nachgiebigkeit genug, um diesem die ganze Besorgung der Reichsgeschäfte zu überlassen.

Nach glücklicher Besiegung einer gefährlichen Hofcabale, an deren Spitze der Kislar-Aga stand, stellte Kiuprili sich an die Spitze eines neuen hundert tausend Mann starken Heeres; Achmed begleitete den Zug bis Adrianopel. Der Feldzug schien um so glücklicher seyn zu müssen, als Ludwig **XIV.**, außerdem, daß er den Kaiser am Rhein lebhaft beschäftigte, noch 22 französische Ingenieur- und Artillerie-Offiziere in das türkische Lager gesendet hatte.

Ludwig von Baden hatte sich vor diesem furchtbaren und durch die Erdrückung eines kleinen Corps von 5000 Deutschen, ermuthigten Heere bei Salankemen, zwischen der Donau und Theis, in einer festen Stellung verschanzt. Hier kam es zur 19.
Schlacht. Kiuprili fiel von einer Kugel am Kopf Aug.
getroffen, und der Schrecken, den dieser Unfall im 1691
Heere verbreitete, führte die Niederlage der Türken herbei. Zehn tausend Janitscharen bedeckten das Schlachtfeld, auf dem im Ganzen 25,000 Osmanen und 3000 Deutsche den Tod fanden. Ludwig belagerte nun, während Ali-Pascha das entmuthigte Heer nach Belgrad zurückführte, Lippa und so endete dieser stolz und hoffnungsvoll begonnene Feldzug. Der neue Groß-Vezier, Arabagi-Pascha, habsüchtig und ungeschickt, rief durch seine willkührliche Münzverfälschung einen Aufstand

hervor, in dem er nach vielen Hinrichtungen endlich selbst den Untergang fand. Bei seinem Nachfolger, Turposchi-Pascha, gelang es dem französischen Einflusse, die Fortsetzung des deutschen Krieges, der Muthlosigkeit des Heeres zum Trotze, be-
1692 schließen zu lassen. Im nächsten Feldzuge beschränkte sich jedoch der Seraskier Bujulki auf die Vertheidigung der Saveufer; indessen konnte er doch die Eroberung Wardeins durch General Heusler nicht hindern. Von polnischer Seite geschah, wie in den früheren Feldzügen, nichts, und die Venetianer belagerten Canea auf Candia fruchtlos. Dennoch ward Turposchi seiner Stelle entsetzt und Mustapha Bujulki zum Groß-Vezier er-
1693 nannt. Dieser sammelte sein Heer für den neuen Feldzug in den Ebenen von Adrianopel; die Unruhen, welche der Prophet Misri in Stambul erregte und eine verderbliche Feuersbrunst, die ein Viertel der Stadt in Asche legte, bewirkte, in Verbindung mit den Bemühungen Englands und Hollands, für den Frieden, daß in diesem Feldzuge fast gar nichts geschah. Der Herzog von Croy belagerte Belgrad, das der Groß-Vezier jedoch entsetzte, wobei die Nachhut der Deutschen
1693 eine Niederlage erlitt. In Dalmatien behaupteten die Venetianer sich in dem Eroberten; an den polnischen Grenzen geschah nichts von Wichtigkeit. Im Winter darauf ward Bujulki von der Favoritin Fatime und dem Kislar-Aga gestürzt. Tarabal-Pascha folgte ihm, ohne daß die Regierung bei diesem beständigen Wechsel ihres Oberhauptes je einen festen Gang gewinnen konnte.
1694 In dem folgenden Feldzuge ging es unter fortgesetzten Unterhandlungen eben so matt und kraft-

los zu, wie in dem vorhergehenden. In Ungarn geschah fast nichts; die Polen schlugen 50,000 Tatarn, welche Lebensmittel nach Kaminiek transportirten, und die Venetianer eroberten einen Theil von Chios mit der Hauptstadt und einige Orte in Dalmatien; in Asien aber zwangen die Araber die nächsten türkischen Paschas zu einem Tribute von 80 Beuteln. Bald darauf starb Achmed, funfzig Jahre alt. Er hatte die vier Jahre seiner Herrschaft hindurch das Gute und das Böse gleich willenlos und ohnmächtig geschehen lassen, und die glücklichen und unglücklichen Ereignisse seines Volks gleich theilnahmlos mit angesehen. 27. Jan. 1695

Mustapha II., von 1695 bis 1702.

Achmeds Neffe, Mustapha, Mohameds IV. Sohn, bestieg, nach dem in dem Hause Osmans eingeführten Gesetz des Seniorats, den Thron, auf dem er sich, trotz des geheimen Widerstandes seiner Großen, die lieber den unmündigen Ibrahim, Achmeds Sohn, zum Kaiser erhoben hätten, zu befestigen wußte. Mustapha kündigte seinen Entschluß an, selbst regieren zu wollen, und dies war es gerade, was man von ihm fürchtete. Er zeigte, daß er die Mißbräuche der vorigen Regierung kenne, unterwarf die Beamten des Reichs einer Reinigung und schlug den Janitscharen mit entschiedenem Tone die herkömmlichen Geschenke ab. Zugleich machte er bekannt, daß er sich selbst an die Spitze des Heeres stellen wolle. Nachdem er von der Favoritin Fatime, dem Mufti und dem Kislar-Aga sechs Millionen Thaler erpreßt, die Diener seines Vaters zurückgerufen und strenge

Ordnung in den Finanzen eingeführt hatte, steckte er seine Tugs (Roßschweife) aus und versammelte sein Heer. Hierauf ließ er den Groß-Vezier Tarabal umbringen und erhob den Liebling seines Vaters, Elmas-Pascha, zu dieser Würde. Sofort begann der Krieg: der Seeräuber Mezzomorto nahm den Venetianern, die sich überall durch Unduldsamkeit verhaßt machten, Chios wieder ab,
1695 schlug ihre Flotte und ward zum Kapudan-Pascha ernannt. Auf die Nachricht von diesem Siege hin, rückte nun auch Mustapha, an der Spitze von 45,000 Mann, ins Feld, ging bei Belgrad
Jun. über die Donau, nahm Lippa und Titul ein, schlägt
und hierauf ein kleines Corps Siebenbürger, unter Ve-
Jul. terani, nach dreimaligem blutigen Angriffe, durch persönlichen Muth und Kriegsgewandtheit, und beendet mit dieser Waffenthat den Feldzug, da Friedrich August von Sachsen, an der Spitze seines Heeres, völlig unthätig blieb. Unterdessen belagerten die Russen Azow vergeblich, und auch von dieser Seite ging für die Pforte nichts verloren.

Im folgenden Feldzuge ward die Ehre der türkischen Waffen wider ohnmächtige Feinde vollends
16. wieder hergestellt. Mustapha schlägt Friedrich Au-
Aug. gust in dem blutigen Treffen bei Temeswar, ero-
1696 bert das Bannat und nöthigt den deutschen Feldherrn, sich auf eine strenge Defensive einzuschränken. Freilich ging gegen diesen Gewinn Azow und mit ihm die Herrschaft auf dem schwarzen Meere verloren; allein Mezzomorto zwang die Venetianer doch zur Unthätigkeit, und Dulcigno in Albanien widerstand ihnen glücklich; und so konnte Mustapha am Ende des Jahres immerhin triumphirend nach Adrianopel zurückkehren.

Der ganze Winter ward zur Herstellung der Land- und Seemacht in ihrer alten Verfassung angewendet. Mustapha versäumte nichts, die Janitscharen an Mannszucht zu gewöhnen; er begann sogar wieder taktische Uebungen, mischte sich verkleidet in ihre Reihen (bei den Türken ein hoher Ruhm für den Herrscher —) füllte den Schatz mit den Beiträgen, zu denen man die Moscheen vermochte, und ließ unablässig Schiffe bauen. Zugleich berief er Tökeli aus Bursa herbei, stellte den Ungarn in ihm ihren König vor, und beschloß in dem neuen Feldzuge mit 130,000 Mann dem langen Kriege ein Ende zu machen. Mit diesem Heere, dem Tökeli 50,000 seiner Anhänger zuzuführen versprach, ging er den Oestreichern
(1697) bei Temeswar entgegen. Allein hier hatte 1697
sich alles geändert, seitdem der große Eugen von Savoyen an die Spitze der Armee getreten war. Dieser lagerte mit 55,000 Mann bei Titul, entschlossen, eine Schlacht mit dem überlegenen Feinde zu meiden. Allein Mustapha stürzte sich mit einem begeisterten Heere über die Theiß; doch selbst, als dieser Uebergang ihm 30,000 Mann gekostet, als Mustapha im Rücken der Oestreicher Segedin bedrohte, rückte Eugen nur ungern aus seinem Lager hervor. Allein die Nothwendigkeit zwang ihn endlich, die Offensive zu ergreifen. Er stürmte das Lager der Türken bei Zentha und gewann, nach tapferer Gegenwehr, einen entscheidenden Sieg über den Feind. Dreißig tausend Todte, unter ihnen Elmas-Pascha, bedeckten das Schlachtfeld; das ganze Lager, das Geschütz, das Heergeräth, das Reichssiegel selbst fiel den Deutschen in die Hände, und Mustapha, der der Niederlage seiner

Janitscharen vom andern Ufer der Theiß mit zugesehen hatte, floh verkleidet mit seiner Reiterei nach Temeswar.

Durch diesen grosen Sieg war die Hoffnung des Reichs, das Heer, vernichtet; Frankreich selbst hatte mit dem Kaiser zu Ryswick Frieden geschlossen: die Pforte sah sich allein, ohne Truppen, ohne Geld, den vereinten Kräften des siegreichen Kaisers gegenüber. Ohne Widerstand besetzte Prinz Eugen Bosnien, da die wenigen Truppen, die ihm entgegenstanden, aufrührerisch den Dalbatan zum Pascha erwählten und den Sultan selbst bedrohten.

Von der Seite Polens war indessen wenig geschehen, und zur See war es nur bei Beobachtungen und Manövern zwischen der neuen türkischen und der venetianischen Flotte geblieben.

Dieser ungünstigen Lage der Dinge zum Trotze rüstete sich die Pforte doch entschlossen zur Fort-
1698 setzung des Krieges, so entmuthigt Volk und Heer nach der Niederlage von Zentha auch waren. Hussein-Pascha ward zum Groß-Vezier und Heerführer in dem neuen Feldzuge ernannt; allein ehe es dazu kam, gelang es Maurokordatos unablässigen Bemühungen, doch die oft abgebrochenen Unterhandlungen wieder anzuknüpfen. Endlich begann, während die Heere kampfgerüstet einander gegenüber standen, das Friedensgeschäft zu Carlo-
26. witz, unweit Peterwardein, und endete mit der Un-
Jan. terzeichnung eines fünf und zwanzigjährigen Waf-
1699 fenstillstandes. Die Pforte gab alle ihre Besitzungen am linken Donauufer bis auf Temeswar und das Bannat heraus; Siebenbürgen, wie es Michael Abaffi besessen, fiel dem Kaiser zu, und die

Save ward zur Grenze auf dieser Seite bestimmt; man trat den Venetianern Morea bis an den Hexamili und einige Städte in Dalmatien mit Castelnuovo, nebst den Inseln Sancta Maura u. s. w., ab; räumte den Polen alles Verlorene mit Kaminiek, die Ukraine, Podolien wieder ein und überließ den Russen Asow. Des unglücklichen Tökeli ward hierbei gar nicht erwähnt; er endete sein Leben zu Pera in Vergessenheit und Mangel; seine Anhänger (1400 Familien) nahm der Sultan in seine Staaten auf.

So endete dieser lange und blutige Krieg für die Pforte mit Verlusten auf allen Seiten, mit einer allgemeinen Entmuthigung des Volks, mit einer Erschöpfung der Staatskassen, die ohne Beispiel war; die Nation aber empfand es tief und zeigte es allen Freudenfesten zum Trotze, daß dieser schmachvolle Frieden mit den schönsten Provinzen des Reiches erkauft sey. Um so schlimmer war es, als man durch den Chan der Tartarn gar erfuhr, Peter von Rußland erbaue Festungen an seinen neuen Grenzen, baue Schiffe in Asow und rüste zum Kriege; denn mit Rußland war nur ein zweijähriger Waffenstillstand zu Stande gekommen. Ein Spion, den man dahin absandte, betrog jedoch, im Einverständnisse mit dem Groß-Vezier, den Sultan, und als er entlarvt wurde, ward sein Gönner entsetzt und Dalbatan zum Groß-Vezier ernannt. Dieser tadelte, um populär zu 1701
seyn, den Carlowitzer Frieden laut und offen; doch als er versuchte, seine Urheber bestrafen zu lassen, ward er selbst ihr Opfer, und sein Gegner, Rami, Vezier des Reichs. Dieser, ein Freund der Dichtkunst und Musik, überließ dem Mufti

den größten Theil der Staatsgewalt, deren Mißbrauch endlich einen Aufstand der über diese Vernachlässigung unzufriedenen Janitscharen zur Folge hatte. Denn auch Mustapha gab sich, nach einer schnell vorübergehenden Lust an den Reichsgeschäften, sorglos, und ohne die Warnung des Chans vor den Russen zu beachten, dem Vergnügen der Jagd hin. Hierüber wuchs der Tumult endlich so an, daß 50,000 Janitscharen und Ogebedgis (Soldtruppen), denen man den Sold verweigert hatte, sich gegen Adrianopel, der Residenz
1702 des Sultans, auf den Weg machten. Als sie der Mufti Fezula hierauf für Ungläubige erklärte,
Mai. erwählten die Aufrührer einen anderen Mufti, der
1702 ihre Fahnen segnete, und den Groß-Vezier und seinen Mufti für Gauren (Ungläubige) ausrief. Das Heer verließ den Groß-Vezier, und der ohnmächtige Sultan mußte sich nun zur Auslieferung seines Reichs-Veziers, des Mufti Fezula, der unter schrecklichen Martern in den Fluß gestürzt wurde, und Maurokordatos, des Stifters des carlowitzer Friedens, entschließen und die von dem Heere gewählten Reichsbeamten anerkennen. Dennoch ward die Ruhe nicht wieder hergestellt; die Aufrührer luden den Sultan Achmed, Mustaphas Bruder, vielmehr zur Besteigung des Thrones ein, und Mustapha, bei dem alle frühere Energie jetzt völlig
24. verschwunden war, übergab nun selbst seinem Ne-
Aug. benbuhler, unter zärtlichen Umarmungen, die Zü-
1702 gel der Regierung. Er hatte die Hoffnungen, welche der Anfang seiner Herrschaft bei den Osmanen erweckt hatte, nicht erfüllt. Sein blindes Vertrauen auf ungetreue Diener entzog ihm die Liebe seines Volkes, das eine Zeit lang den schwa-

chen und furchtsamen Monarchen für einen weisen und thätigen Fürsten gehalten hatte. Mustapha starb sechs Monate nach seiner Thronentsetzung, vierzig Jahre alt.

Achmed III., von 1702 bis 1730.

Achmed III., sein Bruder, verdankte der Muße des Kerkers und dem Umgange mit kenntnißreichen Männern eine für einen Sultan ungewöhnliche Bildung. Seine verstellte Freundlichkeit gewann ihm die Herzen der Großen; dennoch wußte er nach und nach seinen Plan, die Aufrührer zu züchtigen, geschickt und fast unbemerkt auszuführen. Anfangs zerstreute er die Odas der Janitscharen und Spahis dergestalt, daß alle Vereinigung unter ihnen aufhörte. Hierauf ließ er binnen fünf Wochen nicht weniger als vierzehn tausend derselben an entfernten Orten hinrichten und konnte dann ohne Gefahr die ihm aufgedrungenen Reichsbeamten, den Vezier und den Mufti entsetzen. Hassan, sein Seliktar und Liebling, der Urheber und das Werkzeug aller dieser Veränderungen, wurde hierauf Vezier des Reichs; doch ein häuslicher Zwist mit Agescha, seiner Gemahlin, der Schwester des Sultans, raubte ihm bald darauf das Reichssiegel wieder. An Kiaja-Lili, seinem Nachfolger, fand das Volk endlich einen Theilnehmer an seinem Hasse gegen die Christen. Dieser that alles Mögliche, durch Beleidigung der Gesandten, besonders des französischen, einen Krieg zu entzünden, den er wünschte; allein Achmed III., in Ueppigkeit und Wollust verloren, fühlte sich zum Friedensbruche so wenig geneigt, daß er vielmehr die Verlegenheit des Kaisers im spanischen Erbfolgekriege eben so wenig, als die Kriege Carl des XII. gegen Rußland zu benutzen wußte. Während in Rußland eine neue Welt entstand, in Polen bedeutende Staatsveränderungen vorgingen, Oestreich seine Armee durch Prinz Eugen auf die höchste Stufe kriegerischen Ruhms erhob, und die ganze Kriegskunst Europas eine andere Gestalt annahm, erhielt sich im osmanischen Reiche alles in dem alten und nunmehr völlig unbrauchbaren Zustande. In allen Stücken ging es, wie mit Achmeds Versuchen zur Einführung der Buchdruckerei. Die Corps der Janitscharen und Timarioten sanken in diesem Frieden zu wahren Wartegeldempfängern herab, ohne Disciplin, ohne Uebung im Gebrauche der Waffen. Nur wilder Enthusiasmus ersetzte bisweilen noch auf Augenblicke, was an kriegerischer Ausbildung fehlte, und so war der Moment gekommen, wo nur die Eifersucht und die Uneinigkeit der europäischen Mächte unter sich, vor Allem aber der Umstand, daß keine Seemacht gegen ihn auftrat, den versunkenen Staat der Osmanen zu schirmen und zu erhalten vermochte.

Unterdessen veränderten täglich wechselnde Cabalen im Serail noch oft das sichtbare Oberhaupt der Staatsverwaltung. Bald ward Mehemed, des verbannten Kiaja-Lili Nachfolger, im Besitze der ganzen Regierungsgewalt; bald verfügte sogar seine Gemahlin Sarai, ein unerhörtes Beispiel in der
1704 Türkei, über alle Gunstbezeigungen des Hofes,
während Achmed in Furcht und Bekümmerniß über
1705 das vergossene Blut freudenlose Tage verlebte. We-
bis der die allgemeine Aufregung im Nordwesten Eu-
1708 ropas, noch der Einfluß Frankreichs, noch der

Hülferuf des Prinzen Ragotzky, des Erben der Tökeli, den eine Partei in Siebenbürgen zum Fürsten ausgerufen hatte, noch auch die Warnungen und Bitten des Chan der Tartarei, der die Fortschritte der Russen aus der Nähe mit ansah, konnten den furchtsamen Sultan zu einer Kriegserklärung gegen Polen, Rußland oder Oestreich, von denen das Verlorene jetzt so leicht wieder zu erlangen war, vermögen. Der warnende Chan ward vielmehr so gut, wie der Groß-Vezier Mehemed, entsetzt und dem ersteren sein Bruder, dem zweiten, der kraftvollere Tschorluli-Ali, zum Nachfolger ge- 1708
geben.

Unterdessen war Carl XII. bei Pultawa, an der Grenze der Ukräne, von Peter dem Großen geschlagen und sein Heer vernichtet worden. Mit einem kleinen Gefolge flüchtete er über Oczakow nach Bender, wo ihm und seinen fünfhundert Begleitern zu Ende Septembers die nachgesuchte Gastfreundschaft in einem Lager außerhalb der Stadt bewilligt wurde. Die Freigebigkeit Achmeds warf ihm, außer allem Nöthigen zum Unterhalte der Seinigen, täglich fünfhundert Thaler an Geld aus. Dennoch blieben Carls Versuche, Tschorluli-Ali für den Krieg zu stimmen, fruchtlos; denn der Czar wandte Millionen für die Erhaltung des Friedens auf, und sein übereiltes Versprechen, den König mit zweimal hundert tausend Mann nach Moskau zu führen, hatte der Groß-Vezier bald vergessen. Vergeblich erschien Carls Gesandter, Poniatowsky, mit Bittschriften bei der Pforte; vergeblich wurde Tschorluli selbst gestürzt und ein vierter Kiuprili folgte ihm, vergeblich wollte ihm die einflußreiche Sultanin Valide Kurdisca selbst wohl; alles, was Carl erlangte, war Geld. Kinprili selbst wich abermals dem Mehemed-Pascha von Aleppo, und erst, als die Sultanin Valide, als der Kislar-Aga, als Ali-Kumurdschi, der Liebling des Großherrn, als Sarai für den Krieg gewonnen waren, machte man Anstalten zu einem Angriffe auf Rußland.

Während der Chan der Krimm Befehl erhielt, mit vierzig tausend Mann von Adrianopel aus in
1710 Beßarabien einzurücken, mußten der Hospodar der Walachey, Brancowan, in dessen Ergebenheit man Mißtrauen setzte, so wie der Hospodar der Moldau, ihre Fürstenthümer dem ränkesüchtigen Demetrius Cantimir überlassen; allein eben dieser ehrgeizige Fürst entzündete durch Verrath und das Versprechen, den Czar zu unterstützen, den Krieg zwischen den beiden Kaiserhöfen von Neuem. Peter war schon bis Jassy vorgedrungen, als ihn der Mangel an Lebensmitteln zur Rückkehr an den Pruth nöthigte, während die Moldauer sein Heer verließen. Hier zwischen dem erstgenannten Flusse und dem Sireth wurde sein durch Mängel und Krankheit vermindertes Heer von funfzig tausend Osmanen unter dem Groß-Vezier, drei hundert Geschützen und vierzig tausend tartarischen Reitern so eng eingeschlossen, daß dem Czar nur die Wahl zwischen Gefangenschaft und Tod übrig zu bleiben schien. Zwar wurden die Türken in zwei Stürmen glücklich abgeschagen; allein um so unbesiegliche schien Mehemed-Baltadschis Ausdauer, und um so fester sein Entschluß, die Russen durch Hunger zur Uebergabe zu zwingen. Endlich jedoch fand Catharina, die Geliebte des Czars, Mittel, das drohende Ungewitter abzuwenden. Mit ihrem Ge-

schmeide bestach sie den Groß-Vezier und seinen
Kiaja, Osman, so daß es den hülflosen Russen
gelang, ihren Untergang durch den Vergleich von
Falczin, mittelst der Zurückgabe von Asow, eines am
Tributs von vierzig tausend Zechinen an den Chan 21.
der Krimm und der Vernichtung der festen Schlös- Jul.
ser am schwarzen Meere, abzukaufen. So schei- 1711
terten Carls Hoffnungen und alle seine Bemühungen bei der Pforte bewirkten nun nichts weiter,
als die Absetzung Mehemeds, dem Jussuf als 1711
Groß-Vezier folgte. Die Pforte bestätigte den
Frieden mit Rußland, und mochte nun auch schnell
hintereinander ein Groß-Vezier dem andern folgen — Carl erhielt den Befehl, die Staaten des
Padischah, an der Spitze eines Gefolges von acht
tausend Mann, zu verlassen. Als der König die- 1713
sem Befehle eigensinnig widerstand, erhielt der Pascha von Bender den Auftrag, den König als Gefangenen fortzuführen; dennoch vertheidigte König 12.
Carl mit sechzig Dienern sein Haus zu Warnitza Febr.
gegen zehn tausend Janitscharen. Die Seinigen 1713
erlagen und Carl ward als Gefangener nach Adrianopel geführt, zu derselben Zeit, als König Stanislaus von Polen gleichfalls auf türkischem Gebiete verhaftet und nach Bender geführt wurde.
Die Vermittelung Frankreichs rettete jedoch den
König; Carl ging nach Demotika, von wo er auf
den Hülferuf seines Landes endlich heimlich aus
den Staaten des Sultan entwich. Unterdessen war 1714
Kumurdgi-Ali Groß-Vezier geworden; Branko-
van, der Fürst der Walachey, der heimlichen Unterstützung der Russen und einer Verbindung mit
Venedig verdächtig, war mit seiner ganzen Familie hingerichtet; der Verräther Cantimir war

nach Rußland entflohen, wo er sich Peters Schutzes erfreute; und die Hospodarenwürde wurde nun definitiv dem bisherigen Dragoman der Pforte, Nicolaus Maurokordatos, übertragen. Bald vereinigte dieser verdiente Diener der Pforte auch die Würde des Woiwoden der Moldau mit seinem Fürstenthume, und beide Reichsämter blieben seit dieser Zeit in dem Besitz einiger griechischen Familien des Fanars.

Der junge Groß-Vezier verlangte nach einem Kriege, der sein Ansehen fester zu gründen im Stande wäre. Der Aufruhr des Pascha von Damask war schnell unterdrückt; allein die Venetianer sollten ihm Hülfe geleistet, ihm Waffen gesendet haben. Auf diesen Grund hin bewog Kumurdgi-Ali, im Einverständnisse mit dem Mufti, den Divan zu der gewünschten Kriegserklärung gegen die Republik. Der schwache Achmed ward durch eine fromme List getäuscht; die Wiedereroberung Moreas war das Ziel dieses Unternehmens. Unter Versicherungen der Treue und friedlicher Gesinnungen gegen den Kaiser wurden 200,000 M. zusammengezogen, und dem Befehle Dianum-Codjas neunzig Sultanen (große Schiffe) und sechzig Galeeren untergeben; siebzig tausend Mann waren zum Angriffe auf Morea bestimmt, die übrigen blieben als Observations-Corps bei Adrianopel zurück. Dieser Macht hatte Girolamo Delfino, der Proveditor von Morea, nur acht tausend Mann Truppen in den Festungen Napoli, Koron, Modon, Korinth und Morea, und drei und dreißig schlechte Kriegsfahrzeuge entgegenzusetzen. Dennoch würde die Eroberung Moreas den Türken mehr als einen Feldzug gekostet haben, wäre nicht

die Herrschaft der Venetianer den Griechen verhaßt und der Senat in Langsamkeit und Sorglosigkeit versunken gewesen. Allein kaum war der Krieg erklärt, als der Capudan-Pascha Cerigo, der Groß-Vezier Korinth eroberte und alle Städte Moreas in einem Sommer zur Uebergabe gezwun- 1715
gen wurden. Zwar waren die Venetianer in Dalmatien glücklicher, zwar stellten sie im folgenden Winter ein Heer von dreißig tausend Mann ins Feld, zwar bewogen sie den Kaiser Carl VI., als Garant des carlowitzer Friedens, nach manchen Drohungen endlich zu einer Kriegserklärung; allein alles, was sie selbst vermochten, war der Entsatz von Corfu und die Vereitelung der Absichten des Capudan-Pascha auf diese Insel. Unterdessen stellte der Divan einmal hundert und funfzig tausend Mann, unter dem Befehle des Groß-Veziers Kumurdgi, dem Talente und der Kriegserfahrenheit des Prinzen Eugen entgegen, und dieser rückte unter beständigen Friedensversicherungen 1716
nach Belgrad vor. Hier in der Nähe von Carlowitz kam es zu dem ersten Gefechte, und einige Tage darauf bei Peterwardein zu einer entscheidenden Schlacht zwischen den Türken und den Deutschen, welche, achtzig tausend Mann stark, ihre Verschanzungen verließen, um die fast doppelt so starke türkische Macht anzugreifen. Die Niederlage der Osmanen war entschieden; dreißig tausend Todte und unter diesen nicht weniger als zehn Paschen, der Verlust des ganzen Lagers, allen Heergeräths und einer Kriegscasse mit fünf Millionen Gulden, das Zelt des Groß-Veziers selbst, eine halbe Million an Werth und zwei hundert Weiber bezeugten den Sieg der Deutschen.

Oct. Nun öffnete Temeswar selbst seine Thore und das
1717 ganze Bannat fiel in die Gewalt des Siegers. Sogleich unterwarf sich auch die Walachey und ihr
Hospodar Maurokordatos gerieth in harte Gefangenschaft. Kaum schien, als die Armee bei Belgrad sich wieder versammelte, ein Pascha übrig zu
seyn, der die Führung des Heeres übernehmen
konnte. Lari-Achmed, der Seraskier, mußte bald
dem Pascha von Belgrad, Astschi-Ali, weichen;
umsonst berief man selbst Ragotzky und andere
Feinde des östreichischen Hauses aus Frankreich zurück; die Entmuthigung war so groß, daß die Türken
bei dem neuen Feldzuge kaum hundert tausend M.
brauchbarer Truppen zusammen hatten. Dagegen
befehligte Prinz Eugen ein sieggewohntes Heer von
hundert und vierzig tausend Mann. Mit diesem
unternahm er am 15. Mai die Belagerung von
Belgrad, von einer Flotille auf der Donau dabei
kräftig unterstützt. Zum Entsatze dieses Schlüssels
der türkischen Provinzen, rückte der neue Groß-
Vezier von Nissa her heran. Prinz Eugen ging
ihm mit der Hälfte seiner Macht entgegen und
errang nach einem achtstündigen Kampfe den ent-
schiedensten Sieg über die Osmanen. Dreizehn
tausend Todte, hundert und sechzig Stück Geschütz
16. und ein reiches Lager gingen verloren; kaum fan-
Aug. den sich bei Nissa dreißig tausend Türken wieder
1717 zusammen. Nun ergab sich Belgrad selbst nach
dem ersten stürmischen Angriffe. So groß war
der Schrecken, den diese Niederlage im Serail verbreitete, daß man, ungeachtet des Widerspruches
des Mufti, von Seiten der Pforte Friedenseröff-
nungen machte. Allein obgleich auch die Venetianer in Albanien glücklich gewesen und in mehreren

Seegefechten gesiegt hatten, so schienen doch die Forderungen des Kaisers (Bosnien, Servien, die Walachey und Morea) übertrieben hoch, und Achmed beschloß die Fortsetzung des Krieges. Ein neuer Groß-Vezier, Ibrahim, ward ernannt. Achmed, der Sultan selbst, einer kindischen Gold- und Juwelenliebe ergeben, entäußerte sich einiger seiner Schätze; man verkaufte Ehrenstellen und wendete den Ertrag derselben zur Aufstellung eines neuen Heeres an. Dessen ungeachtet schritten die Friedensverhandlungen zu Passarowitz, welche England und Holland vermittelten, glücklich fort, so daß endlich zwischen dem Grafen Viemont einerseits, dem Aga Ibrahim andererseits und dem venetianischen Gesandten Ruzzini ein Vergleich zu Stande kam, in welchem die Pforte Belgrad, einen Theil von Servien und Bosnien, das temeswarer Bannat und die Walachey bis an die Alutha, auf vier und zwanzig Jahre dem Kaiser überließ; Morea jedoch, gegen einige Orte in Albanien und Dalmatien, für immer zurück erhielt. Widdin, Nicopolis und Sophia wurden jetzt die nördlichen Grenzfestungen des türkischen Reiches; Ragotzky aber blieb unter türkischem Schutze.

Während Achmed in sorgloser Trägheit fortlebte, und theils durch den Tod seiner Mutter Kurdiska (der Beschützerin Carl XII.), deren Einfluß zwei Regierungen hindurch mächtig war, theils
durch eine Feuersbrunst, welche seine Hauptstadt 1719
in Asche legte, dann durch die Händel der Griechen mit den lateinischen Pilgern (welchen endlich doch, trotz der Pforte, das heilige Grab blieb) und endlich durch die Streitigkeiten mit den Maltesern, die die türkische Unwissenheit für franzö-

sische Unterthanen hielt, betrübt wurde, brachen
in Persien Unruhen aus, die den Thron des Sofi
endlich zertrümmerten und den Kelunter der Af-
ganen, einer tartarischen Horde in der Provinz
Kardahar, erst zum König dieser Provinz, dann
zum Beherrscher von ganz Persien machten. Schah
Hussein, der letzte Sofi, trat, nach Eroberung
und Zerstörung seiner Hauptstadt Ispahan, seinen Thron freiwillig an den Sohn des Mirweis,
1722 Mir-Mahmud, ab. Diese Zertrümmerung des
großen Reiches der Sofi hatte der Czar Peter
dazu benutzt, Daghestan und Schirvan, zwei tar-
tarische Provinzen, an sich zu bringen. Dies und
der französische Einfluß in Constantinopel vermochte
endlich die Pforte, auch ihrerseits ein Heer an die
Ufer des caspischen Meeres zu senden und sobald
die Unterhandlungen mit Rußland sich als fruchtlos erwiesen hatten, alle feste Plätze in Georgien,
1723 Armenien und einige Orte in Schirvan zu be-
28. setzen. Auf diese Maßregeln hin kam es zwischen
Jul. Rußland und der Pforte zu einem Vergleiche, in
1724 dem die Osmanen die Provinzen Aderbischan, das
persische Armenien und den persischen Antheil von
Irac erhielten. Indessen brach in Persien der
Partheikampf aufs Neue aus. Schah Tamas,
der Erbe der Sofi, hatte dem Ashraf, dem Nachfolger des wilden Mir-Mamuds, in einigen Provinzen des Reichs glücklich widerstanden, endlich
1725 erlag jedoch auch er dem Usurpator; die Türken
nahmen seine Sache auf, eroberten Tauris und
Gangra mit großem Verluste, und bedrängten den
Schah dergestalt, daß dieser um Frieden zu bitten genöthiget ward. Inzwischen war Peter der
1726 Große gestorben und die russische Armee in Per-

sien blieb ohne Unterstützung. So kam es, da Ashraf zugleich einen entscheidenden Sieg über Achmed-Pascha bei Ispahan davon trug und den Türken 12,000 Mann tödtete, und da ein gefährlicher Aufruhr in Egypten ihm zu Hülfe kam, leicht mit Persien zum Frieden, in dem die Pforte 1727
den Usurpator anerkannte und dafür die Provinzen Sultania, Zenga, Ebher und Chosistan erhielt. Doch auch dieser Zustand der Dinge sollte nicht lange währen.

Inzwischen hatte der Groß-Vezier die Unruhen in Cairo, das seinen Pascha vertrieben, und einen der einheimischen Beys (27 derselben giebt es in Egypten) zum Fürsten erhoben hatte, durch 1728
Abdullah-Pascha gedämpft, und Smyrna wieder unterworfen. Kaum war dies jedoch geschehen, als die Unruhen in Persien von Neuem begannen. Schah Thamas erschien plötzlich in Chorasan wieder und unterwarf diese Provinz. Sein Feldherr Nadir-Ali-Gagatir, der nachher den Namen Thamas-Culi-Chan annahm, früher Hirt und Straßenräuber, war die Seele dieser Unternehmung. Kandahar und Chorasan unterwarfen sich ihm; er schlug den Usurpator Ashraf, erobert 1729
Ispahan, siegt noch einige Male und nimmt Ashraf gefangen; setzt Thamas auf den Thron seiner Väter und fordert nun von den Türken die abgetretenen Provinzen zurück. Das Geschrei des Volkes und der Wille des Ulema nöthigen Ibrahim, den Groß-Vezier, zur Kriegserklärung wider ihn. Eine neue Steuer (Bedead), die man, um ein Heer zu werben, auflegen muß, reizt jedoch die Janitscharen zum Aufstande. Sie waren es, die bei ihrem Kleinhandel den Druck dieser Ab-

1730 gabe besonders fühlten. An der Spitze der Em-
8. pörung stand Patrona Kalil, ein Kleidertrödler,
Sept Muslu, der Obsthändler und Ali, der Caffeeschenk.
Der Kaiser selbst war gerade an der Spitze des
sich sammelnden Heeres zu Scutari, als die schreck-
lichste Insurrektion ausbrach; der Kiaja des Groß-
Veziers und der alte Aga der Janitscharen wer-
29. den zur Flucht genöthigt: vergeblich erscheint Ach-
Sept med selbst in der Hauptstadt; die Aufrührer, von
Patrona Kalil ziemlich in Ordnung gehalten, verlangten ruhig und fest, dem Kaiser selbst ihre Klagen vorzutragen. Umsonst wird nun, nach vergeblichen Unterhandlungen, die nur die Schwäche des Hofes verriethen, die heilige Fahne ausgesteckt: umsonst werden die Bostandgis, die Leventis (Matrosen) des Capudan-Pascha aufgeboten; Niemand findet sich, den Thron zu vertheidigen, und die Empörer, im Besitze des Hafens und des Arsenals, verlangen die Köpfe des Mufti, des Groß-Veziers, seines Kaimakan und des Reis-Effendi. Als man diese verweigert, beginnt die Plünderung; das Serail selbst wird belagert. Nun läßt Achmed zu spät seine vier Minister erdrosseln; der Pöbel, einmal gereizt und von dem Imam der Sophienmoschee, Zadi-Effendi, einem Feinde des Mufti, heimlich unterstützt, behauptete, die Leichen seyen nicht die echten und verlangt seine Absetzung. Zadi-Effendi erklärte hierauf in vollem Divan den Sultan für entsetzt und berief Mahmud, seinen Neffen, zum Thron. Achmed ging nun ohne Widerstand ins Gefängniß. Für ihn war zwischen Thron und Kerker niemals ein großer Unterschied gewesen. Seine kindische Liebe für das Gold, Juwelen, Blumen und der-

gleichen machte ihm alle ernstere Beschäftigung verhaßt. Die Einführung der Buchdruckerei (Mohamed-Effendi, ein ungarischer Renegat, war ihr Gründer) war fast die einzige wahrhaft nützliche Einrichtung, die von ihm selbst ausging; doch erlag auch diese Anstalt nach Ibrahims, ihres Beschützers, Tode bald wieder dem Geschrei brotloser Abschreiber.

Im Kerker tödtete den Sultan (1731) Gift, das ihm sein Nachfolger reichen ließ.

Mohamed V. (Mahmud I.), von 1730 bis 1754.

Mohamed V., Achmeds II. Sohn, bestieg den
Thron und schaffte, auf Patrona Kalils Bitte, die
verhaßte Auflage ab; mit den Gütern der hingerichteten Minister ward die Habsucht der Janitscharen befriedigt. Allein der Uebermuth Patronas
stürzte ihn bald: er hatte den Divan genöthigt, einen griechischen Fleischer, Janaki, seinen Freund,
zum Fürsten der Moldau zu ernennen, während
Muslu sich selbst zum Aga der Janitscharen erhob. Man beschloß den Untergang der Verwegenen. Sie wurden in den Divan berufen, und
hier im Sitzungssaale der höchsten Staatsgewalt
selbst, in Gegenwart des Großherrn, ermordet, ihr
Anhang aber im Hofe des Serails in Stücken gehauen. Hierauf erhob Mahmud, zu allgemeiner 1731.
Freude des Reichs, den Ibrahim Kabakulak zum
Groß-Vezier. Zwar hörten damit noch nicht alle
Unruhen auf, wie denn eine glückliche Empörung immer eine zweite hervorzurufen pflegt; allein nachdem die Aufwieglerinnen, die beiden Sul-

taninnen Fatime und Zelid, entdeckt und siebzehn
Odas der Janitscharen nach Asien entfernt waren,
Mrz kehrte endlich doch die Ruhe in die erschütterte
Hauptstadt zurück. Nichts desto weniger erhielten
binnen sechs Jahren noch fünf Groß=Veziere nach
einander das Reichssiegel, dessen Austheilung un=
ter dem schwachen, der Wollust ergebenen, Moha=
med in den Händen seines Kislar=Aga war; ja,
gegen das Ende seiner Regierung wechselten die
Groß=Veziere sogar binnen 18 Monaten nicht
weniger als 11 Mal. Wie wenig die Regierung
des Reichs hierbei zu einiger Festigkeit gelangen
konnte, bedarf nicht erst der Erwähnung; ein Wun=
der war es vielmehr noch, daß keiner seiner Nach=
barn sich die Mühe zu nehmen Lust hatte, dem
ohnmächtigen Reiche der Osmanen in dieser Zeit
ein schnelles Ende zu machen.

Allein wie in Europa, so war auch in Asien
eine Zeit der Zerrissenheit und Ohnmacht einge=
treten. Thamas=Culi=Chan, von Feinden um=
ringt, war froh, mit dem Groß=Vezier Topal=
Osman, gegen Abtretung von Georgien, Tauris
und dem Lande jenseit des Araxus, fürs Erste
1732 auseinander zu kommen. Hierauf stellte Topal
Ordnung und Rechtlichkeit in der Verwaltung wie=
der her und machte dem Blutvergießen, das län=
ger als ein Jahr hindurch Stambul überschwemmt
1733 hatte, ein Ende. Allein als im folgenden Jahre
Thamas=Culi=Chan endlich die Maske abwarf
und sich, statt des unmündigen Sohnes Schah=
Thamas, zum Regenten des Reichs erklärte und
den Frieden mit der Pforte für nichtig erklärte,
kam es von Neuem zum Kriege. Zwar siegte
Topal in diesem anfangs zu Bagdad über die

Perser und später bei Kerkut noch einmal; allein Oct.
damit hatten seine Erfolge in dem Zustande der
Verlassenheit, dem die Pforte ihn überließ, auch
ein Ende. Während der Krieg mit Rußland nun
von Neuem ausbrach, ging auf dieser Seite alles verloren. Topal wurde bei Bagdad völlig 1733
geschlagen; 40,000 Türken, unter ihnen er selbst,
waren geblieben, und als im folgenden Jahre sein 1734
Nachfolger, Abdullah-Kiuprili, bei Erivan eine
noch schwerere Niederlage erlitt, mußte die Pforte,
von allen Seiten gedrängt, eilen, mit der Zurückgabe aller persischen Eroberungen, bis auf Bagdad, in dem Frieden von Erzerum nur Ruhe 1736
von dieser Seite her zu erkaufen.

Zu diesem übereilten Friedensschlusse nöthigte
die Pforte freilich der mit Rußland und dem Kaiser von Neuem ausbrechende Krieg. Rußland hatte
durch Willkührlichkeiten in der Krimm und durch
seine Einmischung bei den polnischen Händeln wider Stanislaus, den die Pforte auf französischen
Einfluß begünstigte, den Divan gereizt. Zuletzt
belagerten die Russen selbst Asow und so war der
Ausbruch des Krieges denn unvermeidlich. Asow
ergab sich, während der Rüstungen der Pforte,
nach sechsmonatlicher Belagerung; dafür verheerte
der Chan der Krimm jedoch die Ukraine. Hierauf ergriff nun auch der Kaiser, als Bundesgenosse Rußlands, die Waffen. Von Frankreich
unterstützt und von Bonneval (Achmed-Pascha)
eingeübt, rückte ein türkisches Heer unter fortdauernden Unterhandlungen nach Bender. Die Unterhandlungen zu Niemirow zerschlugen sich erst 1737
dann, als Oestreich die ganze Walachey begehrte,
und Rußland auch Oczakow und Kinburn ein-

10 *

nahm. Im November, nachdem Münnich diese Gegend bereits verlassen, erschien nun endlich der Groß-Vezier Bessir an den Ufern des Dnepr; allein nach einem Verluste von 20,000 Mann sah er sich zum Rückzuge genöthigt. Dagegen
1737 griff Lascy auch die Moldau vergeblich an. Sechzig tausend Türken und eine furchtbare Artillerie deckten die Ufer des Dniester; sogar Oczakow mußte nach diesem vergeblichen Versuche wieder aufgegeben werden und der Einfall in die Krimm hatte weiter keine Folgen, als daß die Russen
1738 Perekop schleiften.

Bei den Türken verdrängte unterdessen ein Heerführer den andern; dennoch wird Graf Se-
1737 ckendorf, nach der Befreiung Widdins, mehrmals geschlagen, der Uebergang über die Donau erzwungen, Nissa eingenommen und die Walachey wieder gewonnen. Hierdurch wuchs der Muth des Divan, und nun wird selbst die Vermittelung des französischen Gesandten, die der Kaiser angerufen hatte, stolz zurückgewiesen und Ragotzky zum Waiwoden von Siebenbürgen erklärt. Im nächsten
1738 Feldzuge erobert Siegen-Pascha, nachdem er durch die Eroberung Mehadias, das jedoch Franz von Toscana bald wieder nahm, in das Bannat eingedrungen, Orsowa, und Sciaus nimmt Semendria und Jenikale mit geringer Mühe, während die russische Flotte im schwarzen Meere geschlagen und ihre Landarmee von den Tartarn über den Dnepr zurückgetrieben wird. Nun konnte man sogar, trotz Ragotzkys Unfällen, an die Belagerung von Belgrad denken.

Der Feldzug von 1739 war auf dieser Seite, wo Bonneval den Adjutanten des Groß-Vezier

Elias Mehemed machte, nicht minder glücklich.
Es zeigte sich hier, daß Eugen nicht mehr an der
Spitze des östreichischen Heeres stand. Die Mo-
rava ward mit 130,000 Mann überschritten und 12.
General Wallis bei Krozka mit überlegener Macht Jul.
geschlagen. Hierauf begann die Belagerung Bel- 1739
grads aufs Neue.

Während nun die Friedensunterhandlungen mit
erneuetem Eifer aufgenommen wurden, war Münnich zur Eroberung der Moldau von Neuem auf
Chotzim vorgerückt und ohne Widerstand über den
Dniester, wie über den Bog, gegangen. Der Seraskier Weli ward aus seiner festen Stellung bei 27.
Chozim mit großem Verluste vertrieben, und die- Aug.
ser Ort und endlich auch Jassy von den Russen 1739
eingenommen: Die Vereinigung der siegreichen
Russen mit den Oestreichern stand nahe bevor,
und so fehlte es denn auch der Pforte nicht an
Veranlassung, den Frieden herbei zu wünschen.

Unter solchen Umständen kam der Abschluß der
Unterhandlungen im Lager von Belgrad unter fran-
zösischer Vermittelung, zwischen Neuperg und Elias-
Pascha, endlich am 1sten September zu Stande. Belgrader Friede den 18. Sept. 1739.
Belgrad, Sabatz, Servien, die östreichische Wa-
lachey, Orsowa wurden der Pforte zurückgegeben,
und die Save und Donau zur Grenze angenommen. Frankreich übernahm die Garantie dieses
Friedens. Bald darauf ward nun auch zwischen
Rußland und der Pforte, durch die Abtretung
Asows, Friede; so wie denn auch mit Schweden
und Frankreich die alten Traktate wieder hergestellt
wurden. So hatte die Pforte denn am Ende
dieses nicht ungeschickt geführten Feldzuges durch
den belgrader Frieden, nicht allein alles durch den

passarowitzer Frieden Verlorene wieder gewonnen, und die russische Schiffarth aus dem schwarzen und dem asowischen Meere entfernt, sondern auch in Europa den Ruf seiner Waffen, das Ansehen seines Heeres und die Scheu vor seinem Einflusse einigermaßen wieder hergestellt —

In Innern des Reichs waren unterdessen Veränderungen auf Veränderungen gefolgt. Während Siegen durch den Kislar=Aga und die Sultanin
Sept Valide gestürzt, und Mehemed=Kiaja zum Vezier
1737 ernannt wurde, während das Volk über Bonnevals Reformen murrte und der Mufti in Person die neuen Bayonnete der Janitscharen einsegnen mußte, um nur diese Truppe damit auszusöhnen, überließ sich Mahmud den sorglosen Genüssen des Harems. Mehemed selbst durfte das Friedenswerk nicht vollenden; der Kislar=Aga ließ ihm das Reichssiegel abfordern und übergab dies seinem Kaimakan (Stellvertreter) Achmed.

Dieser erhielt die Ruhe des Reichs durch eine geschickte Verwaltung, bis im Jahre 1743 der Krieg mit Persien von Neuem ausbrach. Schah Nadir schlug die gegen ihn gesandten Paschen und ließ der Pforte nicht eher Ruhe, als bis sie ihm einen Frieden bot, der die alten Grenzen des Reiches, wie sie vor hundert Jahren waren, wieder herstellte.

Dennoch ward im Innern immer noch kein Friede. Bessirs eigenmächtige Verwaltung rief vielmehr 1747 einen Aufstand hervor, der den Padischah sogar zu einer augenblicklichen Flucht nach Adrianopel nöthigte. Man mußte die vier, dem Kislar=Aga und dem Volke verhaßten, Minister aufopfern und Ibrahim, einen bekannten Gegner der Christen, zum Groß=Vezier ernennen.

Dennoch blieben die Zügel der Regierung in den
Händen des alten Kislar-Aga, eines Mannes,
der dem schwachen Sultan selbst durch unerschüt-
terliche Redlichkeit, Klugheit und Strenge zu im-
poniren wußte. Seine Kraft erhielt den Uebermuth des Pöbels lange im Zaun. Nach seinem
Tode folgte ein anderer Chef der schwarzen Eunuchen, der dasselbe, aber unglücklicher durch Schmeichelei gegen den in kindischer Liebe zu Luxus und 1752
Juwelen verlorenen Sultan, zu erreichen strebte.
Lange blieb auch dieser und sein Sclav Soliman
im Besitze der höchsten Regierungsgewalt; denn
für solche vollendete Höflinge waren die Groß-
Veziere, die schnell einander folgen mußten, damit keiner Zeit behielt, sich auf seinem Posten zu
befestigen, nur Spielwerke ihrer Laune. Endlich
siegten jedoch drei Wochen hindurch wüthende Feuersbrünste, Zeugen des Mißvergnügens der Janitscharen und die Freimuth des achtzigjährigen Vezier Ibrahim, nebst den Rathschlägen des Mufti
über die Sorglosigkeit des Padischah. Die kleinen Despoten wurden gestürzt und büßten den
Mißbrauch ihrer Herrschaft mit dem Tode. Hierauf schien der erschrockene Sultan sich des ver-
waisten Reiches wieder thätiger annehmen und sich
in seiner Leidenschaft für Juwelen selbst beherrschen zu wollen. Doch um als Regent zu gelten,
war es zu spät; denn am 13. December 1754
tödtete ihn — ein Schlagfluß.

Ohnmächtige Fürsten, wie Mohamed, treten von dem Throne ab, ohne daß Reich und Volk die Thronveränderung gewahr werden. Ohne Widerstand folgte daher dem geistesschwachen Sultan Mohamed sein geistesschwacher und unbesonnener Bruder Osman.

Osman III., von 1754 bis 1757.

Auch dieser überließ, nachdem er aus dem Kerker auf den Thron gestiegen war, dem Chef seines Harems und dessen Schreiber Jazisi-Effendi eine unbeaufsichtigte Gewalt, deren Unnatürlichkeit es mit sich brachte, daß binnen drei Jahren sechs Groß-Veziere einander folgten. Gegen außen hin erhielten die Verwickelungen der europäischen Politik den Frieden. Die Diplomatik der Pforte, bis dahin in den Händen des französischen Gesandten, wandte sich jetzt, nachdem die wunderbare Coalition Frankreichs mit Oestreich und Rußland den natürlichen Sinn des Divan einmal irre gemacht hatte, völlig von ihrer alten Richtung ab und folgte dem englischen Einflusse, dessen Handelsbeziehungen an sich schon immer einflußreicher für die türkischen Provinzen zu werden anfingen.

Die Unbesonnenheit Osmans, die selbst den unter ihm gewaltigen Mufti nicht schonte, und schon seinen sechsten Groß-Vezier mit dem Untergange bedrohte, war eben im Begriffe, das Reich mit neuen Unruhen zu füllen, als der Sultan am 28. October 1757 starb. Ihm folgte Achmeds III. Sohn, Mustapha, sein Bruder.

Mustapha III., von 1757 bis 1774.

Dieser glich seinem Vorgänger in Schwäche des Körpers und des Geistes, in Kurzsichtigkeit und kindischer Gesinnung. Alle diese Körper, vom Gifte der Wollust früh durchzogen und verzehrt, scheuten die Anstrengung der Arbeit wie die größte Plage der Erde. Ein Glück noch war es, daß Reghib-Pascha Groß-Vezier war und sich eilf

Jahre hindurch in diesem gefährlichen Posten behauptete. Wenigstens setzte er doch der Verschwendung des Serails Grenzen, erneuerte die vergesse-
nen Luxusgesetze, wenn gleich diese freilich eigentlich nur Griechen, Juden und Armenier trafen;
allein eben dadurch gewann er doch das Zutrauen
des Volkes für seine Verwaltung und hielt die
Kräfte des Staats für den Augenblick der Gefahr zusammen. Unter einem solchen Groß-Veziere fanden auch die Reformen, welche Baron
Tott im Artillerie- und Seewesen seit 1760 ein- 1760
zuführen unternahm, leichteren Eingang. Freilich
mußte man selbst bei der größten Schonung der
Volksvorurtheile und der Vorrechte der privilegirten Miliz beständig deren bewaffneten Widerstand
besorgen. Doch in einem kleinen Corps wurden
wirklich europäische Kriegszucht, Bayonnette und
albanesische (nicht europäische) Uniformen eingeführt,
und das Ulema dahin gewonnen, diese Neuerungen gut zu heißen. Mustapha selbst hatte dabei
das Verdienst, an diesen Reformen Vergnügen zu
finden; es war schon genug, wenn der Nachfolger Osmans sich nur um dergleichen überhaupt
bekümmerte. Dennoch blieb der Divan, seiner
persönlichen Bewunderung und Zuneigung für
Preußen ungeachtet, streng bei seinen Friedens-
grundsätzen, und Frankreichs Bemühungen gelang
es noch einmal, Preußens und Englands Wünsche für den Krieg im Divan zu vereiteln. Ja,
im Jahre 1761 erlangte Vergennes es sogar, daß 1761
ein türkisches Beobachtungsheer von Belgrad an
die Donau zu Oestreichs Gunsten vorrückte. Dennoch blieb bis 1768 Friede, wenn gleich diese
29jährige Ruhe der türkischen Waffenmacht mehr

schädlich, als zuträglich war. Allein als in diesem Jahre der friedliebende Reghib-Mehemed gestorben war, gelang es dem französischen Gesandten doch endlich, den Divan zu überzeugen, daß die letzten Schritte Rußlands gegen Polen und der Umsturz aller Unabhängigkeit dieses Reiches, einen wahren Bruch der Traktaten in sich schlossen. Eine rasche Kriegserklärung gegen Catharina war die Folge dieser dem Corps des Ulema aufgenöthigten Ueberzeugung. Dazu kam, daß die unruhigen Bewegungen der Janitscharen, unter denen eine Partei den Bruder des Sultans, Abdullah, auf den Thron erheben wollte, eine Beschäftigung durchaus nothwendig machten, und es dem französischen Cabinette auf glänzende Versprechungen nicht ankam. Genug, unter dem neuem Groß-Vezier Mohamed-Emir und dem talentvollen Kapudan-Pascha Gazhi-Hassan ward in aller Schnelligkeit eine Flotte von 30 Galeeren und Linienschiffen und eine Landmacht von zweimal hundert tausend Mann ausgerüstet. Die Russen rückten unter Gallitzin in die Moldau ein, während der Chan der Krimm, Krim-Cherai *), die russischen Grenzen überschwemmte. War Mohamed-Emir nun gleich kein verächtlicher Feldherr,
1769 so griff ihn Gallitzin am 30. April in seinen Verschanzungen bei Chotzim doch so glücklich an, daß er einen vollkommenen Sieg errang. Ein zweiter Vortheil ward am 13. Julius fast auf demselben Schlachtfelde von den Russen gewonnen, obgleich ihre Versuche, Chotzim zu nehmen,

*) Cherai ist der uralte Beiname jedes Fürsten der Krimm.

durch die recht geschickten Manövres des Groß-Veziers vereitelt wurden. Dennoch brachte dieser durch Vorsicht und zögernde Maßregeln die beutegierigen Janitscharen, die ihn der Feigheit beschuldigten, dergestalt gegen sich auf, daß der Divan ihn seiner aufrührerischen Miliz opfern und ihn durch einen völlig unfähigen Führer ersetzen mußte. Dieser verlor, nachdem er am Dniester gegen 28,000 Mann in vergeblichen Versuchen zum Uebergange aufgeopfert hatte, im September 1769 Chotzim, und mußte mit ihm die Moldau und einen großen Theil der Walachei den siegreichen Russen einräumen. Die Pforte erkannte nun, wie viel gefährlicher ein Krieg mit Rußland, das seine Provinzen zugleich vom Norden her, vom Westen am schwarzen Meere und von Kaukasien aus, und im Süden vom Archipel her angreifen konnte, sey, als ein Kampf mit Oestreich. Zu gleicher Zeit sann der Dragoman des Groß-Veziers selbst mit dem Hospodaren der Moldau und den russischen Generalen auf Verrath: die kleinen zinsbaren Fürsten in Kaukasien wurden unruhig, und zum ersten Male in der türkischen Geschichte regten sich die Griechen zu Gunsten ihrer russischen Glaubensbrüder *).

Im folgenden Jahre übernahm Romanzow 1770
den Oberbefehl des russischen Heeres, drang noch
tiefer in die Walachei ein und schlug, mit Bauer 1.
vereint, den Groß-Vezier an den Ufern des Kagul Aug.
auf das Vollständigste. In diesem Kampfe zeigte sich die Ueberlegenheit der europäischen Taktik und

*) Ueber ihre Theilnahme an diesem Kampfe siehe das vierte Bändchen.

das Ungenügende des Ungestüms der Janitscharen überaus deutlich. Romanzows Heer war durch Mangel und Krankheit auf 15,000 Mann herabgebracht, und diese genügten ihm, über hundert und funfzig tausend Mann Türken, die ihn fest umschlossen hielten, einen vollkommenen Sieg zu erkämpfen. Der Groß-Vezier floh in aller Eile
26. über die Donau zurück; Bender fiel durch Sturm,
Sept und das ganze Land bis an den Hämus lag dem Einbruche der Russen nunmehr offen.

Zu gleicher Zeit hatte Panin die Tatarei überschwemmt, den Chan zur Entsagung seiner Verbindung mit der Pforte genöthigt und ihm den Eid der Treue für die Kaiserin abgenommen. Eben dasselbe war in der Moldau und Wallachei geschehen, und die Eroberungen der Russen schienen überall eine feste Dauer gewinnen zu sollen.

So schwer diese Unfälle indessen auch waren, so sollten sie doch noch von anderen im Archipel an Größe übertroffen werden. Die russische Flotte im Archipel unter Alexis Orlow und Spiritow hatte am 5. Julius bei Chios einen bedeutenden Vortheil über die türkische Escadre des Kapudan-Pascha davon getragen. Beide Admiralschiffe waren bei dieser Gelegenheit in die Luft gesprengt worden, und die verwirrte Seemacht der Türken in die natolische Bey von Tschesme zurückgedrängt
1770 worden. Hier hielten die Russen sie mehrere Tage lang blokirt, bis es am 16. Julius Elphinston unter Begünstigung des Windes gelang, seine Brander in die enggeschaarte türkische Flotte hineinzusenden. Dieses Wagestück war von dem glücklichsten Erfolge begleitet. Neun und zwanzig türkische Schiffe flogen auf, gegen 12,000 M.

fanden den Tod in den Wellen; der Kapudan-Pascha selbst rettete sich mit den Trümmern seiner Macht nach Smyrna — seit der Niederlage von Lepanto war kein solcher Sieg zur See mehr erkämpft, kein solches Schrecken, wie nach diesem Unglücke, mehr über die Hauptstadt verbreitet worden. Doch die Russen, durch Uneinigkeit unter sich getrennt, vielleicht auch in grundloser Furcht vor der alten Reputation der Dardanellen, versäumten es, im ersten Augenblicke des Schreckens die Hauptstadt selbst zu beschießen und dem zitternden Divan jede Friedensbedingung abzuringen, die sie wünschen konnten. In unbegreiflicher Unthätigkeit brachten sie den ganzen übrigen Feldzug damit zu, die Proviantirung Konstantinopels zu erschweren und ruhige Zeugen des Unterliegens ihrer heldenmüthigen Bundesgenossen in Morea und Livadien zu seyn. Es war für Europa die Zeit halber und kraftloser Maßregeln, sowohl in den Cabinetten, wie im Felde; eine Zeit, wo man aus mißverstandenen Grundsätzen der Humanität Tausende von Menschen in nutzlosen Kämpfen gleichgültig und ohne Resultat aufzuopfern gewohnt war. —

Das Unglück von Tschesme beförderte die Friedensneigung des Divan, die jetzt selbst der französische Gesandte begünstigte. Doch die übermü- 1772
thigen Forderungen Catharinas, die unnatürliche Coalition zwischen Rußland, Preußen und Oestreich zur Theilung Polens, ja, endlich der Kampf, in dem sich Rußland plötzlich mit den aufrührerischen Cosacken am Don verwickelt sah, regten doch, mit der Hoffnung besserer Friedensbedingungen, den kriegerischen Sinn des Divan wieder

auf. Mit ungeheuerer Anstrengung rüstete man sich, nachdem die J. 1771 und 1772 in fruchtlosen Unterhandlungen zu Focani und Bucharest, in Waffenstillständen und Unthätigkeit verflossen waren, zu einem neuen Feldzuge. Der letzte hatte viel gekostet. Die Krimm war durch Panin erobert und der Versuch, sie von Trebisund aus wieder zu erobern, mißglückte. Zugleich drohte der
1771 Aufstand Ali=Beys in Egypten, außer dieser Provinz nun auch noch Syrien und vielleicht selbst Natolien loszureißen, da bei dem Unglücke der Pforte überall zur Empörung geneigte Paschen zu finden waren. Um so weniger durfte man also Anstrengungen und Kosten für den neuen Feldzug scheuen. Was konnte auch Schlimmeres von der Pforte gefordert werden, als was Catharina schon jetzt von ihr verlangte, die Unabhängigkeit der Krimm und die Herrschaft auf dem schwarzen Meere? Jede andere Bedingung war dagegen zu ertragen und jeder Verlust zu verschmerzen. — Große Verheißungen und hohe Besoldungen brachten denn auch wirklich ein schönes Heer zusammen, dem es an Waffenglück auch so wenig, wie
Jul. an geschickter Leitung fehlte. Kaum war der Groß=
1773 Vezier nämlich im Felde erschienen, so nöthigte er Romanzow nicht allein, die Belagerung Silistrias schleunig aufzuheben, sondern auch selbst über die Donau zurückzuweichen, und als das russische Heer sich nun gegen Varna am schwarzen Meere wandte, vereitelten die Türken auch auf diesem wichtigen Punkte alle Versuche der Russen. So endigte der Feldzug von 1773 um Vieles glücklicher, als der von 1771, und die Hoffnung, daß es nun zu einem erträglichen Frieden kommen werde, war

gewachsen. Denn auch in Egypten und Syrien hatten die Dinge in diesem Jahre eine günstigere Gestalt angenommen. Ali-Bey erlitt mit seinem Anhange am 7. Mai eine große Niederlage, und da er bald darauf selbst an seinen Wunden zu Cairo starb, so kehrte die Ruhe in dieser Provinz allmählig zurück und das kraftlose Benehmen der russischen Flotte vor Alexandrien vermochte diese nicht wieder zu stören.

Allein ehe die oft unterbrochenen Unterhandlungen nach dem damaligen Gange der Diplomatie zum Frieden führen konnten, starb Mustapha am 21. Januar 1774. Sein Nachfolger Abdul-Hamid (er war ein Sohn Achmed III.) bestieg, nachdem er fast 44 Jahr im Kerker verlebt hatte, den Thron.

Abdul-Hamid, von 1774 bis 1789.

Dieser glaubte durch Beibehaltung der Minister seines Vorgängers und durch Freigebigkeit gegen die Janitscharen nicht allein sich auf dem Thron befestigen, sondern auch das Friedensgeschäft beschleunigen zu müssen; allein der Feldzug des folgenden Jahres bewies doch, auf wie schwankenden Säulen das Glück der türkischen Waffen nunmehr beruhe. Sobald Romanzow nämlich die Donau von Neuem überschritten und eine Abtheilung des Heeres bei Bazarjik geschlagen hat, ergreift ein panischer Schrecken die Hauptarmee des Groß-Veziers. Er verlohr 50,000 Mann durch Desertion und konnte den erneuten Angriffen der Russen nun so wenig widerstehen, daß er vielmehr sein Lager an der Donau, sammt 140 Stück Geschützen den Russen überlassen und dem

Hämus zu fliehen mußte. Hier sah er sich, nachdem Romanzow Silistria eingeschlossen, die Communication mit Varna und dem schwarzen Meere ihm abgeschnitten hatte, in einer so bedrängten Lage, daß er jede Forderung der Russen billig fin-
21. den mußte. Schnell wurden nun in dem Dorfe
Jul. Kutschuk-Kainardgé die Friedenspräliminarien un-
1774 terzeichnet, um nur dem gänzlichen Verderben durch
eine neue Niederlage zu entgehen. Die Bedingungen waren hart, allein der hülflosen Lage der Pforte in diesem Augenblicke angemessen — das eigensinnige Verharren bei veralteten und unbrauchbaren Instituten, die Sorglosigkeit kurzsichtiger Regenten rächte sich in diesem Frieden zum ersten Male an ihren Urhebern.

Nicht nur Asow mußte den Russen abgetreten werden, sondern auch die beiden Festungen am asowischen Meere, Jenikale und Kiertsch, so wie an der Mündung des Dnepr, Oczakow gegenüber, die Festung Kinburn mit der sogenannten Westenge zwischen dem Bog und dem Dnepr. Die freie Schiffahrt auf dem schwarzen Meere war eine natürliche Folge dieser Bedingung; das Härteste war jedoch die Unabhängigkeitserklärung der Krimm, in der der Sultan nur die Rechte eines Chalifen behielt, und die Einmischung in die Angelegenheiten der Moldau und Walachey, deren Belehnung jedoch bei der Pforte bleiben sollte. Dagegen war selbst die Bezahlung der Kriegskosten eine unbedeutende Einbuße, und der Verlust von 200,000 Mann, der gesammten Artillerie und der Flotte, welche dieser unglückliche Krieg gekostet hatte, von keinem Belange.

Von dem an ging Catharina geradezu auf den

Umsturz der osmanischen Macht zu, und Niemand hinderte sie, nach dem Schrecken, mit dem dieser Krieg den Divan erfüllt hatte, sich nach und nach die ganze Krimm, deren Unfähigkeit zur Freiheit sich voraussehen ließ, zuzueignen und Oestreich in dem Losreißen der Bukowina, als eines siebenbürgischen Pertinenzstückes, zu unterstützen. Alle Pfeiler des osmanischen Reiches waren untergraben, seitdem der kriegerische Geist einmal aus seinem Heere, aus der Seele seiner Sultane verschwunden war und nichts, als die Eifersucht der großen europäischen Mächte oder der Schutz, den die Seemächte dem dahinsinkenden Staate verliehen, konnte ihn von nun an vor gänzlicher Zertrümmerung schützen.

Die Zeit dieser zweifelhaften und von fremden Einflüssen abhängigen Existenz werden wir in der folgenden Abtheilung dieses Geschichtsabrisses, welcher besonders dem Wiedererwachen des griechischen Volkes zu einem Nationalgefühl und seinem heldenmüthigen Kampfe gegen einen plötzlich erkräftigten Feind gewidmet ist, genauer darstellen; unterdeß bemerken wir nur hier, daß am Schlusse dieser Periode der Zustand der Kriegsmacht, der Finanzen und der Verwaltung im Innern des Reichs noch ziemlich genau derselbe war, wie wir ihn am Schlusse der Regierung Mohamed IV. dargelegt haben. Das Heer zählte, den Stammlisten zufolge, 186,400 M. Infanterie und 181,000 M. Cavallerie. Allein diese Macht folgte niemals gemeinschaftlich dem Rufe ihres Fürsten. Die größten Anstrengungen im Jahre 1774 brachten nicht mehr als 142,000 M. zusammen, und von den 113,400 Janitscharen zogen kaum 60,000 ins Feld. Ja, als man 1773 ein

50,000 M. starkes Heer nach Trebisund schickte, um von hier aus die Krimm anzugreifen, erreichten nicht mehr als 10,000 M. das Ziel ihrer Sendung. Wie mit den Janitscharen, verhielt es sich auch mit den Zaims und Timarioten (Lehns-Cavallerie), welche 132,000 M. stark gerechnet werden und von denen selten 40,000 M. zu Felde ziehen; die Sold-Cavallerie der Spahis bildet sonach eigentlich den Kern der Reiterei; doch zählen diese nie über 10,000 M. Die Revenüen des Miri betrugen am Schlusse dieser Periode etwa 45 Mill. Piast. (108 Mill. Frank.), ohne die Beiträge der abhängigen Fürstenthümer; seine etatsmäßigen Ausgaben 78 Millionen Frank., seine Schulden etwa 36 Mill. Piast. Die Einnahme des Hazni oder Privatschatzes betrug an festen Tributen allein 2½ Mill. Frank.; die übrigen unbestimmten Einnahmen, der Ertrag der Bergwerke, des Verkaufs der Aemter *), des Erbschaftsabzuges, der Confiscationen und Erbschaften von Staatsdienern, der Geldstrafen und die Geschenke mögen seine Einnahme etwa auf gleiche Höhe mit der des Miri erheben. Es fehlt dem Serail nicht an Schätzen; allein Niemand legt sie auf eine dem Staate wahrhaft nützliche Weise an. Die Revenüen der Moscheen und das Aufgebot aller Muselmänner über 7 Jahren zu der Fahne des Propheten, bilden jedoch einen Rückhalt von Kraft, der zu der Zeit der höchsten Gefahr der Pforte eine augenblickliche und unerwartete Kraft mittheilen kann; der wahre Kern ihrer Macht aber liegt in der geistlichen Würde des Padischah und in dem religiösen Glauben seiner Unterthanen. —

*) Die Stelle eines Cadis allein kostet oft bis 30,000 Piaster.

Anmerkungen aus dem ersten Bande von v. Hammers Geschichte des osmanischen Reiches, welcher während des Druckes dieser Bogen erschienen ist.

Zu Seite 12.

H. v. Hammer erzählt die Sage von der Herkunft der Osmanen folgendermaßen:

Es gab zwei Stämme der Türken, die östlichen (Uiguren, Usbeken) und die westlichen (Seldschuken). Nur die letzteren, die späteren Osmanen, kommen hier in Betracht. Die ursprüngliche Sage giebt ihnen einen Herrscher und Gesetzgeber, Oghus-Chan, gleichzeitig mit Abraham. Dieser theilte sein Volk unter seine sechs Söhne. Den drei ersten gab er einen Bogen, den sie in drei Stücke brachen, davon sie den Namen **Beinbrecher** (Osmanen) erhielten; die drei anderen Söhne erhielten einen Pfeil; jene zogen nach Westen, diese nach Osten (Turkomanen). Von den Beinbrechern stammen die heutigen Osmanen. Ihr erster Fürst hieß der **Chan der Berge**;

die Oghusen waren sein Volk; der zweite hieß Chan der Meere; von ihm kommen die Seldschuken; der dritte und größte hieß Chan des Himmels, von dem Soliman, der Großvater des Osman und Vater Erthogruls stammte.

Zu Seite 17.

V. Hammer nimmt das Jahr 1330 als das der Eroberung Nicomediens und Nicäas, nach der Schlacht von Palekanon, an.

Zu Seite 17.

Den ersten Uebergang der Türken über die Meerenge, setzt v. H. in das Jahr 1263, wo Saltukdede eine Colonie von 12,000 Osmanen auf der Westküste des schwarzen Meeres (Dobruzische Tatarei) gründete; den zweiten (1307) unter Melek Isac, und zählt im Ganzen zwanzig verschiedene Uebergänge bis zu Solimans Eroberung des Schlosses Tzympe (1356). Gallipoli selbst fiel nach ihm schon 1337.

Zu Seite 18.

Urchan gab in seinem weisen Bruder Ala-eddin dem Reiche den ersten Wesier (wörtlich Lastträger).

Zu Seite 18.

Nach v. H. erlag Adrianopel erst 1361 nach Urchans Tode.

Zu Seite 20.

Die empörten Statthalter (Zehnfürsten nennt

sie v. H) wurden von dem Fürsten von Karaman, dem anderthalb hundertjährigen Erbfeinde der Osmanen, welcher die Achi gegen sie aufwiegelte, angeführt. Den Ursprung der Karamanen leitet er von Nur-Ssofi, welcher unter dem seldschukkischen Sultane Ala-eddin mit seinem Sohne Karaman zu hohem Ansehen gelangte, und um Selefke (Seleucia) ein Reich gründete, dessen Fürsten hierauf Konia eroberten, her; 150 Jahre dauerten, von 1336 ab, die Kämpfe der Osmanen und Karamanen.

Zu Seite 20.

Den Sieg an der Marizza über die Servier (die erste Schlacht, in der Ungaren gegen Osmanen stritten) errang Lalaschahim, der Bey von Rumili.

Zu Seite 21.

Nach v. H. wurde Saudschi auf Befehl seines Vaters hingerichtet.

Zu Seite 22.

Die Todesart Murads erzählen servische Chronisten anders; nach ihnen tödtete Milosch Kobilovich den Sultan vor Anfange der Schlacht in seinem Zelte.

Zu Seite 22.

Nach von H. war Murad der Schrift unkundig.

Zu Seite 23.

Das Jahr der ersten Belagerung Constantinopels, welche sieben Jahre währte, war auch das des ersten Einfalles der Türken in Ungarn.

Zu Seite 23.

Nach v. H. betrug der Verlust Bajessids in der Schlacht von Nikopolis 60,000 Mann, denen er 10,00C gefangene Christen als Sühnopfer schlachten ließ.

Zu Seite 24.

Diese zweite Belagerung Constantinopels nennt v. H., offenbar mit Unrecht, eine mehr angedrohte, als ausgeführte. Irrig wird bei ihm das Jahr 1430 als das der aufgehobenen Einschließung der Hauptstadt (statt 1403) genannt.

Zu Seite 25.

Timur Lenk, nach v. H. der lahme Timur (Eisen), mit welchem Namen er nach morgenländischer Art viel Spielerei treibt, was so wenig, wie dessen höchst unkritisch erzählte Vorgeschichte, der echten Geschichtsforschung würdig ist.

Zu Seite 25.

Nicht H. v. H., dessen Werk des Bedeutenden und Neuen so unerwartet wenig enthält (wodurch denn des alten Spittler Ahnung von der historischen Unbedeutenheit türkischer Geschichtsquellen als richtig erwiesen wird), ist, wie man verbreitet, der Entdecker dieser Thatsache; sondern alle besseren Quellen, selbst Mignot, enthalten dieselbe bereits. Der Herleitung dieser Fabel von einer Wortverwechselung (Kafes, Käfig und vergittertes Zimmer im Türkischen) ist übrigens wenig wahrscheinlich. Dinge dieser Art gehören in das Gebiet derjenigen unkritischen Träume, denen Hr. v. H., besonders wenn von dem literärischen Leben der Türken die Rede ist, sich so gern überläßt.

Zu Seite 28.

Es war die Schlacht bei Tschamurli, welche Musas Schicksal entschied.

Zu Seite 28.

Sineid oder Dschuneid, wie ihn v. H. nennt; er starb 1425.

Zu Seite 31.

Diesen Zug nach Constantinopel (1422) nennt v. H. die vierte Belagerung desselben; sie ward nach dem ersten abgeschlagenen Sturme (im August 1422) wieder aufgehoben.

Zu Seite 31.

v. H. erklärt sich mit Neschri für die Meinung, daß dieser Dösme Mustapha wirklich der Sohn Bajassids gewesen sey, vorzüglich deshalb, weil dessen Körper auf dem Schlachtfelde von Angora vergeblich gesucht worden sey. Man zählt der falschen Mustaphas (der erste erhielt den Beinamen Böreklüdsche) übrigens drei.

12 *

Zu Seite 32.

Dieser Streifzug in Ungarn und Steyermark war durch mehrere Niederlagen der Osmanen, unter welchen die von Radkersburg (1416) die bedeutendste war, besonders unglücklich und blutig.

Zu Seite 33.

v. H. nennt den Mörder König Wladislafs Chodscha-Chiẞr (Therizes bei Chalcondylas) und giebt die Niederlage selbst (den 10. November 1444) besonders der Uebereilung des Cardinals Julian Schuld.

Zu Seite 33.

Der Heramilon ward von 60,000 Osmanen nach siebentägigem Sturme (3. December 1446) erobert; Korinth und Patras fielen fast vertheidigungslos.

Zu Seite 34.

v. H. schreibt die Niederlage von Kassova (18. und 19. October 1448) der Ungeduld Hunyads zu, der Skanderbegs Ankunft nicht erwarten wollte.

Zu Seite 34.

Von der Einrichtung des Heeres unter Murad I. giebt Chalcondylas folgende Schilderung: „Die Pforte des Sultans besteht aus 6 bis 10,000 Fußgängern: gefangene Knaben sendet er nach Asien, um dort in zwei bis drei Jahren Türkisch zu lernen; dann schickt er deren zwei bis drei tausend auf die Flotte, den Seedienst zu lernen. Jährlich erhalten sie Kleid und Schwert; von hier werden sie mit genügendem Solde an die Pforte berufen; einige mit besserem; je zu zehn und zu funfzig gewissen Offizieren untergeben, dienen sie zwei Monate im Zelte derselben. Sie bilden die enggescharte Umgebung des Sultans, innen welcher nur die Zelte der Prinzen, für den Schatz und die Kammer stehen. Außer diesem Umkreise stehen die Zelte der Stallmeister, Mirachor, der Schenken (Scherabdar), der Fahnenträger (Mirulaalem), der Vorsteher der Pforte, (Wesiere) und der Boten des Sultans (Tschausche). Da diese alle viele Diener mit sich führen, so ist die Gesammtzahl sehr groß. Nebst den Janitscharen gehören zur Pforte, 300 aus denselben genommene Reiter, Selihdare, dann die Ghari● (Fremden), so genannt, weil sie aus Asien, Egypten und Afrika an die Pforte gebracht und in Waffen geübt, bald größeren bald geringeren Sold empfangen. Auf sie folgen die eigentlichen Söldner, Ulufedschis, 800 an der Zahl, dann zweihundert Sipahis. — Dies ist die Ordnung der Pforte. Den Oberbefehl führen die Paschen von Rumili und Anatoli, denen das übrige Heer gehorcht. Mit ihnen stehen die Sandschake, welche vom Sultan Fahnen und die Herrschaft über viele Städte erhalten, und denen diese in den Krieg folgen. Im Lager gilt folgende Ordnung: die Reiter werden nach Geschwader geordnet; die Asapen (leichten Truppen) streiten unter einem einzigen Anführer; außer den Silahschoren oder Waffenknechten sind auch die Akkiam ein Haufen Fußgänger, welche zur Reinigung der Wege gebraucht werden. Außerdem folgt dem Sultan noch ein anderer Haufe zur Verproviantirung des Heeres, so daß die Zahl der Zelte auf 10,000 beträgt u. s. w."

Zu Seite 34.

Die Ordnung der höchsten Regierungsstellen näherte sich unter Murad I. Regierung, ganz wider den Sinn der späteren Einrichtungen bei der Pforte, auf auffallende Art dem Erbadel. Drei Familien, welche v. H. die Tschendereli, die Timurtasch und die Ewrenos nennt, waren vom Großvater oder vom Urgroßvater ab im Besitze des Wesierthums (Chaireddin, Ali, Ibrahim und Chalil aus der erstgenannten), fünf Söhne Timurtaschs waren Beys von Rumili; das Anführeramt der „Renner" und das Hofmarschallamt war in anderen Familien (Michaloghli, Ssamsama-Tschausch und Elwan beg) erblich. Unter den folgenden Regierungen verschwand dieser Anfang der Erblichkeit in den ersten Regierungsstellen jedoch völlig wieder, um sich nur in dem siebzehnten Jahrhunderte in der Familie der Kiuprili wieder zu zeigen.

Zu Seite 34.

Die Regierungen Murads und die folgende Mohameds waren durch eine große Anzahl Gelehrter und ausgezeichneter Scheiche hervorstechend, unter denen Molla Jekan (der Einzige), der Dichter Nesimi Amadbeddin und Fenari, der Gelehrte, so wie Moh. Bidschan, der Lehrdichter, die berühmtesten sind.

Zu Seite 35.

Das Schloß Laimokopas (Halsabschneider, türkisch Boghaskesen), dessen Grundriß den Namenszug Mohameds bildete.

Zu Seite 35.

Nach v. H. brach der letzte byzantinische Krieg über die Foderung des doppelten Kostgeldes für den in griechischem Gewahrsame befindlichen Prinzen Urchan aus, trotz der Warnung Chalils, des Groß-Wesiers, eines heimlichen Freundes der Griechen.

Zu Seite 36.

Die Streitkräfte der Belagerer giebt v. H. auf 250,000 Mann, 18 Dreiruder, 48 Zweidecker und 300 kleine Fahrzeuge an; die der Belagerten auf 4973 Griechen, 2000 Fremde und 3 bis 500 Genueser mit 14 Schiffen. Baltaoghli war der Name des Admirals; Orban, ein Dazier, der Stückgießer der berühmten ungeheueren Kanone; das zuerst erstürmte Thor der Hauptstadt aber das Xylokerku, welches einer Prophezeihung wegen vermauert, erst Tages vorher zu einem Ausfall auf den Hafendamme geöffnet worden war. Constantins letzte Worte waren: *Θέλω θάνειν μᾶλλον ἢ ζῇν*! Ich will lieber sterben als leben. Ist denn kein Christ, der mir den Kopf nimmt? — worauf ihn zwei Türken niederhieben.

Johann der Dalmatier, Theophilos, der Paläologe und der Spanier Toledo thaten Wunder der Tapferkeit; allein als die Osmanen auch das Thor Charsias (das krumme Thor) erstürmt, und der riesige Hassan aus Ulubad der erste auf der Mauer erschien, war aller Widerstand zu Ende. So fiel Constantinopel am 53sten Tage der Belagerung, dem der heiligen Theodora, in der 29sten Berennung, Morgens am 29. Mai 1453.

Zu Seite 42.

Ueber Schem (Zizime) s. Garcia de Tassys Lebensgeschichte desselben aus dem Türkischen des Saaduddin. Von demselben Uebersetzer sind auch die Bruchstücke dieses Historikers über die Schlacht von Warna und die Einnahme Constantinopels übertragen worden.

Ende des dritten Bändchens.

Allgemeine

Historische Taschenbibliothek

für

Jedermann.

Funfzehnter Theil.

Geschichte Griechenlands und der Türkei.

Geschichte der Osmanen und Griechen, vom Frieden von Kainardgé bis auf unsere Tage. Von 1774 bis 1827.

Viertes Bändchen.

Dresden
P. G. Hilscherſche Buchhandlung.

Geschichte

Griechenlands

und der

Türkei.

Geschichte der Osmanen und Griechen, vom Frieden von Kainardgé bis auf unsere Tage. Von 1774 bis 1827.

Dargestellt
von
Wilhelm von Lüdemann.

Viertes Bändchen.

Dresden
P. G. Hilschersche Buchhandlung.

Vorwort.

Schon in der Einleitung des vorhergehenden Bandes dieser Geschichte Griechenlands und der Türkei hat der Verfasser die Ansicht einfließen lassen, welche ihn bei der Darstellung der neueren Ereignisse in Griechenland leiten würde. Seine Ueberzeugung tritt nämlich allen jenen irrigen Urtheilen entgegen, welche die früheren Versuche Griechenlands, das türkische Joch abzuschütteln, als völlig vereinzelt und außer Zusammenhang mit dem jetzigen Kampfe der Griechen ansehen, welche z. B. die Kriege der Sulioten selbst für nichts Besseres als einzelne Raubzüge halten, und die überhaupt, das rechtliche Prinzip in dem griechischen Aufstande verkennend, da nur eine Insurrektion erblicken, wo doch von einem fortgesetzten Kampfe, bald unmerklicher, bald sichtbarer, gegen den Bruch gültiger Traktaten, und gegen völlig unrechtmäßige Gewaltstreiche die Rede ist. Für diese Ansicht der Sache war es besonders wichtig und nöthig, die Verfassung Griechenlands vor dem Ausbruche des Freiheitskrieges, die hier freier, dort gebundener, doch überall auf rechtsgültigen Uebereinkünften beruhend, Griechenland gewissermaßen zu einem Staat im Staate, und die Griechen selbst beinahe zu einem bundesverwandten Volke der Pforte machten, genauer darzustellen, und auf die verhältnißmäßig glückliche Lage hinzudeuten, aus der die Gewaltstreiche türkischer Satrapen die Griechen seit funfzig Jahren zu verdrängen versuchten, Verhältnisse, durch die der Aufstand der Griechen in den Augen der Geschichte zu einer völlig rechtmäßigen Thathandlung wird.

Diese Ansicht der Sache ist, wie wir glauben, in der nachstehenden Arbeit zur Genüge und so weit die Beschränktheit des Raumes es verstattete, ausgeführt, und damit der Hauptzweck dieses Geschichtsabrisses erreicht. —

Um über die Quellen, aus denen diese Darstellung hergeflossen, unserer Gewohnheit gemäß, einige Rechenschaft zu geben; so haben für die neueren Ereignisse besonders Pouquevilles Schriften, 1) sein Voyage en Grèce, 2) Histoire de la Régénération de la Grèce und 3), Dufey's Résumé daraus (Paris 1825); sodann 4) Raffenels Histoire des Grecs modernes, 5) die Mémoires de Raybaud, mit Rabbé's verdienstlicher Einleitung dazu; 6) Fauriels Introduction aux Chants populaires des Grecs; 7) Rulhières Geschichte von Polen, für den Aufstand von 1770; 8) Zallonys Essay sur les Fanariotes; 9) Edw. Blaquières Bericht über die griechische Revolution; 10) Voutiers Mémoires; 11) Carrels Résumé de l'Histoire des Grecs modernes; 12) Etons Schilderung des türkischen Reichs für die ältere Verfassung Griechenlands, 13) Perrhäbos Geschichte der Sulioten (neugriech. Venedig, 2 Bände), und einige neuere Berichte von Philhellenen — zur Grundlage und Leitfaden gedient. Nirgends hat jedoch bei oft so widersprechenden Nachrichten und Urtheilen die eigene Kritik schlummern dürfen, und besonders die Schriften Pouquevilles nur mit großer Vorsicht zu brauchen, ja, wo sie mit Eton, Fauriel und Raffenel in Widerspruch stehen, diesen letzten den Vorzug zu geben gelehrt. Die neuesten Begebenheiten sind nach den glaubwürdigsten Berichten der besten Zeitblätter selbst dargestellt worden.

Und so mögen denn nun diese Blätter hingehen und des Guten wirken, so viel sie vermögen.

Dresden, im April 1827.

Der Verfasser.

Geschichte Griechenlands von der Eroberung Constantinopels, und der Türkei vom Frieden von Kainardgé bis auf unsere Tage.

Tafel der wichtigsten Begebenheiten.

Erster Abschnitt.

Griechenland unter den Osmanen, von der Eroberung Constantinopels bis zum Frieden von Kainardgé; von 1453 bis 1774.

Widerstand der griechischen Provinzen nach dem Falle der Hauptstadt von 1453—
Zustand des griechischen Volks nach Unterjochung der Provinzen um . . . 1495
Vertreibung der Venetianer aus Morea . 1538
Candia wird erobert 1572
Macht der Fanarioten, der Dragoman, Zustand der griechischen Kirche um . . 1683
Wiedereroberung Moreas durch die Venetianer von . . . . 1683—1687

Zweiter Abschnitt.

Geschichte der Osmanen, vom Frieden von Kainardgé bis zum Ausbruche des griechischen Aufstandes; von 1774 bis 1820.

Dritter Abschnitt.

Geschichte Griechenlands in diesem Zeitraume; von 1774 bis 1820.

1*

Vierter Abschnitt.

Geschichte des Aufstandes der Griechen; von 1820 bis 1825.

Fünfter Abschnitt.

Geschichte der Osmanen; von 1820 bis auf unsere Tage.

Sechster Abschnitt.

Neueste Ereignisse in Griechenland; von 1825 bis 1827.

Griechenland unter den Osmanen.

Erster Abschnitt.

Von der Eroberung Constantinopels bis zum Frieden von Kainardgé; von 1453 bis 1774.

Zu der Zeit, als die Hauptstadt des griechischen Reichs dem Sturme der osmanischen Waffen erlag, war bereits der größte Theil des ehemaligen Reichsgebiets in den Händen der Sultane von Adrianopel. In ganz Asien besaß die griechische Krone nichts mehr. Ganz Thrazien, der größte Theil von Macedonien, Servien, die Mehrzahl der kleinen albanesischen Fürstenthümer, die Bulgarei, die Wallachei, die Moldau bis an die Donau, der Chersones; im Süden alles Land bis an den Peneus, und die freien Berghöhen des Pindus, des Pelion, des Oeta, viele Orte in Livadien bis an die korinthische Landenge hin, kurz ganz Hellas, außer Morea, Thessalien, die alte Landschaft Doris, Attika, Acarnanien, Aetolien und die Inseln gehorchten dem türkischen Scepter.

Alles, was sich diesem Joche noch entzogen hatte, vertheilte sich folgendermaßen.

Unter dem Namen des Despotats von Sparta hatte sich seit Andronicus II. ein Zweig der paläologischen Kaiserfamilie im Peloponnes Unabhängigkeit von dem Kaiserstuhle zu Constantinopel errungen. Constantin Dragoses regierte zu Sparta, als ihn das Erbrecht auf den Kaiserthron berief. Als er diesen bestieg, theilte er seine Herrschaft unter seine beiden jüngeren Brüder, Demetrius, dem er Sparta, und Thomas, dem er Korinth übergab. Diese Theilung zerriß die letzten Kräfte derjenigen griechischen Provinz, von der nach dem Falle von Constantinopel allein noch einiger Widerstand zu erwarten gewesen wäre, denn die beiden Brüder stürzten sich gegenseitig durch Uneinigkeit. Außer diesem Reiche, dessen Stärke besonders in den kräftigen Bewohnern der Gebirge von Maina bestand, gehorchte Lepanto am korinthischen Meerbusen mit seinem Gebiete den Venetianern; eben so Patras, dessen Bischof ein Vasall der Republik war. Eben diese erkannten die Inseln Candia, Negroponte (Euböa), Corfu und in Morea selbst die Landschaften von Argos und Napoli di Romania als ihre Beherrscherin an. In Koron und Modon regierten griechische Fürstenfamilien als Vasallen von Venedig; die Genueser besaßen Chios, Mitylene und mehrere kleinere Inseln des Archipels. In Athen herrschte noch, von den Zeiten der lateinischen Eroberung her, ein florentinischer Ritter; Thessalonich gehorchte bald den Türken, bald bildete es eine Republik unter venetianischer Hoheit; die Gebirge von Epirus, Acarnanien, Aetolien und die reichen Thäler von Thessalien hatten sich, wie in

Albanien die Landschaft der Mirditen, durch kräftigen Widerstand unabhängig erhalten; dem Kaiserthrone gehorchte nichts, als das Stadtgebiet von Constantinopel und die nächsten Inseln. So war die Lage des Reichs, als die Hauptstadt den Waf-
1453 fen Mohameds II. erlag. Ein Viertel derselben, den Phanar, einen Theil der Kirchen und einige Vorrechte ließ Mohamed, in Folge einer Capitulation, den nicht in Sklaverei verkauften Griechen; er setzte ihnen einen Patriarchen vor, den er selbst mit Ring und Stab belehnte. Hierauf eroberte er Livadien, zwang das von seinem Fürsten verlassene Athen zur Uebergabe*); nahm Naxos und die benachbarten Inseln, und benutzte sodann die unter den Fürsten von Misitra und Korinth herrschende Zwietracht, um in Verbindung mit dem erstern Korinth zu erobern und seinen Fürsten nach Corfu zu vertreiben; sodann aber Demetrius selbst seines Reiches zu entsetzen, und nach Adrianopel in die Gefangenschaft zu senden. Lange widerstanden die Mainoten in Eleuthero-Laconia; man mußte sie endlich ihren Bergen überlassen und sich mit der Besitznahme der Thalebene von diesen begnügen. Lange focht ein Abkömmling der Paläologen auf einer kleinen Felsenfeste bei Patras; er mußte endlich in Venedig Schutz suchen. Die Republik vertheidigte Napoli di Romania, Patras und Modon glücklich; Negroponte aber ohne Erfolg; die reiche Insel erlag, nach einem männlichen Widerstande der Hauptstadt Chalcis,

*) Der Prior des Klosters auf dem Hymettus überreichte ihm die Schlüssel der Stadt.

der türkischen Waffengewalt, und ward mit Attika zusammen einem Pascha untergeben.

In Nordgriechenland verschwand unterdeß aller Widerstand gegen die osmanische Eroberung. Seit Hunyads Heldentode in Belgrad herrschte der Halbmond uneinschränkt am linken Ufer der Donau, und seitdem der heldenmüthige Georg Castriota die mirditischen Stämme der Albaneser nicht mehr anführte, fiel auch hier ein Berg nach dem andern in Mohameds Gewalt. Nach dem Verluste von Croja selbst hielten sich die Venetianer nur in Scutari und einigen Küstenstädten von Epirus und Albanien.

Aus allen seinen Eroberungen in den Provinzen des griechischen Reiches bildete Mohamed vier neue Paschaliks, das von Macedonien, das von Thessalien, das von Negroponte, dem er Attika, Phozis, Aulis, Böotien und die Küste von Aetolien unterwarf, und das von Morea im Kampfe mit den Besitzungen der Venetianer auf der Halbinsel.

Aus den großen Güteern der vertriebenen, getödteten und in die Sklaverei verkauften Einwohner wurden militairische Lehnsgüter für Zaims und Timarioten gebildet; die kleineren Güter behielten die Ueberwundenen als Lehnsvasallen dieser so belehnten Miliz gegen Entrichtung des Karadsch, oder Kopfgeldes an den Staatsschatz und des Fruchtzehnten an ihre Lehnsherren. So ward, was von Griechen in den unterjochten Provinzen zurück blieb, zu Glebae adscriptis *), auf eben die Art,

*) An die Scholle gefesselten Unterthanen.

wie es nach der Eroberung des Abendlandes durch die Barbaren die römischen Unterthanen wurden.

Doch war das türkische Joch weit entfernt, auf gleiche Weise auf alle Theile Griechenlands zu drücken. Es gab Provinzen, die bei dem Tausche der osmanischen Herrschaft gegen die Anarchie des byzantinischen Reiches, oder gegen die Oligarchie der stolzen, unduldsamen Venetianer, offenbar gewonnen hatten; Distrikte, die, in Folge tapferer Gegenwehr, Capitulationen erhalten hatten, die ihnen fast ihre ganze frühere Unabhängigkeit erhielten; allein dagegen auch andere, wo die schrankenloseste Willkühr einer militairischen Regierung das Elend des Volks zu einem fast unglaublichen Grade steigerte. Nichts in dieser Beziehung war durch organische Gesetze geordnet, und wir müssen daher die Provinzen einzeln betrachten, um ein Bild von dem Zustande und der Lage des griechischen Volkes nach der fast vollständigen Eroberung des Reiches durch die Osmanen zu gewinnen; indem wir jedoch schon hier bevorworten, daß von einer Unterjochung des ganzen griechischen Volkes mit Erdrückung alles Widerstandes, in der Art, wie dies im Abendlande, im Reiche der Franken, der Longobarden, der Gothen Statt gefunden hatte, hier nicht die Rede ist.

Was zuerst Thrazien und die nächsten Landschaften um die Hauptstadt, die Küsten des schwarzen Meeres, das Landgebiet des ehemaligen Kaiserthums von Trebisund betraf, so fielen diese Striche den Gliedern der kaiserlichen Familie und einigen Großen des Reiches nach dem Rechte großer Domainen zu. Die Unterthanen dieser Landstriche erkannten in diesen ihre Herren; der Sultan war für sie nur oberster Lehnsherr. Weiter hin gegen Westen und Norden fand besonders das oben schon bezeichnete Verhältniß Statt. Hier lagen die Güter der Timarioten und Zaims, von welchen jedes über drei, vier und fünf griechische Familien lehnsherrliche Rechte geltend machte, Unterthanen, welche jedoch zugleich den Karadsch an die Pächter des Großherrn zu zahlen hatten. Weiter in der Nähe der bulgarischen Berge herrschten türkische Bey's, die sich nach langen Kämpfen fast alle, bis auf ihre Heerfolgepflicht, von der Pforte unabhängig machten. Ihre Herrschaft war zwar wechselnd und willkürlich; aber im Ganzen doch minder despotisch und unterdrückend, als die der Pascha's in den der Pforte unbedingt unterworfenen Provinzen. Dasselbe Verhältniß fand in Servien, in Bosnien und in den Bergegenden der Donau Statt; nur in Macedonien und in den Ländern östlich von Vardar (in Obergriechenland) war es Mohamed II. gelungen, das System der Pascharegierung einzuführen, und hier besonders war der Sitz des Elends und der Sklaverei des griechischen Volks. Der District des Pascha (Paschalik) zerfiel hier in Agaliks, Bezirke, denen ein Aga mit der ganzen Machtvollkommenheit des Pascha vorstand, in Woiwodeliks und Cadiliks, einzelne Orte, Dörfer und Gegenden, die diesen Offizieren, nach Willkühr ernennbaren Stellvertretern des Pascha, gehorchten. Hier galt der Grieche, der Jurisdiction des türkischen Cadi unterworfen, und von dem Oberkriegsrichter in Bitolia (dem Rumili Vilassy) nur schwach beschützt, vollkommen für den Sklaven seines türkischen Herrn, und wo er etwas mehr war, als dies, da gründete sich dies nur, wider den Willen der Pforte, auf einen Mißbrauch. Ein solcher war es z. B., wenn mehrere Familien sich in irgend einem unter ihnen angesessenen Spahi oder Timarioten einen Herrn wählten, der sie gegen die größere Tyrannei des Aga, u. s. w. schützte. Dem Karadsch waren alle Griechen über zwölf Jahre unterworfen; diese Abgabe, wofür der Grieche jährlich seinen Kopf und die Freiheit, seiner Religion treu zu bleiben und nicht zum Kriegsdienste gezwungen zu werden, erkaufte, war an sich unbedeutend; allein die Agas und Woiwoden waren die Pächter dieser Revenue, und dadurch wurde sie willkürlich und drückend. Einige größere Städte dieser Landschaft, wie Larissa, Salonichi in Macedonien, Seres, die Ufer des Strymon u. s. w., besonders blühende und reiche Distrikte, hatten jedoch das Recht erworben, unabhängig von den Pascha's von eigenen Beys oder Mousselmins regiert zu werden. Zu diesen flüchtete sich der Handel und die Gewerbsamkeit der ganzen Provinz, und namentlich ward die Gegend von Seres durch 300 Dörfer zu einem blühenden Garten.

Von hier ab gegen die Berggegenden im Süden und Westen war die politische Lage der Griechen eine bessere. Diese Landschaften, durch Gebirge begünstigt, hatten den Waffen der Türken lange widerstanden und sich nach hundertjährigem Kampfe nur auf sehr günstige Capitulationen hin unterworfen. Von dem rechten Ufer des Vardar bis zum Olymp, dem Pelion, dem Pindus und den Bergen von Agrapha hin erhielt sich die griechische Freiheit, der griechische Volkscharakter, die Sprache der Hellenen ziemlich ungeschwächt und rein. Doch selbst, nachdem die ebenen Landschaften sich den Siegern auf die Bedingung ihrer politischen Unabhängigkeit, der Regierung durch Demogeronten und Proesten aus ihrer Mitte, gegen Bezahlung des Karadsch, unterworfen hatten, blieben die höheren Berggegenden noch immer in der Gewalt bewaffneter Freiheitskämpfer, unabhängiger Hirten, welche keinen Vergleich mit dem Glaubensfeinde eingingen und ihn durch ihre Einfälle vielmehr in dem Besitze, selbst der flachen Gegenden, beständig störten und unterbrachen. Diese Herren der unzugänglichen Gebirge nannte man Klephten *). Allmälig jedoch unterwarf im Laufe zweier Jahrhunderte sich auch die Mehrzahl dieser Gebirgskämpfer, auf Bedingungen, die ihnen eigentlich den Sieg zuerkannten. Die erste Clausel ihres Unterwerfungsvertrages war das Recht, in den Waffen bleiben zu dürfen, und diese zur Vertheidigung und Beschützung der Provinz selbst, in der sie ihren Sitz hatten, zu gebrauchen. Diese so entstandene Miliz nannte man die der Armatolis **). Ihre Chefs (denn die Häuptlingsschaft war in gewissen Familien erblich) nahmen in den flachen Gegenden von Epirus, Livadien, Thessalien, Akarnanien, Aetolien und Macedonien, unter dem Namen *καπετάνοι*, Sitze, und verwalteten nun, gewöhnlich von irgend einem festen Thurme aus, im Dienste der Pforte, die bewaffnete Polizeigewalt ihres Distrikts (Armatoliks); andere, noch günstiger gestellte Armatolen und Häuptlinge gehorchten geradezu Niemand, als den griechischen Verwaltungsbehörden selbst, und auf diesen Punkten bestand denn das

*) *κλέφτης* oder *κλέπτης* (Räuber).

**) Von *ἅρματα* (Waffen).

ganze Abhängigkeitsverhältniß gegen die Pforte in einem jährlichen Tribute, den die Demogeronten als Anerkennung der Oberherrschaft auf den Grund des Unterwerfungsvertrages, den jeder neue Sultan bestätigte, bezahlten. Solcher Punkte waren z. B. Macrinitza, Sayades, Portaria, Graycos, Argalisti, Murizi, Anilli, Zagora Mezales am Pindus, Rentina, Petrilos, Furna, das gewerbreiche Ampelakia in den Bergen von Agrapha; Alassona im Thale Tempe; Xeloparisços am Achelous, Millies im Olymp, Mezzovo auf dem Pindus selbst, Kerachia, Kutzana, Dramissi in Thessalien; einer Menge von Klephtenstationen nicht zu gedenken, die sich völlig unabhängig erhielten und nie einen Türken sahen. Die Geschichte dieser Distrikte setzt die Geschichte des unabhängigen Griechenlands von dem Anfange der osmanischen Herrschaft bis auf unsere Tage fort, und in ihnen, neben den freien Inseln und den freien Bewohnern von Laconien, ist es, wo sich die Idee der alten Unabhängigkeit, des alten Volkslebens, der alten Sitten und Sprache erhielt.

Die Verwaltung dieser kleinen Bezirke in sich war meistens republikanisch. Die Demogeronten verwalteten das Recht, vertheilten und erhoben die Abgabe, und verhandelten mit dem türkischen Gouvernement. Ihre jährliche Tributsumme war ein für alle Mal bestimmt und sehr mäßig, und wie sich der Ort auch durch Vermehrung der Bevölkerung, der Industrie verändern mochte, die Türken erhielten nie mehr. Einzelne dieser Bezirke waren irgend einer Moschee, irgend einem Collegium, dem Scheik-Islam, der Sultanin Valide, dem Kislar-Aga oder anderen Personen des Hofes tributpflichtig, und verkehrten dann nur mit diesen oder ihrem Agenten. Im Uebrigen regierten sie sich selbst und besoldeten ihren Trupp Armatolis oder ihren Kapetan *), die sie, gegen etwanige Eingriffe der Türken, zu schüzzen die Pflicht hatten, und nur hier und da hatte der Unterwerfungsvertrag einen türkischen Cadi oder einen andern Beamten unter ihnen eingeführt.

Von dieser politischen Freiheit und der unter ihrem Schutz emporblühenden Industrie Mittelgriechenlands war in Morea, außer den Gebirgen von Maina, keine Spur. Alles flache Land der Halbinsel war dem türkischen Pascha oder der nicht minder verhaßten venetianischen Verwaltung unterworfen. Nur die Bewohner von Eleuthero-Laconia waren und blieben im Besitze einer Freiheit, die sie, wie die Klephten, mit beständigem, oft heldenmüthigem Kampfe erhielten, und keine Art von türkischer Autorität setzte sich jemals unter ihnen fest. In sich gehorchte das Land siebenzehn Häuptlingen, welche, nach Art der schottischen Clans, eine mehr patriarchalische, als gesetzmäßige Gewalt ausübten. Diese Häuptlinge wählten einen aus ihrer Mitte zum Kriegsschef und Friedensrichter, und die Pforte pflegte diesem alsdann in ihren Waffenstillständen den Titel eines Bey zu bewilligen.

Raubzüge in die Ebenen und ein kleiner Handel

*) Viele Kapetans-Familien waren im erblichen Besitze dieser Würde. So waren die Athanase Wastakis am Pelion, die Bukovallas in den Bergen von Agrapha, die Sturnaris am Achelous, die Euthymios in Cassia, die Zachila in Alassona, die Lazos am Olymp, die Thasos in Thessalien, die Andruzzos in Livadien geborene Chefs der hier stationirten Armatolen.

längs den Küsten leisteten Ersatz für die mangelhaften Erndten dieser Landschaft, die, im Hasse gegen Venetianer und Türken, in schwärmerischer Anhänglichkeit an ihre Kirche, gastfrei, bieder bei sich, wild und tapfer gegen den Feind, sich bis auf unsere Tage in ungestörtem Besitze ihrer Unabhängigkeit erhielt.

Nach dieser kurzen Uebersicht des Zustandes des griechischen Festlandes in den ersten Jahrhunderten, nach der türkischen Eroberung, kehren wir zu dem Wenigen zurück, was über die politische Geschichte dieser Länder, während des bezeichneten Zeitraumes, zu erwähnen übrig bleibt. —

Mohameds Nachfolger, Bajazid **II.**, unterwarf die freien Striche von Epirus mit Leichtigkeit und nahm den Venetianern Cephalonien; nach und nach fielen auch die benachbarten Inseln in seine Gewalt, und die Fahne des Kreuzes flüchtete nach Zante, nach Leucadia und endlich nach Corfu. Eine schrankenlose Willkühr verödete und entvölkerte diese Inseln
1495 im ionischen Meere. Im Jahre 1495 kündigte Carl **VIII.**, der Sieger von Neapel, sich als den Rächer der Griechen an, kaufte einem Nachkommen der Paläologen den Kaisertitel ab und rüstete in Venedig eine Flotte aus. Allein seine ephemere Herrschaft zerfiel und hatte für die Griechen in Albanien und Thessalien, die sich für ihn erklärt hatten, keinen anderen Erfolg, als die Rache der Türken auf sie herabzuziehen. Bei diesem Anlasse nahm Bajazid den Venetianern auch Lepanto; die von ihnen stolz und roh behandelten Griechen zogen das Joch der Osmanen dem der venetianischen Aristokratie vor. Auch Modon ergab sich nun dem Sultane, Koron ward erstürmt, Pylos öffnete seine Thore.

Vergeblich widerstand Napoli auch diesem Sturme, 1497
vergeblich rächte Morosini an den kleinasiatischen
Küsten die Gräuel der Osmanen in Morea; die
Herrschaft Venedigs im Peloponnes ging darum
nicht minder unter. Im Frieden, der diesem Kriege
zuletzt ein Ende machte, blieb der Republik blos Na- 1500
poli, Malvasia und Patras, die Inseln Cypern,
Candia, Corfu und die übrigen Besitzungen im Archipel, welche den Türken noch nicht erlegen waren.

Unter Soliman II. ward das Institut der Armatolis in Mittelgriechenland fest und in der Art
begründet, wie es bis am Schlusse dieser Epoche
(1770) bestand. Eben dieser Sultan bediente sich
zuerst griechischer Seeleute und Matrosen, und dankte
diesen zum Theil die blutige Eroberung von Rhodos; auch Corfu erlag seinem Angriffe, Naxos ward 1538
tributpflichtig, und als der Senat von Venedig abermals zum Kriege rüstete, ging auch Malvasia, Napoli, und was der Republik in Morea noch blieb,
verloren.

Allein zu derselben Zeit kamen die Griechen des Phanars als Schreiber (Grammatisten und Dragomans oder Dolmetscher) bei der hohen Pforte zuerst in Ansehen; einige Familien dieses begünstigten Viertels wurden durch Handel und Industrie oder durch die Unwissenheit der Türken, vorzüglich aber als Edelsteinhändler und Wechsler, wohlhabend; dennoch blieb ihr Einfluß, so wie der der griechischen Geistlichkeit, bis zu Mohamed IV. Regierung (1670) unbemerkt und gering. —

Die Verbindung der Venetianer mit den Griechen, so ungünstig sie einer volksthümlichen Entwikkelung der Bildung auch war, ließ indessen doch einen gewissen Sinn für Wissenschaftlichkeit bei den

Griechen nicht untergehen. Griechische Jünglinge studirten auf venetianischen Hochschulen als Aerzte, und bereiteten so den Einfluß vor, den ihre Bildung ihnen bald über ihren Sieger gewähren sollte.

Ja, man irrt nicht sehr, wenn man selbst in dieser Zeit der tiefsten Unterdrückung der Griechen und der größten Kraft ihrer Ueberwinder, nachzuweisen unternimmt, daß dennoch alle innern Regierungsangelegenheiten eigentlich in den Händen der Griechen waren, wie sehr der Schein auch dagegen seyn mochte. Diese als *Γραμματικοι* (Schreiber) der Paschen und Beys, als Intendanten, Rechnungsführer, Aufseher, Aerzte und dergleichen beherrschten ihre rohen Herren, und leiteten sie durch Schlauheit, die nun zu einem Charakterzug des ganzen Volkes ward, wohin sie wollten.

Aller Handel war in ihren Händen, und Dank der politischen Freiheit mancher Landstriche, blühte das Gewerbe und die Industrie. Verlor Athen auch seine Seidenfabriken vollends, so lebte in Thessalien, und besonders in Ambelakia durch die Verfertigung und Färbung des Garns, doch ein blühender Fabrikzweig auf, der die ganze Landschaft umher mit holländischem Wohlstande füllte. Die thrazischen Bergwerke und Silbergruben blieben in den Händen der Griechen; und wofern die Primaten und Demogeronten nur regelmäßig und zur bestimmten Frist ihre Tribute einlieferten, nahm der Sieger wenig Kunde davon, was im Innern der Gemeinden vorging.

Zu derselben Zeit erhielt die Kirche, durch ihr sichtbares Oberhaupt, den Patriarchen von Constantinopel, in dem der Sieger selbst das Oberhaupt des ganzen Volkes anerkannte und achtete, ein nationales Band unter den Griechen, dessen Einfluß sich in späteren Zeiten zeigen sollte. Zwar war von Chilocorabes, dem vierten Patriarchen an, diese Würde der Preis des Meistgebotes und der Intrigue, und das Unwesen der Simonie griff bald in allen Graden der Hierarchie um sich *); indessen hatte der Patriarch, welcher willkürlich und ausschließlich alle geistlichen Stellen und die bischöflichen Stühle selbst besetzte, der das kaiserliche Pallium trug, und dem die ganze Hierarchie blindlings gehorchte, doch alle Mittel in Händen, seinem Volke und seinen Angehörigen nützlich zu seyn. Die Bischöfe machten sich für ihre Auslagen dann an den gezwungenen Antrittsgeschenken von ihrer Enorie (Sprengel), an dem Verkaufe der niederen geistlichen Würden, Dispensen und Immunitäten, rechtlichen Entscheidungen und dergleichen bezahlt; kurz, das ganze hierarchische Gebäude bildete ein zweites System der Bedrückung und Aussaugung, unter dem das unglückliche griechische Volk seufzte, und zu dem sich Türken und Geistliche, Bischöfe und Paschen nur zu oft gegenseitig die Hand reichten. Nur einige von den freien Distrikten, deren wir oben gedachten, hatten das Recht erworben, statt der von Constantinopel gesendeten Bischöfe, nur selbstgewählten Exarchen zu gehorchen und also auch in dieser Beziehung frei zu bleiben. Zu diesem Drucke der Weltgeist-

*) Die Summen, welche der Patriarch zu zahlen hatte, betrugen zuweilen bis 300,000 Ducaten; der geringste Bischofsitz kostete wiederum 10,000 Piaster und der Preis stieg, nach der Bedeutung der Stelle, bis auf 250,000 Francs; ja, der Verkauf der Prälaturen bildete die Hauptrevenue des Patriarchen. —

2 *

lichen kam nun noch ein System gehässiger Erpressung, das eine große Anzahl von Klöstern *), ohne den mindesten Ersatz dafür zu gewähren, über dem Lande ausübte. Bald standen diese, vermöge jenes Systems der Erpressung, mit dem sie den türkischen und patriarchischen Schutz erkauften, in offener Feindschaft mit dem Volke, und besonders machten sich die freien Klephten selten ein Gewissen daraus, diese von hohen Mauern und Zinnen vertheidigten, mit Weingärten und Lusthäusern umringten Klöster, welche ihre bittersten Feinde verschlossen, zu brandschatzen und zu plündern. Eben diese herumziehenden Mönche verdrängten und feindeten die verheiratheten Papas oder eigentlichen Priester, welche, so unwissend sie auch waren, gewöhnlich die Liebe des ganzen Dorfes umringte, an, und beeinträchtigten sie in ihrem geringen Einkommen. Diese letzteren waren die Freunde des Volkes, dessen Arbeiten und dessen Erholungen sie theilten, der Klephten, die sie beschützten und durch frommen Wandel und Einfachheit der religiösen Handlungen erbauten, und die Feinde der Türken und der hohen Geistlichkeit, die mit diesen nur oft in allzunaher Verbindung stand. Unter den Bergbewohnern war daher auch, in kirchlicher Beziehung, vollkommene Freiheit — ihr Cultus war eine Art von Theismus — man sang, man tanzte, man betete in der Kirche, wie im Freien, wie das Herz es eingab, unbekümmert um die Vorschriften des Dogma, oder den zornigen Eifer des Bischofs. —

Die Türken hatten unter dem Namen Piscopkalemy ein eigenes Departement errichtet, das alle

*) Alle vom Orden des heiligen Basilius.

Spenden und Intraden der christlichen Geistlichkeit verwaltete. Der Patriarch stand an der Spitze einer Synode, die aus dem Protonotar, dem Großökomon, den Großnomotheten, dem Oberarchivar, dem Sprecher, sämmtlich ehemalige Hofwürden, bestand. Die herumziehenden Mönche (Caloyers) waren seine Boten und Organe bei den Bischöfen. Wie groß die Anzahl dieser Caloyers war, ersieht man daraus, daß die vier und zwanzig Klöster des Berges Athos, die Hochschule der griechischen Geistlichkeit und der Sitz der Cabale, in der Mitte des sechszehnten Jahrhunderts allein gegen 5000 Mönche enthielten, welche der Pforte ein hohes Schutzgeld bezahlten. —

Nach Unterwerfung der Insel Chios, im Jahre 1560
1560, bis wohin sie den Genuesern gehorcht hatte,
und der benachbarten kleineren Inseln Cos (Stancho), Patmos und der rauhen Insel Samos, endlich nach der Eroberung von Cypern, welches dem 1572
Angriffe Selim II. erlag, und Candias, das nach 1669
einem zwanzigjährigen Blutvergießen in die Gewalt der Türken fiel *), ordnete sich auch die Verwaltung der Inseln auf eine feste Art. Außer Cypern und Candia, das in seiner vollen Blüthe nicht weniger als 400 Ortschaften und 200,000 Einwohner zählte, und die ihrem eigenen Pascha gehorchten, standen alle übrigen Inseln unter der Botmäßigkeit des Capudan-Pascha, des Groß-Admirals, der in jeder einen Aga oder Musselmin zu ernennen pflegte, und auf seiner jährlichen Tour im Archipel entweder aus den Händen dieses Agenten, oder der eingeborenen Epitropen der Insel, den festgesetzten Tribut in

*) Siehe hierüber Bd. III.

Empfang nahm. Doch das Erscheinen der türkischen Flotte war für die Inseln ein Signal der Verwüstung und der Gräuel. Sobald die Anker geworfen waren, flohen die erschreckten Einwohner von Tinos, Zea, Andros, Mycone, Naxos und den übrigen Inseln in das Innere ihrer Gebirge, der türkischen Plünderungssucht ihre Küsten und ihre Dörfer überlassend. Die Epitropen, für die pünktliche Entrichtung des Tributs verantwortlich, wurden dann, nach gräßlichen Verheerungen, als Geißeln fortgeschleppt; die Mannschaft machte auf die Flüchtigen Jagd, und aus der Einsammlung der Steuern ward gemeinhin ein Kampf auf Tod und Leben. Erst wenn die Flotte wieder auf hoher See einem anderen Ziele zuwogte, kehrten die unglücklichen Griechen in ihre verwüsteten Wohnungen zurück — kurz, nirgend waren die Monstruositäten der türkischen Verwaltung so sichtbar, so empörend, wie auf diesen kleineren Inseln. Die größeren, unter dem besonderen Schutze irgend eines hohen Hofbeamten, erfreuten sich dagegen eines verhältnißmäßig günstigeren Looses. Während die Verödung der kleineren Eilande mit jedem Jahre anwuchs und endlich den Grad erreichte, daß die Bevölkerung ganzer fruchtbarer Inseln, wie Andros und Tinos, nur aus Mönchen und Anachoreten bestand, blühte in Chios Handel, Cultur und Wissenschaft. Diese Insel war es mit Candia, wo im 16. Jahrhundert der neugriechische Volksdialekt in schöngeistigen Werken (dem Eratokritos, der Boscopula, Euryphile u. a.) als Schriftsprache eine Ausbildung gewann, die zwar an die nahe Verbindung mit Italien erinnerte, indeß doch mit den griechischen

Schulen an diesen Orten und zu Constantinopel zu den erfreulichen Erscheinungen der Zeit gehörte.

Bei der Einnahme von Candia hatte Panagioti, ein Grieche des Phanars, dem Diwan wesentliche Dienste geleistet*). Bald gelang es ihm, die türkischen Minister zu überzeugen, wie gefährlich es für sie sey, sich in ihrem Verkehre mit den ausländischen Mächten fremder Dolmetscher zu bedienen, während ihnen selbst der Koran verbiete, ausländische Sprachen zu erlernen. So ward für 1670
ihn die Würde eines Pfortendolmetscher (Dragoman) gestiftet, und seit seiner Zeit mit Griechen des Phanars besetzt. Eine Laufbahn der Intrigue ward mit dieser neuen einflußreichen und einträglichen Würde für die Griechen eröffnet. Bald folgte die noch einträglichere Stelle eines Dragoman der Flotte und des Capudan-Pascha**), und das Ansehen der phanareotischen Griechen, die als reiche Banquiers schon früher bei allen Paschen und großen Würdenträgern des Reiches mehr oder weniger Einfluß genossen, wuchs mit jedem Jahre. Von diesen Würden erhoben Intriguen und Bestechungen die Griechen in weniger als einem halben Jahrhunderte (von 1670 bis 1711) zu dem Range von Fürsten und Hospodaren der Moldau und Walachei.

Der energische Widerstand dieser beiden Provinzen gegen die Angriffe Bajazid II. und Selim I., hatte nach dem Tode des tapferen Fürsten Stephan, der die Pforte zu seinem Erben ernannte, aufgehört. Soliman unterzeichnete 1529 zu Buda

*) Vergl. Band III.

**) Diese letzte brachte gegen 300 Beutel (zu 500 Thl.) ein; die ersten nur etwa 100.

eine Capitulation, nach welcher sich diese beiden Provinzen im Besitze ihrer eigenen Verwaltung und selbstgewählter Fürsten aus der Classe der Boyaren, welche die Pforte zu bestätigen hatte, und in freier Ausübung ihrer Religion erhielten. Der von der Aristokratie der Boyaren erwählte Fürst zahlte für seine Bestätigung, als Vasall der Pforte, funfzig bis hundert tausend Ducaten; dafür beutete er seine beiden Provinzen nach Willkühr aus, und erlegte außerdem nur einen Tribut von viertausend Piaster; den Ränken um diese Fürstenwürde, welche die Minister der Pforte bereicherte, war dabei freies Spiel gelassen. Im Laufe des sechszehnten und siebzehenten Jahrhunderts kämpften die Hospodaren bald für, bald gegen die Pforte mit ihren russischen und deutschen Feinden, selten unter sich einig und oft durch inneren Zwiespalt zerrissen. Als 1711, Carl XII. auf türkischem Gebiete eine Zuflucht suchte, sendete Peter I. den Marschall Cheremeteff in die beiden Provinzen, um die beiden gegen einander kämpfenden Hospodare Constantin Brankowan und Demetrius Kantemir gegen die Pforte zu vereinigen. Kantemir ward der Alliirte der Russen; allein nach dem unglücklichen Ausgange des Feldzuges am Pruth mußte er fliehen und die beiden Provinzen sahen sich nun für immer des Rechtes beraubt, ihren eigenen Fürsten zu wählen. Sechs bis acht griechische Familien des Phanar wurden mit dem Hospodariat für ihre der Pforte geleisteten Dienste belohnt, und ein Maurocordatos war der erste Fürst der Moldau und der Wallachei.

Im inneren Regierungssystem änderte sich jedoch durch diesen Wechsel des Regentenstammes anfangs nichts. Erst allmählig erkannten die griechischen Fürsten die Nothwendigkeit, das Corps der einheimischen Boyaren mit ihren eigenen Angehörigen zu mischen. Seitdem waren es Griechen, welche als neuernannte Boyaren die bedeutendsten Aemter des Reiches erhielten, und albanesische Söldner unter ihrem Befehle, welche die Autorität der fremden Fürsten stützten; das ganze Verwaltungssystem aber ging auf die möglich schnellste Bereicherung des Fürsten auf Kosten der Provinzen hinaus. Seine Herrschaft hatte ihm viel gekostet, sie war von höchst zweifelhafter Dauer, und so schnell als möglich mußten daher seine und der Seinigen Auslagen herbeigeschafft werden.

In einem Reiche, wo alles käuflich war, waren es eigentlich die reichen griechischen Banquiers des Phanars, welche alle Aemter besetzten. Kein Pascha konnte seine Ernennung, kein Kadi seine Wahl durchsetzen ohne ihre Hülfe. Der Mufti, der Kapudan-Pascha, die hohe Pforte selbst verkaufte diesen Banquiers ihre Anstellungsmandate in blanco, und der griechischen Wechsler überließ diese dann dem Meistbietenden. Mit den geistlichen Würden aber trieb der Patriarch es eben so, wie die griechischen Banquiers es mit allen türkischen Civil- und Militairstellen trieben.

Das wachsende Ansehen der phanariotischen Griechen bei der hohen Pforte wirkte auch auf den wissenschaftlichen Bildungsgang derselben wohlthätig zurück. Abgesehen davon, daß der Phanar selbst nur durch höhere Cultur, durch Bekanntschaft mit dem Stande der auswärtigen Verhältnisse; durch Kenntniß der fremden Sprachen sein

Ansehen über den roheren Divan behaupten konnte, so stifteten auch reiche Griechen, wie Monolaki und Andere, Schulen und Kirchen, bei denen die classischen Sprachen, die alte Philosophie und die Naturwissenschaften gelehrt wurden, Anstalten, die außer Candia und Scios im 17. Jahrhunderte besonders zu Constantinopel und Athen in Ansehen standen. Die letztere Stadt, unter dem besonderen Schutze des Kislar-Aga von eigenen Primaten verwaltet, zählte um 1650 über funfzig christliche Kirchen und Capellen. Andere Städte erfreuten sich durch den Einfluß phanariotischer Banquiers anderer Vorrechte; so durfte Napoli di Romania z. B. einen Pascha nicht länger, als drei Tage in seinen Mauern dulden. Hier blühte ein lebhafter Handel mit Egypten und Venedig; andere Orte erwarben Abgabenfreiheit gegen feste Tribute, und noch andere durften sich fernliegenden Paschaliks unterwerfen, oder Cadis wählen, die nie in ihren Mauern erschienen, und deren Gewalt von eingeborenen Delegaten verwaltet wurde. So blühte unter dem allgemeinen Drucke manches kleine Thal, mancher Ort im verborgenen Wohlstande empor, oder erstickte durch erkünstelte Armuth die Habsucht seiner rohen Beherrscher. Dies war der Zustand des griechischen Volkes nach vollendeter politischer Unterwerfung desselben. Wie sehr diese Unterwerfung nur eine scheinbare war, und wie viel von der eigentlichen Regierungsgewalt bei der Barbarei der Ueberwinder noch immer in den Händen der Griechen zurückblieb, ergiebt sich aus dieser gedrängten Uebersicht, welche nur der Hauptpunkte erwähnen konnte, von selbst.

Zu Ende des siebzehnten Jahrhunderts, als
dies ganze System der Verwaltung sich eben auf
das Vollständigste ausgebildet hatte, fiel Morea
auf einmal nach einem kurzen Kriege in die verhaßte Gewalt der Venetianer zurück. Als Verbündeter des Kaisers erschien um dieselbe Zeit, als
Sobiesky Wien von der Belagerung durch die Osmanen entsetzte, Morosini mit einer venetianischen 1683
Flotte im Archipel, eroberte Leucadia, und setzte
eine zehn tausend Mann starke Landarmee bei Koron ans Land. Die Festung ergab sich nach einer
kurzen Belagerung; die Mainoten stiegen von ihren Bergen herab, schlugen ein Heer des Capudan-Pascha, der zur Rettung der Halbinsel her-
beieilte, und bis zum Jahre 1686 hin, hatten 1686
die Venetianer nun Modon, Argos, Navarin und
Napoli di Romania, zum Theil durch Einverständniß mit der höhern griechischen Geistlichkeit, und
durch die Noth der Pforte an ihren nördlichen
Gränzen unterstützt, erobert. Hierauf öffnete nun 1687
auch Patras und Neocastro, Lepanto und Misitra
die Thore, der Seraskier ward geschlagen und verließ, nachdem er die Festung von Korinth in die
Luft gesprengt hatte, die Halbinsel völlig. Nun
ward selbst Athen, nach einer für die unvergleich-
lichen Alterthümer dieser Stadt verderblichen Belagerung, eingenommen *) und erst in Negroponte 1688
fanden die Erfolge der venetianischen Waffen ihre

*) Eine Bombe, die in das türkische Pulvermagazin am Parthenon fiel, sprengte einen Theil desselben in die Luft, und die Pallasstatue des Phidias zerbrach unter den Zurüstungen zu ihrer Einschiffung.

Grenzen. Die Inselbewohner standen gegen sie auf; die Pest verheerte das italienische Lager, und Negroponte mußte verlassen werden.

Die Belagerung von Malvasia gelang nicht besser; Morosini selbst ward durch Krankheit abberufen; seinen Nachfolgern im Oberbefehle mangelte seine Kraft; man verlor den günstigen Zeitpunkt zur Befreiung Griechenlands mit einem kleinen Kriege auf Candia; und als nach einiger Zeit der Greis Marosini den Oberbefehl wieder übernahm, war es zu spät — er erlag dem Alter. Unterdeß hatte die Intoleranz der Venetianer die Mainoten von ihren Fahnen entfernt. Verletzt durch die unpolitische Zerstörung einiger griechischer Kirchen, zogen die Spartiaten sich in ihre unzugänglichen Gebirge zurück, und begehrten von dem Divan blos einen Anführer ihres Stammes, um die Venetianer aus Morea zu vertreiben. Der Sultan sandte ihnen Liberios, einen Mainoten, den er aus dem Kerker des Bagno hervorzog, belehnte diesen mit Pelz und Keule und ernannte ihn zum Woiwoden von Maina. Auf seinen Ruf sammelte sich die Bevölkerung des Taygetus, man vertrieb die venetianischen Posten aus Laconien, ja endlich aus dem größten Theile von Morea selbst.

1699 Indeß kam es zum Frieden von Carlowitz; ganz Morea mußte den Venetianern überlassen werden. Allein die Herrschaft der Republik faßte unter dem Volke selbst nicht Wurzel; der Stolz und die Bedrückungen der Aristokratie, die Anmaßung und die Intoleranz der lateinischen Geistlichkeit wandte der venetianischen Herrschaft die Gemüther der Griechen ab; man zog das alte Zusammenleben mit den Türken selbst der venetia-

nischen Oligarchie vor; die Gleichheit der Sitten
und des Geschmacks, ja die Unachtsamkeit und
Nachlässigkeit der Türken machte ihr Joch selbst
erträglicher, als die fiscalische Raubgier der Republik den unterdrückten Griechen schien. Diese
beteten in ihren Kirchen um die Befreiung von der
lateinischen Herrschaft. So ward es Achmed III.
leicht, nachdem er am Pruth seinen schlimmsten
Gegner, Peter von Rußland, zum Frieden genöthigt hatte, mit einem siegreichen Heere von
70,000 Mann in Morea einzudringen, und, so- 1711
bald einmal Korinth und Napoli mit Sturm erobert waren, die anderen Orte der Halbinsel zur
Uebergabe zu zwingen. Umsonst widerstand der
Proveditor Girolamo Delfino mit kaum 8000 M.
in den festen Plätzen eine Zeit lang; er blieb ohne
kräftige Unterstützung; in einem Feldzuge verschwand die venetianische Herrschaft im Peloponnes,
und die Türken, von Mainoten und Arkadiern unterstützt, von dem thätigen Capudan-Pascha Codja
Diarum trefflich angeführt, stellten den alten Zustand des Landes, wie er vor der venetianischen
Eroberung gewesen war, wieder her. Hierauf erlagen denn auch die benachbarten Inseln den Siegern; Cerigo, Tino und andere waren leichte Eroberungen, nur von Corfu trieb General Schulen-
burg die türkische Flotte kräftig zurück. Hierüber
brach nun zwar der Krieg mit Oestreich von Neuem 1718
aus, allein die Bemühungen Venedigs in dem
Frieden von Passarowitz Morea zurück zu gewinnen, blieben erfolglos, und die Republik sah sich
endlich genöthigt, sich für diesen Verlust mit Cerigo,
der Festung Butrinto in Albanien und dem Distrikte
von Parga, Corfu gegenüber, abfinden zu lassen.

So befestigte die Schwäche des östreichischen Cabinets aller Siege Eugens zum Trotze die Herrschaft der Türken über Griechenland in einem Augenblicke, wo der Freiheitsgeist des griechischen Volks durch die Eingriffe der Türken in die alte Verfassung der Armatolis von Neuem geweckt zu zu werden anfing.

Wir haben im Vorhergehenden zu zeigen gesucht, daß die Unterjochung Griechenlands, selbst zu der Zeit, wo sie vollständig schien, nur unvollkommen war und dem griechischen Volke noch Kräfte genug übrig ließ, um bei günstiger Gelegenheit wirksam gegen das türkische Joch ankämpfen zu können. Die freien und wohlhabenden Distrikte Mittelgriechenlands, die Armatolis und Klephten der Gebirge, die Mainoten in Morea, die reichen Familien des Phanars, die griechischen Fürsten in der Moldau und Walachei, die Unabhängigkeit und die blühende Cultur einiger Inseln, die geistliche Hierarchie, der Einfluß der Banquiers, die Dragomanstellen bei der Pforte und bei der Flotte — alles dies gab zusammen einen Fonds von Mitteln in den Händen einer entschlossenen Nation ab, der den Hülfsquellen der osmanischen Macht in Griechenland mindestens mehr als gewachsen war. In diesem Zustande der Dinge that die Pforte um die Mitte des achtzehnten Jahrhunderts Schritte, welche den Plan andeuteten, der freien Verfassung Mittelgriechenlands und namentlich dem alten Institute der Armatolis, den Traktaten zuwider, ein Ende zu machen. Wir wissen, daß das vorzüglichste Attribut dieser freien Miliz die Aufrechthaltung der Polizeigewalt in ihrem Distrikte (Protat, Capetanat) war. Allein um die bezeichnete Zeit schien die Errichtung der Würde eines Dervendgi=Baschi oder Oberaufsehers der Straßen und Defileen, welche einem der Paschas von Griechenland übertragen ward, als ein offenbarer Eingriff in die Rechte der Armatolis, diese nicht mit Unrecht zum Kampfe herauszufordern. Dem neuen Derbendgi=Baschi ward eine albanesische Miliz (die Erbfeinde der Armatolis) beigegeben, die, in den einzelnen Protaten vertheilt und von besonderen Derven=Agas angeführt, den besonderen Auftrag hatte, die freien Klephten zu bekriegen und zur Unterwerfung unter die Autorität des Pascha zu nöthigen. Die Armatolis, mit Recht über den Bruch ihrer Kapitulation erbittert, setzten der neuen Miliz alle mögliche Hindernisse entgegen, und vertheidigten sich entweder mit offener Gewalt in ihrem Protat, oder entwichen auf die unzugänglichen Gebirge und vereinigten sich hier mit den Klephten *). Von hier aus führten sie nun einen an heldenmüthigen Zügen reichen Kampf gegen die Paschen, die Derven=Agas und ihre albanesische Miliz; einen Kampf, der die schlummernden, kriegerischen Kräfte der Nation weckte, der die Griechen zuerst wieder siegen lehrte, und den eine zahllose Menge schöner Volksgesänge feierte und über ganz Griechenland verbreitete. Das Nationalgefühl erwachte; der Funken der Vaterlandsliebe ward an diesen Kämpfen und an diesen Gesängen, die sie feierten,

*) *Κλεφτοι ἄγριαι* wilde Klephten, im Gegensatz zu den *K. ἥμεροι* oder gezähmten, wie man die im Dienste stehenden Armatolis auch wohl nannte

zum Brande, der die Herrschaft der Osmanen zu verzehren drohte.

Es begreift sich, daß dieser Einzelkampf, in den jeder Berg mit den um ihn her liegenden Ebenen verwickelt war, an Wechselfällen, Siegen und Niederlagen reich seyn mußte. Die ersten siegreichen Aufstände dieser Art sahen die Gebirge von Acarnanien. Hier waren es Helden, wie Christos Milionis und Bukovallas, welche schon vor 1740 über die Albaneser Beli's, des Beys von Tebelen, und Derven-Agas der Provinz, weit und breit bekannte Siege davon trugen. Zu gleicher Zeit wurden Thessalien und Epirus durch die Ernennung albanesischer Paschen — was den bisherigen Grundsätzen der Pforte völlig entgegen war
1756 — erbittert. Seitdem nun aber vollends der Albaneser Kurd nicht allein zum Pascha von Berat, sondern auch zum Derven-Baschi von ganz Mittelgriechenland ernannt ward, da blieb den Griechen dieser Landschaft, die die Macht mit der Willkür in den Händen ihres Todfeindes vereinigt sahen, fast nichts anderes übrig, als ein Kampf auf Tod und Leben. Zidros, Capetan von Alassona, Toscas von Grevena, Karalis am Olymp, Blachavos von Chasia waren es, die sich Kurds Angriffen am längsten und glücklichsten entgegen stellten. Damals begann dieser stille, innere Krieg des Heldenmuthes gegen die Uebermacht, der Pallikaris gegen die Albaneser, dessen größte Entwickelung die gegenwärtige Revolution ist.

Allein damit dieser Kampf zu dem würde, was er seitdem geworden ist, bedurften die Streitkräfte der Klephten eines äußern Stützpunktes, der Verbindung mit einem der natürlichen Feinde

der Pforte. Diesen Stützpunkt fanden sie an
Rußland. Schon im Jahre 1736 hatte Münnich, als er mit seinem Heere plötzlich die Moldau überschwemmte, Waffen und Proklamationen 1736
in Epirus und Thessalien verbreitet, die griechischen
Armatolis aufgerufen, gemeinschaftliche Sache gegen den Glaubensfeind mit ihm zu machen, und
im russischen Kabinette die Meinung vertheidigt,
daß ganz Griechenland die Czarin für seine rechtmäßige Beherrscherin ansehe. Der schnelle Aus- 1739
gang des Krieges hinderte jedoch, daß die Folgen
dieser ersten Verbindung der Griechen mit den Russen nicht weiter sichtbar wurden. Indeß war doch
einmal die Bahn gebrochen, und die Griechen ver-
gaßen seitdem nicht mehr, daß sie im Norden der
türkischen Grenzen Glaubensbrüder und natürliche
Bundesgenossen hatten, eine Kunde, die ihnen dieser Feldzug Münnichs zuerst mitgetheilt hatte.
Die Kaiserin Anna bedachte die Klöster des Berges Athos, die jetzt gegen 10,000 Mönche zählten, mit kostbaren Geschenken, und diese dagegen
benutzten ihre periodischen Durchzüge durch Hellas
dazu, die alte Tradition, daß die Osmanen einst
durch ein blindes Volk über die Meerenge zurückgetrieben werden würden, zum Besten der Russen
auszulegen, und alle Gemüther für ihre neue Beschützerin zu gewinnen.

Dreißig Jahre nachher sollten die Wirkungen dieser geheimen Verbindung der griechischen Mönche mit den Russen, von der die Türken keine Ahnung hatten, zuerst in einer allgemeinen Bewegung des Volks sichtbar werden. Catharina II., oder vielmehr ihr eitler und für romanhafte Unternehmungen eingenommener Orlow, sann auf einen neuen

Krieg mit der Pforte. Papapulo (Papas-Oglu) ein Grieche, Hauptmann der Leibwache, benutzte diese Neigung, seinen Chef zu überreden, daß ganz Griechenland nur eines Winkes bedürfe, um sich mit den Waffen in der Hand zur Unterstützung
1769 seiner Plane zu erheben. Eine russische Flotte erschien daher zum ersten Mal im Archipel, und setzte Papapulo zu Triest ans Land. Von hier aus trat dieser nun mit Morea in Verbindung, gewann die Geistlichkeit, die Klöster durch Geschenke, die Klephten durch Versprechungen, das Volk durch Lobpreisungen seiner Fürstin, und hatte endlich zu einem allgemeinen Aufstande Alles so ziemlich vorbereitet, als dieser durch einen zweiten Abenteurer angeregt, zuerst in einem andern Theile der türkischen Herrschaft ausbrechen sollte.

In den Bergen der Montenegriner erschien nämlich um eben die Zeit, als Papapulo den Peloponnes mit Freiheitsideen füllte, ein Unbekannter, der sich Stephan, „der klein ist mit den Kleinen, böse mit den Bösen und gut mit den Guten," nannte und bei den unwissenden Gebirgsbewohnern für Peter III., Catharinens Gemahl, galt, in der Absicht, ein neues Reich zu gründen. Diesem Messias der **blinden** Nation unterwarf sich alles Volk umher, zahlte ihm Abgaben und ergriff auf seinen Ruf die Waffen. Die Bischöfe von Sava und Pech, die Christen in Bosnien, Servien und Albanien, die Klephtenhäuptlinge im Gebirge des Ossa, des Pelion und des Pindus huldigten diesem Stephan Piccolo, ursprünglich einem griechischen Mönche, der seine, auf russischen Antrieb unternommene, Rolle trefflich zu spielen verstand. Die nächsten Pa-

schen zogen mit ihren Albanesern gegen ihn und 1768
seinen Anhang — die Bosnier und Servier legten die Waffen nieder, die Klephten, von der Ueberzahl der Feinde geschreckt, eilten in ihre unzugänglichen Berge zurück; die Montenegriner erlagen nach tapferem Widerstande durch die Arglist Venedigs; die Albaneser verwüsteten ihr Land dergestalt, daß weder ein Haus, noch ein Baum von ihrer Wuth verschont blieb. Der Aufruhr war unterdrückt — aber die Gesinnung blieb in den Gemüthern zurück, und die Griechen warteten nur auf einen Anlaß, um als entschlossene Gegner der Pforte auf einem anderen Gebiete wieder aufzutreten.

Zu Ende desselben Jahres brach der Krieg zwischen der Pforte und Rußland von Neuem aus. Papapulo durchstrich Epirus, Thessalien, das südliche Albanien; doch hier waren es nur Mönche, die er durch seine Geschenke gewann. Glücklicher war er in Maina. Das Land gehorchte zu dieser Zeit den beiden Brüdern Mauro-Michali und Janni, den mächtigsten Häuptlingen Laconiens; sie versprachen ihm ihren Beistand, wenn die Russen landen würden. Dasselbe Versprechen gaben die Bergbewohner Arkadiens und Achajas; Papapulo verhieß ihnen den Beistand eines Heeres von 10,000 Russen. Mit den Contrakten über dies Bündniß, zum Theil falsch und nachgemacht, reiste er hierauf nach Petersburg zurück. Alexis und Theodor Orlow wurden für diese Unternehmung ausgewählt; sie gin- 1769
gen nach Venedig; hier täuschten beide Parteien sich gegenseitig über den Umfang ihrer Mittel, Papapulo aber betrog die Russen, wie seine Lands-

3*

1770 leute. Endlich im Frühjahre 1770 erschien denn
im doch eine russische Eskadre an den Küsten Laco-
Febr. niens; allein anstatt 10,000 Mann, führte sie etwa 700 Abenteurer aller Nationen mit sich. Unter heftigen Vorwürfen, die die Griechen und Russen sich gegenseitig über die Geringfügigkeit ihrer Streitkräfte machten, stiegen diese im Busen von Kolokythia ans Land. Die Mainoten, etwa 1500 Mann stark, vereinigten sich jedoch mit den Russen, und die Operationen dieser kleinen Armee begannen. Man bildete zwei Corps, zur Hälfte aus Russen und Griechen bestehend, deren eines, unter des Griechen Psaros Anführung, sich nach Eroberung Calamatas mit immer wachsenden Kräften glücklich genug Misitras bemächtigte und Tripolitza belagerte, während das zweite Armeecorps unter Feodor Orlow, in Verbindung mit der russischen Eskadre, einen unglücklichen Versuch auf Koron unternahm, den Hafen und die beiden Schlösser von Navarin eroberte und Modon bedrohte. So weit war Alles unerwartet glücklich gegangen; die Türken wichen voll Bestürzung überall zurück und die Verbündeten zählten wohl 9 bis 10,000 waffenfähige Streiter bei ihren Fahnen.

Allein hier setzte die Unbesonnenheit Feodors, der von den freien Mainoten den Eid der Treue für seine Kaiserin begehrte, die Unthätigkeit der Moreoten, welche von den Türken gleich zu Anfange der Feindseligkeit entwaffnet worden waren, und der Mangel an Disciplin unter den Griechen selbst, welche die Besatzung von Misitra, trotz der Capitulation, niedermetzelten, ihren Erfolgen Grenzen. Die Türken erholten sich von ihrer ersten Bestürzung bei dem Anblicke der geringen und noch überdies getheilten Streitkräfte ihrer Feinde; umsonst vertrieb nun Missolunghi die Türken, umsonst steckte auch Patras, von Zante und Cephalonia unterstützt, die Fahne der Empörung auf, umsonst eilten Andrutzos, der Capetan von Livadien und Kontojannes, der Häuptling der Armatolis von Neopatras von ihren Höhen herab, den Verbündeten entgegen. Als der heldenmüthige Andrutzos an der Spitze seiner 300 Pallikaren in Morea erschien, waren die Albaneser unter Gazi-Hassan bereits aus Euböa herüber gekommen, hatten mit zehnfach überlegenen Streitkräften Tripolizza entsetzt, die Haufen der Verbündeten zerstreut, und trotz des heroischen Widerstandes Mauro-Michalis bei Missia mit vierhundert Lakoniern, den Süden der Halbinsel überschwemmt, die Russen vor Koron in eiliger Flucht auf ihre Schiffe zurückgetrieben, und somit dem ganzen Aufstande ein schnelles Ende gemacht. (im April 1770) Andrutzos sah von Taygetus herab die zaghafte russische Flotte in hoher See und, da Navarino keinen Griechen einließ, sich selbst ohne anderen Beistand, als den ihm sein Schwert gewähren konnte. Mit unsäglicher Kühnheit und wahrhaft heldenmüthiger Ausdauer schlug er sich nun, da er den Isthmus verschlossen fand, durch die Schwärme der Albaneser längs den Küsten Achajas, auf einem des Alterthums würdigen Zuge, nach Vostizza hindurch, von wo er mit den Trümmern seiner Pallikaris auf cephalonischen Schiffen nach Epirus überfuhr. Hierauf öffnete auch Navarin zu schmachvoller Uebergabe seine Thore; tausende von Griechen waren durch die fühllose

Gleichgültigkeit der Russen auf dem Felsen von Sphakteria umgekommen, und von Elphinstons Siegen bei Tschesme kam den verlassenen Griechen nichts zu gut. Papapulo, Benaki, die Bischöfe von Modon, Koron und Calamata, die Urheber der kurzen Empörung Moreas entkamen der Rache der Türken; allein das unglückliche Land büßte die Unbesonnenheit dieser Führer blutig und schwer. Die Albaneser hatten sich, vor ihrem Eindringen in Morea, das Versprechen einer unbeschränkten Verfügung über die eroberten Provinzen ertheilen lassen — ganz Morea ging daher in Feuer und Verwüstung unter, die letzten Reste des griechischen Wohlstandes und griechischer Cultur verschwanden in dieser unseligen Eroberung. Hierauf jedoch zerfielen die Sieger mit ihren eigenen Gebietern. Die Albaneser, welche den Peloponnes, trotz seiner Verheerung, doch noch wohnlicher fanden, als die rauhen Berge Albaniens, und die in Lala und Varduni Landsleute ansässig fanden, verlangten, wie diese, in Morea zu bleiben, und widerstanden neun Jahre hindurch dem Gebote ihrer türkischen Herren, die Halbinsel zu verlassen, deren Einwohner sie nach Tunis und Rumeli hin in die Sklaverei verkauft hatten, und in deren Städten sie als Herren schalteten. In dem folgenden Abschnitte werden wir sehen, welche Kämpfe es der Pforte kostete, diese übermüthige Miliz aus ihrer Eroberung zu vertreiben.

Unterdessen war zwischen Rußland und der hohen Pforte der Friede von Kainardgé zu Stande gekommen. Einer seiner Punkte stipulirte eine unbedingte Amnestie für die Griechen in Morea; doch die Albaneser und nicht der Diwan waren die Herren des unglücklichen Landes, und diese wollten von keiner Amnestie wissen. Ja, dies ist eben ein Hauptvorwurf, den man der Pforte beständig machen muß, daß sie selbst bei dem besten Willen, ihre Unterthanen vor den Gewaltthätigkeiten ihrer Delegirten nicht zu schützen vermag — ein Umstand, der eben bei diesen das Recht, einer bewaffneten Abwehr der Gewalt, ohne Zweifel zu begründen genügend ist. —

Zweiter Abschnitt.

Geschichte der Osmanen von dem Frieden von Kainardgé bis zu dem Aufstand der Griechen. Von 1774 bis 1820.

Abdul Hamid, von 1774 bis 1789.

Der Hauptpunkt des zu Kutschuk Kainardgé *) schnell abgeschlossenen Friedens bestand in der Bestimmung der Verhältnisse der Krimm. Der neue Chan, so hatte man stipulirt, sollte die Bestätigung seiner Wahl, sowohl von Petersburg, wie von Constantinopel, erwarten; in den Moscheen der Krimm sollte ferner für den Großherrn als Chalifen gebetet werden; das Volk aber sollte

*) Vergleiche hiermit den Schluß des vorhergehenden Bandes.

1779 frei seyn. Alle diese Bestimmungen wurden durch
21. den Vergleich von 1779 bestätigt; allein dessenun-
Mrz. geachtet erschien schon vier Jahre später (1783)
1783 ein russisches Manifest, welches, was vorauszuse-
8. hen war, nach vielen Klagen über die Unfähigkeit
April der Krimm, sich selbst zu regieren, diese endlich
für eine russische Provinz erklärte. Ueber Cuban
und die Insel Taman wurde hierauf dasselbe Urtheil gesprochen und auch diese dem großen Reiche incorporirt.

Neun Monate lang schwankte der Divan zwischen Krieg und Frieden; endlich entschloß er sich, bei der rathlosen Lage des Reiches, der Kriegsscheu seiner Truppen und der Leere seiner Cassen,
1784 die russische Besitznahme der Krimm zu bestätigen.
8. Dies glich denn freilich, auf Seiten der Pforte,
Jan. einem lauten Bekenntnisse ihrer inneren Auflösung
und es war zu erwarten, daß eine solche Lage von ihren natürlichen Feinden nicht unbenutzt gelassen werden würde.

Oestreich zunächst hatte unter solchen Umständen alte Ansprüche auf die Bukowina, als einem ehemaligen Pertinenz-Stück Siebenbürgens, her-
1777 vorgesucht, und die Pforte, von Rußland gedrängt,
entsagte der streitigen Provinz, ohne daß diese Nachgiebigkeit jedoch die Zusammenkunft Joseph II. mit Catharina II. in Cherson verhinderte. Was hier
1787 verabredet seyn mochte, wurde von den Gesand-
ten der Seemächte und Preußens der Pforte nun im schlimmsten Lichte dargestellt. Der Divan selbst erschrak über seine Nachgiebigkeit und seine Schwä-
1787 che, und ehe man sich nun Zeit nahm, zu überle-
24. gen, was man eigentlich wollte, erklärte die Pforte
Aug. Rußland, mannigfacher Kränkungen wegen, den

Krieg. Zwar währten noch eine Zeit lang die Unterhandlungen wegen der Räumung von Oczakow fort und verstatteten den Russen Zeit, sich zu rüsten; allein sobald dies einmal geschehen war, war auch auf eine Nachgiebigkeit von Rußlands Seite gar nicht mehr zu rechnen. Das Jahr war unterdessen verstrichen, und als im folgenden Jahre das türkische Heer die Ufer der Donau erreichte, zeigten sich die Folgen der Zusammenkunft von Cherson. Josephs Kriegsmanifest bewies, daß
auch er die günstige Gelegenheit, Eroberungen zu 1788
machen, nicht von der Hand weisen mochte.

Im ganzen Feldzuge von 1787 war von türkischer Seite nichts unternommen worden, als ein unglücklicher Versuch, sich Kinburns zu bemeistern, der den Osmanen fast 6000 Mann kostete. Allein an der Spitze des Seewesens stand der talentvolle Kapudan-Pascha Hassan, der, fremdes Verdienst schätzend, durch Hülfe französischer Ingenieure (Le Boy), nach dem Unglücke von Tschesme, die türkische Flotte glänzender, als sie je gewesen war, hergestellt hatte. Mit dieser Seemacht, 18 Linienschiffe und 14 Fregatten stark, herrschte Hassan auf dem schwarzen Meere.

Allein den geschickten Manövren der russischen Flotte, unter dem Prinzen von Nassau, war der türkische Admiral doch nicht gewachsen. Ein un-
vorsichtiger Angriff bei Oczakow kostete ihm sein im
Admiralschiff und mehrere Linienschiffe und Fre- Jun.
gatten, so wie 3500 Mann, und ein zweiter Ver- 1788
such, einige Tage später, gar 11 Schiffe und 11. u
5000 Mann. Die Trümmer der Flotte suchten 12.
bei Oczakow Schutz; allein auch hier schlugen die Jun.

Russen sie, und nahmen ihr von Neuem 2 Fregatten und 3500 Mann ab.

Dagegen vertheidigte sich die türkische Besazzung von Oczakow tapfer und nöthigte die 70,000 Mann starke russische Armee, die Belagerung endSept lich in eine Einschließung zu verwandeln. Zuletzt jedoch im Decbr. ward Oczakow unter mörderi-
17. schen Stürmen und nach einem beispiellosen Blut-
Dec. bade von Potemkin eingenommen.

Der Krieg gegen Oestreich aber täuschte jede Erwartung. Wer hätte auch glauben sollen, daß der Groß-Vezir Jussuf hier mit 140,000 Mann durch die östreichischen Linien dringen, ihre Batterien im Sturme erobern, von Widdin aus den
Juli. Uebergang über die Donau erzwingen und das temeswarer Bannat überschwemmen würde, ehe Lascy nur in Bewegung gerieth? Die verkehrtesten Operationsplane verbanden sich hier mit dem störenden Gefühle, das ein ungerechter Krieg immer mehr oder weniger hervorruft, zu Gunsten der Türken. So kam es, daß die Oestreicher, sobald einmal Jussuf sich mit dem Seraskier verei-
Aug. nigt hatte, überall zurückwichen, selbst Mehadia
Sept aufgaben und Siebenbürgen unbedeckt ließen. Unter diesen Erfolgen schien ein ganz neuer Sinn über den türkischen Krieger gekommen zu seyn; er focht mit ungewohnter Ausdauer, war als Sieger zur Schonung geneigt, seinen Anführern gehorsam und voll Mannszucht. So brachte der ganze Feldzug von 1788 fast nichts als Erfolge; und nahm gleich Laudon Dubicza und Sabacz ein, so wichen doch Joseph und Lascy bis Temeswar zurück, und erst, als Choczim von einer östreichisch-russischen Armee, unter dem Prinzen

von Koburg (19. September), eingenommen ward, fing Jussuf an, das Bannet wieder zu räumen.

Den folgenden Feldzug erlebte Abdul Hamid
nicht mehr. Er starb den 7. April 1789, den 7.
Ruf eines milden und gerechten Herrschers hinter- April
lassend, der selbst das Sekbil oder die Verklei- 1789
dung nicht verschmähte, um sich von der Beobachtung seiner Anordnungen zu überzeugen. Er liebte die Wissenschaften und ließ seinen Söhnen eine angemessene Erziehung geben; mit gerechter Hand schützte er, so viel an ihm lag, die Griechen gegen die Osmanen, die Katholiken gegen die Griechen, und sah nicht ohne Mitgefühl die Leiden Moreas, das er der Gewalt der wüthenden Albaneser lange umsonst zu entreißen strebte. Ihm folgte ein Sohn Mustaphas III.

Selim III., von 1789 bis 1807.

Dieser, ein mildgesinnter und nicht ungebildeter, doch schwacher und von Lieblingen geleiteter Fürst, ersetzte den verdienstvollen Groß-Vezir Jussuf durch Kutschuk-Hassan, der ihm an Kriegserfahrung nicht gleich kam. Dennoch ward die Fortsetzung des Kampfes vom Divan, der von dem Kapudan-Pascha Hassan geleitet wurde, um so mehr beschlossen, als der kriegerische Sinn der Osmanen durch den glücklichen Feldzug von 1786 von Neuem erweckt zu seyn schien. Schaaren von Freiwilligen eilten dem Heere zu; die Kriegskassen füllten sich mit dem Silbergeräthe patriotischer Osmanen, und die Seemächte redeten dem Kriege das Wort.

Doch im Felde selbst zeigte sich bald, daß

beide Heere ihre Anführer gewechselt hatten. Suwarow, Laudon und Koburg auf der einen, Hassan, statt Jussufs, auf der anderen Seite, sollten die Waage des Kriegsglücks bald zu Gunsten der Verbündeten neigen.

Sept 1789 Laudon, der noch im Herbst des vorigen Jahres Novi erobert hatte, rückte jetzt gegen Belgrad vor, und zwang den Groß-Vezir, es ihn ungestört belagern zu lassen. Unterdessen war Koburg durch die Walachey in die Moldau eingedrungen, hatte sich mit Suwarow am Dniester vereiniget, der am 31. Julius bei Foczan 30,000 Türken
22. Sept auseinander getrieben hatte, und stellte sich nun, mit den Russen vereint, dem Groß-Vezier selbst bei Martinjesti (am Rimnik) entgegen. Die Fehler der Türken zogen ihnen, trotz aller Tapferkeit der Janitscharen, eine schwere Niederlage zu; der Groß-Vezir floh über den Rimnik und ließ 4000 Wagen, sein Lager und funfzig Kanonen zurück; 5000 Türken bedeckten das Schlachtfeld, Gefangene wurden jedoch in diesem wüthenden Kampfe nicht gemacht.

Wenige Tage darauf erstürmte Laudon vor den Augen des entmuthigten Seraskiers die Vorstädte von Belgrad, und schlug eine zu schnell herbeirückende Abtheilung Türken in die Flucht. Am 9. October öffnete Belgrad hierauf seine Thore, und Semendria folgte diesem Beispiele.

Nov. An der Mündung des Dnepr ergab sich zu gleicher Zeit Akjerman und Bender durch Bestechung. Umsonst wurden die geschlagenen Feldherren hingerichtet, umsonst trat der alte Kapudan-Pascha an die Spitze des Heeres, statt Kutschuk Hassans, umsonst füllte der Sultan seine erschöpften Kassen mit seinem eigenen Gold- und Silbergeräthe, und zog das hierüber erbitterte Ulema, trotz allen Widerstandes, der in der Moschee selbst ein Gemetzel hervor rief, zu einer Kriegssteuer heran; der kurze Muth des Heeres war einmal gesunken, und nur Gustav III. von Schweden plötzliche Kriegserklärung konnte die Pforte jetzt retten.

Indessen war Hassan, nach fruchtlosen Frie- Mrz.
densversuchen, kaum ins Feld gerückt, als er starb. 1790
Den Oberbefehl über das Lager von Schiumla übernahm der Hospodar Maurojeni, der jedoch dem siegreichen Laudon wenig Widerstand geleistet haben würde, wenn nicht in Oestreich selbst die Folgen von Josephs II. wohlmeinendem Despotismus jetzt sichtbar geworden wären. In den östreichischen Niederlanden wüthete der Aufruhr, und machte die Annäherung des Heeres nöthig; die Seemächte und Preußen drangen auf Frieden mit der Pforte; ein Observationscorps gegen Preußen selbst wurde nöthig, und so leitete denn Leopold II., auf den Grund der Wiederherstellung des vorigen Zustandes, gern Friedensunterhandlungen ein. Der Vertrag von Reichenbach, zwischen Oestreich und Preußen, im Julius 1790 geschlossen, sicherte nun die Pforte vorerst von dieser Seite, und gab ihr alles Verlorene zurück und der Friede, welcher
hierauf zwischen Selim und Leopold zu Szistowo Aug.
in der Walachey, im August 1791, zu Stande 1791
kam, bestätigte diese vorläufigen Bedingungen.

Doch konnte nun gleich die Pforte alle ihre Anstrengungen gegen Rußland vereinigen, das von keinem Frieden wissen wollte, so war sie doch noch immer dem Kriegstalent Suwarows nicht gewach-

sen. Zwar wurde der durch seine Strenge verhaßte Maurojeni im Lager des neuen Groß-Vezirs Hassan selbst hingerichtet, und die Türken
schienen zu neuer Thätigkeit zu erwachen; allein
22. dennoch erstürmte Suwarow mitten im Winter
Dec. die Festung Ismael unter mörderischem Blutver-
1790 gießen, und mit Aufopferung von 30,000 Menschen, ohne daß Hassan dies hindern konnte. Dafür ward er zwar selbst im Hauptquartiere zu
Schiumla hingerichtet; allein der folgende Groß-
Jul. Vezir Jussuf ward neuerdings bei Maczin an der
1791 Donau von Repnin so in die Enge getrieben, daß
19. sein ganzes Heer verloren schien. Indessen leiste-
Jul. ten die Türken in dem Seegefechte bei Jenikale
doch unerwarteten Widerstand, und erlagen erst
Sept in zwei späteren Treffen, am 9. und 11. September, der höheren russischen Taktik. Unterdessen
aber waren die im August 1791 zu Galacz eröffneten Friedensunterhandlungen fast zum Abschlusse
gediehen; es handelte sich nur noch um die Festung Oczakow und das Land am rechten Ufer des
Dniesters, und mit der Abtretung dieses Gebietes
erkaufte die Pforte denn auch endlich, noch wohl-
feil genug, den Frieden, in dem definitiven Ab-
19. schlusse von Yassy, am 19. Januar 1792. Der
Jan. Dniester ward die beiderseitige Reichsgrenze; die
1792 Abtretung der Krimm ward bestätigt, und die
Ruhe in Georgien, so wie die Sicherheit des russischen Handels vor den afrikanischen Seeräubern,
von der Pforte verbürgt. —

Dennoch verfolgte Katharina ihr System all-
mäliger Erweiterung ungehindert. Die letzte Theilung Polens, der die ohnmächtige Pforte ruhig
zusah, verkündete ihr, bei dem Einverständnisse

Rußlands mit den Seemächten, der Schwäche
Oestreichs und dem Unvermögen Frankreichs zu
helfen, ihr eigenes Schicksal, wenn die mächtige
Erobererin, die den „Weg nach Byzanz" und die 1796
Neigung der Griechen für ihren Stamm nicht
umsonst kennen gelernt hatte, nicht bei Zeiten starb.

Bei den Kriegen der verbündeten Oestreicher,
Preußen und Russen gegen Frankreich, ihren alten
Bundesgenossen, hielt sich die Pforte in den Grenzen
einer strengen Neutralität. Ja sie behauptete
diese selbst trotz der offenbaren Verbindungen
Frankreichs mit den unruhigen Griechen, trotz der
Besetzung der venetianischen Besitzungen in Dalmatien
und Albanien durch Frankreich; und sie
hätte sie vielleicht selbst bei dem Anfalle Bonapartes
auf Egypten, das noch halb und halb im Aufstande
gegen sie begriffen war, behauptet, hätten
nicht Kaiser Paul, England und Neapel auf
Krieg bestanden, und endlich den Divan zu einem
Allianztractat vermocht.

Als Bonaparte ganz unerwartet mit einem Jul.
Heere von 40,000 Mann bei Alexandria landete, 1799
war diese Provinz kaum erst unter die türkische
Oberherrschaft zurückgekehrt. Schon oft hatte
Egypten nämlich kurze Perioden hindurch die Unabhängigkeit
zu erringen gewußt. Der erste Versuch
dieser Art war Achmed-Pascha unter Moha- 1650
med IV. gelungen; die Pforte hatte daher, als
ein Gegengewicht gegen das Ansehen des Paschas,
die Autorität der einheimischen Beys absichtlich
erhoben. Dies benutzte Ibrahim-Bey um 1746 1746
so gut, daß er, und sein Nachfolger Ali-Bei fast und
zu Herren des Landes wurden. Diesen tödtete 1766
Mehemed-Bey, und ward von der Pforte dafür 1776

zum Pascha erhoben. Als er vor Gaza blieb,
Jul. wurden die Mamelukenchefs, Ibrahim und Mo-
1786 rad-Bey, die Herren des Landes. Beide traten
mit Rußland in Verbindung, und die Pforte
sandte daher Abdir-Pascha von Syrien zu ihrer
Unterdrückung aus, und Hassan erschien mit der
Flotte an der Mündung des Nils. Ibrahim und
Morad flohen mit 6000 Mameluken nach Ober-
egypten, wo sie dem kräftigen Capudan-Pascha
noch ein ganzes Jahr lang Widerstand leisteten,
bis sie im Novbr. 1787 der Uebermacht erlagen.

Allmälig stellte sich nun die Autorität der
Pforte in Egypten her, als Bonaparte im Ju-
Jul. lius 1799 zu Alexandria landete, dem Reiche der
1799 Engländer, wie er vorgab, hier ein Ende zu machen. Schnell war Alexandria erstürmt, die Beys
bei den Pyramiden geschlagen und Cairo eingenom-
Aug. men, und wenn gleich die Flotte bei Abukir darüber von Nelson vernichtet ward, so erhielt sich,
Oct. nach Erdrückung des Mameluken-Aufstandes in
Cairo, doch die neue Verwaltung der Franzosen
in Egypten. Doch der Versuch, Syrien zu erobern, scheiterte vor St. Jean d'Acre durch Capi-
tain Smiths Dazwischenkunft, und Bonaparte
Mai. ward zum Rückzuge nach Egypten genöthigt.
1799 Unterdeß war es England und Rußland gelungen,
die Pforte zu ernstlichen Kriegsrüstungen zu bewegen, und sobald nur das türkische Heer unter
Jussuf in Egypten erschien, erreichte die Noth der
Franzosen eine solche Höhe, daß Bonaparte das
Heer heimlich verließ, und es Kleber übertrug, die
mit dem Groß-Vezier begonnenen Unterhandlungen
29. zu Ende zu führen. Die Festung El-Arisch ward
Dec. von den Türken und Engländern erobert, und

nur die harte Forderung der letzteren, welche auf
die Gefangenschaft der Franzosen bestanden, verhinderte noch die gänzliche Räumung Egyptens.
Der tapfere Kleber setzte hierauf den Kampf entschlossen fort, schlug den Groß-Vezier erst bei Abukir (25. Julius und 2. August) dann bei Heliopolis 20. März 1800 und trieb ihn nach Syrien Mrz.
zurück, wo sein ganzes Heer durch Krankheiten zu 1800
Grunde ging. Zu gleicher Zeit vertrieben Russen und Türken in seltsamer Allianz die Franzosen aus den dalmatischen und illyrischen Inseln, und durch eine Uebereinkunft vom 21. März 1800 kehrten die ex-venetianischen Inseln Ragusa u. s. w. sogar unter türkischer Hoheit zurück, jedoch unter der Garantie Rußlands und der Bedingung, daß kein Türke sich darin ansiedeln durfte. Auf diese Art machte das osmanische Reich, zur Zeit seines tiefsten Verfalls, durch die europäische Politik sogar noch Eroberungen.

Unterdeß war Kleber in Egypten ermordet worden und Menou an seine Stelle getreten. Die
Engländer unter Abercrombe landeten nun mit Mrz.
17,000 Mann von Cypern her, bei Abukir, ero- 1801
berten diese Stadt, siegten durch die Uebermacht 9.
in Verbindung mit den Mameluken bei Alexandria, April
nahmen Rosette, und drangen nun, von Jussuf und 1801
dem Kapudan-Pascha Hassan unterstützt, nach im
Cairo vor. General Belliard, der diesen Heeren Aug.
nur 6000 Mann entgegen zu setzen hatte, räumte Cairo nach siebentägiger Bestürmung, und dreizehn tausend Franzosen wurden auf englischen
Schiffen nach Toulon übergesetzt. Nun mußte Aug.
auch Menou mit dem Reste der Eroberungsarmee, 1801
8000 Mann, sich dem täglich verstärkten englischen

Heere ergeben; Egypten war geräumt, und sobald die Beys für ihren Wahn, nun Herren des Landes zu seyn, von Hassan auf die Flotte gelockt und dort ermordet waren, kehrte die Ruhe in Egypten zurück. Doch verließen die Engländer
1803 erst nach Abschluß des Friedens von Amiens das durch sie befreite Land. So endete denn hier ziemlich alles mit der Wiederherstellung der alten Verhältnisse: der Großsultan war dem Namen nach wieder Herr der Provinz; sein Pascha war eine Art von Staatsgefangener der Beys und Albaneser, und diese — so weit sie Hassans Mordversuche entgangen waren — regierten nach Willkür das Land.

Unterdeß war auch Grusien, als Aequivalent für Dalmatien von Kaiser Paul mit Rußland ver-
1801 einigt worden, ohne daß die Pforte auch nur dar-
1802 über zu klagen wagte. Mit Frankreich ward nach
25. der Räumung Egyptens leicht Friede, und die
Jun. Reichsgrenzen wurden der Pforte garantirt; dafür erhielt auch die französische Flagge freie Fahrt im schwarzen Meere, worauf auch England nun dasselbe Recht erlangte. Alles dies schien bei der damaligen Lage des Reiches nur Kleinigkeit, und war es in der That, wenn man erwog, daß nur von der persönlichen rechtlichen Gesinnung des neuen russischen Selbstherrschers die Erhaltung oder der Umsturz des ganzen Staates abhing.

Zwar fehlte es Selim selbst weder an Einsicht von dem, was dem Reiche Noth that, noch an einem gewissen Willen, seinen Reformen Eingang zu verschaffen. Allein indem er europäische Institute einzuführen trachtete, fehlte es ihm an Auswahl derjenigen Modificationen, die das Volk mit diesen Neuerungen hätte versöhnen so wie an würdigen Dienern, welche ihn an der Spitze des Heeres hätten vertreten können. So kam es, daß die Einführung einer europäischen Disciplin in einem Theile des Heeres — in den neu errichteten Nizam Dgedid und den Seymen — womit man bereits seit 1792 Versuche gemacht hatte, und die Einführung einer Consumtionssteuer in der Hauptstadt, von deren Ertrage diese neue Truppe besoldet werden sollte, und endlich die Umformung des Divan in einen Staatsrath von zwölf Mitgliedern zu inneren Reibungen führte, die entweder den Ruin des Reiches oder die Auflösung aller dieser neuen Einrichtungen zur Folge haben mußten. In dem neuen Divan, der nach wie vor unter dem Einflusse der Sultanin Valide und ihrer Partei stand, kam es dabei zu keiner rechten Einigkeit in Absicht der zu ergreifenden Maßregeln; die einzelnen Mitglieder cabalirten und verschworen sich gegen einander. Unter solchen Umständen konnten die Paschen in Afrika, in Asien und endlich auch in Europa es wagen, ungestraft die Fahne der Empörung zu erheben; die Wechabiten in Arabien konnten im frechen Uebermuthe selbst die Grundpfeiler der Reichsreligion antasten und erschüttern, und im Norden der europäischen Grenzen konnte der Unwille des Volkes und des Heeres, über die neue Truppe und die neue Steuer, unternehmungssüchtigen Paschen Anlaß geben, für sich selbst unabhängige Reiche zu erobern.

Vor allen aber wußte Paswan-Oglu *), Com-

*) Wörtlich: der Sohn des Holzhauers.

4 *

mandant von Widdin, den Unmuth der Janitscharen zu seinem Vortheile zu benutzen. In Verbindung mit den verabschiedeten Janitscharen zu
Widdin, gereizt durch die Hinrichtung seines Va-
1797 ters und die Einziehung seiner Güter, verlangte
er die Bestätigung der alten Janitscharen-Privi-
legien, und für sich selbst das Paschalik von Widdin und die drei Roßschweife. Als man auf seine
Foderungen nicht einging, fing er an, das Gebiet
von Widdin wie sein Eigenthum zu behandeln;
1798 nannte sich selbst Sultan Osman IV., und zog
die gegen ihn gesandten Janitscharen zu seinen
Fahnen hinüber. Vergeblich wurden zwei starke
Heere von 50,000 Mann gegen ihn gesendet, und
als der Kapudan-Pascha Hussein selbst mit hundert tausend Mann gegen ihn im Felde erschien,
leistete er ihm mit 12,000 Mann in seiner Festung
1799 so glücklichen Widerstand, daß Hussein seinen
Kriegsruhm und sein Heer vor ihm verlor. Nun
nöthigte Paswan-Oglu den Divan selbst zur Nachgiebigkeit; er ward zum Pascha von drei Roß-
schweifen ernannt; allein so oft er es gerathen
fand, hörte er, troß dieser Einigung, dennoch nicht
auf, den Schrecken seiner Waffen bis in die
Hauptstadt hin zu verbreiten. Kaum waren z. B.
die Franzosen in Italien Sieger, so griff er Belgrad an, schlug den Pascha von Rumili und ero-
1800 berte Tornovo in Bulgarien. Zwar mußte er vor
1801 den vereinten Kräften des Hospodaren der Walachei und des Pascha von Belgrad wieder nach
Widdin zurückweichen; aber bald vertrieb er die
Belagerer wieder und trug über den Pascha von
Rumili im Mai 1803 bei Nikopolis einen glän-
1803 zenden Sieg davon. Dieser nöthigte die Pforte

zu einem neuen Vergleiche, der ihm fast unumwunden die Unabhängigkeit in seinem neuen Reiche zuerkannte. So starb er denn 1807 als unbeschränkter Gebieter von Widdin.

In den auswärtigen Verhältnissen gewannen England und Rußland es anfangs über die Pforte, daß sie die Anerkennung des neuen Kaiserthums von Frankreich höflichst ablehnte; allein nach der Schlacht von Austerlitz sank der russische Einfluß in Constantinopel so sehr und der französische stieg so schnell, daß die neue Würde Napoleons nicht allein ohne Weiteres anerkannt, sondern der Canal des schwarzen Meeres auch allen fremden Nationen von
Neuem verschlossen wurde. Hierüber brach denn 1806
mit Rußland und England ein neuer Krieg aus. Sebastiani, Napoleons Gesandter beim Divan, drang auf energische Maßregeln; es gelang ihm, die feindselig gesinnten Hospodaren der Moldau und Walachei entsetzen zu lassen; allein kaum begannen die Kriegsrüstungen an den nördlichen Grenzen des Reiches, als die Hauptstadt selbst unerwartet von einem kühnen Feinde bedroht ward, der ihr Schicksal in Händen zu haben schien. Der englische Admiral Duckworth fuhr nämlich von einem starken Südwinde begünstigt, mit einer aus 12 Kriegsschiffen bestehenden Flotte, plötzlich im
Januar 1807, nachdem er die türkische Flottille bei 1807
Gallipoli verbrannt, durch die so grundlos gefürchtete Straße der Dardanellen, und drohte die Hauptstadt, gerade als diese sich der Lust des Bairamsfestes unbesorgt überließ, auf einmal in einen Aschenhaufen zu verwandeln. Starres Entsetzen fesselte die Osmanen; doch Sebastianis entschlossener Muth sollte die Hauptstadt retten. Während

der englische Admiral drei Tage mit fruchtlosen
Unterhandlungen verlor, sicherte Sebastiani die
Hauptstadt und den Hafen durch 300 Kanonen
in schnell errichteten Batterien, begeisterte mit
seinen Offizieren das Volk und stellte den Engländern bald eine solche Macht entgegen, daß diese
— nachdem der günstige Augenblick einmal verloren war — den Rückzug antraten.

Unterdeß gingen die Rüstungen in der Moldau
und Walachei langsam genug fort. Kaum drei-
Mrz. ßig tausend Mann erschienen trotz aller Aufgebote,
1807 und diese geringe Macht schien, selbst von französischen Offizieren geführt, doch um so mehr zu
ohnmächtig, als Admiral Siniavin die türkische
Flotte bei Tenedos schlug, und in Servien ein
furchtbarer Aufstand ausgebrochen war. Seit dem
Jahre 1806 nämlich waren die Servier, unter
Anführung eines glücklichen Räuberhauptmanns,
des Czernys Georg*), und von den Russen unterstützt, in den Waffen, und führten mit gren-
zenloser Wuth einen blutigen Krieg gegen die türkischen Provinzen. Als ihre Zahl wuchs, hatten
1806 sie sogar Belgrad erobert, den Pascha getödtet,
im und, mit den Russen vereint, Choczim, Bender
Dec. und andere Orte eingenommen. Schon war die
Moldau, die ganze Walachei und Servien im
Besitze der Verbündeten, als die Ereignisse in
Polen und Preußen den Frieden von Tilsit her-
24. beiführten und hierdurch die Pforte retteten. Na-
Aug. poleons Agenten vermittelten nämlich nun zu Slo-
1807 bosia in der Walachei einen Frieden, in dem Ruß-

*) Der schwarze Georg, aus der Gegend von Bel-
grad gebürtig, und früher östreichischer Soldat.

land sich verpflichtete, die Walachei bis zum allgemeinen Frieden zu räumen, während auch die Osmanen sie unbesetzt lassen sollten. Ein anderer Ausgang des preußisch-polnischen Krieges würde wahrscheinlich den Untergang des ohnmächtigen Reiches herbeigeführt haben. Denn innere Gährungen zerstörten fort und fort alle Kraft des Widerstandes, der vom Serail ausgehen konnte. Selim, der milde und kenntnißreiche Fürst, hatte durch seine Neuerungen und Reformen, so verständig diese zum Theile auch waren, wie die Wiedereinführung der Buchdruckerei und die Absendung türkischer Gesandten an die Mächte des Auslandes, abgesehen von seinen militairischen, strategischen und nautischen Umgestaltung, alle Anhänger des alten osmanischen Systems gegen sich aufgebracht. Das Corps des Ulema, wie die Janitscharen, glühten innerlich vor Zorn gegen den Sultan, und bei mehrerer Gelegenheit, wie bei dem Einfalle der Franzosen in Egypten, bei der Einführung der neuen Steuer, hatte sich die Abneigung des Volks gegen ihn und die Herrschaft der Sultanin Valide in lauten Schmähungen, ja fast in persönlichen Mißhandlungen ausgesprochen. Bei dieser Stimmung wurde es dem Aufwiegler, Mustapha Kabadschi, ursprüglich einem Kürbishändler, leicht, die Janitscharen durch den Bericht, man gehe mit ihrer völligen Auflösung um, zu offener Empörung zu treiben. Nach kurzem Kampfe zwischen dem Nizam Dgedid, der neuen europäischen Infanterie, und den Janitscharen, der mit der ersteren Untergang endete, sah sich selbst der Mufti durch das Ulema genöthigt, ein Fetwa zu erlassen, das den kinderlosen

Selim des Thrones für unwürdig erklärte. Der sanfte, weichliche Selim ließ sich diese Bestimmung ohne Widerspruch gefallen; er trat am 2ten Junius den Thron an seinen Brudersohn Mustapha ab und bezog sein Gefängniß mit heiterem Muthe. Er war ein Fürst voller glücklicher Anlagen, scharfsichtig, mild von Gesinnung, gebildeten Geistes, voll Liebe für sein Volk; doch schwach, entnervenden Lüsten ergeben, wankelmüthig und sein ganzes Leben hindurch in der Gewalt seiner Mutter und unredlicher Lieblinge. Was ihm fehlte, war, da es einmal so weit gekommen war, daß ein Sultan kaum selbst regieren durfte, ein Groß-Vezier, wie Achmed Kiuprili es einst war.

Mustapha IV., vom Mai bis November 1807.

2. Der neue Sultan fing natürlich damit an,
Jun. den Nizam Dgedid, wie die Seymen, welche
1807 bereits der Wuth der Janitscharen erlegen waren, auch gesetzlich aufzuheben. Dennoch war dies allein nicht im Stande, dem alten unfähigen Mustapha bei dem besseren Theile seines Volkes diejenige Achtung zu erwerben, auf der der Thron allein fest zu ruhen vermag. Sobald vielmehr der erste Ungestüm der Janitscharen befriedigt war, ward auch wieder die Stimme derer vernehmlich, welche die höheren Regenteneigenschaften Selims zu schätzen verstanden hatten. An die Sitze derer, welche seine Thronentsetzung empörte, stellte sich Selims talentvoller Freund, Mustapha Bairaktar (der Fahnenträger), der Aga von Rudschuk und der verdienstvollste Feldherr der Türken in diesen ruhm-

losen Tagen. Er hatte in dem letzten russischen Kriege, als der einzige unter allen türkischen Anführern, mit Ehren gekämpft, und eigenhändig eine feindliche Fahne, die ihm den Beinamen erwarb, erobert. Bairaktar, auf die zweifelhafte Gesinnung der Hauptstadt vertrauend, zog an der Spitze seiner Division, 12,000 Mann stark, nach Adrianopel, vereinigte sich hier mit dem Groß-Vezier, und beide wandten sich nun gegen die Hauptstadt, angeblich, um den Sultan gegen eine Verschwörung zu sichern, mit der ihn Kabadgi Mustapha umringt hätte. Am 18. Julius trafen die Hee- im
resabtheilungen Bairaktars und des Groß-Veziers Jul.
zu Daud-Pascha, einer Vorstadt Stambuls, ein. 1807
Der alte Sultan ging ihnen entgegen. Im Lager der Verschworenen erfuhr er den Tod des Janitscharen-Aga und mußte nun den mit ihnen verbündeten ehemaligen Baschi der Seymen zum Aga ernennen. Dadurch war die Macht der Verschworenen in der Hauptstadt selbst begründet, und Bairaktar zog nun mit 40,000 Mann, vom Groß-Vezier und dem Sultan begleitet, triumphirend in Constantinopel ein. Nun erst, im Besitze aller militairischen Gewalt, des Hafens
und der Galeeren, entdeckte er dem Divan und 28.
dem Ulema den Zweck seines Kommens, die Wie- Jul.
dereinsetzung Selims III., indem er sich zugleich der Person des Groß-Veziers bemächtigte, der mit der Sultanin Valide in eine verdächtige Verbindung getreten war, und ihn gefesselt in sein Lager sendete. Hierauf ließ er durch den Mufti und den Janitscharen-Aga dem Sultan die beschlossene Thronveränderung bekannt machen, und bestimmte ihm eine Stunde Frist, um das Scepter

wieder in die Hände seines Vorgängers zurück zu liefern. Allein Mustapha zog es auf den Rath des Mufti vor, den Thron mit dem Tode seines Oheims zu erkaufen. In seiner Gegenwart wurde der alte Fürst daher von dem Kislar=Aga und seinen Schergen mit Dolchstichen ermordet und gräßlich verstümmelt. Indeß war die ihm von Bairaktar gesetzte Frist verstrichen, und dieser, an der Spitze seiner Truppen, stieß nun, als er die Pforten des Serails sprengen ließ, auf den blutigen Leichnam seines geliebten Herrschers. Mustapha, zur Verzweiflung getrieben durch die Fortschritte der Verschwornen, wollte so eben auch seinen Bruder Mahmud II. seiner eigenen Erhaltung aufopfern, als dieser von dem Anhange Bairaktars zum Sultan ausgerufen ward. Mahmud erschien mit dem Schwerte Osmans umgürtet, ließ den alten Groß=Vezier ertränken, den Kislar=Aga am Hauptthore des Serails aufhängen, und be-
Nov. festigte sich durch den kühnen Bairaktar auf dem
1807 neuen Throne. Der alte Mustapha aber wanderte in seinen Kerker zurück.

Mahmud II., von 1807 bis 1820.

Gleich die ersten Schritte des neuen Sultans, Mustaphas jungen und kräftigen Bruders, hatten diesen als einen Fürsten von Energie und Stärke des Willens angekündigt. Man wußte von ihm, daß er eine treffliche Erziehung genossen, daß er den Reformationsplanen seines Oheims geneigt war, und mit dessen gutem Willen mehr Politik und Feinheit, mehr Stärke und Entschlossenheit verband. Kein Wunder daher, wenn die Janit-

scharen seinen neuen Thron sogleich argwöhnisch umringten, wenn Bairaktar, der die Seymen wieder hergestellt hatte und die Topschi (Artilleristen) verstärkte, schnell der Gegenstand ihres Hasses wurde. So kam es, daß am 14. November unerwartet eine lang genährte Verschwörung unter den Veteranen ausbrach, die Caserne der neuen Truppen gestürmt, die verhaßten Seymen
ermordet und ihr Stadtviertel in Brand gesteckt 14.
ward. Volk und Janitscharen erdrückten ihren Nov.
muthigen Widerstand; vergeblich ließ nun Bairaktar den alten Mustapha IV. mit seiner Mutter im Kerker ermorden — er stand schutzlos den wüthenden Volkshaufen, der zügellosen Soldateske gegenüber — da sprengte der kühne Mann sich mit einem Pulverthurme in die Luft. Umsonst rächten die ihm zugethanenen Galeeren seinen Tod durch zweitägiges Bombardement auf die nächsten Stadtviertel, umsonst drohten sie selbst das Serail in einen Schutthaufen zu verwandeln — Mahmud mußte dem Sturme für den Augenblick nachgeben und die Corps der Seymen von Neuem aufheben.

Kaum war hierdurch in der Hauptstadt selbst wieder Ruhe gewonnen, so brach der Krieg mit Rußland von Neuem aus. Die Convention von Slobosia hatte bestimmt, daß weder Rußland, noch die Pforte, Truppen in der Moldau und Walachey halten solle; doch beide Theile schienen wenig geneigt, dieser Bestimmung pünktlich nachzukommen; ein russisches Heer blieb vielmehr noch immer in den neutralen Provinzen zurück. Hierüber kam es im Februar 1809 in Yassy zu lebhaften Unterhandlungen, in denen jedoch Rußland nicht sobald die Abtretung der Hospodariate und die Aufhebung der Verbindung mit England verlangt hatte, als die Pforte die Verhandlungen abbrach und sich von Neuem zum Kriege rüstete.

Bald waren die Heere nun wieder in Waffen gegen einander; die Russen, unter Bagration,
im bemächtigten sich, außer Bender, das sie noch im-
Sept mer in Besitz hielten, auch Ismaels wieder, und
1809 bestürmten hierauf die bulgarischen Festungen längs
der Donau. Doch der alte Groß-Vezir Jussuf
leistete in seinem festen Lager von Schiumla, an
der Grenze von Rumili, so energischen Wider-
im stand, daß Bagration endlich mit erschöpften Kräf-
Jan. ten von der Donaulinie zurück zu weichen sich ge-
1810 nöthiget sah. Zwar ward sein Seraskier Pelwan
in Bulgarien darauf so hart bedrängt, daß er
seine Zuflucht in Busardgik suchen mußte, und
hier endlich den Stürmen der Russen erlag, worauf denn auch Silistria und ein großer Theil von
Rumili verloren ging; allein im Lager von Schi-
4. umla hielt sich Jussuf, von englischen Offizieren
Aug. unterstützt, dennoch gegen die erneueten Angriffe
1810 Kamenskoys, die auch die Festung Rudschuk mit
7. Glück zurückwies. Erst im September fiel dieser
Sept Ort, nachdem das zum Entsatz herbeieilende Heer
der Türken zurückgeschlagen war; und nun öffneten auch Georgewo und Szistowo ihre Thore. Im Winter darauf fielen nun auch Widdin und Nikopolis, und somit alles Land am linken Donauufer in die Gewalt der Russen.

Zu gleicher Zeit fingen die Eroberungen der Servier, deren Macht, unter Czerny Georg, von Neuem bis auf 50,000 Mann angewachsen war, an, wahrhaft gefährlich zu werden; die Unter-

handlungen blieben, so lange England den Krieg wünschte, fruchtlos, und Mahmud, unwillig über die Ohnmacht seiner Waffen, bereitete sich vor,
nach Absetzung des Kapudan-Pascha, des Mufti 1811
und anderer seiner Räthe, sich selbst an die Spitze seines zurückweichenden Heeres zu stellen — als die Politik des westlichen Europa plötzlich eine ganz andere Gestalt annahm. Napoleons Eifersucht bedrohte Rußland mit einem Angriffe; das colossale Bündniß der beiden Kaiserhöfe zerfiel, und England, bis dahin der Gegner jeder friedlichen Annäherung zwischen der Pforte und Rußland, wandte jetzt allen seinen Einfluß auf, seinen neuen Bundesgenossen, Rußland, so bald als möglich
von seinem Gegner frei zu machen. So kam un- 28.
ter seiner Vermittelung denn schnell ein Waffen- Mai
stillstand und endlich ein Friede zu Bucharest zu 1812
Stande, in dem Rußland sich mit dem dritten Theile der Moldau bis zum Pruth und mit Beßarabien begnügte.

Zum neuen Hospodar der Moldau ward Janki 1812
Caradgea, zum Waiwoden von der Walachey der Fürst Kallimachi ernannt, und das alte Abhängigkeitsverhältniß zwischen diesen Provinzen und der Pforte trat nun wieder in Kraft. Indessen dauerten die unruhigen Bewegungen der Servier, die mit diesem Frieden wenig zufrieden zu seyn Ursache hatten, fort; Czerny Georg widerstand den benachbarten Paschen mit gewohntem Glücke, bis er endlich im August 1812, nach der Niederlage von Kladowa, sein Heil in den Gebirgen zu suchen und das flache Land den Türken zu überlassen genöthiget ward. Bald darauf trat er jedoch wieder, 50,000 Mann stark, dem Groß-Vezier

Spt. selbst bei Belgrad entgegen. Allein sein Lager ward von 70,000 Osmanen unter Churschid-Pascha mit Sturm erobert; die Servier zerstreuten sich in die Gebirge und Czerny Georg stellte sich nun mit seinen Schätzen zu Semlin unter östrei-
Oct. chischen Schutz. Nun fiel Sabacz Orsova und bald auch Belgrad in die Gewalt der Türken. Czerny, vermöge des bucharester Friedens russischer Generallieutenant, ward in Petersburg mit Auszeichnung empfangen. Allein das Verlangen, einen bei Semendria vergrabenen Schatz zu erheben, vielleicht auch die Hoffnung, seine politische Rolle von Neuem zu beginnen, führte ihn, verkleidet und unter falschem Namen, auf das türkische Gebiet zurück. Ein unmäßig hoher Ueberfahrtslohn über die Donau entdeckte ihn; er ward dem Pascha von Belgrad, seinem angeblichen Freunde, verrathen und in Belgrad enthauptet.

Neben dieser Empörung hatte die Pforte jedoch noch mit zwei anderen zu kämpfen, deren sie nicht leichter Herr wurde, als des servischen Aufstandes. Der englische Einfluß hatte im Jahr
1810 1810 die Beys der Mameluken zum Aufstande gegen die Pforte gereizt. Doch Mehemed-Ali,
Sept der Pascha von Cairo, besiegte sie bei Assiut und Fajun, in einer entscheidenden Schlacht, verfolgte die Flüchtigen bis in die Wüste und stellte die Autorität der Pforte, oder vielmehr seine eigene — denn offenbar arbeitete er von jetzt ab an Errichtung eines unabhängigen Staates für seinen Stamm — wieder her. In Bagdad hatte Jussuf-Pascha die Fahne des Aufruhrs erhoben, ver-
Oct. weigerte seine Theilnahme an dem Feldzuge ge-
1810 gen Rußland und wurde endlich von Soliman,

dem Pascha von Acre, in Bagdad selbst besiegt. Von dem an folgte der Sieger seinen Fußstapfen und erhielt sich in ungestörter Unabhängigkeit von der Pforte; Jussuf aber floh nach Cairo.

Während so alle politische Pfeiler des Staates zu wanken schienen, fingen auch die religiösen an, unter den wiederholten Angriffen der Wechabiten den Einsturz zu drohen.

Der Volksstamm der Wechabiten, in der Nähe von Hilla, in Arabien, wohnhaft, entlehnte seinen Namen von dem Propheten Ali-al-Wehab *), der in Persien erzogen und um das Jahr 1757 mit einer neuen Lehre in das Vaterland zurückgekehrt war. Er verehrte den Koran, doch nicht seinen Stifter Mohamed oder die Sunna, drang auf Reinigung des Islam von allem Schmuckwerke der Traditionen, auf Sitteneinfalt und Mäßigkeit, und stand bald an der Spitze einer begeisterten Schaar von Reformatoren. Mit diesen erwarb er durch die Plünderung der heiligen Orte der Mohamedaner große Reichthümer, die er mit seiner, auf den Glauben gegründeten Macht — der stärksten von allen — seinem Sohne Mohamed hinterließ. Unter Anführung Ali-el-Aziz's, eines riesenhaften Greises, breitete der kleine Stamm, anfangs unbemerkt, allmälig seine Herrschaft an den Ufern des Euphrat, des persischen Meerbusens, in der Wüste, in Laxa, Tagew, endlich auch bis Mecca, Dgidda und Medina aus. Arabische Stämme, die Ngebi unter Ebn Siud, schlossen sich ihnen freiwillig an, andere

*) Diener des Statthalters.

wurden besiegt und zum Beitritte gezwungen, und
allmälig waren alle Beduinen zwischen dem rothen
und dem persischen Meere unterworfen. Dennoch
1798 schlug sie Jussuf, der Pascha von Bagdad, 1798,
zerstreuete ihre Horden und nöthigte Mohamed
zu einem Vergleich. Bald jedoch war dieser Ver=
1800 lust ersetzt. Abdel=Aziz führte neue begeisterte
1801 Schaaren ins Feld, eroberte und plünderte Mecca,
im berennte Medina und Dgidda, Orte, die Abdel=
Dec. Aziz's Nachfolger, Siud II., wirklich eroberte,
worauf er mit asiatischer Pracht über die Araber
von Drebjer, Lara, Tayew, Medina, Mecca
und Dgidda in einem Reiche herrschte, das ge=
gen 120,000 Bewaffnete ins Feld stellen konnte.
1807 Ganz Arabien ward von ihm dem osmanischen
Reiche entrissen; Maacate am persischen Meere
erkannte seinen Scepter, Damask selbst ward von
1808 ihm bedroht, und Bagdad, obgleich vergeblich, be=
stürmt. Alles dies währte in stets wachsendem
Verhältniß so lange fort, bis Mehemed=Ali von
1810 Egypten die Waffen gegen sie ergriff. Dennoch
scheiterten, bis auf einige glückliche Unternehmun=
gen, Jussums, seines Sohnes, Plane gegen die
Wechabiten; ja, nach Eroberung Dgiddas ward
er selbst bei Medina von den Reformatoren ge=
1811 schlagen. Im folgenden Jahre fand er jedoch an
Ebn Siud, dem Emir, einen so thätigen und
entschlossenen Bundesgenossen, daß er dem Feinde
Medina entreißen, und ihrer Macht im eigentli=
1812 chen Arabien Grenzen setzen konnte. Seitdem be=
haupteten die Wechabiten sich mit Mühe gegen
die sie umgebenden Paschen im Besitze der arabi=
schen Halbinsel. — Doch erst fünf Jahre nachher

gelang es den Söhnen Mehemed-Alis, Chans *)
von Egypten, Jussum, dem Pascha von Dgidda,
Ismael, dem Eroberer von Mecca, und Ibrahim-Pascha, dem Jüngsten, nach Besiegung Abdallah Ben-Siuds, in Arabien einzudringen; die
Festung Baridah, so wie die Hauptstadt der Wechabiten, Drehjer, zu erobern, die nun, unter der 1818
Leitung der Tochter Abdallahs, Yemen räumten
und in ihre Berge zurückkehrten. — 1819

Zu derselben Zeit, wo auf dieser Seite der
Reichsgrenzen die ottomanischen Waffen glücklich
gegen die Empörer waren, rissen mehrere andere
Paschaliks sich von dem Gehorsame gegen die
Pforte los.

Cypern, Bagdad, Bassra, Janina, Wan und
Diarbekr waren im offenen Aufstande. Syrien 1819
hatte seinen Pascha, Beiram, vertrieben, und Ali-
Pascha setzte allen Versuchen der Pforte, ihn zur
Strafe zu ziehen, Meuchelmord und Waffengewalt entgegen; doch seine Geschichte, welche auf
den Gang des griechischen Freiheitskampfes so bedeutend einwirkte, wollen wir im nächsten Abschnitte vortragen. —

Unterdessen verwickelten die Intriguen im Divan die Hauptstadt selbst in blutige Fehden. Die
Janitscharen über das wachsende Ansehen der Topschi aufgebracht, und gereizt durch die Vermehrung der ihnen feindlichen Corps der Bostandgis 1819
und Artilleristen, ertrotzten in blutigen Auftritten im
die Absetzung ihres Aga; Feuersbrünste verwüste- Apri

*) Dazu hatte die Pforte den verdienstvollen Sa-
trapen, unter dessen Verwaltung Egypten in Cultur und Wohlstand aufblühte, ernannt. —

ten die Hauptstadt, zwischen den Bombardierern,
25. den Arsenalarbeitern und den Veteranen kam es
April zu Krieg und Blutvergießen, und nur mit Mühe
Jun. stellte der entschlossene Kapudan=Pascha die Ruhe
einigermaßen wieder her. Neue Aufstände unter=
drückte endlich der kräftige Abdullah, nachdem die
Aufwiegler bestraft und ihr Beschützer, der Mufti,
1820 entsetzt war. Dennoch begannen im folgenden
Febr. Jahre neue Scenen des Schreckens die Haupt=
stadt zu beunruhigen; der Groß=Vezir mußte Es=
sem=Ali Platz machen; unter wildem Blutvergie=
ßen wurde der Aga der Janitscharen verbannt,
26. und als endlich selbst der russische Gesandte Stro=
Sept ganoff in seinem Palaste beleidigt ward, mußte
die Pforte sich zu einer demüthigenden Abbitte ver=
stehen.

Unter solchen Umständen war es begreiflich,
daß gegen die empörten Syrier, gegen Aleppo we=
1819 nig geschah. Zwar nahm der vertriebene Pascha,
u. Churschid, Aleppo wieder ein, dennoch sah man
1820 sich genöthigt, ihn nach Morea zu versetzen, und
die Sache blieb in der alten Lage. Mit Ali von
Janina aber lag die Pforte jetzt in offenem Krieg,
und Mehemed von Egypten nahm, bei seinen
Eroberungen in Nubien, auf die Wünsche des
Divan gar keine Rücksicht mehr. Alles schien sich
zur gänzlichen Auflösung des Reichs anzulassen,
1820 als der Aufstand der Griechen für den wanken=
den Bau der osmanischen Macht der letzte tödt=
liche Stoß zu werden schien.

Dritter Abschnitt *).

Geschichte Griechenlands, in dem Zeitraume von 1774 bis 1820.

Am Schlusse des ersten Abschnittes sahen wir, wie die Albaneser nach Vertreibung der Russen aus Morea, die Halbinsel als ihr Eigenthum besetzten, und dem wiederholten Befehle des Divan, das von ihnen verheerte Land zu räumen, widerstanden. Endlich erhielt daher Gazi-Hassan, der Kapudan-Pascha, Befehl, die Eindringer mit Gewalt aus einer Provinz zu vertreiben, die in ihrem Besitze der Pforte gar keinen Ertrag mehr lieferte. Gazi besiegte die Albaneser, in Verbindung mit den Mainotten und einigen mächtigen Klephtenchefs, bei Tripolizza, errichtete Trophäen von ihren Köpfen und opferte hinterher seine griechischen Bundesgenossen, Kolokotronis und andere durch Verrath auf. Die fliehenden Albaneser wurden theils in den Schlünden des Isthmus von den Türken, theils in denen des Pindus, dem Zygos (Defilee), von Tricala und

*) Vergleiche den ersten Abschnitt.

Greveno, von den griechischen Klephten unter Tolios von Mezzovon und andern in Stücken gehauen. Ihre Trümmer siedelten sich entweder zerstreut in Morea (z. B. in Patras) an oder flüchteten als Räuberbanden in die Gebirge Acarnaniens und von Epirus.

Unterdeß stellte Gazi in der verwüsteten Halbinsel die türkische Autorität wieder her. Bei der Zählung fand sich, daß die Albaneser 100,000 Menschen geschlachtet hatten, ohne daß dies jedoch den Karadsch der Provinz vermindern durfte; niemals erreichte Morea den blühenden Zustand wieder, welcher die ersten (1770) landenden Russen so in Erstaunen gesetzt hatte.

Im Norden von Griechenland war durch alle diese Auftritte das Ansehen und die Macht der thessalischen und acarnanischen Klephtenchefs nicht wenig gewachsen. Sie hatten fast ganz die Oberhand über ohnmächtige und nachlässige Dervengi-Baschis erlangt, als ein Mann hier auftrat, der den ganzen Zustand Griechenlands schnell umgestalten, und wider seinen Willen die Veranlassung zu der Wiedergeburt eines ihm verhaßten Volkes werden sollte. Dieser Mann war Ali-Pascha von Janina.

Während nämlich im Norden, Süden und Osten der osmanischen Reichsgrenzen Aufruhr und Empörung waltete, hatte auch im Westen von Rumeli ein Feind sich erhoben, der sowohl wegen seiner gefahrdrohenden Eigenschaften, als seiner Nähe wegen leicht der verderblichste von allen Gegnern des Divan werden konnte. Dieser Gegner war Ali von Tebelen, Pascha von Janina, derselbe, der durch die Erschütterung Griechenlands zuerst die Idee eines ganz Hellas umfassenden Patriotismus erwecken und zur Wiedergeburt des unterdrückten Hellas so den nächsten Anlaß geben sollte.

Zu der Zeit, als Gazi-Hassan, in Verbindung mit den Klephten und Mainoten, die übermüthigen Albaneser in Morea erdrückte, gründete 1780
Ali von Tebelen, der Sohn des Beys dieser Land- u.
schaft, durch glückliche Raubeinfälle nach und nach 1785
ein kleines Reich für sich, drang den kleineren albanesischen Häuptlingen seinen Schutz auf, und erhob sich durch die Politik seiner Mutter Chamso, durch Blut und Bestechung nach und nach zum Bey von Tebelen, zum Pascha von Tricala, zum Dervengi-Baschi. In dieser Eigenschaft begann er nun einen blutigen Vertilgungskrieg gegen die griechischen Armatolen und Klephten, nachdem er sich ihrer durch Vorspiegelungen der Freiheit bedient hatte, sich zum Pascha von Janina ernennen zu lassen. Kampf, Intriguen, Verrath, Meuchelmord, alles diente ihm nun zur Erreichung seiner Zwecke. Was diesen widerstand, die Brü- 1787
der Bukovallas, Andruzzos der Livadier, Kaliokudas, der Aetolier, Diptas, Katzantonis von Agrapha, Nikotzaras, der Held des Olymp, Blachavas, Papas Euthymios und Andere, wurde auf Leben und Tod verfolgt; andere traten in
seine Dienste. — Allein dieser Kampf brachte 1787
die getrennten griechischen Freiheitskämpfer doch u.
zum ersten Male auf die Idee eines vereinten 1790
Widerstandes gegen die Türken, und ward hierdurch von dem wichtigsten Einflusse auf die Gesinnung Griechenlands. Zu gleicher Zeit begann der Krieg Alis gegen die Republik der Sulioten,

einer freien griechischen Völkerschaft in den Gebirgen längs der Küste von Epirus, Corfu gegenüber und in der Nähe seiner Hauptstadt Janina ansässig. Der erneuete Kampf zwischen Rußland und der Pforte hatte es der ersten Macht
1790 möglich gemacht, einen Verein griechischer Klephtenchefs in den Bergen von Suli zu gemeinschaftlicher Vertheidigung der griechischen Volkssache zusammenzubringen. Aus Acarnanien, Epirus und Thessalien strömten die Capetans hier zusammen, schlugen 3000 Türken und Albaneser Alis und vernichteten sie, während der heldenmüthige Lampros mit zwölf griechischen Fahrzeugen im Archipel herrschte und die türkischen Eskadren schlug, wo er sie antraf *).

Erst nach Beendigung des russischen Krieges konnte Ali daran denken, den erfahrenen Schimpf an den Sulioten zu rächen. Er begann damit, durch Schmeicheleien und Verheißungen seine alten Freunde, die Klephten, zur Neutralität zu
1792 bewegen, dann überfiel er plötzlich die nun isolirten Sulioten, welche etwa 8000 Seelen und 12 bis 1400 waffenfähige Männer stark, in den vier Dörfern Suli, Avarikos, Samoniva und Kiapha, unter der Anführung Lampros Isavellas, der sich durch List aus dem Kerker Alis befreiet hatte, einen heldenmüthigen Widerstand leisteten. Drei Stürme der Albaneser gegen uneinnehmbare Berge waren bereits blutig zurückgeschlagen, Weiber und Kinder kämpften mit nie gesehener Wuth

*) Diesen kurzen Kampf feiern vielfache Volkslieder der Griechen, von denen Fauriel bis jetzt die vollständigste Sammlung bekannt gemacht hat.

gegen sie an, da ergriff Schrecken die Mohamedaner; sie flohen mit einem Verluste von drei tausend Mann, Ali bat um Frieden und erhielt ihn gegen eine Kriegsentschädigung.

Zum Ersatze dafür wandte Ali seine Waffen gegen den Pascha von Scodra. Griechen (Paleopulos und Canaros) waren in diesem Zuge seine Bundesgenossen und befehligten — zum ersten Male — Abtheilungen seiner albanesischen Truppen, deren er jetzt 12,000 unter den Waffen hielt. Ochrida, Georgja wurden erobert; die Pforte mußte ihm Arta abtreten und die Klagen seiner Feinde im Divan erstickte er durch Geld oder Dolche.

Als Frankreich 1797 durch den Frieden von
Campo Formio die ionischen Inseln gewann, trat
er mit den Franzosen in eine Verbindung, die
ihm den Umsturz der beiden kleinen Republiken 1797
von Nivitza und St. Basile in den ceraunischen
Gebirgen binnen einer einzigen Nacht möglich
machte. Die Orte wurden eingeäschert und die
Einwohner in Sklaverei verkauft. Um diese Zeit
sann der Thessalier Rhigas, nachdem er das ganze
griechische Volk durch glücklich erfundene Freiheits-
gesänge begeistert hatte, auf einen Aufstand Griechenlands gegen das Joch der Pforte. Er stand
mit Paswan-Oglu von Widdin und mit den
Franzosen auf den ionischen Inseln in Verbindung. Allein das östreichische Cabinet lieferte den
Patrioten der Pforte aus, und Rhigas ward mit 1798
sieben jungen und gebildeten Griechen, seinen Mit-
verschwornen, zu Belgrad hingerichtet.

Ali-Pascha dachte indeß auf Rache gegen die

unbezwinglichen Sulioten; allein dringende Gebote des Divan riefen ihn gegen Paswan-Oglu, seinen Nebenbuhler, ins Feld. Noch glaubte der Satrap gehorchen zu müssen; er zog gegen Paswan und belagerte Widdin; allein kaum war der Krieg zwischen der Pforte und Frankreich ausgebrochen, so eilte er in seine Provinz zurück, um von der Verwirrung in den ionischen Inseln und den Besitzungen der Venetianer Vortheil zu ziehen.
1799 Schnell genug vertrieb er auch die 300 Franzosen, welche Bonitza, Preveza und Butrinto besetzt hielten, und eben sollte auch Parga seinen Angriff fühlen, als die Russen sich dieses Freistaats bemächtigten. Im Besitze dieser Verstärkungen scheute er nun die Pforte selbst nicht mehr, erklärte laut seine Absicht, für sich allein regieren zu wollen, und rief nun ganz Albanien in die Waffen gegen die verhaßten Sulioten.

Diese, durch Alis Intriguen uneins unter sich, und von Georg Bozzaris und seinem ganzen dreihundert Mann starken Anhange verlassen, schienen nie weniger zum Kriege gerüstet, als eben jetzt. Dennoch ward Alis Ueberfall mit gewohnter Tapferkeit zurückgeschlagen. Hierauf begann er die denkwürdige Belagerung der suliotischen Berge. Mit zwölf Festungen, die an den Hauptausgängen derselben errichtet wurden, schloß er die tapfern Griechen ein, und glaubte sie nun unter ihren Felsen auszuhungern. Wirklich erreichte die Hungersnoth in Suli eine erschreckende Höhe; allein ein glücklicher Ausfall von 600 Sulioten nach Parga zu verschaffte der bedrängten Republik Lebensmittel und Kriegsbedürfnisse. Zehn

Monate dauerte diese Belagerung *), da befreite 1800
die Sulioten der Ungehorsam Georgims, Paschas
von Adrianopel, vom Hungertode. Ali-Pascha
zog gegen diesen; die Sulioten benutzten die dadurch gewonnene Muße trefflich zu neuer Kriegsrüstung, und als Ali am Schlusse des Jahres 1801 wieder vor ihren Bergen erschien, waren sie, besonders durch Samuels, des Mönches, Thätigkeit, auf das Aeußerste vorbereitet.

Allein die Kunst Alis wußte den Zwiespalt von Neuem in die Reihen der Griechen einzuführen.
Man verbannte Photos Tzavellas, den heldenmü- 1801
thigen Sohn des Georg, und nahm Kitzos Bozzaris, den Abtrünnigen wieder auf. Diese inneren Zwistigkeiten führten Verrath und Sorglosigkeit in Suli ein; ein verrätherischer Ueberfall war schon im Begriffe, Suli in die Hände des Paschas zu liefern; da erwachte der alte Heldenmuth, und die Söldner des Tyrannen wurden abermals zurückgeschlagen.

Unterdeß hatte Photos den Satrapen betrogen, erschien in Suli, riß durch begeisterte Beredsamkeit alles für sich hin und führte die Sulioten zu neuen Siegen. Zwei tausend Türken waren bereits in dem neuen Feldzuge geblieben; allein 1802
Ali lagerte noch immer mit 18,000 Mann vor Suli. Mit diesen grub er den Belagerten die Quellen ab: die Noth Kiaphas und anderer fester Punkte erreichte den höchsten Grad; kaum waren noch 700 Sulioten den Waffen gewachsen. Man verlangte daher zu kapituliren — die Schaaren

*) S. über die Details dieses Heldenkampfes von Lüdemanns „Suliotenkrieg." Leipz., 1826.

trennten sich, um ihre heimathlichen Berge zu verlassen — einzeln wurden sie nun von den Türken verrätherisch überfallen, und zu Zalongas, bei Seltson in den Bergen von Agrapha, in Burgareli nach übermenschlichen Kämpfen überwunden und vernichtet. Einige Trümmer dieser heldenmüthigen Völkerschaft, etwa 250 an der Zahl waren nach Parga entkommen; ihre Klagen und
1803 ihr Muth sollten bald ganz Griechenland entflammen.

Nach diesem blutigen Siege warf Ali nunmehr entschieden die Maske ab, und ging geraden Weges auf die Vernichtung aller griechischen Stämme, so weit nur seine Waffen reichten, zu. — Ali fing damit an, eine Versammlung der Klephtenchefs zu Karpenissi zusammen zu berufen, die jedoch keinen andern Erfolg hatte, als den erstaunten Griechen ihre eigene Stärke zu zeigen: die hinterlistigen Friedensvorschläge Jussuf-Arabs, des Feldherrn Ali, der ihnen den meisten Schaden gethan hatte, wurden verworfen. Wenige
1804 Monate darauf fand eine neue Versammlung der Art auf der Insel Sta. Maura (Leucade) Statt; es war die Rede von einer Vereinigung ganz Griechenlands gegen Ali, einer Verbindung mit den Serviern, Paswan-Oglu, Czerny Georg und einem Aufstande, den Fürst Ypsilanti in der Walachei vorbereitet hatte. Allein Alis Spione er-
1805 stickten diese umfassende Verschwörung in ihrer Geburt, und als Nikotzaras von Karitza wirklich mit 300 Pallikaren nach der Walachei aufbrach, fand er alle Wege verlegt, und sah sich genöthigt, nach heldenmüthigen Kämpfen in Macedonien und Bulgarien, nach dem Siege an der

Brücke von Pravi, am Strymon, nach Thessalien zurückzukehren, wo unterdeß der Krieg Alis gegen die Klephten in voller Wuth ausgebrochen war.

Indeß hatten alle diese Vorgänge doch das Band der Nationalität zwischen den bis dahin einzeln stehenden Häuptlingen der Griechen fester gezogen; sie waren über ihre Macht und Anzahl erstaunt in Sta. Maura auseinander gegangen. Ihre Ligue wurde zu einer offensiven, und zum
ersten Male gelang es Papas Euthymios und 1806
Demetrios Paleopulos von Karpenissi, ohne und
fremde Unterstützung, zu einem gemeinschaftlichen 1807
Feldzuge gegen Ali alle Häuptlinge Mittelgriechenlands zu vereinigen; zum ersten Male ward von Errichtung einer griechischen Regierung gesprochen. Die Operationen des Feldzuges waren wohl berechnet; allein der Bund ward verrathen. Muchtar, Alis Sohn, überfiel ihn unvorbereitet, und erst halb versammelt; Theodoros und Demetrius wurden vernichtet; Euthymios und Blachavas gefangen und hingerichtet, die Auflösung und Vernichtung des ganzen Bundes folgte dieser Niederlage; das Intriguenspiel Alis unterwarf ihm nun die meisten Klephtenchefs, nur wenige flüchteten in die höchsten Gebirge Aetoliens und Acarnaniens; die freien Distrikte Mittelgriechenlands mußten Ali für ihren Herrn erkennen; nach und nach wurden alle Verhältnisse mit der Pforte zerrissen; sie waren Unterthanen des Paschas, der sie mit Abgaben erdrückte, und sie dann gegen den Erlaß derselben zwang, ihre Privilegien ihm zu verkaufen — was ihn dann gegen den Anspruch der Pforte sicherte. — Die Unterwerfung von ganz Morea und Rumili

ward hiernächst das sichtbare Ziel von Alis ehr-
1807 geizigen Bestrebungen. Zwar wiesen die Franzosen seine Anträge dieserhalb zurück; allein die Pforte war zu ohnmächtig, ihm, nach Besiegung der Banden in Rumili, die Ausbreitung seiner Herrschaft auch in dieser Provinz zu hindern. Mahmud II. persönlicher Haß gegen ihn schreckte ihn nicht, so lange er alle seine Kapidgi-Baschis auffangen und ermorden lassen konnte, was er dann als Sanitätsmaßregeln darzustellen wußte, und so lange seine Heere von Thessalonich aus seine Feinde im Serail selbst zittern machten.

1810 Die gräßlichste Unthat überlieferte ihm hierauf
1811 das Paschalik von Berat und die freie Gemeinde von Gardiki. Dieser Ort und Argyrocastron bildeten nämlich die einzigen unabhängigen Gemeinden in Südalbanien, als Ali sie plötzlich überfiel, die 72 Geißeln der Gardikioten ermorden ließ, hierauf die angesehensten Einwohner selbst in sein Lager lockte und schmählich erwürgte, eine Unthat, deren Scheußlichkeit selbst den Divan entsetzte.

Von den Franzosen zurückgewiesen, wandte sich Ali an die Engländer; die Pforte lag mit den
1813 Serviern im Kampfe, die erst 1813 den unter Churschid-Pascha vereinten Heeren der Osmanen erlagen. Ali nahm an diesem Kriege keinen Theil; sein Augenmerk war auf den Peloponnes
1814 gerichtet. Einstweilen wollte er jedoch, den Fall der französischen Macht benutzend, ihre einzige Besitzung in Albanien, Parga, mit seiner Herrschaft vereinigen. Eine Handvoll tapferer Franzosen schlug seinen Ueberfall zurück, die Pargioten warfen sich den Engländern in die Arme; doch Thom. Maitland, der Gouverneur der ionischen

Inseln, verkaufte den unglücklichen Ort 1817 für 500,000 Pfund Sterling an Ali-Pascha. Die verlassenen Griechen, 4000 an der Zahl, flohen nach den ionischen Inseln; Parga, der letzte unabhängige, griechische Ort in Epirus, fiel dem blutigen Satrapen in die Hände.

Indeß nahte denn doch auch für diesen die Strafe für eine beispiellose Laufbahn von Schuld und Verbrechen heran. Seine Macht hatte im Jahre 1820 ihren höchsten Gipfel erreicht; der Reichthum einiger griechischer Distrikte war durch Erpressungen ohne Zahl in seinen Schatz geflossen; der Handel der Seeorte war in seinen Händen; Kaufleute und Fabrikanten waren überall nur seine Pächter; sein Reich zählte so viel Einwohner, als Schweden und Norwegen zusammen; neun Zehntheile alles Grundeigenthums war sein; er besaß prächtige Paläste zu Janina, Arta, Preveza, Tebelen und Parga; der halbe Divan stand in seinem Solde. Da erweckte Ismael Pacho-Bey, sein ehemaliger Diener, den Haß seiner Feinde bei der Pforte; Mahmud ernannte den Ankläger zum Kapidgi-Baschi. Seine lauten Klagen zogen zuerst die Absetzung Velis, Alis Sohn, der nach Lepanto verbannt ward,
herbei; Ali rächte sich durch einen Mordanfall 1820
auf Pacho-Bey, der den ganzen Divan in Bewegung brachte. Der Sultan, außer sich vor Zorn, befahl seine Bestrafung, und verkündete jedem den Tod, der nur für Ali zu sprechen wagen würde. Ali ward für einen Fermanli (Rebellen) erklärt; er selbst ward zu seiner Rechtfertigung an die Pforte beschieden. Ismael ward zum Pascha von Janina und Delvino ernannt,

alle Paschen Rumilis wurden aufgeboten, diese Entscheidung in Ausführung zu bringen: das Heer Ismaels zog gegen Janina; eine Flotte blokirte die Küsten Albaniens. — Sogleich nahm Ali seine Zuflucht zu seinen alten Freunden, den Klephten. Er stellte die Armatoliks in aller Eile wieder her, und sein Ruf der Freiheit tönte im Olymp und im Pindus wieder. Dies, dies war das entscheidende Wort für Griechenland — dieser Ruf seines Todfeindes erweckte es aus seinem langen Schlummer — dies, nicht italienischer oder spanischer Einfluß gab den Griechen die Waffen in die Hand! —

Die Berge Albaniens füllten sich mit den Freiheitskämpfern, welche Ali unterdrückt hatte. Odysseus, des Helden Andruzzos Sohn, Sturnares Liakos, Varnakiotis, Iscos, Zongos, eilten auf die ihnen angewiesenen Posten. Zugleich berief Ali die christlichen Notablen seines Landes nach Janina, die Bischöfe, die Demogeronten, wo er diese hatte bestehen lassen, entschuldigte sein Verfahren gegen Griechenland und bot ihnen seine seit 60 Jahren aufgehäuften Schätze für ihren Beistand. Auf der andern Seite aber verkündete auch Soliman-Bascha, der mit der Vorhut der Executionsarmee in Thessalien einrückte, den Griechen die Befreiung von Alis Joche und ihre alte Unabhängigkeit wieder — zum ersten Male warb die Pforte — ihren alten Grundsätzen völlig entgegen — um die Stimme der Völker selbst.

Die Proklamation, von Solimans Schreiber, einem griechischen Hetäristen, Anagnostes, verfaßt,

enthielt einen offenbaren Aufruf zu den Waffen gegen die türkische Herrschaft überhaupt. Soliman bezahlte mit seinem Kopfe den Trug seines Schreibers. Pelwan Baba folgte ihm, und zog mit Pacho-Bey nach Epirus. Berat, Avlona, Ochrida, Premiti, Panormos, Santiquaranta, Delvino, Argyrocastron, Tebelen, Parga, Preveza, Suli, Paramithia und Janina waren Alis Jun. 1820
feste Punkte; er selbst lag mit 10,000 Mann Kerntruppen in Janina.

Ismael begann die Belagerung, Janina ward von Ali zerstört. Seine Söhne fielen von ihm ab. Die Reste der Sulioten, 900 Köpfe stark, unter Kitzos und Markos Bozzaris erschienen von Neuem unter den Belagerern, Ali kaufte sich von diesem Feinde los, indem er ihnen ihre Berge wiedergab; so zogen nach siebzehnjähriger Trennung die tapfern Bewohner von Suli wieder in ihre Heimath ein; bald vereinten sich 3000 griechische Flüchtlinge mit ihnen; Kitzos ward ihr Polemarch. Mit 300 Mann schlug er ein ge- im
gen sie gesendetes Detaschement bei den fünf Dec.
Brunnen. Dieser Sieg war zugleich das Zei- 1820
chen des Aufstandes für ganz Griechenland und die erste glückliche Waffenthat dieses Aufstandes; Schrecken ergriff das Lager Ismaels. Churschid der Bezwinger der Servier, erschien, diesen zu ersetzen; Omer Vrionis traf gleichfalls vor Janina ein. Ein Ausfall Alis, mit den Sulioten ver- 26.
abredet, war verrathen worden; Ali ward blutig Jan.
zurückgeschlagen. Unterdeß erhob sich Patras, Lala, 1821
der ganze Peloponnes in Waffen. Churschid meinte ihn durch einen doppelten Karadsch zu strafen, und machte dadurch den Brand allgemeiner. Un-

terdeß brach auch der Aufstand der Hetäristen in der Moldau und Walachei aus — wir verfolgen jedoch die Schicksale Alis. — Durch die Ereignisse im Norden und Süden Griechenlands gewann Ali, wie er berechnet hatte, während des Jahres 1821, wieder Luft; allein als Churschid im Jahre 1822, in Folge dringender Befehle, die Belagerung mit erneuter Kraft begann, wurde er, durch seine Gemahlin und Churschid selbst betrogen, den 10. Januar 1822 zu einem
1. Waffenstillstande und endlich zur Aussöhnung
Febr. mit der Pforte vermocht. Sobald er sich hierauf
1821 in ein festes Schloß des Sees von Janina zurückgezogen, bemächtigte Churschid sich seiner Schätze und Vorräthe und nun verkündete dem wehrlosen Greise ein Ferman des Großherrn am 5. Febr. seine Verurtheilung: er fiel, 84 Jahre alt, nach tapferer Gegenwehr, unter den Dolchen seiner Henker; Omer Brionis, der Anführer derselben, ward Pascha von Janina. Die griechische Sache verdankte seinen Intriguen ihre allgemeine Verbreitung; ohne ihn wäre der Kampf, wie er Jahrhunderte lang geführt war, wahrscheinlich noch lange einzeln und ohnmächtig fortgeführt worden. So weiß die Vorsehung unsere Handlungen, auch wider unsern Willen, nach ihren Zwecken zu lenken. —

Vierter Abschnitt.

Geschichte des Aufstandes der Griechen; von 1820 bis 1825.

Bevor wir die Erzählung der kriegerischen Ereignisse beginnen, welche den Aufstand der Griechen in allen Provinzen des osmanischen Reiches begleiteten, haben wir über die Lage und die inneren Verhältnisse Griechenlands im Augenblicke dieses allgemeinen Aufstandes, über den Culturzustand, die Hülfsquellen, den Handel der griechischen Inseln, so wie endlich über die Entstehung des Hetäristen-Bundes noch Einiges nachzuholen; da diese Verhältnisse es eigentlich und besonders waren, welche in Verbindung mit den eben erzählten politischen Ereignissen, dieses Wiedererwachen Griechenlands aus einem langen Schlummer veranlaßten.

Der Handel, das vorzüglichste Verbreitungsmittel intellektueller Kräfte in Griechenland, war hier nie ganz untergegangen. Die Armenier und Juden waren in Griechenland, als Kaufleute, nicht geduldet, und die Competenz der trägen Türken ward von den gewandten Griechen leicht beseitigt. Der Handel Thraziens, Macedoniens und der Küsten des schwarzen Meeres hatte, durch die Cultur der Baumwolle und des Tabaks seit der Mitte des 17. Jahrhunderts ungemein gewonnen; diese Erzeugnisse waren es, die in dem Lande am Strymon (am Wardar), und in den Thälern von Seres so hervorstechenden Wohlstand verbreitet hatten. Die kleinen demokratischen Staaten in Epirus und Acarnanien waren durch die Produktion der Wolle wohlhabend; Thessalonich und die Häfen Dalmatiens waren im Besitze dieses Handelszweiges. Vier und zwanzig Dörfer am Pelion und Ossa, die der Sultanin Valide gehörten, das ganze Gebiet von Zagora war durch die Erzeugung der rohen Seide wohlhabend geworden; in Turnavos verbreitete die Fabrikation dieser Stoffe Leben und Wohlstand. Epirus, Thessalien und Macedonien wurden durch den Handel mit Fellen bereichert; Böotien und Livadien durch die Färbewurzel (Ali-Zari). Garnfärbereien *) dieser Art blühten in Larissa, Pharsalus, Baba, Rapsani, Turnavos, im Tempe, Macrinitza, Porteria, vor allen aber in Ambelakia, das dadurch (man zählte hier 24 Fabriken, die jährlich 2500 Ballen Garn lieferten) zu holländischem Wohlstand emporgestiegen und in den Besitz weitläufiger Handelsverbindungen, ja selbst einer Bank gekommen war.

Freisinnige Ideen und der Sinn für wissenschaftliche Bildung gingen von diesen Orten aus. Griechische Kaufleute sandten ihre Söhne, erst als Handelsagenten, bald um zu studiren, nach Deutschland, Frankreich und Italien. Hier lernten sie ihre Ahnen, ihren alten Ruhm kennen und brachten

*) Das sogenannte türkische Garn.

Plane zur Bildung von Schulen und gelehrten Anstalten zurück. In Aivali (Kleinasien), in Athen, Janina, Constantinopel und Bucharest wurden Institute dieser Art gegründet. Eine Hungersnoth in Frankreich trieb von Neuem zur Bestellung der seit zehn Jahren wüst liegenden Felder Moreas; 1770
die Inseln Hydra, Spezzia, Psara bereicherten bis
sich an diesem Handel bald gab es Millionairs 1780
auf diesen ödem sonst Felsen. Von 1791 bis 1800 wuchs ihr Handel von kleinen Frachtunternehmungen zu großen selbstständigen Geschäften empor; bald konnten sie sich gegen die wider Frankreich verbündeten Mächte mit Waffen vertheidigen; kleine Siege nährten den Unternehmungsgeist, das nautische und taktische Geschick der griechischen Inselbewohner; dieses und ihre Mäßigkeit, ihre Thätigkeit bereicherte mit unglaublicher Schnelligkeit die genannten Felseninseln; ihr Verhältniß zu der Pforte beschränkte sich darauf, daß sie zu der türkischen Flotte 500 Seeleute auf eigene Kosten stellten, die auf dieser zu hohen Würden zu gelangen pflegten. So ward die Flotte der Griechen aus einer Handelsflotte zu einer Seemacht, die sich schon unter Lampros und Barvakis mit Glück gegen die Türken versuchte. Um 1813 aber zählte Hydra allein 60 Schiffe mit 30 Mann bewaffnet, und 720 Kanonen; mehrere seiner Kaufleute, wie Barvakis, Conduriottis, Tombazis gehörten zu den reichsten Capitalisten Europa. Hydra zählte dreißig tausend, Spezzia und Psara zusammen eben so viele Einwohner, die die Pforte mit dem Namen von Bundesgenossen (nicht Rajas) ehrte, und welche in Marmorpalästen wohnten.

Von allen übrigen Inseln kam keine an Be-

6 *

völkerung und Wohlstand Chios gleich. Hier war es der Mastix und die Cultur der Seidenraupe, die hundert Dörfer bereichert hatte; die Insel bezahlte ihren Tribut in Harz; das ganze Land glich einem weiten Garten. Hier war seit langem eine weit berühmte Schule gegründet; eine Bibliothek, eine Druckerei, physikalische, astronomische Anstalten und Lehrer, wie Oikonomos, verbreiteten ihren Ruf im Auslande und bis Nordamerika hin; auch diese Insel und ihre gebildeten aber unkriegerischen Einwohner standen unter dem Schutze der Sultanin Valide.

Die Türken sahen diesen Fortschritten geistiger Bildung unter den Griechen gleichgültig zu, oder vielmehr, sie bemerkten sie gar nicht. Das war natürlich; doch was anfangs überraschend scheint, die höhere Geistlichkeit, der Stuhl des Patriarchen, die Bischöfe, die Fanarioten waren es, die ihnen aus allen Kräften entgegenarbeiteten. Das System der Stabilität, das diese Geistlichkeit wünschen mußte, gerieth freilich dadurch in Gefahr. Mehrere Schulen zu Stambul, Aivali und anderen Orten wurden durch die Bischöfe unterdrückt; doch unter dem Widerstande wuchs das brennende Verlangen der Griechen nach Bildung und an vielen Orten widerstanden sie glücklich.

Um dieselbe Zeit kämpften 15,000 Griechen in den Reihen der Russen, der Oestreicher, der Engländer gegen Frankreich; man sammelte auf den Inseln Beiträge für das bedrängte Rußland; die Theilnahme an der europäischen Politik war allgemein, man hoffte die Freiheit von dem Ausgange dieses Kampfes; die Spaltung zwischen Griechen und Türken ward täglich fühlbarer —

doch die Hoffnungen der erstern wurden nach dem Frieden von Paris getäuscht.

Das Verlangen der Griechen nach Bildung und Theilnahme an der europäischen Staatengemeinschaft hatte einer Vereinigung Entstehung gegeben, die 1814 zu Wien mit rein wissenschaftlichen Zwecken gestiftet worden war. Dies war der Bund der Hetäria *), die anfangs unter dem Namen der Philomusischen Gesellschaft allein die Verbreitung nützlicher Kenntnisse unter den Griechen zum Ziel hatte. Ihre Verfassung war einfach, man erkannte kein Oberhaupt, die sogenante Arche war ein idealer Vorstand; Fremde von Auszeichnung waren Theilnehmer an dieser Verbindung, die, in allen türkischen Provinzen zerstreut, zuletzt auf 80,000 Mitglieder zählte; der Hetärist Anagnostes war als Schreiber Solimans der erste, der auf die politischen Absichten des Bundes aufmerksam machte. Seitdem diese Zwecke einmal die Theilnahme des Bundes gewonnen hatten, sah dieser sich für den Augenblick der Thätigkeit nach einem sichtbaren Oberhaupte um, an dem es ihm bis jetzt fehlte. Man glaubte ein solches in Alexander Ypsilantis, dem Sohne des 1806 in Ungnade gefallenen und nach Rußland geflüchteten Hospodaren zu entdecken. Dieser, früh zu angesehenem Range in der russischen Armee emporgestiegen, wurde von den Hetäristen zum Chef erwählt und von Odessa
nach Bessarabien berufen. Von hieraus leitete er 1820
die Fäden der Verschwörung, zeichnete den Verbündeten ihr Verhalten gegen Ali vor**) und be-

*) Bund der Freunde.

**) Sein Schreiben dieserhalb ward von Churschid

reitete den Ausbruch des Aufstandes vor, als dieser durch unvorhergesehene Umstände selbst zu früh herbeigeführt ward. Der Hospodar der Walachei, Alexander Suzzo, war gestorben; ein Abenteurer, Theodor Wladimiresko, benutzte die augenblickliche Verwirrung, die diesem Todesfalle folgte, um von seinem Divan die Erstattung gewisser Vorschüsse zu fordern, und als diese ausblieb, die Waffen zu ergreifen und die Truppen des Divan zu seiner Partei hinüber zu ziehen. Die Hetäristen der Walachei hielten diese ganz fremdartige Bewegung für das erwartete Zeichen des Aufstandes, griffen zu den Waffen, und glaubten diesen Anlaß benutzen zu müssen, ihren Lehren Ausführung zu geben. So führten junge Brauseköpfe einen Aufstand herbei, dessen Ausbruch von ihren Chefs weislich erst für das Jahr 1825 berechnet worden war, und zwangen Ipsilantis wider seinen Willen, den Pruth zu überschreiten, und um nicht alle Früchte seiner Bemühungen für immer zu verlieren, mit einigen hundert begeisterten Freunden nach Jassy vorzudringen. Er nannte sich den Repräsentanten Griechenlands und verhieß den Beistand einer großen Macht, freilich ohne direkte Autorisation, aber von dem Benehmen des russischen Cabinets gegen ihn und sein Volk hinreichend hierzu ermächtigt.

Einmal auf moldauischem Gebiete, erklärte sich der Hospodar Michael Suzzo laut für ihn; der Prinz Cantacuzenos, Nicolaus Suzzo, Johann

---

aufgefangen, und diente diesem dazu, sich in das Vertrauen des alten Satrapen einzuschleichen, um ihn desto sicherer zu verderben. S. d. vor. Abschn.

Schinas, Hanzeri, die Caradgeas, die junge moldauische Jugend eilte zu seinen Fahnen. Jassy ward schnell erreicht, die Walachey durchschritten, die Moldau überschwemmt, deren Hauptstadt sich in den Händen des Pandurenchefs Wladimiresco und seiner 2000 Mann starken Schaar befand. Doch dieser, in Ipsilantis Bewegung nur die Prätension einer verhaßten Aristokratie erblickend, verweigerte ihm seine Anerkennung; dennoch vereinigten sich beide Abtheilungen zu gemeinschaftlichen Waffenthaten, jede unter ihrem Anführer. Zwischen diesen Aristokraten und jenen Demokraten standen, als eine dritte Partei, die Bojaren in der Mitte, welche von der Pforte nichts begehrten, als die Wiederherstellung ihrer alten Privilegien.

Unterdessen hatte Ipsilantis Bewegung in der Moldau die Dinge in Griechenland selbst zur Entscheidung gebracht. Schon im April **1821** er- April 1821
griffen Kontogannis am Pindus, Gouras von Othrix, Dyrvanutis am Parnaß, Diamartis in Thessalien, Odysseus, der Sohn Andruzzos, in Livadien zu den Waffen, und stiegen mit ihren Pallikaren von ihren Bergen herab. Am 20. März hatte Patras zum zweiten Male, Calavryta und Vostizza am corinthischen Meerbusen, von Ipsilantis Proclamationen ermuthigt, die Türken verjagt, in die Citadelle von Patras eingeschlossen, oder zur Flucht nach Lepanto genöthigt. Von Priestern und Primaten unterstützt, war der Aufstand bis Tripolizza, der größten Stadt Moreas, vorgedrungen; zehn tausend bewaffnete Griechen folgten dem Erzbischofe Germanos zur Belagerung von Patras. Ein Hülfscorps, das Churschid je-

doch zur rechten Zeit sendete, entsetzte die Festung und trieb die Griechen in die Gebirge von Calavryta zurück. Unterdessen hatten sich auch die Distrikte von Arkadien, Messenien, Argolis und Maina erhoben; die Türken flüchteten an die Küsten nach Koron, Modon, Navarin, Monembasia, und Tripolizza allein blieb ihnen im Innern der Halbinsel. Alles dies war das Ergebniß weniger Tage — ein Beweis, wie bereit die Elemente dieser Volksbewegung dalagen — und das Osterfest 1821 wurde diesmal in dem freien Griechenland, während die Hymnen Rhigas von allen Bergen wiedertönten, mit gleicher religiöser und patriotischer Erhebung gefeiert.

Allein ein Wehgeschrei sollte diesem trunkenen Freudenrufe in anderen Theilen des osmanischen Reiches antworten.

Die Unbesonnenheit des fanariotischen Fürsten Morusi, der einen von Ipsilantis an ihn gerichteten Brief aus Furcht dem Divan mittheilte, brachte den Entschluß der Türken, welchen der zweite Aufstand von Patras erzeugt hatte, das ganze griechische Volk auszurotten, zur Reife. Der Brief ward gedruckt, in allen Moscheen verlesen und der Pöbel der Hauptstadt auf alle Weise gegen die aufrührischen Rajahs entflammt. Morusi ward das erste Opfer dieser künstlich erregten Volkswuth; einige fanariotische Familien theilten sein Loos; die Straßen der Hauptstadt wurden zu einem Schlachtfelde für die Griechen. Da verfügte sich der greise Patriarch Gregorios zum Groß-Vezier, um ihn zu fragen, wann es des Mordes genug seyn werde. Die Antwort bewies ihm seine eigene Gefahr. Unterdessen erschien das

Osterfest. Pöbel und Janitscharen belagerten den Tempel der Christen — der russische Gesandte fehlte. Eben als Gregorios, nach beendetem Bruderkusse, dem Himmel dafür dankte, daß er dieses Fest noch unter den Seinen erlebt habe, stürmte der Pöbel die Pforten des Tempels, und opferte ihn und vier Bischöfe seiner Wuth. Man sah sie an den Thüren der Kirche aufgehängt — so bezahlte die griechische Geistlichkeit ihre Lossagung von der Sache des Volkes! —

Drei Tage lang floß das Blut der Christen in der Hauptstadt; der Fanar ward verwüstet; Europäer in Menge, Russen und Spanier waren unter den 30,000 Leichen dieser Tage; die Gesandten der europäischen Mächte begnügten sich mit fruchtlosen Protestationen; mehrere verschlossen ihre Hotels den Flüchtigen, und räumten der türkischen Polizei das Recht ein, auf den Schiffen ihrer Nationen nach flüchtigen Griechen zu suchen.

Das Morden verbreitete sich von hier aus nach der Küste von Asien hinüber. In Smyrna und Scala Nuova floß das Blut der Christen in Strömen; in Cypern, Aivali, Rhodos, Adrianopel und Salonichi hatte die Volkswuth drei Monate lang freies Spiel; die siegreichen Griechen in Morea rächten ihre Brüder an den Brüdern ihrer Mörder.

Unterdessen nahte sich der Aufstand Ipsilantis seinem Ausgange. Seine Verbindung mit den südlichen Griechen blieb, durch die Servier unterbrochen, nur auf ein gemeinschaftliches Streben, ohne gemeinschaftlichen Beistand, beschränkt, und die förmliche Erklärung Rußlands zerstreute

bald die Täuschung, als habe man von außen her Hülfe zu erwarten. So sah sich Ypsilantis denn auf eine Defensive beschränkt, für die seine Mittel auf keine Weise berechnet waren. In dieser Lage hatte er mit strategischer Einsicht die feste Stellung von Tergowitz, mitten in der Walachey, gewählt, Buckarest vor Kara Mustapha, Pascha
April von Silistria, den 10. April geräumt, Galacz
1821 gegen Ibrail tapfer vertheidigt, und Jassy aufgegeben. Bis Ende Mais ruhten hierauf die Waffen; die beiden Paschen füllten Jassy und Buckarest mit dem Blute der Hingerichteten. Unterdessen herrschte der Zwiespalt im Lager der Hetäristen, und hinderte Ypsilantis, irgend etwas zu unternehmen. Sein College Wladimiresko folgte nur den Eingebungen seiner Habsucht; Duka, Manos, Skufa, seine Feldherren, unterhandelten gar mit dem Feinde. Wladimireskos Verrath selbst wurde nur durch die Entschlossenheit Georgakis, eines thessalischen Häuptlings, der ihn von seinen eigenen Kriegern verhaften und hinrichten ließ, abgewendet. Allein alles dies bewies doch die Auflösung aller Disciplin, die Abwesenheit aller kräftigen Leitung im Lager der Hetäristen. Alexander Ypsilantis selbst, den gehäuften Schwierigkeiten seiner Lage wenig gewachsen, lebte unterdessen in Festlichkeiten und Bällen fort, und ließ sorglos die Mittel zersplittern, die seine Sache hätten stark machen können. Der Erklärung des russischen Consuls zu Jassy entgegen, versicherte er beständig, 20,000 Russen rückten zu seinem Beistande heran, und ging nicht eher aus seiner Unthätigkeit heraus, als bis die Türken Buckarest verließen und ihn so mit rückwärts nach Rimnik

zu hindrängten. Am 19. Junius standen die Türken seiner Stellung beim Kloster Dragachan, einige Meilen von Rimnik, gegenüber; der kleine Fluß Oltau deckte seinen Rücken. In dieser Lage ward, gegen Georgakis Meinung, der Angriff beschlossen. 20. Jun. Kaum begann jedoch am 20. Junius das Treffen, so gab die feige Flucht Karavias, des Befehlshabers der Reiterei, das Zeichen zu einer allgemeinen Auflösung. Umsonst strebte Fürst Ypsilantis, die Fliehenden an der Oltau zu sammeln; die heilige Schaar allein widerstand und fiel Mann für Mann. Nach diesem Unfalle verlor Ypsilantis alle Hoffnung eines glücklichen Erfolges auf dieser Seite. Er floh in der Absicht, sagt man, dem Peloponnes seine Dienste anzutragen. Allein auf dem Wege nach Triest ward er auf östreichischem Gebiete ergriffen und in Munkatsch in Fesseln gelegt.

Nach seiner Flucht sammelte Georgakis die Trümmer seiner Armee, warf sich mit ihnen in die Moldau und vertheidigte sich hier fünf Monate lang; oft siegreich gegen alle Angriffe der Türken. Endlich, nachdem er tausende von Osmanen getödtet, ward der tapfere Mann, von dem Bischofe von Romano verrathen, mit 500 der Seinigen in ein Kloster gelockt und endete, nachdem er sich hier noch fünf Tage ohne Lebensmittel vertheidigt, indem er sich mit acht der Seinigen in einem Thurme, seiner letzten Zuflucht, in die Luft sprengte.

Ein anderer Anführer der Hetäristen, Anastasius, zog sich mit 450 Griechen, von einer starken Colonne Türken verfolgt, bis an den Pruth zurück, vertheidigte sich bei Wadeni drei Tage lang heldenmüthig und durchschwamm, als seine Munition erschöpft war, mit der Hälfte der Seinigen den Pruth, worauf ihn die russischen Vorposten in Empfang nahmen.

So endete dieser militärisch-aristokratische Aufstand, ohne der gemeinsamen Sache Griechenlands einen anderen Dienst zu leisten, als die Blicke der Pforte von den Vorgängen in Morea abzuwenden und sie mit Rußland in Verwickelungen zu bringen, die sie nöthigten, die Macht ihrer Waffen immer nach der Richtung der Donau hin in Bereitschaft zu halten.

Vom Aufstande der Inseln bis zur Volksversammlung von Epidaurus oder das Jahr 1821.

Die Abgesandten Ipsilantis hatten alle größeren Inseln des Archipel, mit Ausnahme von Chios, für ihre Ideen zugänglich gefunden. Dennoch verschoben die Admiralitäten von Hydra, Psara und Spezzia eine feierliche Erklärung bis zu dem Erscheinen der verheißenen russischen Hülfsarmee. Al-
April lein als man um die Mitte Aprils in Hydra erfuhr, daß die griechischen Matrosen am Bord der türkischen Flotte im Hafen von Preveza ermordet worden seyen, war man hier und in Psara zum bewaffneten Aufstand, zur Rache für diesen Frevel bereit. Doch sollte Psara die Ehre, den ersten Schritt gethan zu haben, behaupten. Eine Botschaft der Ipsarioten erschien vor dem Senate von Hydra, stellte die Gefahr der befohlenen Entwaffnung dar und machte auf die 4000 Kanonen und 60,000 Flinten aufmerksam, welche beide In-

seln zusammen enthielten. Der Senat von Hydra erklärte hierauf:

„Die griechische Nation, des grausamen Joches der Türken müde, ergreife die Waffen, um ihre Ketten zu brechen; die Insel Hydra habe beschlossen, alle ihre Kräfte, öffentliche und die der Privatpersonen gegen den gemeinsamen Feind aufzubieten."

Dies war die erste förmliche Akte des griechischen Aufstandes, der von nun an, unter der Leitung der Inseln, einen bestimmten und festeren Charakter annahm Jacob Tombazis ward zum Navarchen von Hydra, und bald darauf von allen übrigen Inseln zum allgemeinen Navarchen (Admiral) ernannt. In wenigen Tagen waren, während Alt und Jung mit nie gesehenem Eifer Hand anlegte, die Handelsflotten der drei Inseln
in eine Kriegsflotte verwandelt, und am 28. April April
lag eine Eskadre von 30 größeren Briggs und 1821
unzähligen kleineren Fahrzeugen segelfertig auf der Rhede von Hydra. Tombazis empfing seine Instruktionen, segelte mit Proklamationen, die den Griechen den Aufstand von Patras, die Einnahme der Moldau und Walachey, die Empörung der Inseln meldeten, ins Meer hinaus. Tynos gab zuerst seine Zustimmung; die Türken der Insel
wurden, als ein Spezziot gerade mit Flüchtlingen 2.
aus Constantinopel eintraf, mit Mühe vor der May
Wuth des Volkes gerettet; Samos und Andros 8.
folgten diesem Beispiele, und nun zog Tombazis, May
von den Ipsarioten verstärkt, nach Chios. Hier fanden seine Vorschläge jedoch wenig Gehör; die Insel war zu wohlhabend, die Türken, im Besitze der Hauptpunkte, schienen zu mächtig, und

Tombazis mußte sich mit Erbeutung einiger türkischen Schiffe an den Küsten von Chios begnügen. Als er den 22. Mai nach Hydra zurückkehrte, war der Hafen voller eroberter Schiffe; ein Hydriot hatte sich vor Melos sogar mit einer türkischen Corvette von 32 Kanonen und einer Brigg gemessen, und sie erobert. Melos, Ceos, Mycone, Naxos, Anaphi schlossen sich hierauf dem Aufstande an und tödteten die wenigen Türken unter ihnen. So war zu Ende Mais der gesammte Inselbund, außer Chios, Segros, Mitylene, Cypern, Rhodos und Candia, wo die Türken mächtig genug waren, die Bewegung des Volkes zu unterdrücken, im Aufstand gegen die Pforte. Die Griechen der kleinasiatischen Küste flohen nach Psara, 12,000 derselben bevölkerten Hydra, Naxos und Andros, da Psara nicht Wasser genug für sie hatte.

Unterdessen, und ehe man den Kapudan-Pascha im Archipel erwarten durfte, beschloß die Admiralität der Union, die Festungen an der Küste Moreas durch ihre Flotte, wo möglich, zur Uebergabe zu bewegen. Den 36 hydriotischen Schiffen schlossen sich 20 psariotische Polaker und acht Brander an, Spezzia sandte 13 Schiffe, drei unter Anführung der berühmten Bobolina, Caleri, Mycone, Pathmos, Cyme und Andros rüsteten zwanzig Schebeken, und so zog die fast hundert Segel starke Flotte nach der Küste der Halbinsel aus. Die schwachen Besatzungen von Philatra, Gargagliana und Arcadia capitulirten; die Mainotten nahmen Calamata, und hier constituirte Mauro-Michali, der Kriegschef der letzteren, die erste politische Versammlung auf dem Festlande

Ende May

von Griechenland. — Doch damit endeten auch die Erfolge der verbündeten Flotte; kein einziger der größeren Plätze hatte sich ihr ergeben, als sie zu Ende Mais vor Patras eintraf, wo Jussuf-Pascha befehligte.

Die Blokade dieser Festung ward beschlossen, der corinthische Meerbusen ward gereinigt, und die Verbindung zu Lande über den Isthmus mit den Inseln hergestellt; doch Engländer verproviantirten Patras und Schnellsegler kündigten das nahe Erscheinen des Kapudan-Pascha außerhalb der Dardanellen und die Gefahr Psaras, des äußersten Vorpostens des Bundes, an. Tombazis sandte Hülfe voraus; fünf türkische Linienschiffe und acht Fregatten und Corvetten fanden sich vor Lesbos plötzlich von siebzig griechischen Schiffen umringt. Die Türken flohen nach Mitylene, ein Schiff von 74 Kanonen und 900 Mann Besatzung fiel den Griechen in die Hände; hierauf floh die ganze türkische Flotte in aller Eile den Dardanellen zu, von wenigen Briggs verfolgt. Allein die nun folgende Unternehmung auf Smyrna und Cydonia (Aivali) ward zu früh verrathen und endete mit einem gräßlichen Blutbade der Christen in beiden Orten.

Hierauf erschien der Kapudan-Pascha, durch die wüthenden asiatischen Horden verstärkt, selbst vor Samos. Der erste Angriff ward von den heldenmüthigen Samiern siegreich zurückgeschlagen; eine Menge von Türken fand in dem Hafen von Bathi ihren Tod. Der Pascha entwich nach Cos, ließ seine ganze Flotte, dreißig Kriegsschiffe stark, hier von 150 griechischen Barken einschließen — und damit endete denn der so stolz angekündigte Seezug der Türken für diesen Sommer.

Unterdessen war dem ersten Sturme im Peloponnes selbst eine gefährliche Erschlaffung gefolgt. Die Disciplin der Griechen verschwand vor den Festungen, die sie weder zu belagern, noch einzunehmen verstanden; es fehlte an kriegerischer Leitung, an Material, an einer ordnenden Regierungsbehörde. Die einzige Versammlung dieser Art bis jetzt war die Gerusia (Senat) von Calamata; doch ihr Ansehen im Lande selbst war gering. Im Innern standen theils die Primaten und die Geistlichkeit, theils die alten Klephtenchefs an der Spitze der Volksbewegung; Germanos war das Haupt der ersten, Colokotronis (Sohn des 1790 ermordeten Häuptlings) der angesehenste unter den letztern. Die Berge Arkadiens waren die Zeugen seiner dreißigjährigen Kämpfe, Kriegslisten und Siege gewesen, bis er endlich, von Veli vertrieben, auf den ionischen Inseln in russische Dienste gegangen war, von wo er jetzt nach Morea, das ihn mit Jubelruf empfing, zurückkehrte. Dieser Häuptling war, wie die Ephoren und Primaten, für die Beibehaltung des bis jetzt herrschenden Systems der Willkühr und Verwirrung; wogegen die Hetäristen, von der Gerusia unterstützt, für die Aufstellung einer geordneten Verfassung und einer disciplinirten Kriegsmacht thätig waren. Dieser Zwiespalt lähmte die jungen Kräfte des Aufstandes, und das Wenige, was geschah, bestand in einer völlig ohnmächtigen Beschießung der festen Plätze mit kleinem Gewehre, wobei die griechischen Bauern selbst die Türken gegen Gold und schöne Waffen (die Leidenschaft der Griechen) mit Lebensmitteln versahen.

Unterdessen erschien Demetrius Ipsilantis, der

Bruder Alexanders, in Morea, allein und von den Organisirungsplanen der Hetäristen befangen, ohne Kenntniß des Volks. Dennoch brachte seine Erscheinung und 300,000 Franken *), die er mit sich führte, wieder einige Bewegung in den Senat von Calamata; Prinz Cantacuzenos hatte sich von Triest aus mit einigen Offizieren und Hetäristen den Mainoten angeschlossen, und belagerte Momembasia (Malvasia); Graf Mercati von Zante Navarin, Kolokotroni Lala, Graf Metaras von Corfu mit 1500 Jouiern, Patras, die Argier blokirten Korinth, und Ipsilanti selbst hatte für sich die Belagerung von Tripolizza aufgehoben. Momembasia und Navarin fielen, während die türkische Flotte noch immer in Cos eingeschlossen ruhte; Cantacuzenos konnte seine Capitulation gegen die raubsüchtigen Mainoten aufrecht erhalten; Metaras nicht; 500 Türken wurden in Navarin ein Opfer der Volkswuth. Hierauf begannen die Mainoten, die Argier und Kolokotroni, der Sieger von Lala, mit seinen Arkadiern die Belagerung von Tripolizza, der festesten Stadt im Peloponnes. Fremde Philhellenen erschienen mit Geld und Waffen.

Unterdessen waren im Junius 1821 die Deputirten der Inseln in Calamata eingetroffen; allein statt der gehofften Verabredung zu gemeinschaftlichen Maßregeln, trennte man sich unter heftigen Vorwürfen gegen einander. Germanos und Kolokotroni standen gegen die Inseln und Ipsilanti, dessen reinen Patriotismus sie verdächtig zu machen suchten. Doch ward man dar-

*) Die Mitgift seiner Schwester.

über wenigstens einig, den talentvollen Hetäristen Sacharis nach dem Osten Moreas abzusenden, um dort den Versammlungen der Klephtenchefs und der Primaten, so wie der Anhänger Alis in diesem Theile Griechenlands, vorzusitzen. Wirklich stiftete Sacharis eine zweite Gerusia zu Missolunghi, wo nun, außer den schon streitenden Interessen, noch ein neues, nämlich die Erhaltung Alis (dessen Anhänger besonders Alexis Nuzza, Hago Bessaris und Tahir-Abas waren) und dessen Ernennung zum Fürsten dieser Gegend, ins Mittel trat.

Churschids schwache Unternehmungen gegen den Westen von Griechenland, während er selbst Janina belagerte, waren unglücklich genug abgelaufen. Seine Detachements unter Ismael-Pascha und Omer-Brionis waren, das erste bei Arta geschlagen und dort eingeschlossen, das andre in Bodonizza blokirt. Von hier aus drang Omer jedoch später, troß Diakos Vertheidigung, durch die Thermopylen und verwüstete Attika, ohne indessen Korinth entsetzen zu können.

Aug. Zu Ende Augusts endlich rückten 20,000 Tür-
1821 ken aus Rumili gegen die Thermopylen an, und zu gleicher Zeit begann die Flotte, da die Hydrioten und Spezzioten die Blokade verlassen, von Neuem ihre Bewegungen und näherte sich Patras. Hierauf schloß Churschid Ali enger ein, entsandte 5000 Mann zum Entsatze von Arta, um sodann mit Pacho-Bey Akarnanien zu säubern und Missolunghi zu belagern. Die Griechen standen zerstreut, von hier bis an die Engpässe der Thermopylen; 1000 Mann waren in Missolunghi, 2500 etwa unter Odysseus und Gouras in den

Thermopylen; zwischen ihnen waren die Pallikaren von Sturnares, Macrys, Gogos, Lepeniotis, Iskos und Varnakiotis, zusammen etwa 5000 Mann stark, Herren des Landes; Omer-Vrionis herrschte in Livadien. Churschids Unternehmen gelang: Arta ward entsetzt; die Zulioten wurden von den Fünf-Brunnen vertrieben; Preveza ward befreiet. Doch nicht so glücklich war die 18,000 Mann starke Armee Bekr-Hadgis und Mehemed-Alis in den Thermopylen. Während 1000 Pallikaren unter Gouras ihnen den Paß von vorn verschlossen, stürzte Odysseus mit eben so viel auf ihre Nachhut, hieb sie nieder, eroberte ihre Artillerie und trug den glänzendsten Sieg davon; die ganze Armee löste sich in Verwirrung und Schrecken auf. 4. Spt. 1821

Nach diesem Siege war selbst das Erscheinen der türkischen Flotte im Meerbusen von Lepanto nicht mehr entscheidend. Dennoch erfüllte die Nachricht hiervon das Belagerungsheer von Tripolizza mit Besorgniß, und erregte lebhafte Debatten, die nichts entschieden. Seit dem August nämlich hatte Ypsilantis an Maurokordatos, der ihm an einschmeichelnden Manieren wohl, aber nicht an Geschick und kriegerischem Talent übertraf, einen Nebenbuhler in der höchsten Gewalt gefunden. Nur mit Mühe entfernte er diesen nach Aetolien, und Cantacuzenos nach Argos, wo dieser, erbittert über den Undank der Hellenen, die Sache derselben für immer verließ.

Während dessen ging die Belagerung Tripolizzas, mit einigen unbrauchbaren Geschützen, erfolglos fort; eine Bresche entstand nicht, indessen war gegen die Mitte Septembers doch der Hun-

7 *

ger unter der Besatzung ausgebrochen; die türkische Cavallerie (6000 Mann stark) räumte das Feld, und so wenig die Griechen auch die Kunst der Belagerung verstanden, so schien sich die Stadt doch ihrem Falle zu nähern. Die Beutegier Kolokotronis strebte daher nur darnach, seinen Nebenbuhler Ipsilantis und dessen Verfechter Nikitas von dem Belagerungsheere zu entfernen, und schlau benutzte er zu diesem Zwecke das Erscheinen der Flotte in dem Golph von Korinth, um diesen mit 900 Mann zur Deckung der achajischen Küste hinwegzusenden.

Am 25. September erschien die Flotte, nachdem sie Koron und Modon verproviantirt, vor Patras, vertrieb die 3000 Mann starke Blokadearmee und wandte sich dann nach Vostizza. Hier schreckte sie jedoch die Stellung Ipsilantis von einer Landung zurück; allein an der gegenüberliegenden Küste sollte die gewerbreiche Galaxidi die türkische Rache fühlen. Die Stadt ward, nach tapferer Gegenwehr von Seiten der Einwohner, genommen, eingeäschert und die Bevölkerung in die Berge von Salona getrieben. Ipsilantis sah dem Brande der Stadt drei Tage zu, ohne von der anderen Küste her etwas unternehmen zu können. Hierauf wandte er sich nach Korinth und Athen, und erfuhr hier die Einnahme Tripolizzas.

Seit seiner Entfernung hatte die Belagerung in der herkömmlichen Art fortgedauert. Während die Griechen ihre Flinten gegen die Wälle der Stadt abfeuerten, oder mit den Türken Handel trieben, unterhandelte Kolokotroni mit Kamil-Bey auf Capitulation. Die Pallikaren hierüber aufgebracht, und den Verlust ihrer Beute fürchtend,

stürmten hierauf am 5. October, ohne Befehl und 5. Oct. 1821
während eines Waffenstillstandes, die Stadt und nahmen sie nach einem gräßlichen Gemetzel, in dem 6000 Türken den Tod fanden, ein. Die Stadt, mit Leichen gefüllt, ein Raub der beutegierigen Mainoten, bot den scheußlichsten Anblick dar und ward von der Pest verheert, als Ipsilantis am 15. October von seiner Expedition dahin zurückkehrte. Unterdessen hatte die Nachricht von Odysseus Siege in den Thermopylen ganz Griechenland mit Jubel, die Türken mit Schrecken erfüllt; die Flotte selbst unternahm nun nichts mehr.

Ipsilantis Bemühungen, die Ordnung in Tripolizza wieder herzustellen, fingen indeß an Früchte zu tragen. Der hellenische Senat sollte sich in Argos versammeln; hier sollte die Regierung geordnet und Einheit in die Kriegsplane gebracht werden; allein noch der November verging, ehe die Deputirten der Provinzen sich einstellten. Nun ward, da Napoli di Romania immer noch nicht, wie man gehofft hatte, gefallen war, Epidaurus im Golph von Aegina zum Sitz des National-Convents erwählt.

Von dem Congresse von Epidaurus bis zu dem von Astros, oder das Jahr 1822.

Die Zusammenberufung der Volksdeputirten erfolgte auf eine von Ipsilantis unter dem 6. October 1821 erlassene Proklamation, welche ein merkwürdiges Ungeschick dieses Prinzen zur Leitung einer Nation, wie die griechische, in ihren Angelegenheiten verrieth. Er nannte sich darin den Vater des Volkes und erbot sich, ihm Ephoren zu geben, die es seines Vertrauens würdig halten würde. Nichts desto weniger kam der Congreß zusammen; allein nur, um durch Mitglieder, wie Maurokordato, Deputirten der Aetolier, Colettis und Theodor Negris, Ypsilantis Ansehen sofort völlig zu verdunkeln.

Den 15. December 1821 waren 59 Volksdeputirte zu Epidaurus versammelt, und Neophytos, der Erzbischof von Talanta, weihte den Congreß durch eine religiöse Handlung ein. Eine Commission unter Maurokordato entwarf die Akte der Unabhängigkeitserklärung und den Plan einer provisorischen Regierung. Die erste ward am Neu-
1. jahrstage 1822, die zweite den 27. Januar pro-
Jan. mulgirt. Ein gesetzgebender Senat, aus sämmt-
1822 lichen Deputirten, und eine executive Oberstelle (vollziehender Rath) aus fünf Mitgliedern stand an der Spitze der Geschäfte. Ypsilantis ward zum Präsidenten, Sotiri-Karalampi zum Vicepräsidenten des Senats; Maurokordato zum Präsidenten, Anastasius Kanakares von Patras zum Vicepräsidenten, Orlandos von Hydra, Paianopulos von Caritena und Logothetis aus Livadien zu Mitgliedern des ausführenden Raths ernannt.

So unvollkommen dieser Regierungsentwurf auch seyn mochte, so wäre er für den Augenblick doch wohl genügend und heilbringend gewesen, hätte er nur nicht allzusehr den Sieg der Insel und Hetäristenpartei über die militärischen Häuptlinge des Volks zur Schau getragen, denen doch der ganze Erfolg des Aufstandes bis jetzt allein zu danken war. Diese gänzliche Ausschließung der Militärchefs von aller Theilnahme an der Regierung mußte den Erfolg haben, die constituirende Behörde selbst in den Augen eines Volks verächtlich zu machen, das für den kriegerischen Ruhm fast noch allein Sinn hatte, und das seine Anführer im Felde abgöttisch liebte. Zugleich kündigte dieser Schritt ein Mißtrauen an, das die Militärchefs noch auf keine Art verdient hatten, abgesehen davon, daß er von Spaltungen und Unzufriedenheit im Innern der Versammlung selbst begleitet war. Ypsilantis, der bisherige Generalissimus, sah sich durch Maurokordato von der Präsidentur des ausübenden Raths, von der Stelle, die er allein für sich begehrte, verdrängt Nichts desto weniger fuhr er in seinem uneigennützigen Eifer für die Sache des Volks fort, mit großer Anstrengung thätig zu seyn. Noch während der Sitzungen in Epidaurus eroberte er die Acropolis von Korinth und beobachtete dann, mit dem redlichen Nikitas vereint, von Zituni aus die Türken. Kolokotroni, wenig bekümmert um die neue Constitution und den Senat, den er verachtete, kehrte zur Belagerung von Patras zurück. Andere Chefs folgten seinem Beispiele, und der neue Feldzug begann wieder eben so ohne Plan und Uebereinstimmung, wie der vorige geführt worden war — und dies zu einer Zeit, als eine furchtbare Flotte die Dardanellen verließ, die Pforte ihre Streitkräfte an der Donau gegen Morea in Marsch setzte, und der Untergang Ali-Paschas dem Seraskier Churschid freies Feld gewährte, Griechenland anzugreifen, wo er wollte. Febr. 1822

Der Senat, der diesen Angriff von der Seite von Patras her befürchtete, sandte Befehl an Kolokotroni, den Golph zu überschreiten und die Einschiffung Churschids auf alle Weise zu hindern. Doch Kolokotroni weigerte diesem Befehl den Gehorsam; nur im Peloponnes, erwiederte er, könne er Krieg führen, hier wären seine Mittel, seine Popularität. Glücklicherweise machte die Unthätigkeit Churschids diesen Ungehorsam unschädlich; dieser blieb nämlich in Epirus und beschäftigte seine ganze Armee gegen eine Handvoll Sulioten.

Noch unglücklicher lief der Versuch des Senats gegen Odysseus ab, den man, trotz seiner großen Verdienste und des neuen Andenkens an seinen Sieg in den Thermopylen, noch immer im Verdacht eines geheimen Einverständnisses mit Churschid hatte. Odysseus war die Seele des Widerstandes, den die Türken in Thessalien, Livadien und Böotien fanden. Nichts desto weniger berief ihn der executive Rath, auf Negris Antrag, vom Kommando ab, und sandte Nutzas und Pallasius gegen den verdienstvollen Sohn Andruzzos, der ihrer Autorität spottete. Ueber dem Gastmahle, zu dem Odysseus seine Gegner eingeladen hatte, rief der Capetan seine Offiziere zu Richtern zwischen ihm und dem Gouvernement auf, und die Folge dieses Aufrufes war die Niedermezzelung der Abgesandten desselben. Dies Verbrechen blieb ungestraft; nur gegen minder mächtige Häuptlinge, als Odysseus oder Kolokotroni waren, durfte der Senat es wagen, seinen Aussprüchen Ausführung zu geben.

Indessen war von Seiten der Volksrepräsentanten alles geschehen, um im Gange der Regierung eine gewisse Ordnung herzustellen. Ein oberstes Kriegsgericht ward jetzt zu Korinth, dem nunmehrigen Sitze der Regierung, eingerichtet; die

Trennung der Civilgewalt von der militärischen Anführerschaft war ziemlich gelungen, die Grundlagen der Constitution entworfen und in Kraft gesetzt, und die Willkührlichkeiten aus der alten Zeit der Unterdrückung her, die Ermordung der Gefangenen oder der Verkauf in Sklaverei, fingen an bestraft zu werden. Alles dies war viel gethan, wenn man bedenkt, daß die Hauptsorge der Regierung zu derselben Zeit doch auf die Vertheidigung des Landes in dem bevorstehenden Feldzuge gerichtet seyn mußte.

Maurokordato erwarb sich um diese die größten Verdienste. Gleich nach seiner Erhebung zur Präsidentur war er nach Hydra gereist, um den seit den Spaltungen des vorigen Sommers entmuthigten Inselsenat zu neuen Anstrengungen und neuen Opfern zu vermögen. Dies gelang ihm auf das Vollkommenste. Das Versprechen einer künftigen Entschädigung genügte den patriotischen Insulanern, um alle ihre Kräfte von Neuem für die gemeinschaftliche Sache aufzubieten. Schon im Januar 1822 ging Tombazis nach den Dardanellen unter Segel, um den Feind zu beobachten. Von hier steuerte er nach Psara, vermochte die dortige Admiralität, ihre Rüstungen zu beschleunigen, und ihre dreißig Kriegsbriggs und acht Brander mit seiner Eskadre zu vereinigen. Psara selbst war auf das Beste befestigt; Batterien und Verschanzungen bedeckten den Fels. Hierauf erschien Tombazis vor Samos, das er von demselben Geiste beseelt fand. Acht tausend Samier waren unter den Waffen; die ganze Bevölkerung arbeitete an Bereitung von Waffen und Kriegsbedürfnissen; der ohnmächtige Versuch der Türken im vorigen Jahre hatte zur Befestigung der wenigen Landungsplätze geführt, und die so gerüstete Insel selbst schreckte den Continent von Kleinasien.

Ein Theil der Samier folgte Tombazis nach Candia, das seit den Gräuelthaten der Türken in Canea, während des Junius v. J., im offenen Aufstande war. Besonders war der Canton von Sphakia, auf dem südlichen Abhange des Ida, von dem besten Eifer beseelt. Hier hatte sich die Revolution hingeflüchtet, als die Türken wieder zu Herren des flachen Landes geworden waren; ja, die Sphakioten hielten selbst Canea blokirt, als ihnen Tombazis ihre auf den Archipel geflüchteten Landsleute und einige tausend Samier zum Beistande herbeiführte.

vom Jan bis Mrz. 1822

Hierauf machte er die Tour in den Cycladen, sammelte Steuern und Beiträge ein, die in Verbindung mit zahlreichen Prisen den Senat in den Stand setzten, den Sold der Truppen zu reguliren, und dadurch sein Ansehen fester zu gründen. Nach allen diesen Diensten vereinigte er sich mit den Eskadern von Spezzia und Psara zu gemeinschaftlicher Bekämpfung des Feindes, der bereits seit einiger Zeit unter Ismael Gibraltar die Dardanellen verlassen hatte. Angelockt durch das Gerücht von einer Verschwörung auf Hydra, waren die Türken dahin unter Segel gegangen. Allein muthig zurückgeschlagen am Cap Tenare und vor Navarin, begnügten sie sich, 4000 Asiaten an der achajischen Küste zu landen, welche von Kolokotronis sofort überfallen und in Stücken gehauen wurden. Miaulis, der kühne Hydriot, und Tombazis selbst trafen mit ihren Abtheilungen auf der Höhe von Patras auf die Türken, und waren im

Begriffe, das Admiralschiff zur Uebergabe zu zwingen, als ein plötzliches Unwetter die beiden Flotten auseinander trieb. Hierauf flüchtete Ismael im März nach den Dardanellen zurück, um dort das Auslaufen des Kapudan-Pascha zu erwarten; diese Flucht aber steigerte das Selbstvertrauen und den Muth der griechischen Marine aufs Höchste. Unglücklicherweise war Tombazis fern, als einige Wochen später der Kapudan-Pascha mit sieben Linienschiffen und 27 Fregatten die Dardanellen von Neuem verließ und auf Chios zusteuerte. im April 1822

Diese Insel hatte sich in einer der griechischen Sache unwürdigen Neutralität bis in den März 1822 erhalten, von den Türken auf alle Weise bedrückt und ausgesogen. Allein um diese Zeit waren fünf hundert Samier unter Anführung Lycurg Logothetis und etwa 150 vertriebene Chier unter Burnia mit bewaffneter Hand auf Chios gelandet; Logothetis und Burnia nannten sich Abgesandte Ipsilantis, und wurden, obgleich die Autorität desselben längst erloschen war, von den Küstenbewohnern mit offenen Armen aufgenommen. Man schloß die Türken in der Hauptfestung ein, errichtete eine Regierungs-Junta von sechs Ephoren, und schickte zwei Deputirte zu dem Congresse nach Corinth. Zehn Tage lang hatte diese Lage der Sache gedauert, als die türkische Flotte vor Chios erschien. Uneinigkeit herrschte im Lager der Chier und Samier; Logothetis verließ die Insel, deren Bevölkerung ohne Waffen, ohne Munition die Türken nur auf einigen einzelnen Punkten Widerstand zu leisten vermochte. Die wenigen Entschlossenen wurden von europäischen Consuln zur Niederlegung der Waffen beredet; doch al-

alles, was ihren arglistigen Verheißungen traute, wurde ein Opfer der türkischen Wuth. Nach drei Tagen einzelner Mordscenen wurde im Rathe des Kapudan=Pascha beschlossen, die ganze Bevölkerung von Chios auszurotten. Das Blut der Christen floß in Strömen, fünf und zwanzig tausend Leichen erfüllten die Insel, dreißig tausend Weiber und Kinder wurden in die Sklaverei verkauft, und von der ganzen hundert tausend Seelen starken Bevölkerung dieser blühenden Insel fanden etwa nur zehn tausend Flüchtlinge auf andern Inseln Heil und Rettung. So rächte das Schicksal an den Chiern eine feige, und eben so unzeitige, als unwürdige Neutralität.

Nach diesen Heldenthaten verließ die feindliche Flotte die verwüstete Insel und steuerte nach dem Archipel; eine egyptische Escadre erschien vor Candia, wo der Aufstand gefahrdrohende Fortschritte machte. Diese Insel zu retten, schien Tombazis die dringendste Pflicht; er eilte dahin, und ließ Miaulis zur Beobachtung des Kapudan=Pascha zurück. Dieser folgte mit Rachepläunen für Chios dem türkischen Admiral lange vergeblich, um eine Gelegenheit bemüht, diesem zu beweisen was der Zorn eines griechischen Seemanns vermöge; endlich fand er Gelegenheit, die durch verstellte Flucht sicher gemachten Türken zu züchtigen. Mit zwei Brandern warf sich der unerschrockene Psariot Kanaris zwischen das Centrum und die Nachhut der
18– türkischen Flotte, welche nach Smyrna unter Se-
19. gel war. In der Nacht vom 18. und 19. Ju-
Jun. nius, mitten unter den Freudenfesten, welche die
1822 beutebeladenen Türken feierten, hing Kanaris seine
Brander an die beiden Linienschiffe des Kapudan=

Pascha und des Capitana=Bey; der letzte entfloh; allein das Admiralschiff von 80 Canonen mit dem Oberbefehlshaber und dem ganzen Generalstaabe, flog mitten im Banquet, das dieser gab, in die Luft, und bedeckte mit seinen glühenden Trümmern Himmel und Meer. —

Unterdessen erschien Tombazis vor Candia, jedoch zu spät, um die egyptische Escadre zu hindern, Verstärkungen auszuschiffen. Balestes, der die Sphakioten befehligte, und sein Freund Justin, lagen leider mit dem Anhange des Abenteuers Comnenus Afendulius, der sich jeder Organisation des Aufstandes widersetzte, im Streite, und diese Spaltung erleichterte den Türken die Ausschiffung von 3000 Mann bei Retimo, die jedoch bald nachher von Balestes geschlagen und in die Flucht getrieben wurden. Leider fiel der tapfere Anführer, von Afendulius feig verlassen, nach diesem Siege in die Hände seiner Feinde, und dieser Triumph eben war es, den der Kapu= 16.
dan=Pascha mit einer Orgie feierte, als Kanaris Jun.
den schmachvoll geopferten Balestes zu rächen erschien. Von dieser Zeit an blieb es zwischen den beiden feindlichen Flotten bei unbedeutenden Manövern und Beobachtungen, die sich an Interesse keinesweges mit dem vergleichen können, was unterdeß auf dem festen Lande von Hellas vorging.

Vier Monate nach dem Falle Alis lag Churschid mit den Sulioten im Kampfe, ohne irgend etwas Entscheidendes auszurichten. Diese Zeit hatte der Senat benutzt, zwei Bataillone regulirter Truppen (ταχτιχοί) und ein aus Philhellenen bestehendes Corps zu errichten, welche Maurokordatos zum Kern einer stehenden Armee bestimmte, welche die Entscheidungen des Senats unterstützen könnte. Hierauf schlug er der Regierung, zum Ersatze für die Niederlage Alis, eine Expedition in Epirus vor, deren Hauptzweck die Unterstützung der Sulioten, welche sich mit verzweifeltem Muthe in Kiapha vertheidigten, seyn sollte; ein Unternehmen, das zugleich das Ansehen der Regierung zu sichern und Churschid von allen Angriffsplänen auf Morea zurückzuschrecken versprach. Auf diesen Vorschlag bewilligte der Senat dem Präsidenten 5000 Mann zu dieser Expedition, allein es fehlte viel, daß diese Streitkraft zusammen kam. Das Regiment der Taktiker, von Tarella geführt, und die Philhellenen bildeten zusammen kaum tausend Mann, 1700 Rumelioten schlossen sich diesen beim Auszuge aus Korinth an; die übrige Mannschaft wollte man aus dem Blokadecorps von Patras ziehen; allein der neidische und eifersüchtige Kolokotronis weigerte sich, einen Mann seines Heeres hinwegzugeben. Dennoch setzte Maurokordatos mit seiner kleinen Division in der Nacht vom 2. Juni über den Golf, blieb mit dem regulirten Corps in der Nähe von Missolunghi stehen und sendete Kariakuli mit 700 Pallikaren nach den Bergen der Sulioten voraus.

Auf die Nachricht hiervon, gleichsam als wolle er dem Feinde entgehen, brach Churschid-Pascha nach Livadien auf; sammelte in Larissa seine Heeresabtheilungen und zog nach Korinth hinab, seinem Stellvertreter Omer Vrionis die Bezwingung der Sulioten und ihrer Waffenbrüder überlassend. Der Congreß floh nach Argos, ohne Mittel, dem Feinde in der Landenge oder auch hier Widerstand zu leisten. In dieser Noth war es die wilde Po=

pularität Kolokotronis, die Morea rettete. Ohne Befehl abzuwarten, hob er die Belagerung von Patras auf und zog sich nach Tripolizza hinab, seine Eroberung vor dem Feinde zu sichern. Kaum Jul. hatte er hier seine Stellung genommen, als die Türken aus den Defileen des Isthmus hervorbrachen, und Korinth bedrohten. Kolokotronis sandte dieser Stadt 12,000 Mann zu Hülfe und zog sich mit dem Reste seines Heeres, etwa zwei tausend Mann, nach Napoli di Romania, die ersten Schritte des Feindes erwartend. Hier wuchs seine Macht; auf den Ruf des alten Klephtenhäuptlings, griff ganz Morea, das sich Maurokordatos Vorstellungen versagt hatte, zu den Waffen.

In der Nähe von Argos war Ipsilantis mit kaum 300 Mann zurückgeblieben, der Senat war nach einer Insel im Golph von Argos geflüchtet, Kolokotronis Ankunft rettete den Fürsten; denn schon hatte Korinth am 20. Julius seine Thore geöffnet, und der Pascha zog mit einem Heere von 30,000 Mann und 1000 Pferden auf die Ebene von Argos hinaus. Ipsilantis standhafter und unerschrockener Muth begegnete ihm zuerst; er warf sich in die halbzerstörte Citadelle von Argos und befestigte sich darin, während Kolokotronis bei Lerna eine starke Position einnahm, die ihn mit dem Süden und Westen der Halbinsel in Verbindung erhielt.

So standen die Dinge seit 14 Tagen, als die Belagerung von Napoli di Romania aufgegeben werden mußte. Ipsilantis vertheidigte Argos gegen 10,000 Türken; Mahmud-Pascha warf sich in Napoli; die Armee, welche Kolokotroni umstellen sollte, sah sich ohne Lebensmittel, für deren

Wegschaffung der alte Häuptling gesorgt hatte. Während der Hunger im Lager der Türken herrschte, und zuerst ihre schöne Kavallerie vernichtete, verstärkte sich Kolokotronis mit jedem Tage. Ypsilantis war nach einer heldenmüthigen Vertheidigung durch einen meisterhaften Rückzug zu ihm gestoßen, von allen Seiten eilten die Moraiten herbei und schon fanden sich über 8000 Mann im Lager von Lerna zusammen, da zwang der Hunger Mahmud, auf seine Rückkehr nach Korinth zu denken.

Alle Hohlwege und Berge zwischen Mycene und diesem Orte waren von den Griechen besetzt,
4. Aug. als am 4. August Kolokotronis aus seinem Lager aufbrach, sich auf die Nachhut des fliehenden Feindes stürzte, und 5000 Nachzügler und unberittene Cavalleristen niederhieb. Von diesem Augenblicke an drang der Schrecken in die Reihen der Türken; ihr Rückzug artete in die wildeste Flucht aus; vor sich fanden sie Nikitas mit den Mainoten, hinter sich Kolokotronis wüthende Kriegerscharen; mit ungeheuerem Verluste schlugen sich die Flüchtigen durch die von Nikitas vertheidigten Defileen, und nicht die Hälfte der türkischen Armee erreichte am dritten Tage ihres Abzuges aus Morea Korinth.

Kolokotronis Sieg war entschieden, er ließ die Flüchtigen von Kaliopulos verfolgen und Korinth blokiren und eilte selbst nach Tripolizza, um dort bei dem Senate die Versorgung seines Heeres mit Lebensmitteln, die der verwüstete Isthmus nicht darbot, zu betreiben. Allein hier fand er bösen Willen, Undank und Vorwürfe von eben der Regierung, deren Existenz er so eben gerettet hatte und zwei Monate verstrichen in fruchtlosen und ärgerlichen Discussionen, während der Hunger in den Reihen der Griechen vor Napoli und Korinth wüthete. Bald schwächte Krankheit und Elend aller Art das Heer der Griechen nun mit so reißender Schnelligkeit, daß Kaliopulos sich bald nur noch an der Spitze von 3 bis 400 Mann, der Besatzung von Korinth und einem drei tausend Mann starken türkischen Lager gegenüber erblickte.

Die Türken kannten diese Lage der Dinge und waren schon im Begriffe, eine zweite Invasion zu beginnen, als Kolokotronis und Nikitas mit neuer Mannschaft herbeieilten, und den Isthmus verschlossen. Nun zwang er auch Napoli, vom Hunger erschöpft, bald zur Uebergabe. Im December 1822 hatten die Griechen das Fort Palamedes, das die Festung beherrscht, erstürmt; eine auserlesene Schaar bildete die Besatzung desselben, doch dieser Ueberfall entschied die Capitulation der Stadt. Die Besatzung wurde auf der englischen Fregatte Cambrian nach Kleinasien übergesetzt.

Nach der Niederlage Mahmuds bei Argos hatte eine Abtheilung der türkischen Flotte der Garnison von Napoli di Romania Hülfe zu bringen versucht; Miaulis hatte mit einigen Briggs ihre Bemühungen vereitelt. Die Türken flohen, der kühne Miaulis und Canaris, der unternehmende Branderführer, verfolgten sie. Canaris sprengte abermals ein Linienschiff von 74 Kanonen in die Luft, und der Schrecken hierüber trieb die Türken in die Dardanellen zurück, aus denen sie nun im ganzen Jahre 1822 sich nicht wieder hervorwagten. Die Griechen blieben Herren des Archipels.

In Westgriechenland war Maurokordatos Feldzug, so unglücklich er auch begonnen hatte, mit großem Ruhme für den Anführer und sein Heer beendet worden. Zwar zeigte sich auch hier, daß die Schlachten der Griechen und der Türken immer weniger die Vernichtung, als die Versprengung und Auflösung des besiegten Heeres zur Folge hatten, und wie bald beide Theile auch nach entschiedenen Niederlagen wieder in Waffen gegen einander stehen konnten; allein dies Mal war es offenbar das Talent und der Muth, der über die Ueberzahl den Sieg davon trug.

Wir haben gesehen, mit wie geringen Streitkräften Maurokordatos den Peloponnes verlassen; kaum dreitausend Mann folgten seinen Fahnen und die Hoffnung, am Aspropotamos großen Zuwachs von Streitern zu finden, schlug auch fehl. Dennoch ging er in den letzten Tagen des Junius über Gontraki vorwärts, besetzte die Defileen des Macrynoros und die Ufer des Aspropotamos und erwartete hier die Ankunft der ostgriechischen Klephtenchefs. Allein diese waren ihrem alten Führer Odysseus lieber gefolgt, der um diese Zeit Athen belagerteund einnahm.

So kam es, daß Maurokordatos kleine Schaar blieb, was sie war, und daß es Omer Vrionis leicht wurde, sie, nach einem vergeblichen Angriffe vor Combatti, von allen Seiten zu umgehen. Der Sieg der Philhellenen bei Combatti hatte zu einer unvorsichtigen Theilung der Kräfte verleitet; Markos Bozzaris war mit 600 Mann denŚlioten in Kiapha zu Hülfe geeilt, und die ganze Schaar machte zur Unterstützung dieses Planes eine Bewegung vorwärts bis Peta, einem Dorfe, wenige Meilen von Arta.

Hier wurden die Griechen am 16. Julius von 6000 Türken, mit 1200 Mann Kavallerie, umringt, und auf das Wüthendste angegriffen. Der 16.
Verrath des Capetan Gogos machte den helden- Jul.
müthigen Widerstand der Philhellenen fruchtlos, 1822
die Schlachtordnung war dadurch zerrissen, und ehe sie wieder hergestellt werden konnte, lag das Philhellenen-Corps, 180 Mann stark, dahingestreckt; die Taktiker flohen und rissen die Aetolier und Acarnanier mit sich in die Flucht. Norman, der Chef der Philhellenen, selbst starb bald nachher an seinen Wunden; Maurokordatos mußte den Macrynoros verlassen und nahm mit den Trümmern seines Heeres eine entschlossene Stellung vor Vrachori. Hierauf eilte er selbst nach Missolunghi, dem Capetan Varnakiotis den Oberbefehl übertragend. Dieser verrieth die Sache seines Volks; sechs Wochen lang unternahmen die Türken nichts zur Benutzung ihres Sieges; da gingen Varnakiotis und Makrys zu ihnen über und überlieferten ihnen somit die Distrikte von Valtos und Xeromeros, wo sie mächtig waren. Dies zwang Maurokordatos die Reste seiner Macht von den Ufern des Aspropotamos nach Missolunghi zurückzuführen.

Es gehörte ein hoher Entschluß dazu, die Vertheidigung dieses bloß durch eine elende Mauer beschützten Ortes gegen eine siegreiche Armee zu übernehmen. Dieser Entschluß, der Westgriechenland rettete, gereichte Maurokordatos für immer zur Ehre; er konnte, wie leicht jeder in seiner Lage gethan hätte, sich in das Innere des Peloponnes zurück ziehen; doch dieser edle, sich selbst aufopfernde Entschluß stellte ihn wieder dem helden-

8 *

müthigen Vertheidiger von Argos, seinem Nebenbuhler Ypsilantis, an die Seite. Der letztere, ohne Popularität, ohne einnehmende Aeußerlichkeit, körperlich schwach und kränklich, der erstere dagegen fein, gewandt, ein geschickter Redner, doch nicht weniger unpopulär als der andere, hatten beide doch nicht geringere Verdienste um die griechische Sache in diesem Feldzuge sich erworben, als der rohe, wilde, doch vom Volke angebetete Kolokotronis oder der unternehmende Miaulis und der unerschrockene und bescheidene Kanaris.

Unterdeß hatten die tapfern Sulioten in Kiapha, auf die erwartete Hülfe vier Monate lang vergeblich harrend, doch endlich capituliren müssen.
Oct. Man mußte ihnen freien Abzug nach den ioni-
1822 schen Inseln zugestehen, und es war abermals der Cambrian, der sie dahin überschiffte. Omer Vrionis, dieses Feindes ledig, konnte nun seine ganze Macht gegen Maurokordatos richten, und er that es, indem er das zu jeder Vertheidigung unvorbereitete Missolunghi berennte. Maurokordatos täuschte ihn durch Unterhandlungen, bis er die zerstörten Mauern wenigstens einigermaßen wieder hergestellt hatte. So gewann er Zeit bis zur Mitte des Novembers, wo der so lange erwartete Beistand aus dem Peloponnes endlich erschien. Es waren 1200 Mann von den Siegern bei Argos, unter Anführung Mauro-Michalis, und sogleich nahmen die Sachen in Missolunghi eine andere Gestalt an. Ein glücklicher Ausfall folgte dem andern, ja man sandte sogar eine Abtheilung in den Rücken der Belagerungsarmee, die dieser großen Schaden zufügte.

Diese entschlossene Haltung der Vertheidiger

von Missolunghi erhob den gesunkenen Muth der
Acarnanier dergestalt, daß Omer-Brionis bald für
seine eigene Existenz zu fürchten anfing. Er erkannte die Nothwendigkeit entscheidender Schritte,
und befahl am 24. December einen allgemeinen 24.
Sturm auf Missolunghi. Seine Artillerie erschüt- Dec.
terte die schwachen Mauern der Stadt, man schlug 1822
sich mehrere Stunden lang Mann für Mann;
doch der Sieg blieb den Griechen, und ein tausend zwei hundert Türken bedeckten die Wahlstatt,
welche der Pascha in großer Eile verließ. Dieser
Unfall reichte hin, den stolzen Muth der Sieger
von Peta vollends zu beugen, und in den ersten
Tagen des Januars 1823 sah sich Omer-Brionis
daher genöthigt, die Belagerung eiligst aufzuheben,
und mit Zurücklassung von 8 Kanonen, 2 Mör-
sern, aller Kriegsmunition und des größten Theiles seines Lagers, Missolunghi zu verlassen. Die
tapfere Besatzung folgte den Fliehenden, schlug Jan.
ihre Nachhut bei Kerasowa, warf sie über den Aspro- 1823
potamos zurück, und besetzte von Neuem ihre De-
filees am Macrynoros. Die Geschicklichkeit oder
wenigstens die Standhaftigkeit Maurokordatos hatte
der griechischen Sache diesen neuen Sieg errungen, der den Feldzug von 1822 eben so glänzend
zu Ende führte, als es der von 1821 gewesen
war. Missolunghi, dessen Wichtigkeit man hierdurch kennen gelernt hatte, ward nun auf das
Eifrigste befestigt; in ganz Westgriechenland fand
die Constitution von Epidaurus eine begeisterte
Aufnahme, und so war der ursprüngliche Zweck
von Maurokordatos Sendung, nach manchen Wechselfällen zwar, doch endlich unerwartet glücklich erreicht. Ganz Griechenland begrüßte das Neujahr

1823 als die Morgenröthe einer unangetasteten Freiheit und Selbstständigkeit mit Jubel und patriotischer Begeisterung. —

Vom Congreß von Astros bis zu den Volkswahlen von 1825; oder das Jahr 1823 und 1824.

Die Lage Griechenlands am Schlusse des Jahres 1822 hatte die Volkswahlen zu dem neuen Congresse, der seinen Sitz zu Astros, im Gebiete von Argos nehmen sollte, bis zum Februar 1823 verzögert. Ehe er zusammen kam, erhob Constantin Metaxas auf einer großen Ronde die Steuerbeiträge der Inseln, wie sie sonst an die Pforte waren abgeführt worden, ohne Hinderniß. Zu Anfange Aprils kehrte Maurokordatos in den Peloponnes zurück; drei hundert Deputirte des neuen Congresses waren versammelt, und die Verhandlungen begannen unter einem großen Zulaufe des Volks und vieler Abgesandten einzelner Orte und Inseln.

Die Revision der Constitution von Epidaurus war das erste Geschäft des neuen Congresses. Die parlamentarischen Verhandlungen hatten seit dieser Zeit eine fast unglaubliche Ausbildung erfahren. Bei jener ersten Versammlung waren kaum sechs Mitglieder im Stande gewesen, sich mit Leichtigkeit im mündlichen Vortrage auszudrücken; der diesjährige Congreß zählte wenigstens 30 tüchtige und unterrichtete Redner. Auf den Vortrag der von diesen angeführten Commissionen beschloß man die Abschaffung sämmtlicher Lokaljunten, denen man für ihren Eifer dankte; die direkte Unterwerfung der Provinzen und Inseln unter den gesetzgebenden Senat, die Beschränkung der Navarchen und Strategenwürde (Oberfeldherren zur See und zu Lande) auf die Dauer ihrer Commission; die Errichtung von Tribunälen, denen ein Auszug aus dem Code Napoleon als provisorisches Gesetzbuch übergeben wurde und dergleichen mehr. Nur die Finanzen wollten sich noch nicht aus der Verwirrung erheben lassen, in welche die Crise des vorigen Jahres sie gestürzt hatte; indeß sah man doch das Unzweckmäßige der Domainenveräußerung an Fremde ein, und hob die desfallsige Bestimmung auf. Am 30. April schloß der Congreß seine Arbeiten und trennte sich mit dem Beschlusse, außer bei dringender Noth nicht vor Ablauf zweier Jahre wieder zusammenzütreten, und mit einer Proklamation an die Hellenen, worin die Gerechtigkeit des Unabhängigkeitskrieges von Neuem festgestellt, die Verdienste der Feldherren in der vorjährigen Campagne anerkannt und dem Areopag von Westgriechenland, so wie dem vorigen Senate Dank gezollt wurde. Hierauf verfügte sich der neue Senät, dessen Präsident Conduriottis, so wie der ausübende Rath, zu dessen Vorsitze Mauro-Michali ernannt worden war, nach Tripolizza.

Doch dies, so schien es, war das Signal zum Ausbruche eines inneren Zwiespalts, der für Griechenland höchst verderblich werden sollte. Kolokotronis hatte sich, auf seine Verdienste gestützt, um die Präsidentur des vollziehenden Raths beworben. Als ihm diese entging, überhäufte er die ganze Volksversammlung mit Schmähungen und warf besonders Maurokordatos vor, die Ernennung zweier Männer ohne Ansehen und Popularität bloß deshalb zum Vorsitze des Senats und des Raths bewirkt zu haben, um selbst in ihrem Namen herrschen zu können. Zugleich füllte er durch sein Ansehen den ganzen Peloponnes mit Unwillen und Zerwürfniß, und nannte sich laut den alleinigen Retter Moreas.

Zum Glücke trafen diese unglücklichen Spaltungen, die steten Begleiter eines aus rohen Elementen sich bildenden Gemeinwesens, die osmanische Macht in völliger Unthätigkeit und Ohnmacht.
Jun. Bis zum Junius geschah von Seiten der Türken
1823 nichts, was einen ernsten Kriegszug für dies Jahr auch nur anzukünden schien. Endlich zu Ende Junius kamen doch 25,000 Türken zu Larissa zusammen, und bildeten sich zu zwei Divisionen, deren eine die Thermopylen, die andere aber die Nordküste des Golphs von Lepanto angreifen sollte. Dieser wohlentworfene und von den Feinden der Griechen wahrscheinlich eingeflüsterte Plan scheiterte jedoch an dem Heldenmuthe der Griechen, und an dem Ungeschick der türkischen Heerführer.

Derselbe Krieg, wie im vorigen Jahre, begann; dieselbe Führung, welche stets alle noch so pomphaft beginnenden Kriegsunternehmungen der Türken im Detail zerstörte, opferte auch dieses Heer auf. Odysseus, der geschickteste Anführer der Hellenen für den Guerillakrieg, war es, der, durch Muth und Scharfblick, auch diesmal wie-
17. der Morea vor der türkischen Invasion sichern
Jul. sollte, und Acarnanien war der Schauplatz seiner Thaten. Sein Sieg über Jussuf in der Nähe von Chäronea (den 17. Julius) vereitelte den Angriff der Türken von dieser Seite her völlig. Omer-Brionis und Jussuf-Pascha sollten hierauf mit

etwa 12,000 Mann einen neuen Kampf gegen die 2000 Griechen beginnen, welche Markos Bozzaris anführte. Dieser hatte die Vertheidigung Acarnaniens auf sich genommen und in einer begeisterten Proklamation den Seinigen erklärt, daß er sein Wort mit seinem Tode einlösen wolle. „Kaum die Wahl zwischen Sieg und Tod bleibt Euch!" hatte er seinen Kampfgenossen zugerufen; „der Tod ist fast Allen gewiß, die mir folgen!" Hierauf stritt er gegen die beiden Paschen, deren Uneinigkeit er geschickt zu benutzen wußte, ohne ihnen einen Fußbreit zu weichen, bis die dritte Colonne der Türken unter Mustapha, Pascha von Scodra, über den Valtos herabkam und sich mit seinen Gegnern zu vereinigen drohte. Es schien um Westgriechenland geschehen, wenn der Held von Suli die Vereinigung dieser fast 25,000 Mann starken Armee unter einen Oberbefehl nicht hindern konnte; denn dieser ganze Theil Griechenlands hatte dem Angriffe der Türken kaum 4000 Mann entgegen zu setzen.

Nur eine Heldenthat, der Aufbewahrung durch die Geschichte für immer würdig, konnte die gefürchtete Vereinigung hindern; Bozzaris war entschlossen, diesen Ruhm mit seinem Untergang zu erkaufen. Er verließ daher seine feste Stellung von Katochi zwischen Missolunghi und Vonizza, und erreichte im Fluge die Berge von Carpenissi. Hier fand er sich mit 2000 Griechen, 14,000 Türken gegenüber. Nachdem er seinen Anführern von Neuem seinen Entschluß zu siegen oder zu sterben erklärt hatte, machte er ihnen seinen Plan bekannt. In der Nacht sollte das Lager Mustaphas überfallen und die ganze türkische Heerab-

theilung vernichtet werden. Vier hundert Sulioten wurden zu diesem Angriffe auserwählt; die übrigen, in drei Abtheilungen, sollten das Lager an seinen Hauptausgängen besetzen, und auf das Zeichen von Markos Hifthorn den Angriff unterstützen oder die Fliehenden auf das erstürmte La-
19. ger zurückwerfen. In der Nacht vom 19. Au-
Aug. gust brachen die Sulioten auf und näherten sich
1823 dem türkischen Lager im tiefsten Schweigen, wie es ihres Beginnens würdig war. Die Vorposten wurden getäuscht, Bozzaris redete sie albanesisch an, und hieß sie ihm das Zelt des Pascha zeigen, zu dem Omer-Vrionis ihn sende. Die Mitte des Lagers ward erreicht — da weckte das furchtbare Hifthorn Markos die Schläfer zum Todesschlaf. Die Sulioten stürzten über die Türken in ihren Zelten her; bald floß das Blut in Strömen; das ganze Heer wandte sich zur Flucht, die Griechen außerhalb des Lagers trieben die Fliehenden auf die Sulioten zurück; Türken und Albaneser schrieen gegen einander Verrath und würgten sich gegenseitig, die Verwirrung, das Blutbad erreichte seinen höchsten Grad, Markos Plan war mehr als gelungen. Drei tausend Osmanen deckten das Schlachtfeld, die übrigen flohen die Berge hinauf; kaum hundert Griechen waren gefallen; allein unter ihnen der Held Markos Bozzaris, der **Winkelried**, der **Leonidas** der neueren Griechen.

Zwei Monate lang hielt der Schrecken über diese Niederlagen die Türken, wie in einem Zau-
Oct. ber gebannt, in Unthätigkeit. Erst im Oktober 1823, als neue Verstärkungen zu ihnen gestoßen waren, wagten sie sich abermals über den Aspro-

potamos; doch nur, um in einer fruchtlosen Belagerung des kleinen Forts Anatolikon, drei Stunden von Missolunghi, ihre unverhältnißmäßigen Kräfte zu zersplittern. Hier lagen sie, 400 Griechen gegenüber, zwei Monate lang, warfen gegen 3000 Bomben in die unbedeutende Feste (deren eine den von Wassersnoth bedrängten Einwohnern einen Quell anweisen mußte) und zogen endlich am 20. November mit erschöpften Kräften und Nov.
Zurücklassung ihrer Munitionen und Vorräthe in die Berge zurück.

In Morea, das in diesem Jahre, durch Markos Bozzaris und Odysseus geschützt, keinen Angriff erfuhr, setzte man unterdessen die Belagerung von Patras mit gewohnter Erfolglosigkeit fort; Korinth fiel nach einem tapferen Widerstande, und östreichische Schiffe führten die Besatzung nach Kleinasien hinüber. —

Unterdessen hatte sich, trotz aller dieser Erfolge, die Regierung selbst in ihrem Ansehen doch wenig befestigen können. Der Congreß von Astros hatte mit der Anfeindung und dem Hasse der Militärchefs auf eine Weise zu kämpfen, die bald alle kräftigen, alle gemeinsamen Maßregeln unmöglich machte. Vor allen aber lag Kolokotronis, auf die dem Vaterlande geleisteten Dienste stolz und dem Gehorsame fremd, von Deli-Janni und Theodor Negris heimlich unterstützt, in offener Fehde mit der Regierung. Der letzte, früher Mitglied des vollziehenden Raths und bei der zweiten Volksrepräsentation von dieser Stellung ausgeschlossen, glaubte auf diese Weise die verlangte Ernennung zum Vice-Präsidenten des Raths durchsetzen zu können, und dies gelang ihm. Natürlich mußte nun Georg Konduriotis, sein Gegner, als Präsident der gesetzgebenden Versammlung weichen, und eine neue Wahl ward nöthig. Maurokordatos ward ernannt; allein dieser verschmähte es, den Repräsentanten der Willkühr, den Kolokotronis und Deli-Jannis, zum Werkzeuge zu dienen und verweigerte lange die Annahme seiner Wahl, indem er vorwandte, es sey bei der Noth des Vaterlandes besser, einem **Diktator**, als einer zerrissenen Regierungsgewalt zu gehorchen. Ja, als er endlich nachgab, wurden seine Voraussagungen so schnell erfüllt, und die Verwirrung wuchs dergestalt, daß er bald den Peloponnes gänzlich verlassen und sich nach Hydra zurückziehen mußte.

Hierauf schloß sich der Präsident und ein Theil des vollziehenden Rathes, Metaxas und Sotiris Caralampis der Partei Kolokotronis offen an, und so herrschte eine Zeit lang, zu großer Bekümmerniß aller Freunde Griechenlands, an der Spitze einer grenzenlosen Verwirrung, eine Partei, der es eben so sehr an Einsicht, als an reinem Willen und Uneigennützigkeit gebrach. Zwischen der militärischen Oligarchie, dem gesetzgebenden Corps und der Admiralität von Hydra gedieh es nun zu offener und wahrhaft gefährlicher Fehde. Nur Maurokordatos Einfluß war es noch zu danken, daß von Seiten der Inseln irgend etwas gegen den allgemeinen Feind geschah, und es war ein Glück zu nennen, daß, wie zu Lande, so auch zur See, nur so durchaus ohnmächtige Unternehmungen von den Türken ausgingen, daß Griechenland darüber nicht zu Grunde ging.

Zwei Mal verließ der Kapudan-Pascha die Dardanellen, ohne etwas anderes zu thun, als beim ersten Anblicke griechischer Segel dahin zurückzukehren. Die Pest wüthete unter seiner Mannschaft, und seine beständige Flucht vereitelte die Bemühungen der Griechen, ihm mit ihren Brandern wesentlichen Schaden zu thun. So blieb es auch von Seiten dieser fast nur bei der Absendung einer Eskadre unter Tombazis nach Creta, zu dessen Harmostes (General-Capitain) er ernannt war. Tombazis landete, nahm Kissamos, und schloß die Türken in Canea ein, wo sie die Ankunft der egyptischen Hülfsflotte erwarteten, ehe sie wieder im Felde erschienen.

Die Ankunft des Obristen Stanhope und Lord Nov. Byrons in Missolunghi rief Griechenland zu neuer und regelmäßigerer Thätigkeit für die Sache der Freiheit auf. Lord Byron brachte Schätze und einen verehrten Namen mit; seine Absicht war, die Sulioten in seinen Sold zu nehmen und mit ihnen den Golph von Lepanto von der Gegenwart der Türken zu säubern. Durch ihn besonders war die Idee einer Anleihe in England, auf die Besitzungen des Vacuf, oder der ehemaligen Moscheen, zur Ausbildung gediehen, und schon der Congreß zu Astros hatte eins seiner Mitglieder, Andreas Luriotis von Arta, zu diesem Zwecke nach London gesandt. Bis jetzt hatte man, in Ermangelung eines neuen Steuersystems, immer noch die türkische Kopfsteuer *) fort erhoben und diesen geringen Ertrag durch Anweisungen auf die große Menge der Domänen des Staats vermehrt. Allein Niemand wußte, was aus diesem Gelde eigentlich geworden war, und beide Parteien mach-

*) Einen Piaster (6 Gr.) für den Kopf.

ten sich über die Verwendung desselben die heftigsten Vorwürfe, während welcher für den beschlossenen Verkauf oder die Verpachtung der Domainen nichts geschah.

Dec. Unterdeß war zu Ende des Jahres die Zwietracht zwischen den beiden Regierungsgewalten zu solcher Höhe herangewachsen, daß der gesetzgebende Körper, fast alle Staatshandlungen des vollziehenden Rathes vernichtete und dieser dafür keinen seiner Befehle beobachtete. Die Stellung, welche der gesetzgebende Körper dabei annahm, war eine höchst würdige und echt republikanische, und dieser gelang es denn auch, nicht allein den Sieg über ihre Gegner und deren Popularität davon zu tragen, sondern auch das Ansehen der obersten Regierungsstelle selbst fest zu begründen. In voller Ausübung aller Attribute, welche die Constitution von Epidaurus ihm beilegte, setzte der Senat den Präsidenten Metaxas förmlich ab und entließ den Minister der Finanzen, weil er aus eigener Macht eine Abgabe auf das Salz eingeführt hatte. Dergleichen rief freilich den Zorn der herrschenden Militair-Partei zu Handlungen der Willkür auf. Kolokotronis sandte Niketas und seinen Sohn mit zwei hundert Mann nach Argos, um die Volksrepräsentanten dieserhalb zur Rechenschaft zu ziehen. Niketas drang mit den Waffen in die unerschrockene Nationalversammlung; allein ihre ruhige Würde und die Theilnahme des Volkes, vereitelten bald seine trotzigen Drohungen. Dennoch verlegte der gesetzgebende Körper seine Sitzungen nach Kranidi (im Golph von Nauplia) um dem Schutze von Hydra näher zu seyn. Unterdessen berief Kolokotronis die Militairchefs nach Gastuni in Westgriechenland zusammen; allein seine Bemühungen, hier eine Gegenregierung zu bilden, scheiterten, und während der gesetzgebende Körper Verordnungen gab, die die Macht der Militairchefs für immer zu brechen geeignet waren, begnügte der vollziehende Rath sich mit drohenden Proclamationen. Endlich war der Senat stark genug, geradezu die Absetzung der aufrührerischen Häuptlinge zu verfügen, und zu Anfange des Januars 1824 einen neuen vollziehenden Rath zu ernennen, der unter Konduriotis Vorsitze aus Kolletti, Batessi und Nicola Lando aus Patras bestand. Hierauf wurde der entsetzte Rath auf zehn Punkte öffentlich einer ungetreuen Verwaltung angeklagt, und vor einer Gerichtscommission von neun Mitgliedern des gesetzgebenden Körpers zur Verantwortung beschieden.

Nach diesen Handlungen einer lobenswürdigen Festigkeit brach der politische Zwiespalt im Peloponnes entschieden aus. Niketas und einige andere verließen zwar die Reihen der Aufrührer; allein nur um mit Ipsilantis zu Trippolizza eine eigene Partei zu bilden, die sich selbst für die einzige rechtmäßige Regierung in Griechenland ausrief, und sich nachher doch wieder von den Aufrührern verleiten und gebrauchen ließ.

Die Militairchefs dagegen hielten Corinth und Nauplia besetzt, und bemühten sich, hier eine neue Volksversammlung einzuberufen. So standen denn im Frühjahre 1824 in Morea zwei Parteien sich April
gegen einander über, deren eine aus der Mehr- 1824
zahl des Senats, den Admiralitäten, der Partei Maurokordatos in Westgriechenland und der großen Masse des Volks; die andern aber, aus den Kolokotronis, aus Mauro-Michalis und dem größten

Theile des Heeres bestand, welchen denn Ypsilantis vorgeblich und wider seinen besseren Willen zum Vorstande dienen mußte.

Odysseus, der indeß an der Spitze Westgriechenlands stand, hielt hier eine kräftige Regierung nach den Grundsätzen der Constitution von Epidauros aufrecht. Er hatte sich jetzt, so schien es, trotz seinen früheren Neigungen, ganz zu der Höhe einer volksthümlichen und republikanischen Verfassung erhoben, wie dies dem Sohne des unvergeßlichen Andruzzos auch zukam, und schien geneigt, die Interessen der einsichtsvollen Freunde Griechenlands (Lord Byrons) mit aller Kraft vertheidigen zu wollen. Er war die Freude und der Schutz aller Philhellenen, der einzige, der aus eigener Einsicht in ihre Wünsche für Griechenland einging, und in seinem Gouvernement Sitten und Cultur nach Möglichkeit verbreitete. In einer Versammlung, die er zu Saloa im April 1824 hielt, wurden die besten Plane zur Aufrechthaltung eines regelmäßigen Regierungsganges verabredet, und der Beistand bestimmt, den man der Volksversammlung von Kranidi leisten wolle.

Diese hielt die Aufrührer unterdeß durch ein allgemeines Volksaufgebot in ihren festen Plätzen blokirt. Was vor allem das Volk gegen sie in Waffen gebracht hatte, war ihr angeblicher Widerstand gegen die englische Anleihe; der gemeine Mann sah die Nothwendigkeit derselben ein, und schäumte daher vor Zorn gegen die einst so geliebten Militairchefs.

Lange konnten diese einer so allgemeinen Volks-
Mai bewegung nicht widerstehen. Zu Ende Mais er-
1824 gab sich Tripolizza und Korinth und Napoli folgten

ten seinem Beispiele: die Häuptlinge sahen sich von ihrem eigenen Anhange verlassen und Kolokotronis, wie Mauro-Michalis, fielen in die Gewalt ihrer Gegner.

Diese krönten ihr bis dahin so ruhmwürdiges Benehmen durch die Mäßigkeit, die sie im Siege beobachteten. Nur die Verdienste, nicht der Ungehorsam dieser Kriegerchefs ward in Anschlag gebracht, und ihre ganze Strafe sollte in einer einjährigen Verbannung und Ausschließung von den öffentlichen Würden in diesem und dem nächsten Jahre bestehen. So ward durch die Festigkeit und republikanische Mäßigung des Senats die Ruhe im Peloponnes wieder hergestellt.

Indeß war Lord Byron über den Vorbereitungen der beständig verzögerten Befreiung des Golfs von Lepanto gestorben. Den Widerstand, den sein schnellkräftiger Geist an der griechischen Unschlüssigkeit und Intriguensucht fand, hatte ihn gegen das Ende seines Lebens mit Unmuth, und mit einer Art von Feindseligkeit gegen alle freisinnigen Ideen überhaupt erfüllt. Er war Schwärmer und Enthusiast, und solchem ist der Uebergang von einem Extrem zum andern leicht — dem ruhigen und vorurtheilsfreien Blick erscheint alles bei der Entwickelung des griechischen Kampfes völlig naturgemäß und vorherzusehen. —

Zwei griechische Pressen, zu Missolunghi und Athen, verdankten ihm ihre Entstehung; bald wurden diese, auf eine wahrhaft überraschende Art, zu einer Staatsmacht; man mußte ihre Mißbräuche zügeln; denn das griechische Volk las mit wahrem Heißhunger und besaß nicht politische Bildung genug, die Uebertreibung von der Wahrheit zu unterscheiden.

Die Türken, von dem Zwiespalte der Griechen unter sich unterrichtet, versuchten es zwei Mal, daraus für sich selbst Nutzen zu ziehen; doch glücklicherweise das eine Mal zu früh, das zweite Mal zu spät. Zu Ende des März 1824 waren die Verluste des vorigen Jahres endlich ergänzt, und Mehemed-Ali, Vice-König (Chan) von Egypten, hatte seine Mitwirkung zur Unterdrückung des griechischen Aufstandes um diese Zeit auf das Bestimmteste versprochen. Mit ungeheueren Kosten war eine neue Flotte ausgerüstet und der Untergang Griechenlands schien unausweichlich, wenn diese die Unternehmungen der Landarmee geschickt zu unterstützen verstand. Allein zum Heil für Griechenland übereilte die Seemacht, in dem Verlangen, die Spaltungen der Griechen für ihren Zweck zu benutzen, ihren Angriff so, daß dieser eben durch diese Theilung zur einem eitlen und fruchtlosen ward.

Den ersten Ueberfall erfuhr Skopelos, eine feste Insel im Golph von Volos. Eine kaum 1200 Seelen starke Bevölkerung, von einem Klephtenchef, Diamantis, unterstützt, genügte, den Angriff des Capudan-Pascha kräftig zurückzuweisen, und ihn nach einem 24stündigen Bombardement zur Rückkehr zu nöthigen.

Unterdeß war die Landmacht, unter Derwisch-Pascha blind und wüthend gegen die Thermopylen aufgebrochen, wo sie Odysseus wie in den früheren Feldzügen kaltblütig empfing.

Bald hatte er 2000 Türken erlegt, das ganze Gepäck, die Munition, die Artillerie dies.r Division erobert, und während Derwisch-Pascha die Landung des Capudan-Pascha auf Negroponte

erwartete, den ganzen Angriffsplan der Türken
dergestalt vernichtet, daß auch nicht ein Theil
dieses von fremden Cabinetten für die Pforte ent=
worfen Feldzuges in Ausführung gebracht werden
konnte.

Hierauf ruhten die Waffen während der gan=
zen Dauer der Mißhelligkeiten der Griechen unter
einander. Erst im Julius, als diese durch die Jul.
Kraft des Volkssenats glücklich beendet waren,
wurden die Projekte der Türken von Neuem vor=
genommen. Allein zu dieser Zeit war Griechen=
land einig; die Anleihe=Fonds trafen allmählig
ein, und als die türkische Flotte daher Mitylene
verließ, wo sie 16,000 M. Landtruppen (6000 Al=
baneser und 10,000 Asiaten) eingenommen hatte
und vor Psara erschien, war man seit langer
Zeit auf diesen Angriff vorbereitet, und fürchtete
ihn nicht. Die Insel, seit dem Beginn des Krie=
ges auf das Vollkommenste ausgerüstet, hatte
kürzlich noch 6000 Mann Verstärkung erhalten,
und rüstete sich zum kräftigsten Empfange der Tür=
ken. Diese trennten am 3. Julius ihre Seemacht
in zwei Divisionen, welche vor den beiden einzigen
Stellen, die eine Landung möglich machten, er=
schien. Der eine dieser Posten, die sogenannte Bat=
terie von Amundia, wurde durch den Verrath
Cottas, ihres Commandanten, den Türken aus=
geliefert. Funfzehn tausend Mann landeten ohne
Widerstand, bildeten sich sogleich zu Sturmkolon=
nen und griffen die Batterien der Stadt an. Zwei 3.
derselben wurden mit ungeheuerem Verlust er= Jul.
stürmt; die gelichteten Reihen der Türken wurden
in der Nacht ergänzt, und der folgende Tag
leuchtete einem neuen mörderischen Kampfe. Der

Hauptsturm galt der sogenannten Tapia, einer Hauptbatterie, welche mit Wall und Graben, mit Pallisaden und Minen wohl versehen war. Die Vertheidiger der Tapia widerstanden wie Helden, den immer und immer wachsenden Sturmkolonnen der Türken; endlich erlagen ihre Kräfte, sie waren dem sechsfach überlegenen Feinde nicht gewachsen. Als ihre Noth den höchsten Grad erreichte, zogen sie eine weiße Fahne auf und stellten ihr Feuer ein. Sogleich stürzten zwei tausend Türken sich in blinder Wuth in die Gräben und das Innere der Verschanzungen; als ein Drittel der türkischen Macht darin versammelt war, flog die Redoute mit ihren Vertheidigern und Angreifern in die Luft. Dennoch drang der Feind stürmend in die Stadt; den ganzen 4. Julius schlug man sich von Haus zu Haus; die Psarioten blieben Meister der beiden Forts und der nächsten Stadttheile, welche die Türken belagerten.

Zugleich war Casos durch die egyptische Expedition nach blutigem Widerstande erobert worden; der Ruf der Rache erscholl in Griechenland; in wenigen Tagen waren alle Hindernisse, welche der Thätigkeit der Flotte bisher entgegengestanden hatten, überwunden, und am 5. Julius erschien die spezziotische Eskadre, zwanzig Segel stark, in Hydra; hier vereinigte sich Miaulis mit seinen sechzig Briggs und zeigte sich nun am 7. Julius, 80 Schiffe stark, vor Psara. Schrecken ergriff die Türken bei diesem Anblicke; der Capudan-Pascha kappte seine Segel und floh, die Griechen folgten ihm, nahmen ihm vier große und sechzig Transportschiffe, trieben die Flüchtigen in den Hafen von Mitylene und kehrten dann nach Psara zurück, wo die übereilte Flucht der Türken einen großen Theil der Besatzung und Blokadearmee zurückgelassen hatte. Die Insel war befreit; die Vertheidiger von St. Nicolas, von Paleocastros und Antipsara begrüßten den kühnen Miaulis als Sieger.

Dieselben Vorgänge wiederholten sich zu Casos; sobald die griechische Flotte erschien, flohen die Egypter, die Landtruppen wurden die Opfer der in die Gebirge geflüchteten Einwohner; binnen sechs Tagen war zum Erstaunen der Welt der ganze Archipel gereinigt, und die Türken erwarteten zitternd und zagend auf der Rhede von Mitylene die egyptische Verstärkung.

Zugleich waren die Fonds der ersten Anleihe durch Blaquieres nach Griechenland überbracht worden. Die Bewaffnung Moreas nahm von dem Augenblick an eine geregelte Gestalt an; die ganze Bevölkerung des Peloponnes hatte bei der Gefahr der Inseln die Waffen ergriffen, und der neue vollziehende Rath konnte aus dieser außerordentlichen Menge kriegslustiger Hellenen fünf Heerabtheilungen bilden, deren erste, 8000 Mann stark, ein festes Lager in der Ebene von Gastuni bezog, die zweite, 3000 Mann, vor Patras aufgestellt ward, die dritte, 4000 Mann, Coron und Modon belagerte, die vierte, 3000 Mann, die Linien des Isthmus beschirmte und die fünfte, 15000 Mann, vor Napoli di Romania zur weiteren Verfügung aufgestellt ward.

Eine solche fast unerwartete Kraftäußerung schien jedoch um so zeitgemäßer, als Derwisch-Pascha den Odysseus einen Monat vorher in den

Thermopylen zurückgeschlagen hatte, mit zwanzig tausend Mann einen neuen Angriff unternahm. Diese Bewegung stand mit den Unternehmungen Omer-Brionis in Westgriechenland und denen der beiden türkischen Flotten in einer wohlersonnenen Verbindung; allein die Griechen kannten die Plane ihrer Feinde. Derwisch-Pascha und Omer-Brionis sollten am Golph von Lepanto zusammenstoßen. Dies zu verhindern, hatten die Griechen die festen Linien von Musonitza, welche sich Derwisch-Pascha entgegenstellten, verstärkt, und mit ihren besten Truppen besetzt. Derwisch griff
vom 18. — 26. Jul. diese Linien am 18. Julius mit 6000, am 22sten mit 12000, am 26sten mit seiner ganzen Macht an; umsonst — der letzte Versuch allein kostete ihm 2000 Mann; er mußte vom Sturme ablassen; seine gesammte Artillerie, 8 Fahnen, seine Bagage und Vorräthe fielen den Griechen in die Hände; er floh, von den Klephten verfolgt, die ihm stündlich neue Verluste zufügten.

Unterdeß hatte auch Omer-Brionis sich dem Plane gemäß in Bewegung gesetzt. Allein sein College war bereits geschlagen, und so genügten einige unbedeutende Bewegungen Maurokordatos in Westgriechenland, ihn zur Unthätigkeit zu vermögen. Er trat ohne Schwertstreich seinen Rück-
Aug. zug an, und somit endete dieser pomphaft angekündigte und ohnmächtig ausgeführte Feldzug der Türken, eben so erfolglos, wie alle früheren.

Mittlerweile hatte die zu Mitylene blokirte Flotte neue Verstärkungen erhalten, und glaubte nun, an Samos für die Unfälle auf Casos und Psara Rache nehmen zu müssen. Zwölf tausend Asiaten wurden zu diesem Unternehmen eingeschifft, und die Türken begannen ihre schwerfällige Bewegung um so leichter, als Miaulis sich absichtlich von seiner Station zurückgezogen hatte, um sie nur erst ins Freie hinauszulocken. Die Samier rüsteten sich indeß zum Empfange des Feindes, wie die Psarioten gethan hatten, und Miaulis nahm seine Stellung so, daß er ihnen zu Hülfe eilen konnte, wenn der günstige Augenblick dazu gekommen seyn würde.

Den 9. August lichtete der Capudan-Pascha seine Anker; seine Flotte bildete zwei Abtheilungen, deren eine, eilf Fregatten und zwölf Corvetten und Briggs stark, zum Angriff auf Samos, der Rest aber zur Reserve bestimmt war.
Am 10. August erschien diese furchtbare Macht 10.
vor Samos. Die Samier begannen, der Verab- Aug.
redung gemäß, Unterhandlungen, welche Miaulis Zeit gaben, seine Dispositionen zu treffen. Er stand zwischen der Insel und der Küste Kleinasiens, immitten der beiden Abtheilungen der türkischen Flotte. Canaris bestieg seinen Brander und vier andere Capitäne folgten ihm mit den ihrigen nach. In einem Augenblicke stürzten sie auf die Angriffsdivision; zwei Fregatten von vier und funfzig Kanonen, eine Corvette und zwanzig Transportschiffe waren in wenig Minuten erobert; die Samier stürmten auf die gelandeten Asiaten, stürzten sie ins Meer, und Miaulis Nachhut schlug die türkische Reserve in die wildeste Flucht. Die ganze Flotte war binnen einer Stunde versprengt; der Capudan-Pascha floh nach Chios, um sich dort von seinem Schrecken nur dann erst zu erholen, als die egyptische Eskadre zu ihm stieß und ihm mit neuen Kräften neuen Muth

wiedergab. Nun wollte er zwar in stolzer Ueberschätzung seiner Mittel sein Unternehmen auf Samos von Neuem beginnen; allein Miaulis, der ihn keinen Augenblick aus dem Auge verloren hatte, und den dieser Feldzug mit unvergeßlichem Ruhme krönen sollte, wußte ihn durch seine, über jedes Lob erhabenen Manöver daran zu hindern. Mit unglaublicher Schnelligkeit war er herbeigeeilt, sobald er erfahren, daß er hier endlich ein Mal seine beiden Gegner vereint antreffen werde, die ihn so lange genöthigt hatten, seine geringen Kräfte durch den ganzen Archipel zu zerstreuen.
10. Spt. Irgend ein großer Schlag schien ihm hier auszuführen. Ohne die Segel seiner Gegner zu zählen, oder nach der Ueberlegenheit ihrer mächtigen Artillerie zu fragen, griff er sie unerschrocken am 10. Sept. zwischen Chios und dem alten Halicarnassus an, widerstand ihrem Feuer siegreich einen ganzen Tag, sprengte eine egyptische Fregatte und eine Brigg in die Luft und nahm eine große Anzahl von
21. Spt. Transportschiffen. Denselben Angriff wiederholte der kühne Admiral am 21. September zwischen Patmos und Nikaria, nahm zwei Briggs und eine Corvette, und trieb die ungeheuere türkische Flotte vor sich her, in den sicheren Hafen von Mitylene hinein. Hier entstand zwischen Türken und Egyptern ein Zwiespalt, der mit ihrer Trennung und mit der Rückkehr des Capudan-Pascha in die
Oct. Dardanellen endete. Auf dieser Flucht nahm ihnen Canaris vor Porto-Sigri noch eine Fregatte, eine Corvette und eine Brigg; das Admiralschiff selbst kehrte am Schlepptau in den Hellespont zurück und blieb unbrauchbar.

Unterdeß verfolgte Miaulis den Egypter Ibrahim eben so unablässig; auf der Höhe von Chios schlug er seine Nachhut, zersprengte seine Transportflotte und nahm 2000 Egypter gefangen. Ibrahim, der sich ruhmredig als den Befreier von Morea angekündigt hatte, floh in die Bey von Marmarina, und blieb hier einen Monat lang völlig unthätig, bis er in der dunklen Nacht vom 24. November seine Zuflucht zu verlassen und nach Candia zu steuern wagte. Doch Miaulis zu täuschen war nicht leicht: am Morgen waren die Griechen auf seiner Spur und der gefürchtete Angriff begann von Neuem. Ibrahims schönste Fregatte flog in die Luft, zwölf Schiffe ergaben sich, sieben Transportschiffe mit Proviant für die Festungen auf Creta fielen den Siegern in die Hände, und Ibrahim floh erschrocken und zitternd nach Alexandria heim. Am 8. December kehrte Miaulis sieggekrönt und beutebeladen in den Hafen von Hydra zurück. —

So endete dieser an das Wunderbare grenzende Feldzug von 1824. Was Miaulis und Canaris zur See und Odysseus zu Lande gethan hatten, hielt allem die Waage, was die Freiheitskämpfe ihrer Ahnen gegen Persien, was die Schweizer, die ihnen nacheiferten, was in späteren Tagen die Sulioten zur Bewunderung der Welt geleistet hatten. — Griechenland schien des strahlendsten Sieges nicht allein würdig, sondern gewiß. Besonders aber war die Ohnmacht der Türken zur See fast räthselhaft und wirklich unerklärlich, wenn man vergißt, daß die osmanische Wuth gleich zu Anfange des Krieges alle griechische Seeleute, denen sie allein ihre früheren Erfolge verdankten, ermordet hatte.

Von den zwanzig verschiedenen Seetreffen, die dieser Krieg seit vier Jahren aufstellt, waren die Türken nicht in einem einzigen, weder Angreifer gewesen, noch Sieger geblieben und dies trotz der augenscheinlichen Ueberlegenheit ihrer Artillerie und der Macht ihrer ungeheueren Schiffe.

Griechenland tönte von Siegesruf und Freudenfesten wieder, als die Deputirten sich zu Ende des Jahres 1824 zum Schlusse ihrer Sitzungen versammelten. Ihre Sendung war erfüllt; dennoch ward die Mehrzahl der Volksvertreter in ihrer Stellung gelassen; Conduriotis blieb Präsident des Vollziehungsrathes, Botessi Vicepräsident; Coletti Minister; Stellen, zu denen alle ihre vorzüglichen Fähigkeiten in diesem Jahre hinreichend bekundet hatten. Wer hätte unter solchen Umständen nicht an den Sieg der griechischen Volkssache, an den Triumph einer vernünftigen Freiheit in Hellas glauben, und wer das Schicksal ahnen sollen, das im Laufe des folgenden Jahres durch einen fast unerklärlichen Umschwung aller Verhältnisse einen großen Theil des griechischen Continents und seine besten Festungen wieder in die Hände seiner Feinde liefern und der griechischen Freiheit mit nahem Untergange drohen sollte? Die Zeugen über diese unglücklichen Vorfälle sind noch nicht abgehört, und unsere Daten darüber sind nicht viel besser als Vermuthungen und der Anklageruf der einzelnen Parteien.

Das Jahr 1825.

Sobald die Waffenruhe in Griechenland im Winter von 1824 bis 1825 zurückgekehrt war, begannen die inneren Spaltungen von Neuem. Die 1823 besiegten Militairchefs behaupteten, die Zeit ihrer Ausschließung vom Commando und die der Verwaltung ihrer Gegner sey abgelaufen; die Wiederernennung der letzteren aber sey ungesetzlich; Kolokotronis und seine Anhänger begehrten die Regierung für sich, und sammelten Truppen.

Umsonst forderte der vollziehende Rath sie auf, ihre Werbungen zu entlassen; sie verweigerten es. Coletti, die Seele der jetzigen Verwaltung, stellte sich hierauf entschlossen an die Spitze der Rumelioten, rückte gegen die Empörer aus, besiegte sie durch Waffen, Manöver und Unterhandlungen, und bemächtigte sich der Häupter dieses neuen Aufstandes, der Söhne Kolokotronis, von denen der älteste in diesem kurzen Kampfe, von seinem eigenen Anhange getödtet, blieb. Der alte Häuptling ward mit seinen Freunden nach Hydra in Jan.
Gefangenschaft geführt. 1825

Dieser Sieg Colettis zerriß die ganze Halbinsel, ja die Einheit der Regierung selbst litt darunter. Die Popularität der Militärchefs war zu groß, als daß ihr Anhang sogleich bereit gewesen wäre, die Waffen unter ihren Gegnern zu tragen — die Truppen gingen daher auseinander, und Conduriotis selbst mochte nicht ohne Neid das täglich wachsende Ansehen des Siegers Coletti gewahr werden. So geschah denn, trotz des Eintreffens des zweiten englischen Anlehns, für den nächsten Feldzug nichts, während die Pforte, durch plötzlich eingetroffene Geldmittel, sich zu ungewöhnlichen Anstrengungen von Neuem in den Stand gesetzt sah.

Der Vicekönig von Egypten hielt die befoh-

lene Expedition für den Monat Februar in Bereitschaft; französische Officiere hatten seine Araber und Nubier mit europäischer Disciplin vertraut gemacht und bildeten den Generalstab Ibrahims, seines Sohnes. Spanische, sardinische und italienische Schiffe dienten ihm zum Transport. Unter zehn neutralen Flaggen schiffte die türkische Flotte ihre asiatischen Horden ein: Larissa ward das Hauptquartier der Landarmee, die
April unter Redschid-Pascha im April ganz Macedonien
1825 überschwemmte. Missolunghi, Anatoliken, Salona wurden berennt. Odysseus ward durch noch wenig bekannte Mittel für die Neutralität gewonnen: er verließ seinen Posten; Athen war unbedeckt; kaum stellte sich Gouras, sein Protopallikar, mit geringen Kräften den anstürmenden Türken an der Grenze Livadiens entgegen.

Unterdessen begann Ibrahim, der Abrede gemäß, seine Operationen mit der Unterwerfung Candias: Tombazis, der Jüngere, der hier befehligte, mußte vor dem überlegenen Angriffe in die Gebirge zurückweichen. Hierauf hob Ibrahim seine Anker zum Angriff auf Morea. Fast ohne Wi-
9. derstand landeten hier am 9. März 14,000 Ara-
Mrz. ber, unter denen 4000 Mann Reiterei, an europäische Disciplin gewöhnt und von Franzosen und Polen (Seve und Berton) geführt.

Mit Mühe brachte der vollziehende Rath, zu spät die Nähe der Gefahr erkennend, einige tausend Rumelioten unter Conduriotis zusammen; die Bevölkerung Moreas unterstützte seine Bewegung nicht, und verlangte laut ihre gefangenen Häuptlinge zurück. Vielleicht wäre es Coletti gelungen, die blinde Hartnäckigkeit der Moreoten zu besiegen, denen er wenigstens als Feldherr etwas galt; allein auch dieser war durch die Eifersucht der Executiv-Behörde entfernt. So kam es, daß keiner der alten Waffengefährten der Kolokotronis, der Deli-Jannis, der Zaimi, Londos, die gewohnten Waffen ergriff und in unbegreiflicher Verblendung den Feind vor ihren Häusern erwartete, um diese alsdann ruhig anzuzünden und in die Gebirge zu entweichen. Unter solchen Umständen sah auch Condüriotis sich genöthigt, seine Stelle niederzulegen, und dem im Felde eben so unerfahrenen Hydrioten Skurtis den Oberbefehl zu übergeben.

Unterdessen hatte Ibrahim-Pascha am 11. März die Insel Sphakteria, darauf Alt-Navarin und endlich auch Neu-Navarin umzingelt, und drang nun mit 12,000 Mann in das Innere der Halbinsel vor. Den Widerstand Skurtis schlug er am 19. April mit geringer Mühe zurück, und als die Griechen hierauf ein festes Lager bei Kranidl bezogen, schmolz ihr kleines Heer, durch den Austritt der Sulioten und von 1500 Rumelioten, vollends zusammen. Nichts vermochte die hartnäckigen Moreoten zur Ergreifung der Waffen zu bewegen. Skurtis mußte nach Kalamata fliehen, und von hier aus erst Sphakteria am 7. Mai fallen *), und hierauf auch Alt- und Neu-Navarin capituliren sehen. Das Volk der Halbinsel beharrte darauf, nach den Kolokotronis zu verlangen, und die Regierung sah sich genöthigt, der Noth zu gehorchen und die Mai
Gefangenen an die Spitze des Volkes zu stellen. 1825

*) Hier sanken Santa Rosa und andere sardinische Philhellenen ins Grab.

Der alte Häuptling verließ triumphirend sein Gefängniß; doch trug er das Wort der Versöhnung auf dem Munde und die Krieger Moreas eilten ihm schaarenweis zu. Dennoch schien es lange Zeit zu spät, den siegreichen Fortschritten Ibrahims für diesen Feldzug wirksam entgegenzutreten; Kolokotronis sah sich auf den Guerillakrieg und die Vertheidigung der Gebirge beschränkt.

Indessen fiel das flache Land der Halbinsel in die Gewalt der Egypter. Tripolizza selbst mußte von den Griechen zerstört und verlassen werden, Nauplia sogar war einen Augenblick lang bedroht, und nur durch den tapferen Widerstand der Griechen bei den Mühlen zu retten. Indessen hatte sich keine einzige Gemeinde der Griechen dem Pascha unterworfen, und als der Feldzug seinem Ende nahte, strotzten die Gebirge von unbesiegten Freiheitskämpfern. So war bei weitem das Beste — die Idee des Widerstandes — und die Hoffnung künftigen Sieges gerettet. —

Nach diesen Triumphen im Süden der Halbinsel wandte sich Ibrahim mit seiner Hauptmacht nach Missolunghi, das seit dem April dieses Jahres den immer wiederholten Stürmen Redschid-Paschas einen wahrhaft heldenmüthigen Widerstand entgegensetzte. Die Reste der Sulioten, etwa 600 Mann stark, vertheidigten diesen jetzt wohlbefestigten Ort gemeinschaftlich mit den Einwohnern, welche Germanos, der Erzbischof, begeisterte. Es bedurfte einer achtzehnmonatlichen Bestürmung mit unermeßlichen Kräften und großer Opfer, um diese Stadt in die Gewalt der Türken zu bringen. Erst im folgenden Jahre werden wir sie fallen sehen.

So schloß das Jahr 1825 zur Betrübniß aller Freunde der griechischen Sache, mit dem unerwarteten Verluste fast ganz Moreas, so weit es zugänglich war, mit Ausnahme der Festungen Nauplia, dem Sitze der Regierung, Korinth, Argos, Malvasia u. s. w., des Landes Maina, der arkadischen Berge, welche Kolokotronis mit mancher glücklichen Waffenthat vertheidigte, und Achajas, das von den Türken verschont blieb. Erst der Winter 1826 sollte das Waffenglück der Griechen auf dem festen Lande einigermaßen wieder herstellen. —

Vierter Abschnitt.

Geschichte der Osmanen; von 1820 bis auf unsere Tage.

Während Ali-Pascha in Janina den vereinten Kräften der hohen Pforte glücklich widerstand, war
diese mit geringer Mühe des Aufstandes in der 1821
Moldau und Walachey Herr geworden. Der Kampf der vielseitigsten und widersprechendsten Interessen war ihr hierbei besonders zu Statten gekommen: die einheimischen Bojaren standen offenbar gegen die Griechen und ihren Fürsten; alles, was sie verlangten, war der Schutz Rußlands. So kam es, daß sie ihren Landsmann Theodor Wladimiresco gleichgültig untergehen, die Türken von Silistria und Ibrail aus die Moldau über-

schwemmen, Galacz erobern, die Häteristen über
die Donau zurückwerfen, Yassy einnehmen, Jor-
daki bei Drachogan erliegen, die letzten Griechen
25. unter Kantacuzenos selbst nach dem Kampfe von
Jun. Stinka über den Pruth auf das russische Gebiet
1821 drängen und endlich mit Jordakis Versuch auf
Fakochan und Farmakis tapferer Vertheidigung des
Klosters Seku bei Niarz die letzten Spuren des
24. griechischen Aufstandes in den Fürstenthümern ver-
Spt. schwinden sahen *).

Nach diesem Siege, der den schlummernden Fanatismus der Türken in der Hauptstadt erweckte, brauchte es nur einer so geringen Veranlassung, wie die Hinrichtung Constantin Morusis und seiner Familie war, um den Mord über alle Griechen der Hauptstadt, die von asiatischen Horden strotzte, heraufzurufen. Nach dem blutigen Attentat an den Patriarchen Gregorios **), der sich doch gegen die Pforte nur allzu willfährig bewiesen hatte, und der Verödung des Fanars, folgte die Ermordung der Griechen überall, wo die Türken übermächtig waren, als eine natürliche Folge, von selbst, und volle 30,000 Schlachtopfer stillten erst den Blutdurst der Türken einigermaßen. Dennoch vermochte der Groß-Vezier Benderli-Ali, der Anstifter aller dieser Gräuel, nicht, sich gegen die Cabale des Serails und der fürstlichen Günstlinge Haleb und Berber zu halten, ja, der Janitscharen ungestüme Forderung erlangte sogar endlich seinen Kopf. Einmal im Aufruhre, begehrte die Soldateske nun noch 6 andere Köpfe,

*) Vergleiche hiermit den vorhergehenden Abschnitt.

**) Siehe den vorigen Abschnitt.

und der Sultan mußte, trotz aller Entschlossenheit, doch endlich vom Trotze zu Schmeicheleien und Vergünstigungen herabsteigen, als die schlimmen Nachrichten aus Morea der Empörung im- Mrz.
mer neue Nahrung gaben. 1822

Während so das Morden in den Provinzen, in Smyrna und Adrianopel, in Salonichi fortdauerte, während mit Ali-Mirza von Persien ein neuer verderblicher Krieg ausbrach, während Ali-Pascha von Janina endlich mehr dem Verrathe, als den Waffen Churschids erlag, und die Langsamkeit türkischer Verhandlungen die europäische Politik befriedigte, befestigte die Pforte ihre Herrschaft in den Fürstenthümern der Moldau und Walachey in einer ganz ungewohnten Ausdehnung. Türkische Besatzungen blieben, trotz aller Versprechungen der Räumung, trotz alles Notenwechsels mit dem Baron Stroganoff, dem russischen Bevollmächtigten in Constantinopel, überall zurück, und überall wurden unter ihrem Schutze türkische Richter und Lehrer angestellt, und die christlichen Kirchen zu Moscheen mißbraucht. Zwar hatte die Pforte zwei Bojaren, Stourdza und Ghika, wirklich zu Hospodaren der Moldau und Walachey ernannt; allein ein türkischer Divan begleitete sie; die türkischen Befehlshaber spotteten ihrer Autorität, und Provinz und Hauptstadt fan- Oct.
den sie verwüstet und zerstört. 1822

Feuersbrünste und neue Aufstände der Janitscharen ängstigten indessen die Hauptstadt des Reiches, und reiften bei dem entschlossenen Sultan den Vorsatz, eine Soldateske nächstens mit einem Schlage zu erdrücken, deren Herr die Pforte auf keine Weise mehr war. Im September nöthigte ihn jedoch eine neue Empörung abermals zur Nachgiebigkeit. Sali, der Groß=Vezier und der Mufti wurden entsetzt; der ihnen verhaßte Liebling Haleb nach Brussa verbannt und Churschid, der eigenmächtigen Zurückhaltung von Alis Schätzen verdächtig, empfing die seidene Schnur. Die Forderung der europäischen Diplomaten wegen Räumung der Fürstenthümer aber verhöhnte der Diwan mit ungestraftem Trotze.

Unterdessen ging der Kampf gegen die griechische Insurrektion immer gleich unglücklich fort; umsonst ward in Folge einer neuen Feuersbrunst
und der Trauerposten aus Morea *), Abdallah,
Mrz. der Groß=Vezier, im März 1823 entsetzt, als
1823 endlich Ibrahims Auftreten in Griechenland den
1825 Diwan von dieser Seite her etwas zu beruhigen
anfing, zugleich aber auch die Ueberzeugung bei ihm feststellte, daß er seine Siege allein der neuen Mannszucht seiner Truppen, der Einführung einer europäischen Disciplin zu danken habe. Diese Ueberzeugung brachte denn auch den mit Mahmud II. erwachsenen Gedanken einer gänzlichen Reform des türkischen Kriegswesens zur Reife, und sobald nur durch den ersten bedeutenden Sieg der Pforte in Griechenland, durch die Einnahme Missolunghis im April 1826 einige Popularität wieder gewonnen war, ging man rasch und entschlossen an diese gefährliche Staatsreform, die größte, welche der Diwan seit drei Jahrhunderten vorgenommen hatte, und die denn freilich ein ganz neues System, und ein völliges Abweichen von allen bisherigen Staatsgrundsätzen anzukünden schien. Die=

*) Siehe hierüber den vorhergehenden Abschnitt.

ser Kampf, der, allem Anscheine nach, noch bis zur Stunde nicht völlig beendet ist, verdient hier eine etwas umständlichere Erzählung.

Sultan Mahmud war, selbst schon vor seiner Thronbesteigung, als ein entschiedener Gegner der Janitscharen und als Begünstiger der unter seinem Oheime gescheiterten Versuche, sein Heer einer europäischen Disciplin zu unterwerfen, bekannt. Seit seinem Regierungsantritte war sein unablässiges Streben dahin gegangen, in den Corps der Topschis (Artilleristen), der Bostandgis und der Bumbardgis durch allmälige Vermehrung derselben, auch ohne eine dem Namen nach neue Truppe zu gründen, eine Waffenmacht herzustellen, die ihm für den Augenblick des Hervortretens mit seinen Planen zur Stütze dienen konnte — und eben die Ahnung dieser Plane und Entwürfe war die geheime Ursache aller der einzelnen Empörungen und Aufstände, der Feuersbrünste und des Hasses der privilegirten Miliz, welche die Hauptstadt seit mehreren Jahren verwüsteten.

Endlich schien dem Sultan, nach mancher Demüthigung und langer Verheimlichung seiner Gesinnung, mit den ersten eintreffenden Siegesbotschaften aus Morea, der Moment gekommen, seinem alten Plane Ausführung zu geben. Die Häupter des Divan, der Mufti, der Groß-Vezier Hussein, Kutschuk-Mehemed, der Janitscharen-Aga waren in der Stille dafür gewonnen; das Ulema billigte ihn, und die Imam (Priester) selbst hatten seit langen Jahren schon das Volk von der Verdorbenheit der Janitscharen, die zur Hälfte aus heimlichen Christen bestehen sollten, unterhalten und ihm begreiflich machen müssen, daß

Ibrahims Siege nur der in seinem Heere eingeführten Mannszucht zu danken wären. Egyptische Offiziere waren in aller Stille nach der Hauptstadt beschieden; die Topschi, die Todfeinde der Janitscharen, durch Geschenke gewonnen und bis auf 10,000 M. vermehrt, und der große Schlag, der die ganze Gestalt des Reiches ändern sollte, auf alle Weise vorbereitet. Da traf die Nachricht von dem Falle Missolunghis ein; die Hauptstadt jubelte und das Volk lobte den Divan. Dies schien der erwartete Zeitpunkt. Durch künstlich verbreitete Gerüchte von ihrer nahen Auflösung reizte man die Janitscharen zur Ergreifung der Waffen; doch ein blutiger Kampf sollte ihrem Untergange vorhergehen, denn noch war die Truppe selbst in sich gegen 40,000 Mann stark, und fand in einigen Volksklassen, den 10,000 Hamlas oder Lastträgern, den Kurden und Schiffern der Hauptstadt eben so viele natürliche Bundesgenossen. So kam es, daß, als endlich der Sturm ausbrach, die hohe Pforte, obgleich lange darauf vorbereitet, dennoch zitterte und die morschen Pfeiler des osmanischen Reiches gefahrdrohend erbebten.

Durch ein Hattischerif*) waren die Janitscharen, seit einigen Tagen in dumpfer Gährung in ihrem Quartiere verschlossen, aufgefordert worden, sich selbst zu reinigen und alle Ungläubige aus ih-
14. ren Reihen auszustoßen. Dies war das Signal
Jun. zur Empörung: in der Nacht vom 14. Junius verließen mehrere Odas, unter Anführung alter Ustas **), ihre Kichlas (Casernen), stürzten sich

*) Kaiserlichen Beschluß.

**) Unteroffiziere.

auf die Paläste ihrer Feinde und belagerten das bestürzte Serail. Zum Aeußersten entschlossen, ließ Mahmud nun die Corps der treuen Topschi und Dgebedgis aus Tophana in Kähnen in das Innere des Serails schaffen und unter ihrem Schutze einen Divan halten, der die Reform der Janitscharen und die Einführung einer neuen Truppe, der Taalimli Asker (geübter Truppen), beschloß. Diesen Beschluß bestätigte ein Fetwah des Mufti und befahl den Janitscharen zu gehorchen. Hierauf öffneten sich die Thore des Serails; die Topschi stürzten sich mit der neuen fürchterlichen Waffe des Bayonnets auf die Belagerer: das ganze Ulema, die Softas (Studenten), die Derwische und Mewlewis (Mönche) folgten, und die Bevölkerung der Hauptstadt schloß sich ihnen an.

Ein fürchterliches Blutbad begann: die Janitscharen, von dem leichten Geschütze des Topschi-Baschi reihenweis niedergestreckt, wichen von Gasse zu Gasse, bis ihnen endlich in ihren Casernen, von Selim-Bey und Kara-Ibrahim eingeschlossen, kaum eine Hoffnung des Entrinnens übrig blieb. Schon deckten 5000 der Ihrigen die Wahlstatt, da warf die Grausamkeit ihrer Feinde Feuer in die vermauerten Casernen. Acht tausend Janitscharen kamen in den Flammen um, zwei tausend hieb die Wuth der Topschi bei der Solimanieh in Stücken — von da an verschwand aller bewaffneter Widerstand. Die Flüchtigen wurden einzeln aus ihren Verstecken hervorgezerrt, die Offiziere von dem auf dem Atmeidan *) errichteten Bluttribunale sofort hingerichtet, die Ge-

*) Hippodrom.

meinen ertränkt oder nach Asien hinübergeschafft — das Blut floß in den Straßen der Hauptstadt.

16. Jun. Am 16. Junius erschien hierauf das Fetwah des Mufti, das das Corps der Janitscharen für aufgelöst erklärte, ihren Namen verfluchte und die Einrichtung einer neuen Miliz befahl. Unterdessen lagerte Sultan Mahmud unter Zelten mit seinem ganzen Divan im ersten Hofe des Serails; neben ihm wehte die heilige Fahne des Propheten, das Sandschak-Sherif, zu deren Schatten sich 80,000 Bürger der Hauptstadt versammelt hatten. Der Sieg war errungen: die Ausrottung der Empörer ging ohne Schwierigkeit vor sich; Hussein ward zum Seliktar der neuen Assikiri Mansuri Mahumedje (siegreiche Truppen Mahumeds) ernannt, Kutschuk-Mehemed ging mit den Topschis nach Asien, zur Vertilgung der Janitscharen in den Dardanellen; hier und in Adrianopel fanden die neuen Maßregeln nach kurzem Widerstande Eingang; die verdächtigen Innungen der Hamlas und Kurden wurden aufgelöst, und der Sultan dankte wenige Tage darauf in der Tracht der neuen Truppe dem Höchsten öffentlich für den errungenen Sieg. Am 11. Zikkadi 1242 (19. Junius 1826) gab er seinen Völkern Rechenschaft von dem Vorgefallenen: die Vermischung der Janitscharen mit Christen und Unreinen und ihre Weigerung, sich zu reinigen, erschien hier als die Hauptveranlassung ihrer Vertilgung. Doch, wie dem auch sey, das Volk drängte sich huldigend um den entschlossenen Fürsten. Die Schaaren der neuen Miliz wuchsen täglich durch Freiwillige an; das Volk freute sich des neuen Exerzitiums, dem der Sultan selbst vorstand, und

die größte Veränderung, welche im Reiche des Halbmondes vorgehen konnte, schien vollendet. Zwar deuteten einzelne Verschwörungen und Complotte noch bis ins Jahr 1827 auf das Fortbestehen eines verborgenen Widerstandes gegen eine Neuerung hin, die freilich auf einmal alle alten Grundsätze der osmanischen Regierung umstürzte und eine völlig neue Aera für das ganze innere Volksleben anzukünden schien; allein bei der Einigkeit zwischen Volk und Regierung waren alle diese Versuche zur Herstellung der alten Ordnung schnell genug unterdrückt, und die fortwährenden Siegesposten aus Morea erhielten die Popularität des jetzigen Diavn im Volke aufrecht.

Unterdessen hatten sich auch die äußeren Verhältnisse, besonders die oft zweifelhafte Lage der Dinge mit Rußland völlig friedlich gestaltet. Seit vier Jahren war die europäische Diplomatie von der Hartnäckigkeit und Entschlossenheit der Pforte oft auf harte Proben gestellt worden. Die Forderungen Rußlands wegen Räumung der Fürstenthümer, der Schiffarth auf dem schwarzen Meere und einige andere Punkte fanden bei dem Divan so wenig Gehör, daß der russische Gesandte, Stroganoff, Constantinopel drohend verließ, und die Unterhandlungen nur noch durch England und Oest- 1822
reich fortgeführt wurden.

Sobald die Räumung der Fürstenthümer je- 1824
doch nun verfügt war, stellten sich die Verhältnisse sogleich wieder so her, daß an einen Bruch nicht weiter zu denken war, und im Jahre 1826 1826
erschien in der Person Ribeaupierres nicht allein ein russischer Gesandter von Neuem bei der Pforte, 6.
sondern die letzten Streitpunkte wurden auch, durch Oct.

die Bestätigung des Bucharester Friedens, in einem Congresse zu Ackjerman anscheinend völlig ausgeglichen. Es handelte sich von nun an nur noch darum, wie viel Gewicht die Pforte auf die russische Intervention für die Griechen und ihr künftiges Schicksal legen wollte, und diese Frage beschäftigte die europäische Diplomatie in Pera im
1827 Frühjahre 1827 allerdings sehr lebhaft. Doch schien die Pforte, gestützt auf die Grundsätze der heiligen Allianz und die besondere Beistimmung Oestreichs, alle Anträge dieser Art völlig und entschieden von der Hand weisen, und ihren einmal begonnenen Weg hierin ungestört fortgehen zu wollen.

Fünfter Abschnitt.

Lage des Landes und neueste Ereignisse in Griechenland; von 1826 bis 1827.

Wirklich waren auch die Bemühungen der Griechen, irgend eine der Mächte, welche die heilige Allianz bildeten, für ihr Schicksal zu interessiren, bis jetzt völlig fruchtlos ausgefallen. Als zu Zeit des Fürsten-Congresses von Verona Graf Metaxas mit Vorstellungen und Bitten dieserhalb nach Italien gesendet wurde, konnte er kaum die Erlaubniß zum Landen erhalten, und seine Beglaubigungen wurden gar nicht angenommen und alle 1822
spätere Versuche dieserhalb scheiterten an denselben Grundsätzen. Eine desto regere Theilnahme bewiesen die Völker selbst diesem heldenmüthigen Kampfe. Bis zum Anfange des Jahres 1825 waren nicht weniger als 1,800,000 Franken an Beiträgen für die Griechen in Frankreich, der Schweiz, England und Deutschland zusammengekommen: griechische Comités bildeten sich überall, und Freiwillige zogen unablässig nach dem Schauplatze des Krieges, um dort ihre oft schlecht vergoltenen Dienste anzubieten. So widerlegt die Stimme der Nationen das Verdammungsurtheil

einiger Agenten über die Griechen, welche eine Entschuldigung für ihre Gleichgültigkeit gerade in den Uebeln zu finden glauben, die sie hervorgerufen haben.

Zugleich ist Griechenland selbst jedoch weit entfernt, so ohnmächtig zu seyn, als eben jene es darzustellen versuchen. Die 27 Präfecturen des Peloponnes enthielten im Jahre 1825 700,000 Einwohner. Ein Zwölftel alles Grundeigenthums war im Besitze der Regierung: die diesem gehörenden Olivenpflanzungen, Weinberge, Wälder, Gärten, Bäder und Häuser bildeten ein Capital von 250 Millionen Franken; der Staat bezog 1824 gegen 5 Millionen Franken an Abgaben aus Morea; Mittelgriechenland umfaßte in 26 Präfecturen 800,000 Einwohner, welche des fortdauernden Krieges halber nur etwa 2½ Millionen Franken entrichteten; die Cycladen und Sporaden, zusammen von 300,000 Einwohnern bevölkert, lieferten etwa 1 Million Franken in den Staatsschatz und unterhielten überdies fast 800 Schiffe von 16 und 20 Kanonen bis zu einem Geschütz; die Schuldenmasse des Staats aber, die beiden Anlehen eingerechnet, überstieg nicht 25 Millionen Franken, was bei 8½ Millionen Revenuen und bei 250 Millionen an National-Domänen eine unbedeutende Summe bildete.

Bei dieser Lage der Dinge wäre die Aussicht Griechenlands für die Zukunft eine glänzende gewesen, wenn die unglückliche Spaltung zu Anfange des Jahres 1825 *) und die Verblendung eines Volkes, in dessen Charakter starre Hartnäckigkeit

*) Vergleiche den dritten Abschnitt.

einen Grundzug bildet, nicht einen Theil des griechischen Continents dem Feinde ausgeliefert hätte.

Dennoch haben wir gesehen, daß am Schlusse des Feldzuges von 1825 bei weitem nicht alles für Griechenland verloren war, und das Jahr 1826 begann sogar von Neuem unter nicht ungünstigen Auspicien.

Ibrahims Heer durch Krankheiten und einen wenig gewohnten Winter merklich geschwächt, von allen Seiten vom Feinde beunruhigt und im kleinen Kriege unglücklich, schien bei dem Eintritte des Frühjahrs selbst wenig gefährlich. Die Belagerung von Missolunghi hatte, nach dem Ueber- 12.
falle von Karavassora, von Neuem mit großem Oct.
Verluste aufgegeben werden müssen, und die An- 1825
wesenheit der egyptischen Flotte im Golph von
Lepanto blieb ziemlich erfolglos, da ihren 133 20.
Segeln bald eine fast eben so starke griechische Nov.
Flotte unter Miaulis entgegen stand. 1825

Indessen war vom Süden her auch Ibrahim-Pascha zur Belagerung Missolunghis herangezogen, und so konnten denn des Gouras glückliche Operationen um Salona die erneuerte Bestürmung dieses Bollwerks der griechischen Freiheit, zu Anfange des neuen Jahres, nicht hindern. Allein die heldenmüthigen Vertheidiger desselben, Kitzos Tzavellas und Notos Bozzaris schlugen alle Stürme festen Muthes ab.

Der Seesieg der Griechen am Cap Papa vom Jan.
8. Januar 1826 war zwar nur eine Vorberei- 1826
tung zu einem neuen Sturme, den Redschid mit 15,000 Türken unternahm. Doch nachdem dieser einmal zurückgeschlagen war, trennten sich auch die verbündeten Heere und Ibrahim ging nach Pa-

11 *

tras zurück, wohin Kolokotronis siegreiches Auftreten im Peloponnes ihn dringend rief. Dieser hatte nämlich in den Bergen von Karitena, verstärkt durch einzelne Streifzüge, schon während des Winters ganz Arkadien von der Gegenwart der Egyptier befreit und endlich am Schlusse des Jahres, fast 7000 Mann stark, sogar Tripolizza von Neuem eingenommen, während er ein Detachement von 3000 Egyptiern, die nach Korinth zogen, vernichtete. Diese glücklichen Erfolge erhoben, im Vereine mit den Seesiegen am Cap Papa und dem Treffen von Lepanto am 23. Januar, in dem Gouras dem Feinde 4000 Mann tödtete, den Muth der griechischen Regierung von Neuem. Man rief Kolokotronis zum Generalissimus aus, errichtete unter Andreas Zaimi und dem Erzbischofe Germanos in dem Congresse von Piada zwei provisorische Behörden von den Freunden der Militärregierung, denen man die Verwaltung auf ein halbes Jahr mit diktatorischer Macht übertrug, entfernte für den Augenblick sowohl Ipsilantis, als Maurokordatos, und richtete alle Aufmerksamkeit auf die Vertheidigung der noch unerobert.n Punkte. Missolunghi ward am 28. Januar durch Miaulis zum letzten Male glücklich mit Proviant versehen und bestand nun am 28.
1826 Februar, am 1. und 2. März glücklich drei neue
Mrz. Stürme, die dem Feinde gegen 5000 Mann kosteten. Endlich am 9. März fiel diesem jedoch die kleine Festung Vassiladi, und hierauf am 10. März auch Anatolikon, das letzte Vorwerk Mis-
22. solunghis, in die Hände; seitdem war die Ver-
April theidigung dieser Orte gegen so überlegene Streit-
1826 kräfte nur ein Kampf der Verzweiflung, der end-

lich in der Nacht vom 22. April damit schloß, daß die auf das Aeußerste gebrachte Besatzung mit den Waffen in der Hand den Durchbruch durch das Belagerungsheer versuchte. Etwa 1800 Mann erreichten nach einem furchtbaren Blutbade wirklich Salona, die übrigen fielen, in die rauchenden Trümmer Missolunghis zurückgetrieben, mit diesen selbst in die Gewalt der blutdürstigen Sieger, die, obschon auf diesen Ausfall vorbereitet, die Asche dieser Stadt dennoch mit dem Verluste von 5000 Mann erkauften.

Seit diesem Unglücke, das Griechenland und fast ganz Europa mit stummer Bestürzung erfüllte, war die Hoffnung Hellas allein auf die wilde Popularität Kolokotronis und die taktische Geschicklichkeit einiger philhellenischen Führer, besonders des Obristen Fabvier, gerichtet.

Im Innern Moreas gingen die Ebenen und einzelnen Orte verloren, und wurden wieder gewonnen, ohne daß dies auf die Unterwerfung der Halbinsel weiter einen bedeutenden Einfluß äußerte. Am 25. März war Tripolizza abermals von den Egyptern, unter dem Renegaten Seves, geräumt, und die Griechen griffen von der Zeit ab häufig die türkischen Lager bei Koron und Modon an. Die Festungen Moreas blieben unbedroht und in der Gewalt der Griechen.

Als hierauf um die Mitte des Jahres die erschütternden Schläge in Constantinopel geschahen, die die ganze Militärverfassung des türkischen Reiches umgestalteten, rüstete die griechische Regierung zu einer Expedition nach Negroponte, und Lord Cochrane schickte sich zur Rettung des Peloponnes durch einen Seezug an. —

Zeitfracht Medien GmbH
Ferdinand-Jühlke-Straße 7
99095 Erfurt, Deutschland
produktsicherheit@kolibri360.de